前国家主席江泽民（左一）视察上海长江隧桥工程，中共中央政治局委员、上海市委书记俞正声（左二）陪同

中共中央政治局常委、全国政协主席贾庆林（前排右一）视察上海长江隧桥工程

中共中央政治局常委李长春（前排左二）视察上海长江隧桥工程，中共中央政治局委员、上海市委书记俞正声（前排左三）陪同

中共中央政治局常委、国家副主席习近平（前排左二）视察上海长江隧桥工程，上海市市长韩正（前排左一）陪同

中共中央政治局常委、中共中央纪委书记贺国强（前排左二）视察上海长江隧桥工程，上海市市长韩正（前排左三）陪同

前国家副主席曾庆红（前排左二）视察上海长江隧桥工程，中共中央政治局委员、上海市委书记俞正声（前排左三）陪同

中共中央政治局委员、上海市委书记俞正声（前排右三）视察上海长江隧桥工程

全国政协副主席、科技部部长万钢（左一）视察长江隧桥工程

交通运输部部长李盛霖（前排右三）视察上海长江隧桥工程

上海长江大桥

上海长江隧桥接线道路

上海长江隧道长兴岛收费站

上海长江隧桥监控大厅

上海长江隧道消防演习
灭火场景

上海长江隧道内部装饰
搪瓷钢板侧墙清洗

上海长江隧道风塔外景

上海长江隧道泡沫水喷雾设备

上海长江隧道车道下部管线走廊

上海长江隧道车道层下部逃生通道

SHIJIE ZUIDA GONGGUI HEJIAN SUIQIAO GONGCHENG

世界最大公轨合建隧桥工程

SHANGHAI CHANGJIANG SUIQIAO JIANSHE YU YUNYING GUANLI

——上海长江隧桥建设与运营管理

黄　融　主编

人民交通出版社
China Communications Press

内 容 提 要

本书系统总结了上海长江隧桥工程建设和运营管理的内容，主要包括工程总体概况、前期工作、工程建设项目管理、工程建设管理模式及总结、工程运营综合管理、养护管理，共六部分内容。

本书可作为桥隧建设和管理人员的参考用书，也可供相关院校桥梁和隧道工程专业的师生参考使用。

图书在版编目(CIP)数据

世界最大公轨合建隧桥工程——上海长江隧桥建设与运营管理/黄融主编. —北京：人民交通出版社，2011.11

ISBN 978-7-114-09393-7

Ⅰ.①世… Ⅱ.①黄… Ⅲ.①公路桥—桥梁工程—工程管理—上海市 Ⅳ.①U448.14

中国版本图书馆CIP数据核字（2011）第189162号

书　　名：世界最大公轨合建隧桥工程——上海长江隧桥建设与运营管理
著 作 者：黄　融
责任编辑：沈鸿雁　曲　乐　韩亚楠　丁润铎
出版发行：人民交通出版社
地　　址：（100011）北京市朝阳区安定门外外馆斜街3号
网　　址：http://www.ccpress.com.cn
销售电话：（010）59757969，59757973
总 经 销：人民交通出版社发行部
经　　销：各地新华书店
印　　刷：北京盛通印刷股份有限公司
开　　本：880×1230　1/16
印　　张：16.75
字　　数：446 千
版　　次：2011年11月　第1版
印　　次：2011年11月　第1次印刷
书　　号：ISBN 978-7-114-09393-7
定　　价：80.00元

编写委员会

顾　问： 凤懋润　项海帆　范立础　钱七虎　刘建航　陈　新　江绵康
黄兴安　蒋树屏　皇甫熹　王振信　杨我清　张　海　侯引程

主　编： 黄　融

副主编： 戴晓坚　韩金华　李永盛　邵长宇　余暄平

委　员：（按姓氏笔画排列）

王吉云　方　卫　邓青儿　冯一峰　卢永成　申伟强　刘千伟
刘小方　吉青克　朱雁飞　朱新达　过震文　吴定俊　吴惠明
张子新　张元凯　张君武　李国平　李宗平　杨方勤　杨宏燕
杨志豪　杨国祥　陈理平　周仁勇　季倩倩　林秀桂　郑晋丽
姜允肃　俞　平　胡震侃　袁　勇　陶永良　黄少文　彭志坚
彭建荣　董　敏　谢雄耀　蔡岳峰　戴　清

本册编写人员：（按姓氏笔画排列）

王国峰　田海洋　朱新达　刘建军　刘雅梓　杨志翔　张　云
张慧霞　郑　喆　单小玲　俞　平　胡震侃　胡　苗　姚众尉
陶永良　殷　峰　彭建荣　董　敏

序
Foreword

上海崇明越江通道（长江隧桥）工程是国家高速公路G40沪陕高速公路的重要组成部分，工程起于浦东五号沟与上海郊区环线相连，跨越长江南港，经长兴岛到达崇明陈家镇，全长25.5km，项目投资132亿元。工程项目的建成，将形成国家沿海大通道，充分发挥上海区位优势，实现国务院对上海提出的“一个龙头，三个中心”的战略目标，并对增强浦东国际机场和洋山深水港的辐射功能具有十分重要的意义。

长江隧桥工程采用“南隧北桥”的建设方案，即采用隧道的方式穿越航运繁忙的南港水域，以桥梁的方式跨越长江北港，是目前世界上建成的最大规模的隧桥结合工程，其中隧道15m的断面直径，一次性推进7.5km的距离创造了当时的世界纪录；大桥工程采用公轨共面合建、全飘浮分离式钢箱梁结构以及整孔预制安装105m钢−混凝土组合梁等许多工艺均在行业内首次使用。长江隧桥是上海市继东海大桥之后又一项具有里程碑意义的特大型基础设施项目，建设过程中，在吸取其他重大项目建设管理经验的基础上，开展了一系列技术创新，追求工程建设的规范化，始终将目光瞄准国际前沿技术，以我为主，博采众长，建立起具有自主知识产权的大型越江跨海隧桥工程的核心技术群及其相关技术标准；始终将目标定位于国际领先标准，精细管理，科技引领，建造起具有当前世界先进水平的精品工程；始终将管理纳入依法规范的轨道，严格程序，构建起符合国家法律、法规的依法办事的管理体系。

在工程建设的五年期间内，全体建设者始终坚持“安全第一、质量创优、稳步推进、好上加好”的建设方针。通过管理创新，工程建设形成了在管理体制上构建政府为主导、市场化运作模式；在管理机制上体现制度化、规范化和信息化；在管理内容上强调分类化和专业化；在管理决策上突出科学化和动态化；在管理文化上注重人文意识和人性关怀等特点。强化安全、质量、投资控制，未发生一起重大安全责任事故和质量事故，工程总造价控制在概算之内，并提前九个月建成通车。工程多项课题获得了省部级及行业协会科技奖项；项目建设先后获得了上海市优质工程白玉兰奖、上海市优质结构工程、上海市市政金奖等奖项。

2009年10月31日，上海长江隧桥工程建成通车。作为世界上最大规模的隧桥结合工程，在运营管理上具有集约化程度高、科技含量高、运行标准高和社会期望值高等特点。运营养护的过程，体现“一流设施、一流管理、一流服务”的要求和“设施完好、制度完善、应急完备、服务完美、档案完整”的精细化目标。工程通车以来，经受住了大风、大雾、雷暴、冰雪等灾害性天气的考验，高效处置了交通事故等突发事件，并全面、顺利完成了服务上海世博会任务。

上海长江隧桥工程建设和运营过程，是党和政府建设社会主义新农村和全面贯彻科学发展观的具体实践；是全体建设和管理者智慧的体现。巨变源于创新，及时总结工程建设和运营管理的创新实践和经验，可以更好地服务上海、服务长三角、服务全国。

是为序。

上海市人民政府副市长
上海长江隧桥工程建设指挥部总指挥
2011年10月1日

前言
Preface

上海长江隧桥建设工程举世瞩目。它克服了许多困难，攻克了许多技术难题，形成了许多亮点，已成为当今世界上最大隧桥结合型越江交通工程之一。本书对长江隧桥工程建设的各项工作做了系统回顾和总结，把一些好的做法和经验进行总结、提炼，为今后类似工程建设管理提供了有益的借鉴；同时，长江隧桥通车近两年来，也经受了多种恶劣气候和突发事件的考验，在“一流设施、一流管理、一流服务”管理目标的感召下，长江隧桥管养单位积极服务保障世博会、全力迎接国家交通部养护管理大检查，取得了显著成绩。长江隧桥运营养护工作的初期实践，也为其他同类设施提供了有价值的案例。

在长江隧桥建设中，形成了一系列好的模式和运管机制。通过集约化模式，完成并应用了包括长江隧道“结构全寿命耐久性技术研究”等29项、长江大桥“基础防撞研究”等20项科研成果；产生了社会管线与交通工程共享的设计技术；形成了巨量建设资金委托社会监管的模式；利用社会资源进行105m叠合梁等大构件的预制、水上运输、整体吊装，节约了大量资金和时间。

在长江隧桥投入运营以后，管养单位始终以最严格的要求、最细致的作风，搞好运营管理，明确责任分工，加强24小时值班和现场检查巡视，做好周期性维护保养，形成了应急演练机制、多方联动机制，学习培训机制、资源共享机制等许多有效的长效管理机制。

上海市委市政府领导多次强调：在城市建设与管理的关系上要建管并重，重在管理。上海世博会的成功举办，提升了社会对城市基础设施服务质量的需求。为此，在十二五期间，我们不仅在市政公路建设领域，而且要在运营养护管理领域，都要有一个明显的提升。对此，寄希望本书对新一轮的建设与运营管理能提供一些有价值的参考。

本书共分两大部分、六个章节。第一至第四章为建设管理部分，其中第一章介绍了工程总体概况，第二章介绍了前期工作，第三章介绍了工程建设项目管理，第四章介绍了工程建设管理模式及总结。第五章和第六章为运营养护管理部分，其中第五章介绍了工程运营综合管理，第六章介绍了养护管理。

本书在编写过程中，参考了大量的技术资料，包括国内外同类型隧桥的建设管理资料和运营养护管理资料。尤其是参加了国内外一些学术会议，得到了大量的信息，为编写这本书籍提供了许多有益的借鉴。本书参编单位主要有上海长江隧桥建设发展有限公司、上海市政养护管理有限公司等，同时，运营监控与检测等方面研究工作，得到了上海市隧道工程轨道交通设计研究院、同济大学等单位的大力支持。在此，我们表示最衷心的感谢！并向支持本书出版的领导和专家表示衷心感谢！由于时间仓促，水平有限，难免有错漏之处，敬请各位专家和读者指正。

编者

2011年8月

目录
Contents

第一章　工程总体概况

GONGCHENG ZONGTI GAIKUANG

第一节　工程建设背景

自 1993 年 5 月长江口越江通道的前期研究工作起步以来，国内外经济形势、发展环境发生了较大的变化。主要表现为经济全球化浪潮加快，国际产业向我国大规模转移，国际间的协作加强；国内经济飞速发展，区域发展格局逐渐显现；上海浦东开发开放，经济实力大大加强。这些形势与环境的发展变化，为长江口越江通道的建设奠定了基础。

一、全球经济发展态势

经济全球化是指世界经济活动超越国界，通过对外贸易、资本流动、技术转移、提供服务、相互依存、相互联系而形成全球范围的有机经济整体。经济全球化是指以市场经济为基础，以先进科技和生产力为手段，以发达国家为主导，以最大利润和经济效益为目标，通过分工、贸易、投资、跨国公司和要素流动等，实现各国市场分工与协作，相互融合。经济全球化是当代世界经济的重要特征之一，也是世界经济发展的重要趋势。

经济全球化主要表现为贸易、投资、金融、生产等活动的全球化。经济全球化使生产力和国际分工高度发展，并要求进一步跨越国与国之间的界线。经济全球化使世界各国经济联系日益加强，相互依赖程度日益提高，国际经济规则趋于一致，经济协调机制不断强化。经济全球化带来了项目的国际合作，为长江隧桥等特大型工程的建设提供了国际合作共建的保障。

二、国家区域经济大发展

1982 年 12 月 22 日，上海经济区成立，包括上海、苏州、无锡、常州、南通、杭州、嘉兴、湖州、宁波、绍兴 10 城市。这是长三角的雏形。1997 年，长江三角洲城市经济协调会成立，长三角经济圈（15 城市）概念第一次被明确提出。2003 年浙江台州加入“长三角”城市经济协调会，长三角城市扩容为 16 个。2008 年，《国务院关于进一步推进长江三角洲地区改革开放和经济社会发展的指导意见》明确提出了长江三角洲地区包括上海市、江苏省和浙江省。随着经济、社会发展，交通设施建设和产业调整深化，上海与周边城市的关系将越发密切，在渐进式的发展中壮大上海对周边的辐射、带动作用，共同打造“长三角”品牌。

长三角地区城市密集，经济实力雄厚，2007 年长三角（16 城市）实现 GDP 为 46 672 亿元，进出口总额 7 775.53 亿元，实际利用外资 363 亿美元。2008 年则实现地区生产总值 53 956 亿元，成为继美国东北部城市群、加拿大多伦多城市群、日本东京城市群、英国伦敦城市群和法国巴黎城市群之后，最具活力的世界第六大城市群。长三角集中了全国 22% 的制造业总量（按工业增加值计），30% 的工业制成品出口总量，31% 的外资企业产出总量，工业化水平在全国领先，是我国最发达的经济核心区和最重要的制造业基地之一。随着国际资本和跨国公司大量涌入，长三角日益成为承接国际制造业转移的重要区域，正向国际性的制造中心发展。长江三角洲地区境内集中了浦东机场、虹桥机场、禄口机场、萧山机场、硕放机场等十余个规模不等的机场，洋山港、外高桥、北仑港、南通港、太仓港、国际邮轮码头等国内外大港，沪宁、沪杭、沿江、宁杭等高速公路网，已初步形成水陆空三位一体的、网络化的交通格局。

《国务院关于进一步推进长江三角洲地区改革开放和经济社会发展的指导意见》明确提出：要把长江三角洲地区建设成为亚太地区重要的国际门户和全球重要的先进制造业基地，具有较强国际竞争力的世界级城市群；要优先发展现代服务业，构筑以服务业为主的产业结构；要积极提升先进制造业，通过不断推进产业、产品、技术创新，促进产业向高端延伸；要进一步优化区域产业空间布局，形成各具特色、集聚发展的产业带等；积极推进重大基础设施一体化建设，增强区域发展的支撑能力。

三、上海经济地位及发展定位

上海位于我国沿海和沿江“T”字形轴线地带的交汇点上，集黄金水道和黄金海岸于一身，对内对外交通联系便利，区位优势得天独厚。

从城市规模、人口规模、产业规模来看，上海都是长三角的中心城市。上海的城市化水平达到74.62%；GDP、人均GDP、全社会固定资产投资、实际利用外资、地方财政收入等主要经济指标均位于长三角15个城市之首；第二产业、第三产业的综合“城市中心度”为0.473，远远超过位居第二的苏州（0.152）和第三位的杭州（0.147）；上海首位度为3.19，这一数字远高于全国1.3的平均水平，是长三角的龙头、中心。

上海地处我国1.8万公里漫长海岸线的中部，处于黄金海岸与黄金水道交汇处。这一得天独厚的经济地理区位，有利于上海在长三角和全国对外经贸中发挥窗口作用，是外商抢滩中国、进入长三角的重要平台与跳板，在金融、商贸、信息、吸引外资、交通运输和外贸口岸等众多领域发挥着高质量、多层面的窗口服务功能。“中心”的作用还体现在上海对长三角区域经济发展的带动上。20世纪80年代，上海的GDP增长速度远低于江、浙及沿海省市，甚至低于全国平均水平，这导致长三角地区经济整体下滑，尽管当时江、浙发展速度明显高于全国，但亦受上海的影响。20世纪90年代初，党中央开发开放浦东、提出把上海建成“一个龙头、三个中心”的重大战略，促使上海摆脱80年代经济严重滞胀局面，经济发展驶入快车道，有力带动了长三角经济的整体抬升。

新中国成立以后，上海作为我国最重要的工业基地之一和最大的工商城市，对国民经济的发展起到了重要作用。改革开放以来，上海作为长江三角洲地区城市群的中心城市，拥有全国最大的港口和最多的外资金融机构，也是国际跨国公司在我国大陆投资最集中的地区，并在长江三角洲地区及全国的分工合作、互相促进过程中，发展成为我国具有强大经济实力和辐射能力的、对外资吸引能力较强的、最大的经济中心城市。经过改革开放三十多年的发展，上海社会经济取得了长足的进步，区际经济联系日益紧密，从而对交通运输的要求也越来越高。目前，全国特别是长江三角洲地区正在兴起以高速公路、高速铁路为代表的交通现代化建设热潮，这就为上海进一步增强对外辐射能力提供了难得的机遇，同时也提出了更高的要求。上海市社会经济发展的战略目标为2020年初步建成国际经济、金融、贸易、航运中心之一，基本确立上海国际中心城市的地位。

上海长江隧桥（崇明越江通道）工程位于长江三角洲最东端的长江口地区，它南接上海市陆域，穿越长江口水域，北接我国第三大岛——崇明岛，并可由崇明岛上在建崇启通道工程通至江苏省苏北地区。

长江口规划建设的崇明东、西两个越江通道直线距离相距38km，东线距江阴长江大桥直线距离约170km，距苏通大桥约90km。

上海长江隧桥（崇明越江通道）是上海城市总体规划的重要组成部分，其在对外沟通方面具有十分重要的作用和战略意义。其向北连接江苏省宁通启高速公路，并可由江苏省的赣榆至太仓的赣太高速公路至山东省和京津塘地区（赣太高速公路位于同三国道东侧，与同三国道呈平行态势）；向南可直接经同三国道上海段进入浙江、福建省。在交通功能上，其不但能起到对江阴长江大桥（同三国道）和苏通大桥的分流作用，而且在路线走向的分布与发展上，是对国家沿海大通道的补充和完善，对优化长江三角洲地区的交通网络布局，完善上海市域交通系统结构和布局，特别是对改变上海浦东和崇明的交通现状，均有着重要作用。上海、苏通、江阴等长江越江通道的规划与建设，最终将形成以同三国道为主骨架的由多条国道主干线、高速公路组成的沿海交通大走廊。

上海长江隧桥（崇明越江通道）工程的建设，对加强长江南北地区的经济联系，缩小上海、苏南与苏北及上海崇明岛之间经济差距，拓展上海市国际大都市的辐射强度和范围，促进长江三角洲地区经济的全面均衡发展，具有十分重大的意义，对我国沿海、沿江两大发展战略的进一步衔接与整合也具有十分重要的战略意义。

第二节　国内外跨江海隧桥建设情况

以上海长江隧桥工程的投资规模、工程技术特点以及经济社会效应等为参考维度，本书从国内外特大跨江海隧桥工程中选取了三类共五个典型案例进行分析，分别为：大桥工程——杭州湾大桥，隧道工程——英吉利海峡隧道和青函隧道，隧桥工程——东京湾横断公路工程和厄勒海峡大桥工程。

一、典型大桥工程概况

1. 杭州湾大桥项目概况

杭州湾大桥（Hangzhou Bay Bridge），是我国自行设计、自行管理、自行投资、自行建造的特大型工程，为国家重点项目沈海高速（沈阳—海口）的一部分。大桥北起浙江嘉兴海盐，南至宁波慈溪，横跨杭州湾海域，全长 36km，是目前世界上最长的跨海大桥（图 1–1、图 1–2）之一。大桥的建成将使宁波与上海间的陆路距离缩短 120km。

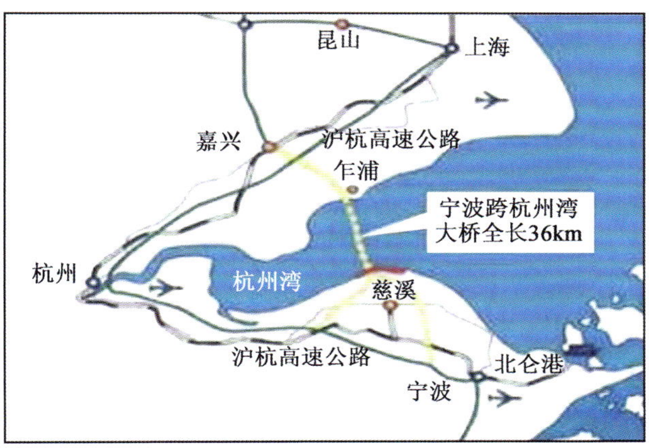

图 1–1　杭州湾大桥示意图

图 1–2　杭州湾大桥效果图

2. 项目作用

杭州湾大桥位于我国改革开放最具活力、经济最为发达的长江三角洲地区。大桥的建成对于整个长三角地区的经济和社会发展都具有深远的、持续的重大战略意义。

（1）交通上，杭州湾大桥作为我国沿海大通道中的第一座建成的跨海大桥，它突破了杭州湾这个天然瓶颈，可以优化国道和高速等路网主干线的布局，缓解杭州过境公路（沪杭甬高速公路）交通的压力，改变宁波交通末端状况，从而提升了宁波市的综合竞争力。大桥建成也促进了上海洋山港、宁波北仑港和舟山港之间的整合开发和协同发展，有力支持了上海国际航运中心建设。

（2）在区域经济发展上，杭州湾大桥的建成将直接提高嘉兴、宁波和台州等地的区位优势，促进该地区经济社会的发展，并带动周边地区的发展，从而对整个浙江省、乃至整个长三角南翼地区的整体发展产生积极影响。杭州湾大桥的建成通车，将在缩短浙南地区与我国经济中心上海的时空距离，进一步提升该地区的区位优势，为该地区经济腾飞注入新的动力。同时，杭州湾大桥对于辐射浙江省广大腹地，优化产业结构，改善投资环境，提高浙江省的综合竞争力，具有十分深远的积极作用。

（3）杭州湾大桥的建设促进长三角地区的交流合作，推动长三角一体化进程。杭州湾大桥的建成，将连通北部的苏通大桥以及建设中的崇启大桥，将在强化上海龙头地位的同时，大大缩短上海与江浙地区之间的时空距离，使后者在更大范围、更高层次，以及更优越的区位地理优势，更好地融入长三角这个国际都市圈。另外，时空距离的缩短，将促使长三角地区各城市之间的资源、要素、人才和信息的加速流动和重新配置，促进区域分工和协作，在更大范围内实现产业结构的优化和经济绩效的改善，从而间接强化城市之间的联系纽带，推动一体化进程。

（4）有利于推进浙江省的城市化发展战略。大桥通车将进一步密切嘉兴、宁波、绍兴、台州等城市的联系，促进环杭州湾城市群和沿海对外开放带的形成，从而将该区域提升为以上海为龙头的、具有国际竞争力的都市群的重要组成部分。同时，大桥建设对周边县市的城市化发展也将产生深远影响。

3. 工程特点

（1）在杭州湾大桥的设计中，首次引入景观设计的概念。设计师们借助西湖苏堤的美学理念，兼顾杭州湾的复杂水文地理环境特点，结合行车时驾驶员和乘客的心理因素，确定了“长桥卧波”的最终桥型。大桥在海面上有 4 个转折点，从空中鸟瞰，平面上呈 S 形蜿蜒跨越杭州湾，不仅有助于驾驶员克服疲劳、感知车速，从而保证驾驶安全，而且线形优美、生动活泼，具有显著的景观价值。

（2）高安全系数。杭州湾大桥不同于普通大桥的另外一个特别之处，就是在设计时考虑了两个重要的安全因素：一是高速公路车辆通行安全因素，通常直线段不能太长；二是桥下船舶航行安全因素，减少建桥对水流的影响，保证桥梁各段的桥轴线与涨潮和落潮的主流垂直。因而在设计上采用的 S 形结构，更多是处于安全性的考虑，同时兼顾美学和景观考虑。

（3）民营资本的引入。杭州湾大桥是目前国内第一家以地方民营企业为主体，投资超百亿的国家特大型交通基础设施项目。大桥项目的资本金为 38.5 亿元，其中民营资本占了 50% 以上，17 家浙江省内的优秀民营企业凭借其日益增强的经济实力进行投资入股。民间资本的引入，不仅可以对国有资本形成补充，扩大工程的建设资金来源；而且民营企业自身可以通过投资杭州湾大桥，获取新的增长动力，例如宋城集团取得大桥相关的旅游和服务经营权。大桥项目的投资体制和建设模式，对“拓宽民营资本的投资领域，建立民营资本与国有资本有机结合的投资模式，取得政府和企业‘双赢’的经营机制”作出了积极、有益的探索。

二、国内外典型隧道工程概况

（一）英吉利海峡隧道（The Channel Tunnel）

1. 项目概况

英吉利海峡隧道又称欧洲隧道，是一条连接英伦三岛前往欧洲大陆的铁路隧道（图 1–3）。其西起英国的福克斯通，东到法国的加来，横跨英吉利海峡，全长 50km，仅次于日本的青函隧道，其中海底隧道部分长 38km。英吉利海峡隧道于 1987 年 12 月开建，1994 年 5 月建成通车，历时八年半，总投资规模为 100 亿英镑（约合 150 亿美元）。它的建成通车使英国往返欧洲大陆的时间大为缩短。

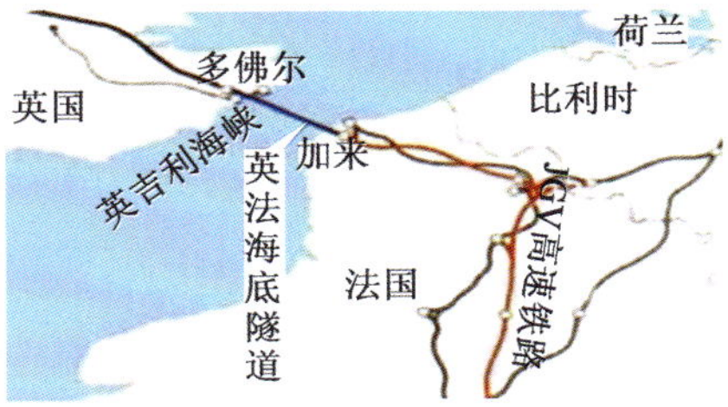

图 1–3　英吉利海峡隧道示意图

这项工程由三条隧道和两个终点站组成。三条隧道由北向南平行排列，南北两隧道相距 30m，是单线单向的铁路隧道，隧道直径为 7.6m；中间隧道为辅助隧道，用于上述两隧道的维修和救援工作，直径为 4.8m。在辅助隧道的 1/3 和 2/3 处，分别为两运营隧道修建了横向连接隧道。当铁路出现局部故障时，可把在一侧隧道内运行的列车转入另一隧道继续运行，而不中断整个隧道的运营业务。在辅助隧道线上，每隔 375m，都有通道与两主隧道相连，以便维修人员工作和在紧急情况下疏散人员。

2. 项目作用

交通方面，隧道的开通丰富了英国来往于欧洲道路的交通体系。英吉利海峡隧道填补了欧洲铁路网中短缺的一环，极大方便欧洲各大城市之间的来往。英国、法国、比利时三国铁路部门联营的“欧洲之星（Eurostar）”列车车速达 300km/h，显著缩短英国伦敦来往于欧洲大陆城市巴黎和布鲁塞尔的旅行时间。平均每天有超过 300 辆满载着乘客和车辆的区间列车、货物列车和“欧洲之星”列车往返穿梭于欧洲隧道，高峰时段甚至每 3min 就有一辆列车通过隧道。如此密集繁忙的交通运输状况，足可见英吉利隧道对于英法两国的重要意义。英吉利隧道的开通还填补了英国往返欧洲大陆的公路交通空白：欧洲隧道公司专门设计了一种运送公路车辆的区间列车，称“乐谢拖”（Le Shuttle），帮助各式汽车和驾乘人员快速地通过英吉利海峡，从而使得欧洲公路网连成一体。这项世纪工程因此被人们誉为：“一梦 200 年、海峡变通途”。

区域经济发展方面，英吉利隧道和欧洲高速铁路网的建成，不仅能在能源节约和环境保护方面发挥积极作用，还能通过交通改善来提高海峡两岸地区的经济发展。得益于英吉利海峡隧道的修建，隧道连接地区现已发展成为一个跨国家、跨海峡的经济区，包括英国的“Kent”和法国的“Nord–Pas de Calais”地区；后来把比利时的一些地区也吸收进来，称作欧洲专区（Euro–region）。通过地区性的跨国合作，一个称作“TDP”的金融发展计划已经启动，促进了该地区的快速发展。这些伴随着欧洲隧道建成而逐渐成形的跨境经济区域，具有重大的政治和经济意义，对欧盟的发展、欧洲市场的形成国际经济、文化合作交流，都具有重大促进作用。

英吉利隧道的修建不断推进欧洲一体化进程，推动英法等国的相互信任、互惠合作。隧道的经营主体——欧洲隧道集团为英法两国共同拥有，集团股票也在英法两国交易所共同上市。隧道的主要运行载体——欧洲之星高速列车为英国、法国和比利时共同开发和运营。这些事实均证明：在欧洲一体化进程中，欧洲隧道可以发挥积极有效的作用。

3. 工程特点

（1）充分的地质勘探工作和正确的岩层判断。地质钻探工作从 1958 年一直进行到 1987 年，前后共持续了近 30 年时间。浅层勘探在海底以下 150m 之内，考虑了隧道布置的范围；深层勘探在海底以下 800m 之内，主要为评价地震风险提供数据。海底钻探曾采用大型北海石油钻机，每个钻孔平均费用约为 50 万英镑。勘探发现海底有一层泥灰质白垩岩，厚度约 30m，饱和重度约 $23kN/m^3$，抗压强度 6~9MPa，变形模量 800~1 600MPa，蠕变系数 φ=1.5，渗透系数 1×10^{-7}~2×10^{-7}m/s。该岩层抗渗性好，硬度不大，裂隙也较少，易于掘进。隧道线路就布置在它的下部，距海底 25~40m。由于岩层的起伏，而隧道要求一定的运行坡度，所以隧道轴线在平面和立面上均呈平坦的“W”形。工程专家们认为，充分的地质勘探和正确的岩层判断，使隧道专家们找到了理想的岩层，为隧道的顺利挖掘和日后维护奠定了良好的基础。

（2）精心、合理的安全设计。欧洲隧道的规划设计把施工和运行安全摆在极其重要的地位。为减小海底施工的风险和提高运行、维护的可靠性，项目采用两条单轨隧道，而不是单条大跨度双轨隧道；同时在两条单线铁路洞之间设计一条服务隧道，每间隔 375m 设置一条直径为 3.3m 的横向通道与两个主洞连接，连接处有防火撤离门。服务隧道的主要功能是在隧道全长范围内提供正常维护和紧急撤离：紧急情况下，乘务人员和旅客可在 90min 内通过服务隧道安全撤离隧道，抵达地面；另外，它还负责向主洞提供新鲜空气，并保持其气压始终高于主洞，防止主隧道烟气的侵入。服务隧道先于主隧道挖掘，为主隧道的掘进提供了详尽的地质资料，对保证安全施工有重要意义。此外，隧道的运输、供电、照明、供水、冷却、排水、通风、通信、防火等系统，都充分考虑了紧急备用的要求。

（3）较好地解决了多项特殊的工程技术难题。列车在很长的隧洞中高速行驶时会产生压差和空气动力阻抗。特别是欧洲隧道列车的阻塞比（列车与隧道断面之比）很高，如果没有卸压管，列车的驱动力需要增加很多。为此隧道沿线每 250m 设一个 2m 直径的卸压管，从后勤服务洞的顶上跨过，把两个铁路主洞连接起来。在设计阶段，研究人员对卸压管的作用做了许多模拟研究，使其具备良好的空气动力效应，并避免在管中产生气流冲击。由于铁路隧道和列车要承受车辆震动的长期反复荷载，为保证隧道和列车的行驶安全，铁道路轨采用了一种称作“松那飞”（Sonneville）的系统：一系列连续焊接的铁轨下面，设有弹性减振装置，从而保证列车行驶过程中的平稳性。该系统的部件经过多种性能测试，经历 1 000 万次荷载周期的疲劳试验，最大限度地确保系统可靠性。隧道还采用一种由铁路控制中心操纵的“司机台信号系统”（Cab Signal）。这种信号不是在机车外面或轨道旁边，而是显示在司机台的屏幕上。一旦司机对信号没有及时做出反应，自动列车保护装置就会使列车减速直到停止，从而保证列车行驶安全。长隧洞掘进时的通风往往是施工中的一个难题。欧洲隧道对空气循环的途径和风机的布置都做了详细的规划和研究，不仅设置通风管，而且也利用隧洞本身作为通风通道，使开挖面的风量达到 $13.5m^3/s$，符合社会保障与安全组织、地下工程协会规定的通风标准。

（4）高度重视环境影响。欧洲隧道的修建，一定程度上缘于欧洲委员会制订的一个长期的运输战略：发展电气化铁路网，以减小汽车对环境的污染。在隧道修建和运营的过程中，承建方和运营方都始终恪守严格的环境保护条例，在保证项目快速推进的过程中，从未忽视对海洋环境和生态系统保护。欧洲隧道在建设过程中，终端车站施工尽量避免因开挖附近的土地而影响当地环境。铁路经过村庄的地段都做了遮挡视线和隔声的屏障，以保护居民生活。车站以及周围进行了绿化，种上草皮。施工期间有专人对环境进行监测，并由公共关系部门和环保部门共同处理环境问题的投诉，如道路泥泞、尘土、噪声等。车站的建筑高度都不超过四层，创造与环境协调的建筑风格。英国国家环境研究院甚至在施工前后对车站附近蝴蝶的数量进行了统计调查和对比分析，研究表明隧道施工没有对蝴蝶数量和活动区域产生影响。

（5）利用私人资本建设大型基础设施的尝试。英吉利海峡隧道是世界工程建筑史上，首次完全由私人资本投资和私人公司运作的重特大工程。1981 年 9 月 11 日，英国时任首相撒切尔夫人和法国时任总统密特朗在伦敦举行首脑会晤后宣布：这个通道由私人企业来出资建设和经营。1985 年 3 月 2 日，法英两国政府发出对海峡隧道工程出资、建设和经营的招标邀请。1986 年 1 月两国政府宣布，在四份设计建造方案中，最终选中双洞铁路隧道方案。1986 年 3 月，英法政府与该欧洲隧道公司正式签订协议，授权该公司建设和经营欧洲隧道 55 年，后来延长到 65 年，并于 1987 年算起；授权到期后，该隧道归还两国政府的联合业主。协议还规定两国政府将为欧洲隧道公司提供必要的基础设施，并且该公司有权执行自己的商业政策，包括收费定价。1994 年 5 月 6 日，英法两国首脑参加了欧洲隧道的正式开通仪式。仪式上，撒切尔夫人首相把它“看作私人企业有能力建设这样大规模工程的标志”，认为它是政府树立的一个样板项目，引导私人企业投资基础设施建设。

4. 教训及不足

（1）“干系人”过多将导致管理协调困难。英吉利海峡隧道工程项目涉及众多的“干系人”（Stake Holders）和“当事人”（Parties），包括英法两国政府和当地政府的有关部门，欧、美、日本等国 220 家贷款银行，70 多万个股东，以及众多的承建商和供货商。如此众多的利益相关者，给后期的管理协调带来很多困难。而事实上，在隧道修建过程中，银行财团、业主和承建商之间确实发生过激烈的争论和尖锐的矛盾，几乎使隧道项目搁浅。

（2）错误的合同类型。一般而言，重大工程所采用的合同形式为成本目标合同（Target-cost Contract），按照工程组成和工程进度确认成本，因而可以保证工程基本上按计划完成，不会发生大的预算偏差。但是，欧洲隧道的列车采购采用成本加酬金合同（Cost-plus-fee Contract），缺乏必要的激励机制，因而导致项目多次延误和超支。另外，固定设备工程采用总价合同，也不是一个合适的办法。同时，由于欧洲隧道是以设计、施工总包方式和快速推进方法建设的，在签订合同时还没有详细的设计，因而在合同执行过程中必然存在分歧、争议和索赔。合同签订时存在的多项遗漏和失误，以及在修建过程中曾多次发生预算超支现象，引起银行财团、隧道业主与承建商之间的多次矛盾。例如，1989 年总承包人的费用增加，导致了 1990 年初业主（欧洲隧道公司）的资金告罄，因此银行财团、业主和承包人各方产生了尖锐的矛盾，隧道项目几乎搁浅。最后经过各方的艰难谈判，最终达成一个折中办法。这在其中，英法两国政府也参与协调，并以政府名义参与贷款，从而化解这次危机。

（3）组织架构上的缺陷。欧洲隧道财务上存在一个致命教训：必须有一个强硬的、独立的业主，来对建设和贷款问题进行谈判。而实际上，承包人是一个庞大的集团，一家总包，既负责设计和修建，也负责融资和运营，因此削弱了投标的竞争性，是导致造价高昂的一个重要因素。尽管欧洲隧道在“孵化期”存在某些先天不足，给项目的后期开展带来一些难以预料的问题，加上 20 世纪末时的项目业主又负债累累，但时任银行财团负责人的摩登载仍然宣称：“这个赌注的结果要看 20 世纪末欧洲隧道的所有权掌握在谁的手里。”他认为项目能够在 21 世纪初渡过平衡点（Break-even Point），开始赢利。

（二）青函隧道（Seikan Tunnel）

1. 项目概况

青函隧道连接日本本州的青森与北海道的函馆两地，南起青森县（今别町滨名），北至北海道知内町汤里，主隧道全长 53.85km，其中海底部分 23.3km，陆上部分本州一侧为 13.55km，北海道一侧为 17km。主隧道宽 11.9m，高 9m，断面 $80m^2$。

青函隧道除主隧道外，还有两条辅助隧道：一条是调查海底地质用的先导隧道，另一条是搬运器材和运出砂石的作业隧道。位于本州岛端起 13km 处及 41km 处设有 2 座海底车站：龙飞海底站及吉冈海底站，平时为隧道保守用基地，若遇隧道内发生紧急状况时，可由这两处迅速将人员疏散，以避免发生重大灾难。

2. 项目作用

（1）交通上，青函隧道是日本列岛改造计划重要内容之一——打造全国高速铁路网（即实现日本任何两个城市之间，列车行车均不超过 2h）的最重要一环。青函隧道的建成，实现了贯穿南北的铁路大动脉，使国内铁路交通得到极大改观。原本从青森到函馆，海上轮渡需要 5h，而且每年到了台风季节都要中断航运 80 多次，两大主岛之间的交通十分不便。北海道的经济发展因此受到了严重制约。隧道通车后，青森到函馆列车只需 50min 就可到达，高速火车更是 13min 便可穿越隧道过海。日本首都东京与北海道首府札幌之间，原来的普通列车运行时间需要 17h，现在高速铁路运行时间缩短了近一半，只需 8h。跨海通道的建成，使得时间距离和经济距离大大缩短，在无形中为日本民众带来了显著的便捷，节约了时间，创造了巨大的时间价值。

（2）改变了运输格局，优化了物流体系。日本跨海通道的建设，将原本相隔的岛屿或两地，跨越海峡天堑，通过陆路相连接，同时与日本国内的铁路和公路网络联系在一起，共同构筑了一个广阔纵横、四通八达的交通网。这为其人员、物资、信息等各个方面的快速流动，提供了良好的硬件基础。遍布沿海各地的跨海大桥和海底隧道，加上发达的高速公路、高速铁路新干线系统，使日本全国形成了一个巨大的物流运输系统。

（3）增强落后地区的经济活力，促进日本国内经济的均衡发展。长期以来，日本的区域经济呈现出一种“集中于一极”的现象，区域发展很不均衡。例如日本的北海道地区，其经济发展长期落后于“三湾一海”地区。青函隧道的建设，加快了北海道的开发步伐。大规模的建设投资，极大地促进了北海道地区的经济发展，增强了其地区活力。更重要的是，通过青函隧道，北海道的矿山、钢铁、造船、渔业、粮食等产业，能够自由地实现与本州和日本其他地区的交流，北海道的资源优势得以充分发挥，基础产业得到持续发展，成为日本重要的粮食、能源基地和旅游休闲胜地。这不仅在短时间内迅速改变了北海道地区经济落后的面貌，而且对战后日本经济复兴以及促进全国经济均衡发展和国土均衡开发起到了重要的推动作用，成为世界各国落后地区经济开发史上的经典之作。

基于此，青函海底隧道不仅是日本工程技术发展的象征，更是以国家社会资本投入带动地区经济发展的典范。

3. 项目特点

（1）施工过程异常艰难

作为世界上最长的海底隧道，青函隧道在修建过程中克服了难以想象的困难，从最初的考察选址到最后的建成通车，整整用了 24 年时间，共耗资 6 890 亿日元，折合 27 亿美元，平均每公里逾 5 000 万美元。1964 年 5 月，青函隧道开始挖调查隧道。经过 7 年的各种海底科学考察，专家们才最终选定了安全的隧道位置，并于 1971 年 4 月正式动工开挖主坑道。经过 12 年的施工，

1983 年 1 月 27 日，青函隧道的先导隧道终于打通。1988 年 3 月 13 日，青函隧道正式通车，从而结束了日本本州与北海道之间只靠海上运输的历史。

主隧道自 1971 年动工兴建以来，由南北两支各 1 800 名工程技术人员和工人组成的挖掘队同时凿进。13 年来，他们夜以继日，轮番作业，每天 24h 从未间歇。在 28℃的气温和 80% 的湿度下工作，每 4h 必须轮换一批人员，每小时挖掘的进度只能以几英寸来计量。

由于工程极其复杂，施工条件又非常差，自隧道动工以来，共有 33 名工人丧生，1 300 人伤残。隧道两度被海水淹没，第一次发生在 1969 年，海水将岩缝冲大，每分钟涌入 11t，水在斜井里上升了 150m。工人们花了近 5 个月时间将积水抽出，后来在整个隧道周围灌上一层厚达 4.5m 的水泥浆，并用钢板把岩缝堵住。1976 年，海水再次以每分钟 70t 的流量冲入供应隧道，工人们又足足奋斗了 5 个月才控制住这次水害。仅受 1976 年这一次水害的影响，整个工程的工期至少被推迟了两年。

（2）隧道工程极为重视安全因素

海底复杂的地质断层和软岩构造，致使隧道在修建过程中曾出现多次严重渗水事故，其中一次仅排水就用 150 多天。为此，青函隧道创造了多项防止隧道漏水等先进技术。为确保列车的准时、高速、安全运行，在函馆设指令中心，对列车的运行实施监控，还在隧道内建有 2 座避难车站和 8 个热感应点，装有火灾探测器、自动喷水灭火装置、地震早期探测系统、漏水探测器等设备。一旦发生危险，列车可迅速就近驶入避难车站，乘客可通过两侧能收容上千人的避难所或倾斜坑道脱离险境。

据统计，虽然修建过程中发生多次严重事故，也曾造成重大人员伤亡和经济损失，但是自隧道通车以来，尚未发生过一起安全事故，确保日本民众的人身和财产安全。其发挥的安全效益无法用数字来估量。

三、国内外隧桥结合工程概况

（一）东京湾隧道

1. 项目概况

东京湾隧道，又称为东京湾“Tokyo Bay Aqua-Line”，是一条横跨日本东京湾的高速公路，由海底隧道与跨海大桥结合而成，衔接神奈川县川崎市与千叶县木更津市，全长 15km。整条公路启用于 1997 年 12 月 18 日，工程总造价为 104 409 亿日元。

全线靠近川崎的一边，是长 9.6km 的海底隧道；而靠近木更津的一边，则是长 4.4km 的高架桥。两者的中央衔接处是一座人工岛，称为“海萤”（正式名称为“木更津人工岛”），岛上设有休息站；另外还有一座较小的人工岛（正式名称为“川崎人工岛”），是隧道的通风口。

2. 工程作用

（1）交通上，东京湾横断道路工程的建成通车，把西面的神奈川县（川崎市）和东面的千叶县（木更津市）连接在一起，同时也把东京的几条重要的干线公路——东京湾海岸公路、东京外围环形公路、首都中央联络汽车道路和东关东汽车道路等联成一体，编织成一个广阔畅通的干线公路网，形成一个庞大的“三小时经济圈”，一日之内可以自由来往于京滨工业带内的任何一个城市。

（2）扩大了都市圈的范围，促动了区域经济的一体化发展。东京湾公路隧道，跨越东京湾，把东京西面的神奈川县和东面的千叶县，通过发达的公路交通网络连接在一起，大大拓展了东京经济圈的区域半径和辐射空间，形成了一个总人口超过 2 000 万人的大东京都市圈。如同青函隧道的建成，则将本州岛上的青森和北海道岛上的函馆联成了一体，增强了两地的经济贸易合作，形成了一个独特的青函经济圈。

（3）推动了日本旅游业的快速发展。跨海通道的修建，为旅客节省了旅行时间和旅行费用，提高了旅行的舒适和安全程度，为周边地区旅游相关产业的发展提供了得天独厚的机遇和条件。另外，大桥和隧道工程本身，也成为该地区的地标性建筑，成为宝贵的旅游资源，推动了旅游业的发展。

（4）东京湾桥隧道路中的木更津人工岛，不仅将跨海大桥和海底隧道连接在一起，而且同时也是一座集停车、旅游、餐饮、娱乐等各种服务设施为一体的建筑物。人工岛总建筑面积 3.8 万平方米，大型商场和酒吧娱乐、休闲设施应有尽有，参观旅游者络绎不绝，特别是夜间灯火通明，被日本人称之为“海上萤火岛”（海萤），成为日本一个奇特的海上旅游景点。目前的参观客车流量已超过 1 万辆 / 天，而远期目标则是 5.3 万辆 / 天，其旅游价值极为可观。

3. 工程特点

东京湾跨海道路投资建设采用了日本收费公路的事业模式。根据日本颁布的“东京湾横断道路建设特别措施法”，由民间、地方公共团体及日本道路公团出资成立了东京湾横断道路株式会社。由该会社担负资金筹措、调配、建设、管理，所建道路完成后由道路公团所有，公团负责对外调整，开通后收费经营并将长期分批向社会支付贷款。政府通过建设大臣对建设过程与建成收费进行认定。

木更津人工岛是一座现代隧道和高架桥以及大型停车库和旅游、餐饮、娱乐等各种服务设施融为一体的建筑物。在此登高远眺，四周都是碧蓝的海水，仿佛置身于一艘巨大的海船，令人心旷神怡；每当夜幕降临，岛上灯火通明，景色怡人。

东京湾跨海横断道路以其惊人的工程跨度、巨大的投入、一流的技术跨陆地、越海洋，将自然景观与和谐环境及形象的功能融为一曲高技术的交响乐，令世人赞叹。但在人们赞叹的同时，由于造价高昂，且无法实现预期的经济效益，该项工程也频频遭受人们的质疑。

（二）厄勒海峡连线

1. 工程概况

厄勒海峡连线，是由丹麦、瑞典两国合资兴建，横穿厄勒海峡，连接丹麦首都哥本哈根和瑞典第三大城市马尔默的一条交通线，全长 16km，由西侧的海底隧道、中间的人工岛和东侧的跨海大桥三部分组成（图 1–4、图 1–5），其中海底隧道长 4 050m，宽 38.8m，高 8.6m，位于海底 10m 以下，曾是当时世界上最宽敞的视管隧道之一，矩形断面包含双向火车道和双线火车道。中间的人工岛长 4 050m，将两侧工程连在一起。东侧的跨海大桥长 7 845m，上为 4 车道高速公路，

图 1–4　厄勒海峡大桥

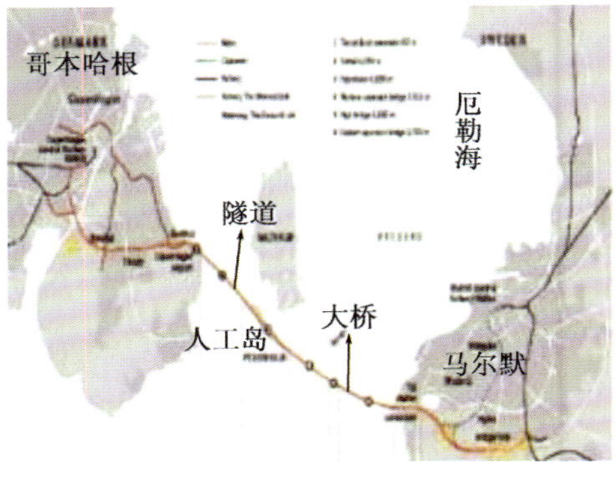

图 1–5　厄勒海峡大桥示意图

下为对开火车道，共有 51 座桥墩；中间是斜拉索桥，跨度 490m，高度 55m，曾是当时世界上承重最大的斜拉索桥。该桥于 1995 年 11 月正式启动修建，2000 年 7 月 1 日正式通车，总共耗资 200 亿丹麦克朗（约合 27.5 亿美元）。

2. 项目作用

（1）交通上，厄勒海峡大桥的通车，使瑞典和丹麦人民百年梦想变成了现实。丹麦的哥本哈根市与瑞典的马尔默隔厄勒海峡相望，是 20 世纪最繁忙的水道之一。厄勒海峡的通车，实现了两国间有一条固定通道的梦想，改变了传统上对于水路和空路的依赖；使得两国居民可以更安全、更舒适、更便捷的方式来往于海峡两岸，同时也令一种新的生活和工作方式成为现实：住在一边，而工作在另一边，享受到高工资和低房价的双重优势。

（2）区域经济发展上，得益于厄勒海峡大桥的建成通车，一个横跨丹麦和瑞典的新经济区域——厄勒地区（Oresund Region）逐渐成形。这个地区包括瑞典南部地区和丹麦东部地区，面积 2.1 万平方公里，人口 360 万。在哥本哈根—马尔默城市群的方圆 100km 之内，世界级的文化盛宴，娱乐设施和项目，自然人文观光，以及体育赛事，人们可以自由选择。厄勒海峡周边地区分布着数量众多的大学和高等学府，由于厄勒海峡隧道的建成，往返于各个大学变得更加便捷，使得学生的选择余地和选择范围更大，大学之间的良性竞争提高了各个大学的办学效率。目前，该地区的大学共接纳了 14 万学生，而一举成为欧洲最大最负盛名的教育中心之一。同时，便捷的交通使得各个大学之间的交流合作更为频繁和便利，更利于各个大学互通有无、相互促进提高，从而使得厄勒地区成为欧洲最为活跃的技术研发中心，特别是在环境科学、生物技术、医疗药物等领域。

目前一些因素的存在也阻碍了大桥效益的充分发掘。例如，过桥费过高以及限速过严，使得一部分驾驶者宁愿选择轮渡过海。另外，该地区分属两个国家，使用不同的货币（丹麦和瑞典均未加入欧元区），使得该地区的商业和旅游等行业无法得到充分的发展。

3. 工程特点

（1）融资模式上，厄勒海峡隧道是通过债券、贷款和一定的国际货币市场融资来为项目融资的。项目的所有者和运营者 Øresundsbro Konsortiet 公司为瑞典和丹麦两国投资的联合企业，其为项目融资所发行的债券由各自国家的政府提供担保。

（2）对于安全性的高度重视。厄勒海峡的运营主体 Øresundsbro Konsortiet 公司采取多项措施和先进技术来保证行驶车辆和乘客的安全。在工程修建过程中，对于安全性的重视主要体现在风险控制方面上，通过鉴定各个类型的风险源，包括人员安全、工程安全、环境安全和经济安全，来保证项目的顺利推进。这种重视态度在项目完工后得到了延续和加强。运行主体不单在大桥和隧道周边地区设置更多的警示标示，以提供驾驶员防范潜在的危险，而且通过采用多项技术措施来保证全程通行的安全。例如，严格禁止超重车辆的行驶，对驾驶速度进行严格限制，通过 SCADA（Supervisory Control and Data Acquisition，监督控制和数据获取设备）和 CCTV（Closed Circuit Television，闭路电视系统）对道路状况实施全程实时监控，保证安全。同时，声控设备、红外探测仪、自动报警系统、自动火警检测系统和紧急电源系统的采用，以及瑞典和丹麦两国在紧急救援方面的通力合作，都使得大桥的安全保障进一步加强。

（3）高度重视环境。厄勒海峡大桥的总体任务是：在尽可能少影响环境的基础上，提供便捷、舒适、安全的交通设施。因此在大桥的修建和运营过程中，工程人员都极为重视对环境的保护。为遵从瑞典和丹麦两国严格的环保法律，大桥在设计之初就制订了系统的环境保护条例，并在修造过程中始终恪守。例如，中间的人工岛基本上是采用隧道挖掘过程中产生的土石堆积而成，减少了海洋环境的影响；同时在修建过程中，时刻监测海洋生物的生存状况。运营过程中，始终密切关注能源、水资源和消费用品的使用和排放，从而将隧桥对于周边环境的影响降到最低。为此，项目方还专门邀请专业机构开展对人工岛的环境专项研究，结果表明：人工岛附近存在一个近乎自然的生态系统，包括贝类、藻类以及甲壳类生物，这些生物都“乐在其中”。这说明大桥环保措施总体上是卓有成效的。

四、国内外隧桥建设情况分析

（1）在修建和运营过程中，政府均发挥了重要作用。如日本收费公路的事业模式，政府在其中发挥了巨大的带动和协调作用。即使是宣称完全采用私人资本投资和运作的英吉利海峡隧道，当项目出现财政危机后，英法两国政府在各方矛盾的协调过程中发挥了关键作用，并以提供间接信贷支持的方式帮助项目安然渡过危机。

（2）极为重视项目的安全性。几乎所有的重大工程均位于交通要道、咽喉之地，对于安全性的考虑，其最终目的是保证人身安全和工程进度。由于复杂的修建和运营环境，任何小小的疏忽或者遗漏，都可能造成重大的人员和经济损失，造成工程的长期延误和交通中断。也正因为如此，这些工程均将安全性摆在首要位置，既为“效率”也为“人本”。

（3）愈发注重工程与环境的协调性。无论是发掘过程中产生的土石，还是浇筑过程中产生的废弃物，抑或运营过程中产生的垃圾，项目方均注重对它们的回收和妥善处理，努力筑造“环境友好型”工程。在实现环保的同时，设计师越来越多地引入景观设计的概念，特别是对于大桥和隧桥工程：美学和工程学的统一，使得这些工程成为当地的新地标；带给人们便利的同时，也带给人们生活的享受。

（4）系统的、全面的前期地质勘探和技术论证，可以更好保证后期的修建进度和质量，为今后的修建和维护奠定良好的基础。在一些重大工程上，“磨刀不误砍柴工”的典故体现得更加明显。无论是英吉利海峡隧道、厄勒海峡大桥，还是东京湾隧道工程，其百年辉煌的铸造，一定程度上要归功于几年或十几年地质勘探和技术论证工作。

（5）在项目工期和预算平衡方面，国内的工程要优于国外的工程。国内的工程，借助政府主导与市场化运作的优势互补，能够实现工程快速推进，从而间接保证工程预算平衡。而国外的重大工程，更多依赖于市场化运作，政府的主导作用不足，因此项目各方的矛盾经常致使项目停滞，加上技术和财务上的不确定性，经常面临预算的超支。例如东京湾隧道工程与英吉利海峡工程，由于受修建时间长和设备价格上涨的双重因素影响，最后的修建成本远超起初的预算，因此也广受批评。

第三节　上海城市及桥梁、隧道建设历程

上海地处江南，水网较为密集，苏州河、黄浦江蜿蜒于城市中，为城市增添了灵气与韵味。但是河流的阻碍也限制了经济社会的发展，上海的几次大发展在某种程度上是对苏州河、黄浦江的跨越，如外白渡桥、南浦大桥、杨浦大桥、延安东路隧道、复兴东路隧道的建设，一定意义上带动了浦东的开发开放。而长江隧桥建设是上海开发崇明，跨越长江发展的信号。

一、上海大桥工程建设发展历程

上海桥梁隧道建设的发展变迁，配合着城市的脉动，是上海经济社会发展的重要体现。浦东因黄浦江的阻隔，经济社会发展大大落后于浦西，“宁要浦西一张床，不要浦东一间房”就是当时的写照。为此，上海市政府规划建设隧道、大桥等越江通道，改善浦东的交通条件，使浦东发展活力大幅释放，成为上海经济发展的增长点。

自 20 世纪 80 年代末期以来，上海市政府通过贷款和利用外资，筹集了大量建设资金，先后兴建了南浦、杨浦、奉浦和徐浦大桥以及延安东路隧道。这些越江工程的建设，解决了过江难问题，将浦东浦西连成一体，为浦东开放开发创造了良好的基础条件。南浦和杨浦大桥等在交付使用后不久，车流量就超过了设计标准，在高峰时因设卡收费而造成车辆拥堵现象。为进一步改善上海的投资环境，推进浦东新一轮的发展和城市功能的发挥，上海市政府决定自 2000 年 5 月 1 日起，取消黄浦江上的大桥、隧道设卡收费。

自苏州河外白渡桥起，上海桥梁建设技术始终在不断进步与超越，无论是桥梁的结构形式、建设速度、建设质量，还是功能、数量等方面均处于领先水平。不论是我国第一座大型斜拉桥南浦大桥、“世界第一拱”卢浦大桥的建设，还是我国第一座外海跨海大桥东海大桥以及世界最大的隧桥结合工程长江隧桥工程，这些工程无不蕴涵了科技创新的成果，昭示着经济、社会、技术的不断发展变化。

1. 苏州河桥

解放前的上海，经济重心集中在苏州河南岸，苏州河制约了两岸的通行，阻碍了经济社会的发展进步。为此，跨河建桥，沟通南北两岸成为必然。

苏州河在上海全长 53km 河段上，现有 29 处 31 座桥，俨然成为一座天然的桥梁博物馆。苏州河桥梁形式各异，材料多样，按结构形式分，有拱桥（如福建路桥）、钢桁架桥（如外白渡桥）、梁桥（如江宁路桥）；按材料分，有钢结构（如浙江路桥）、混凝土结构（如恒丰路桥）、钢筋混凝土结构（如四川路桥）等。

溯流而上，苏州河上的桥梁可分为三大段。东段从外白渡桥到西藏路桥，大都已是百年历史，始建于 20 世纪初。乍浦路桥、四川路桥、河南路桥、西藏路桥 4 座典型的欧式风格的桥梁，与两岸建筑十分协调。中段从乌镇路桥至长寿路桥，大多是近些年新改建的桥梁，共有乌镇路桥、新闸路桥、成都路桥、恒丰路桥、普济路桥、长寿路桥 6 座，桥梁强调交通功能，桥体外部线条简洁明快。西段从昌化路桥至中山西路 3 号桥，大多为新中国成立后数十年里所建。昌化路桥、江宁路桥、西康路桥、宝成路桥、武宁路桥、曹杨路桥、校园桥、凯旋路桥、中山西路 3 号桥，共有 9 座桥，因为受限于当时的经济政治因素，桥型结构较为简单，造价也相对低廉。

2. 外白渡桥

闻名中外的外白渡桥是旧上海的标志性建筑之一，处于苏州河下游河口，位于黄浦公园西侧，位于中山东一路，东大名路之间的苏州河河段（图 1–6）。

第一代外白渡桥——“威尔斯桥”：建于 1856 年的木桥，由供职于怡和洋行的英国人威尔斯和宝顺祥行的韦韧、霍梅等 20 人凑资建起的“苏州河桥梁公司”（中国有史以来第一家以桥梁建造为主的公司）投资建造的。桥长 137.25m，宽 7.015m，中间设活动桥面，船只驶过时须起吊。

第二代外白渡桥——花园桥：建于 1876 年，在威尔斯桥近侧造了木质浮桥，过桥免费，百姓直呼为“外摆渡桥”。威尔斯桥由工部局收购后拆除。

第三代外白渡桥 1870 年建成，是上海第一座钢铁结构桥，跨度 52.16m，宽 18.3m，是上海市区连接沪东的重要通道，过桥人流量、车流量很高。据 1987 年的交通测试显示，当时每昼夜外白渡桥

图 1-6　外白渡桥

交通流量就已达到 2.7 万辆次。钢桥建成之后，经历 40 多年从未大修。1945 年抗战胜利后，桥台发现裂痕，随即以重浇捣混凝土进行排险处理。解放后，大桥又进行了多次全面测试检验，工程人员对维修养护作了科学研究，先后曾进行了 9 次大修。2008 年 2 月 29 日，已有百年历史、闻名于世的外白渡桥，于 3 月 1 日起封闭交通，择日整体移入工厂进行大修，一年以后修复，可再使用 50 年。目前，大桥已修缮一新重新投入使用。

3. 黄浦江上大桥飞架

1971 年，松浦大桥开始动工建设，1975 年铁路桥通车、1976 年公路桥通车，改写了黄浦江无大桥的历史。至 2005 年黄浦江已有 7 座大桥飞架，由此实现天堑变通途（表 1–1）。

20 世纪 90 年代，党中央做出开发开放浦东的决策，此时贯通市区浦江两岸成为浦东开发开放的必要条件。为彰显城市发展风采，展示上海城市发展魅力，上海市在市区修建了南浦、杨浦、卢浦三座大桥。南浦大桥、杨浦大桥一起构成内环线上的两个过江枢纽，对缓解目前黄浦江越江交通紧张状况和促进浦东地区的开发、开放具有重要意义。卢浦大桥是上海世博会的主轴线，成为浦东经济发展的新热点。三座大桥的施工质量和施工速度达到了一流的水平，这在世界造桥史上是很少见的。它的建成完工引起国内外同行的瞩目，受到国际桥梁专家的高度赞扬。

黄浦江七桥信息统计表　　表 1–1

大桥名称		建成时间（年·月）	全长（m）	全跨（m）	主桥（m）	主桥塔	桥结构	车道数	投资（亿元）
市区	南浦大桥	1991.12	8 346	423	846	“H”形，150m	双塔双索面、叠合梁斜拉桥	6	8.2
	杨浦大桥	1993.10	7 654	602	1 172	倒“Y”形，塔高 208m	双塔双索面、叠合梁斜拉桥	6	133
	卢浦大桥	2003.6	3 900	550	750		钢结构拱桥	6	20
郊区	徐浦大桥	1997.6	6 017	590	1 074	“A”形，217m	斜拉桥	8	
	松浦大桥	1976.6	1 858.45				连续钢桁架结构		
	奉浦大桥	1995.10	2 201.8				大跨度预应力混凝土连续梁桥	4	4.46
	松浦二桥	2005.12	1 000	398			连续梁	6	

南浦大桥是上海市区第一座跨越黄浦江的大桥，是我国自行设计、自行建造的双塔双索面、叠合梁斜拉桥，建成于 1991 年 11 月。大桥总长 8 346m，其中主桥全长 846m，为一跨过江的双塔双索面叠合梁结构斜拉桥。大桥在两岸各设一座 150m 高的“H”形钢筋混凝土主塔，桥塔两侧各以 22 对钢索连接主梁索面，呈扇形分布。桥下可通行 5 万吨级巨轮。主桥总宽度为 30.35m，设置机动车道 6 条，两侧各设 2m 宽的观光人行道。

浦西引桥长 3 754m，采用复曲线呈螺旋形，上下三环分岔，衔接内环线高架路、中山南路和陆家浜路。浦东引桥长 3 746m，采用复曲线呈长圆形，与浦东南路相连并直通杨高路。南浦大桥也是上海道路内环线的过江枢纽。南浦大桥设有观光电梯，游人可乘电梯上桥观光。大桥主塔的上横梁上，镶嵌着由邓小平同志题写的桥名。南浦大桥是一座现代化桥梁，它犹如一架横卧的竖琴，其规模在当今世界同类桥梁中位居第三。大桥的总投资为 8.2 亿元人民币，建设周期为 3 年。南浦大桥规模之雄伟，工艺之严格，技术之复杂，施工难度之高，建设周期之短，是我国桥梁建设史上少有的，在世界桥梁建设史上也不多见。南浦大桥的顺利通车，杨浦大桥和徐浦大桥、奉浦大桥打下了良好的基础（图 1–7），短短几年中先后有五座大桥横跨浦江。上海浦东正发生着日新月异的变化，越来越多的海内外投资商将资金投向这片热土，便利的交通环境使浦东的腾飞添上翅膀。

图 1–7　南浦大桥和杨浦大桥

南浦大桥创造的全国之最：（1）南浦大桥是我国自行设计、自行建造的第一座双塔双索面、叠合梁斜拉桥。（2）主桥桥面的钢框架共有 438 根钢梁，其中一根质量为 80t，制作钢梁用的钢板，最厚的达 80mm，其质量、厚度在钢结构中是全国之最。（3）拼装钢框架用的 10 多万套高强度螺栓的直径达 30mm，螺栓之大，是我国建桥史上前所未有的。（4）大桥主桥桥面是用 180 根钢索“吊”在桥塔上的。其中最粗的一根钢索是用 265 根直径 7mm 的高强度钢丝绞合而成，直径 146mm，质量为 21t，均为全国第一。它长达 223m，180 根钢索都是用千斤顶拉后固定在主塔上的，每个千斤顶的拉力达 6 000kN，也是全国之最。（5）南浦大桥的通航净空高度为 46m，在我国桥梁中首屈一指。

二、上海隧道工程建设发展历程

在上海城市建设中，隧道与大桥相比，具有节约土地、动拆迁少、不影响通航能力等优点。随着经济实力、科技的进步及建设经验的积累，隧道的可建造深度和长度在不断增加。自打浦路隧道建成通车后，上海修建的隧道还有外环隧道、翔殷路隧道、军工路隧道、大连路隧道、延安东路隧道、人民路隧道、复兴路隧道、上中路隧道等。

1. 打浦路隧道

上海打浦路隧道是我国大陆第一条采用盾构法施工的双向两车道水下车行隧道，始建于 1965 年，1970 年通车，全长 2 736m，工程竣工决算为 8 357.9 万元。获得“江中段圆形隧道不附加气压盾构全闭胸施工法”、“矩形隧道连续沉井施工法”、“装配式钢筋混凝土管片”和“长隧道等量通风试验研究”4 项科研成果，荣获 1978 年全国科学大会奖。打浦路隧道属战备紧急工程，实际上为边设计、边试验、边施工；同时，受限于当时的历史条件和技术水平，隧道在设计和施工技术上存在一些不足，隧道中段沉降不均，隧道内坡度较大。

隧道建成后对沟通黄浦江两岸交通运输发挥了重要作用。从 20 世纪 70 年代初开放运营到 80 年代末期，打浦路隧道承担着全市过江车辆总量的 43%，至今实际流量仍保持在每小时 1 300 辆次。据统计，30 年来打浦路隧道共通行过往车辆逾一亿辆次（图 1–8）。

图 1–8　打浦路隧道入口处

2. 延安东路隧道

上海市延安东路越江隧道南北线工程分别建成于 1996 年与 1988 年。每条隧道各为单项双车道，长度分别为 2 207m 与 2 261m，是上海连接浦东与浦西，跨越黄浦江的一条主要道路，由南北两条隧道组成，共 4 条行车道。隧道浦西出口位于延安东路福建路口，浦东出口则位于陆家嘴银城中路路口，直接连接世纪大道，道宽 7.5m，高 4.5m。主隧道 2 476m 圆形隧道掘进采用国内首创的 11.3m 超大型水力机械出土式网格盾构，穿越江底浅覆土层和建筑群。圆隧道衬砌采用拼装式，预制的高精度钢筋混凝土管片尺寸精度小于 ±1.0mm。隧道采用新颖的接缝防水材料，实测施工隧道渗漏水量级为 0.642L/（m^2·d），达到国际先进水平。大断面深竖井施工采用自行研制的钻吸机掘削施工不排水下沉，为国内首创。矩形暗埋隧道采用多层钢支撑地下连续墙围护深基坑施工技术，2 号井施工开发应用地下连续墙围护混凝土内衬逆筑工法。延安东路隧道施工技术成果于 1992 年获上海市科技进步一等奖，1993 年获国家科技进步二等奖；北线隧道荣获 1991 年度国家金质奖及“上海市 1949~1989 年十佳建筑”称号，南线隧道荣获 1999 年度国家银质奖。

3. 复兴东路隧道

上海复兴东路隧道始建于 2001 年 10 月，2004 年 9 月通车，西起浦西复兴东路、光启路，东至浦东张扬路、崂山东路，全长 2 785m，总投资 15.9 亿元，是上海又一项采用社会招商的方法建设的越江工程。

复兴东路隧道是我国第一条双层、双管越江隧道，也是世界上第一条建成通车的双层隧道。它采用国际罕见的双层、双管设计方案，大幅提高了隧道空间的利用率，达到了“投资增加不多，空间增加不少”的目标。同时，复兴东路隧道还处处体现了“以人为本”的设计理念，汲取了挪威拉达尔隧道运用“蓝光调整段”的特殊光照设计减轻驾驶员视觉疲劳的成功经验，将隧道的两侧护板改成了乳白色卡索板，顶部改成深蓝色的防火板，从而创造了一个很好的视觉空间，使驾驶员行车时不会感到压抑。此外，复兴东路隧道还在南、北两条隧道之间打通了4条联络通道，一旦发生火灾和险情，人员可以从一条隧道立即疏散到另一条隧道紧急逃生；隧道内共设置了40台大型射流风机和6台轴流风机，进行送风和排风，确保隧道内空气清新；考虑上下层隧道的特殊防火要求，隧道内还设置了120组消火栓和160组自动水喷雾喷头，每隔30m一组，一有险情，喷淋系统会自动打开；隧道内同时设置了112部紧急电话，发生险情，可直通中央控制室采取紧急措施。

第四节　工程建设的可行性

一、上海长江隧桥工程建设的必要性

1. 国家发展战略需要

20世纪90年代，国家确定了"T"形开发的国家大战略，即沿海与沿江大发展战略。综观长三角，东西联系较为紧密，南北则由于长江、杭州湾等天堑的阻碍，交通不畅，南北差异显著，南通更是有"南通不通"之惑。随着苏通大桥、杭州湾大桥的通车，南北交通联系状况有了较大程度的改变。但处于"T"字交叉处的长江口岸仍是交通的盲点，自南通至上海还要绕道苏州，从崇明到上海还要通过轮渡。为此，建设跨越长江口的越江通道作为国家发展战略被提到议事日程中来。

2. 区域协调发展需要

交通干线是经济中心城市辐射作用得以实现的前提和条件，对区域经济的发展具有重要的带动和促进作用。处于全国经济发展"T"字形骨架节点位置的长江口地区目前还没有一条越江交通设施，客货流运输主要依靠船渡，经济发展受到交通条件的严重制约。特别是崇明岛及广大苏北地区，紧邻上海却因缺少交通通道而很难从上海的经济辐射中获益，发展远远落后于邻近地区。在长江三角洲，经济发展的重心主要集中于沿沪宁杭甬略呈"Z"字形的交通通道地带，广大苏北地区由于缺乏交通干线长期以来经济发展相对缓慢，特别是与经济中心上海市的交通可达性差，经济互动受到很大制约。

单就江苏而言，就存在着三个发展梯度，苏南、苏中、苏北。区域间的差异固然与历史基础和经济发展环境有较大关系，但在苏南、苏中的差异中，交通不畅的关系不可小视。以长江为界，包括崇明在内的江北地区，与包括上海市在内的江南地区经济发展差异较大（表1–2）。由于长江分隔，江南、江北经济发展差异较大，且差距越来越大。江南与江北相比，上海人均GDP，1990年为3 : 1，2001年则扩大到4.4 : 1，江苏境内则由2.3 : 1扩大至3.1 : 1。为缩小区域差距，促进区域平衡、协调发展，建设长江隧桥成为时代的选择，历史的必然。

2001年长江南北差异比较　　表1–2

指　标	上　海			江　苏		
	江　南	江　北	全　市	江　南	江　北	全　省
GDP（亿元）	4 893.01	57.83	4 950.84	5 446.25	3 951.67	9 511.91
人口（万人）	1 262.4	64.7	1 327.14	2 177.57	4 919.43	7 354.92
人均（元）	38 760	8 900	37 328	24 969	8 033	12 922

3. 城市发展战略需要

上海的南北差异更为明显。地处长江入海口，居中国第三大岛的崇明面积约占上海的1/6，人

口占 1/20，GDP 却不及上海的 1/70，虽位居上海这一具有活力的大都市，但由于长江天堑之隔，经济社会发展水平与上海的平均水平有明显差距。近年来，经济上的差距也表现在与对岸的南通上。1990~1995 年，崇明县人均 GDP 增长 2.6 倍，而江苏海门则增长了 4.4 倍，至 2001 年，崇明与海门的 GDP 差距已低于 44%，在长江口已形成了一个“马鞍形”的发展状况。地处黄金海岸与黄金水道交汇点的崇明成为长三角中的低谷。

由于交通不畅而致区域经济不平衡，既对崇明不利，又对上海四个中心的建设和向北辐射带动作用的发挥不利。城市要发展，交通应先行，长江隧桥的建设成为崇明经济腾飞基础。

二、上海长江隧桥工程建设的可行性分析

上海长江隧桥工程的建设，是国家发展战略的需要，是区域平衡协调发展的需要，是上海新一轮发展的需要，更是崇明发挥优势、实现腾飞的需要。上海长江隧桥工程环境复杂、影响巨大，单以上海而言，很难完全把握。首先，经济全球化的发展使世界的经济联系更为紧密，国际合作不断加强，尤其是大项目的合作交流不断深化，为隧桥建设的科技、理论攻关提供了技术保障。其次，近年来上海建设越江大桥、隧道的实践，积累了丰富的经验，建设施工水平不断提高，拥有了一大批专业技能高的工程人才，也为隧桥建设奠定了基础。

1. 经济可行性——充分的资金支持

（1）上海经济实力雄厚。2007 年，上海市全年实现生产总值（GDP）12 188 亿元，按可比价格计算，比上年增长 13.3%。其中，第二产业增加值 5 675.49 亿元，增长 11.5%；第三产业增加值 6 223.83 亿元，增长 15.2%，占全市生产总值的比重为 51.9%。财政收入快速增长，全年地方财政收入 2 102.63 亿元，比上年增长 31.4%。其中，地方级税收收入 1 975.48 亿元，增长 33.5%。固定资产投资结构不断优化。全年完成全社会固定资产投资总额 4 458.61 亿元，比上年增长 13.6%。其中，建设改造投资 2 775.81 亿元，增长 23.5%。从产业投向看，第二产业投资 1 397.57 亿元，增长 15.2%，所占比重为 31.3%；第三产业投资 3 052.67 亿元，增长 13.1%，所占比重为 68.5%。雄厚的经济基础和资金实力，为上海长江隧桥工程的顺利实施奠定了物质基础。

（2）隧桥建设资金充足。按照 2005 年原交通部批准的有关文件，上海长江隧桥工程的投资规模为 126.16 亿元。根据上海长江隧桥建设发展有限公司与原上海市市政工程管理局签署的专营权合同有关条款约定，上海长江隧桥建设发展有限公司用于建设长江隧桥工程的资金来源为：①上海长江隧桥建设发展有限公司资本金共 50 亿元。其中，由上海市城市建设投资开发总公司与上海公路建设总公司分别按 60%、40%（含原交通部出资 3.25 亿元）出资比例分别出资。②上海长江隧桥建设发展有限公司以专营权合同授予的 G40 高速公路在收费经营期内，公司费用控制在概算之内。雄厚的资本支持和合理高效的融资模式为上海长江隧桥的顺利开工建设提供了保障。

2. 技术可行性——科研、人才

首先，上海科技人才集聚。上海经济实力雄厚，技术水平高，已成为全国的人才高地。2007 年，全市共取得科技成果 2 396 项。其中，属于国际领先的有 180 项，达到国际先进水平的有 761 项。在 2007 年颁布的年度国家科学技术奖励获奖人选和项目中，由上海市牵头和合作的科技成果共有 54 项（人）获奖，占获奖总数的 15.4%，连续第 6 年保持两位数比例。科技创新政策落实力度进一步加大。全年受理专利申请量 4.72 万件，比上年增长 31%。其中，发明专利 1.52 万件，增长 26.2%。全年专利授权量 2.45 万件，比上年增长 47.5%。其中，发明专利 3 259 件，增长 23.3%。54 个重大科技攻关项目完成专利申请 1 084 件。其中发明专利 825 件。同时，近年来大型工程（如东海大桥等）的建设，使科技人才掌握了大量的实践经验，为上海长江隧桥的建设提供了人才支持。

其次，隧桥建设多方参与，科研创新。上海长江隧桥工程科技含量高、施工工艺要求高、工程施工风险高，集“投资规模大、隧桥线路长、挖掘地点深”等国内外不少施工记录为一体，这对项目技术和研发提出了极高的要求。上海长江隧桥工程引进国外的先进技术、设备（如盾构）与自主研发创新相结合，解决了施工建设与管理上的难题，保障了工程项目的圆满成功。

（1）前期多次研究，确定隧桥走向。1993 年 5 月，长江隧桥的前期研究工作起动，由国家原科委副主任主持召开了“长江口越江通道越江工程重大技术经济问题前期软课题工作会议”。自此，国家及上海开展了一系列相关研究，涉及桥梁、隧道、交通、地震、气象、港口、航道、河口、工程地质和城市规划诸方面。直到 2002 年 12 月，国家原计划委员会下达了经国务院批准的项目建议书，上海长江隧桥（崇明越江通道）工程正式立项。项目批准立项范围为：东线越江通道的上海市陆域—长兴岛—崇明岛越江段范围。2004 年 7 月，国务院常务会议通过该项目的工可审批。通过科学论证，工程方案于 2005 年 5 月通过国家审批，核定工程建设投资 126 亿，采用南隧北桥组合方案。上海长江隧桥工程于 1993 年起开展研究，2004 年下半年完成初步设计，2004 年 12 月 28 日正式启动，2005 年 5 月通过国家审批。整个论证与立项过程历经约 12 年，期间从国家到地方、国内外专家都参与了该项工作，为上海长江隧桥工程开工奠定了建设的基础。

（2）推进重大科研项目，将成果应用于工程。针对上海长江隧桥工程高风险、高难度、规模大、技术复杂的特点，本着“依靠科技进步，创建精品工程，加快工程建设”的原则，建设公司调动施工单位、设计单位和科研院校的科研力量，结合工程建设的实际情况，开展了一系列科研活动，如组织实施市科委科技“登山”项目、组织实施国家 863 科技攻关项目等，为工程的建设管理、工程设计、工程施工提供了技术支撑。在工程建设中，多项科研成果得以运用，发挥重大作用。应用于隧道的科研成果主要有 11 项：结构全寿命耐久性技术研究，高水压条件下衬砌接缝防水适应性的研究，管片衬砌结构设计方法研究，长大隧道火灾烟气控制技术研究，结构被动防火技术研究，超大直径、超长距离推进盾构机选型及加工制作，盾构机进、出洞技术研究，盾构机开挖面稳定研究，单液同步注浆对成形隧道纵向变形控制，泥水处理，道路同步施工等。应用于大桥的成果主要有 15 项：桥墩基础冲刷分析与试验研究，基础防撞研究，主航道桥抗风性能研究，结构抗震性能研究，大跨度钢—混凝土组合连续箱梁关键技术研究，混凝土耐久性设计方案研究，主航道桥阻尼装置应用研究，索塔、索梁锚固系统的数值分析与试验研究，大桥合理刚度及列车走行性，轨道交通无缝线路设计，主通航孔桥施工关键技术，70m 箱梁施工关键技术，105m 钢—混凝土组合梁施工关键技术，特大型工程项目信息化管理系统和数字化隧道技术。

（3）集聚建设精英团队。上海长江隧桥工程成功地将先进的知识、技术、信息，有机地运用到工程建设中。一支优秀的建设团队，是确保工程建设整体质量、公司运行整体效率和降低工程施工的基础。

①国内外合作建设。指挥部会同长江隧桥公司，在工程建设的管理上，创新思维，以吸纳最优参建力量为导引，创造条件构建强强联合的国际施工团队：在技术咨询上，签约引进了美国的茂盛公司和丹麦的科威公司等具有国际知名度的咨询公司；在工程重要设备配备上，选购了具有国际一流水平的德国海瑞克公司的盾构；在施工上，中标的是当时国内唯一掌握“长距离大直径隧道盾构推进”这一类似技术的上海隧道工程股份有限公司。

②汇聚国内最强阵容，打造品牌工程。指挥部会同长江隧桥公司，在招投标工作中将投标队伍是否具备在重大工程建设中打“大仗、硬仗和高科技仗”的实战经验列为重要条件和标准，根据国家规定进行工程招标，对投标的施工企业好中选优。入围中标的单位都为国内知名大型施工企业和上海著名施工企业，形成了颇具声名的“国家队”施工阵容。

③塑造职业管理机构，实施专业管理。组建了一支经历重大工程实战锻炼、具有丰富实战经验

的职业化管理队伍，他们不仅为上海长江隧桥工程及时、全面地注入了工程管理和建设的经验、技术，同时也全面引入了“洋山精神”等重大工程建设的优良作风和职业素养。公司还针对工程建设的特点，引进、吸纳了隧道工程建设方面的专业技术人才，组建起了一支高素质的工程技术、管理者队伍。

④高素质的专家顾问团队。2006 年 1 月，经长江隧桥工程建设指挥部研究决定，聘请了十五位著名桥梁和隧道专家，组成长江隧桥工程技术顾问组，对工程实施过程中的重大技术问题给予理论支持、技术指导和咨询服务；同时，邀请顾问组参与重大技术方案的论证、重大施工方案的审查以及重大技术问题的处理，确保工程建设的优质、安全。

（4）开发信息管理系统，提高信息效率。公司委托开发了上海长江隧桥工程管理信息系统，建成一个以建设单位项目管理为核心，各参建单位协同工作，满足上海长江隧桥工程建设全过程、全方位管理需要的集成项目管理信息系统。系统已经覆盖到主要的参建单位，各主要业务模块，如进度控制、质量控制、施工管理、合同管理、设备管理等数据保持与工程建设同步，及时反映工程建设动态信息，提高信息沟通效率和透明度，为运行养护提供资料准备。值得一提的是，目前盾构施工的各项动态技术参数，在工程指挥中心同步反映，强化了指挥部对工程施工的整体掌控。

第五节　上海长江隧桥建设对上海经济社会发展的意义

长江隧桥工程建成后，不仅从根本上改变上海市区与长江三岛交通不便的状况，为三岛开发创造便利交通条件，还将为完善长三角地区路网结构、推动长三角地区经济一体化均衡化发展奠定基础，同时还有助于国家沿海大通道的完善和国防建设。

一、对长三角地区区域一体化进程的推动

1. 有助于缓解同三线交通压力，完善长三角路网建设

同三国道又称沿海大通道，为交通运输部规划的 2020 年国道主干线五纵七横中的一纵，其走向为同江—哈尔滨—长春—沈阳—大连……烟台—青岛—连云港—上海……宁波—福州—深圳—广州—湛江……海口—三亚。在长三角地区，江阴大桥是京沪高速、沿海大通道的过江通道，交通压力大。上海长江隧桥的建设，将是上海又一条对外交通通道，北由崇启通道工程接江苏省宁通启高速公路，并可由江苏省的赣榆至太仓的赣太公路（位于同三国道东侧，与同三国道平行）至山东和京津塘地区。在交通功能上，上海长江隧桥能起到对江阴大桥和苏通大桥的分流作用，分解至苏中、苏北的交通，有效地缓解南北交通紧张的压力，而且将大大缩短上海市与苏中、苏北以及环渤海湾等的时空距离，是对国家沿海大通道的补充和完善。

同时，上海长江隧桥工程是交通运输部确定的国家重点公路上海至西安高速公路的重要组成部分，将为国家西部大开发打开一条从内陆到沿海的大通道。上海长江隧桥的建设，路线走向的分布与发展上，进一步优化了长三角地区的交通网络布局。随着东海大桥、杭州湾大桥、苏通大桥及长江隧桥的建设，使区域内公路网从“Z”形布局逐渐向网络化发展，交通格局进一步优化。长江隧桥、杭州湾大桥的建设，将使连云港—南通—上海—宁波联系更加紧密，形成一条真正意义的沿海大通道。

上海市规划路网如图 1-9 所示。

图 1-9　上海市规划路网（2020）示意图

2. 有助于加强上海与江北的联系，推动区域经济发展 ❶

苏北地区经济发展滞后与其受长江阻隔、接受上海经济辐射和带动较弱有直接关系。长江隧桥这一上海对外辐射的交通要道和经济通道建成后，将从根本上改变上海与南通及广大苏北地区交通联系的落后局面。受通道直接影响的崇明、南通等长江以北地区都将受益于上海的辐射作用而获得快速发展。上海对南通、泰州、扬州以及江淮、盐城、连云港的经济辐射能力将进一步增强，使苏北经济发展具有了赶超苏南地区最基本也是最重要的条件。

（1）加快苏北地区的城市化进程。长江三角洲地区的城市化在全国居于较高水平，但是在三角洲内部，城市化发展存在着明显的非均衡性。这在苏南、苏北地区表现得最为明显。苏南地区城市化水平较高，发育较成熟，而苏北地区城市化水平较低，发展明显滞后。广大苏北地区城市数量少、规模小、城市化水平低的一个重要原因就是交通运输业不发达，尤其是与中心城市上海的交通可达性差，上海对其辐射力、带动力较弱。建设长江口越江通道可以为苏北地区提供一条直通上海和浙东地区的交通干线，促进生产要素和人才在各城市之间快速便捷流动；在经济快速增长的同时，沿线城市规模等级也将获得显著提高，同时促进一些新的小城镇的生成和发展，提高整个苏北地区的

❶ 参考朱彦东、吴兵《长江口越江通道建设对区域发展的影响》（交通运输工程学报，2001）。

城市化水平。

（2）促进苏北地区的对外开放。在改革开放的几十年中，我国沿海地区经济实现了跳跃式的飞速发展。而同样处于沿海优越区位的苏北地区尽管地域辽阔，农业资源丰富，蕴藏着巨大的发展潜能，但由于交通不畅等多方面原因，与国内外的交流一直处于较低的水平，成为我国东部沿海经济发展的“洼地”。尽快提升运输通道等级，提高运能，将是苏北地区在与外界的经济互动中获得新的发展机遇。无疑，上海长江隧桥、崇启大桥的建设将彻底改变这一现状，一方面可以为苏北地区建立联系浦东海港和空港的直接通道，加强苏北地区与国际市场的联系，扩大其国际通达的范围与能力，增加外贸出口和外资流入，通过扩大对外交流带动经济发展；另一方面，上海长江隧桥作为沿海大通道的组成部分，将苏北地区置于沿海两大经济圈（环渤海湾、长江三角洲）的经济循环中，有利于苏北地区在沿海经济发达地区之间的经济辐射中获得更快的发展。

（3）推动江北地区产业发展。目前，长江三角洲地区已形成沪宁、沪杭甬和沿江三个次产业带。这三个次产业带都是以上海为中心沿交通轴线呈辐射状分布的。由于受交通条件的制约，现有次产业带都集中在长江沿线和长江以南地区，长江以北地区尚未形成以上海为轴心的、对地区产业发展有较强带动作用的产业发展带，由此导致了长江以北地区产业发展的滞后和长江南北产业联系的脆弱。上海长江隧桥可以为长江以北地区提供一条以上海为起点的交通主轴线，使上海的产业辐射和扩散效应沿交通干线有效传递到长江以北地区，在该地区形成一条新的产业发展带，并以点带轴、以轴带面，促进整个地区的产业和经济发展。由此，上海长江隧桥一方面可将苏北地区纳入到整个长江三角洲的产业布局体系中，形成上海与苏、锡、常地区产业水平分工，与苏北和浙北产业垂直分工的分工合作体系，强化南北产业联系；另一方面，可促使长江三角洲的产业布局由单纯的东西向点状布局发展为点、线、面有机结合的、多层次和多方向的网络型布局，从而推动长江三角洲产业带的成熟发展，逐步实现区域经济的一体化。

（4）缩小地区发展差距。长江三角洲地区由于历史基础和经济发展环境的不同，区内产业结构存在明显的差异，经济发展不平衡现象日趋加剧。区内自南向北形成了三个发展梯度，即较高层次的杭嘉湖地区、中间层次的通扬泰地区和较低层次的盐淮地区。长江口越江通道将打通江苏省发展相对落后的苏北地区、崇明岛与经济中心上海之间的交通通道，促使这些地区与上海市之间的人流、物流、信息流相互辐射水平的提高，从而为崇明及广大江北地区的经济腾飞提供基本的硬件基础，也为上海与周边的江苏沿江和苏北地区、杭嘉湖地区经济均衡协调发展和区域一体化奠定了必要的交通基础。长江三角洲城市群的城市级配体系如下：巨大城市为上海，特大城市为南京、杭州，大城市包括无锡、苏州、宁波和常州，中等城市有镇江、南通、扬州、湖州、江阴、嘉兴、宜兴以及常熟、绍兴、丹阳、萧山、泰州、启东、余姚、昆山、海宁等多个小城市。其中不难发现，主要城市几乎全部集中于宁沪杭甬的交通线上，广大苏北地区至今还没有一个大城市出现。历史上的发达地区到今天出现在城市群体系中地位严重下降的现实，固然有很多原因，但缺乏通达性好的交通通道是其重要因素。长江口越江通道使江北地区与上海之间的交通可达性显著提高，长期制约江北地区发展的“瓶颈”问题将得到根本的改善，尤其是直接置于上海经济圈的辐射下的南通地区，发展潜力巨大。随着越江通道的规划建设，长江三角洲一条新的经济发展轴线的出现，处于这条经济带上的城市受中心城市上海的集散作用，综合实力将显著上升，在城市群中的等级地位也将不断提高。南通很可能和无锡、苏州、宁波、常州一起成为大城市。上海—南通发展轴线的城市规模和实力尽管还无法和沪宁、沪杭线相比，但已在一定程度上改变了城市群的布局形态。

苏通大桥、杭州湾大桥正式通车，改变了南通、宁波的交通现状。长江隧桥与崇启大桥的建设，将与其共同承担起长三角并承担起“连接南北，贯通东西，走向世界”的重任。到“十一五”末，长江南通段江面已有苏通、崇启、崇海大桥三座大桥飞越，将使南通有机融入上海一小时都市圈和长三角三小时交通圈。南通是上海工业向苏中乃至苏北腹地梯度转移的桥头堡，是我国连接内河运输和海洋运输的最佳港口之一。多品种的物流在这里形成内连外接的交汇点。随着江苏省沿江开发战略实施、苏通大桥通车，这里成为国内外资本与产业转移的热点。长江隧桥与崇启大桥的建设，无疑更是锦上添花，使得经济腾飞指日可待。

3. 有助于形成一个互补有无的港口群

长江口国际航运中心主要包括六大港口群：上海港口群、宁镇杨港口群、南通港口群、苏锡常港口群、杭嘉湖港口群和宁绍舟港口群。为加强长江三角洲港口群在国际航运市场中的竞争地位，借鉴国外集装箱枢纽港的成功经验，有关部门提出长江三角洲港口群宜采用“港群、城群”密集布局，即以上海港为核心，以南京、镇江、江阴、南通、张家港等长江港口为北翼，以宁波、舟山、乍浦等海港为南翼，组成联营集团，各个港口分工协作，形成庞大的港口群体。

目前，与国外港口群相比，长江三角洲港口群的陆路集疏通道还很不完善，尤其是集装箱运输通道不畅，已严重制约了港口群的发展。长江口越江通道的建成，将直接打通上海港口群、南通港口群以及张家港的陆路大通道，各港口之间的分工协作有了实现的可能。随着上海大小洋山集装箱深水港的建设，使洋山港通过长江口越江通道将服务延伸到长江以北地区，集疏运体系（尤其是集装箱集疏运系统）将更趋完善，苏北及长江流域货源将更多地被吸引由上海港转运世界各地，上海港核心枢纽港地位将进一步强化。

从长三角的版图上看，杭州湾跨海大桥和苏通大桥连起长三角南北两翼，形成一条便捷的南北大通道，原来因“天堑”而被分隔的长三角沿海港口，如宁波—舟山港、洋山港、南京港、太仓港等港口由此被串连。这使得长三角港口群的集疏运体系更加完善，长三角沿海港口也因此连成一片。从长远看，隧桥的建成将使长三角在加速形成城市群的同时，正在形成一个互补有无的港口群。

二、对上海城市建设和经济发展的促进

上海长江隧桥工程作为上海北向辐射的咽喉，在区域路网中占有重要地位。其北向与规划中的江苏省省道主干线宁启公路连接，南向通过崇明环线公路、越江隧道直达上海浦东，与规划中的杭州湾通道遥相呼应，构成南北方向的一条交通动脉。通道建成后将极大地提高上海与崇明岛及广大苏中苏北地区之间的交通可达性，对区域经济和城市发展将产生深远影响。

1. 平衡上海交通格局，促进区域经济协调

上海东临大海，北靠长江，南倚杭州湾，对外联系通道主要集中于西部。目前，上海市域内主要形成了“三环十射”的交通网络。“三环”为内环、中环和外环；“十射”指内外环之间的十条放射线，按逆时针方向依次为：逸仙路高架、共和新路高架、A12（沪嘉）入城段、A11（沪宁）入城段、A9（沪青平）入城段、沪闵高架、济阳路、罗南大道、龙东大道、五洲大道等。随着东海大桥、杭州湾大桥的建设，上海南向交通得到较大发展；北向则由于长江阻隔，交通不畅。上海长江隧桥的建设，则将彻底改观这一现象，打通这一通道，可有效平衡上海交通格局。交通的顺畅，势必促进五流（人流、物流、商流、信息流、资金流）更为有效的流动与发展，带动崇明经济发展，平衡上海江北、江南经济过于悬殊的差异，促进上海南北两翼的协调发展。

2. 形成新经济增长点，助推上海产业转型

交通条件的明显改善，使若干“点”（如高速公路两端和沿线的出入口附近）形成一种区位优势，吸引资金、技术、劳动力等生产要素向这些点位聚集；随着一批支柱产业或骨干企业的建立，金融、保险、运输、房地产、饮食、医疗等相关行业也会聚集到附近，形成更为强大的集聚效应。在空间上表现为以这些高经济密集点为中心，向外梯度扩散，由点到面、由小到大，如上海莘松高速公路

的建设对沿线地区的带动作用。特别是位于沿海大通道与沪宁和沪杭两高速公路的交界处，将呈现向纵横两个方向发展的态势，即沿高速公路纵向发展和沿高速公路连接线的横向发展。

上海长江隧桥的建设，吸引资金、技术、劳动力等生产要素向这些点位聚集，形成新的经济增长点，带动相关产业及当地经济的发展。它的建设，不仅可增加上海的对外出口和交通能力，使上海的枢纽地位和区位优势得到进一步加强，还有利于吸引更多的国外机构把上海市作为前往内地发展的基地，有效地吸引国内外高层次企业和机构向上海市集中。这将有助于建立和加强上海市作为国际经济、金融、贸易中心和航运交通枢纽的地位，进一步增强上海集聚辐射、服务全国的中心城市功能。同时，上海市与苏中、苏北地区的联系将更加紧密便捷，可以为上海的发展提供更广阔的市场和资源，增强自我发展的能力。根据各地区梯度发展的规律，通过着力推进跨地区、跨行业、跨所有制的资产重组，实施产业转移、资源开发和市场开拓战略，在周边地区建立制造业基地。同时，利用管理和技术的优势，发展高增值的高科技产业，促进全市工业结构优化升级，着重培育研发、设计及控制功能，强化技术创新、生产组织和市场营销中心的建设，助推城市转型。

3. 促进三岛全面发展，拓展上海发展空间

长江三岛（崇明、长兴、横沙）地处长江入海口，有控江襟海之区位，三岛陆域面积 1 411km^2，是上海总体规划确定的 21 世纪可持续发展的重要战略空间。崇明岛位于长江入海口和我国东部海岸的中心位置，处于长江黄金水道和以上海市为中心的黄金海岸的交汇点，内通长江沿岸 18 个省市，外通太平洋。岛南沿有深水岸线 40 多千米，具有良好的建港条件；北与启东、海门一衣带水，南依上海市，属长江冲积平原，是我国仅次于台湾和海南岛的第三大岛。该岛迄今已有 1 300 多年历史，岛屿面积 1 110.58km^2。岛的东、西两端土地淤涨很快，以每年 143m 的速度向东海延伸。长兴岛面积为 87.86km^2，常住人口 4.8 万，与浦东外高桥保税区仅隔 7.5km。岛上土壤疏松肥沃，物产丰富，风光秀丽，花果飘香。据国家权威部门监测，岛上的土地没有受到污染，大气层与水质均保持在国家一级水准。长江口水产资源十分丰富，有闻名海内外的凤尾鱼、刀鱼、鲈鱼、河鳗及中华绒螯蟹等。横沙岛面积为 49.26km^2，四面环江临海，冬暖夏凉、四季分明，素有“天净、水净、气净、声净”之誉。横沙岛与长兴、崇明二岛遥相呼应，与浦东新区隔江相望，距长兴岛 1km，距浦东新区 8km，横沙码头距吴淞码头 38.9km。1992 年横沙岛被国务院列为首批 13 个国家级旅游度假村之一。

《崇明三岛总体规划》中对三岛未来发展作了明确定位，崇明岛规划为“留足自然生态涵养空间、留足未来国际级项目的规划选址空间，真正成为 21 世纪生态岛”；长兴岛规划为“现代船舶业制造基地”；横沙岛规划为“以旅游休闲业为特色的生态森林岛”。上海长江隧桥工程建成后，制约三岛经济发展的瓶颈将被有效解决，崇明的区位、环境、空间优势将不断显现，成为上海新一轮发展的重心之一，以后发优势的高姿态融入上海建设。

（1）有助于加强三岛与上海的联系。崇明、长兴、横沙三岛与上海城区仅一江之隔，但无论是从经济发展水平、社会事业建设水平，还是居民生活水平、生活节奏都有显著差异。这些现象的出现无疑是长江天堑阻隔的表现。三岛偏隅一方，与上海的人文、社会、经济联系，主要是通过轮渡，受自然约束较大，极为不畅。上海长江隧桥飞架南北后，将成为生态岛建设的一条“大动脉”，从根本上改变崇明岛交通不便的状况。隧桥开通后，市民 24h 内可以往返，开车 20 多分钟就能从浦东抵达崇明。此外，预留轨道交通线将满载着滚滚的客流，朝夕穿行，汇入上海四通八达的轨道交通网。届时，三岛与上海的人员往来快捷通畅，与上海的关系更为紧密。人流往来必将带来生活观点、发展意识等方面的变化，推动三岛社会发展步伐。

（2）有助于加快三岛招商引资步伐。大桥对城市发展的带动作用大，如苏通大桥 2003 年 6 月正式开工建设后，大桥效应就逐步体现。2002 年，南通市生产总值增幅在江苏省 13 个市中位列倒数第二，但从 2005 年起跃居全省前列，2007 年全市 GDP 突破 2 000 亿，增幅位居江苏第一。近三年来，上海资本正以每年 15% 以上的增幅投向南通农业，总投资已超过 50 亿元。上海的纺织生产基地也大量向苏北腹地转移。同样，随着杭州湾跨海大桥的建成通车，宁波慈溪彻底改变了长三角地区“交通末端”的宿命，杭州湾跨海大桥成了“招龙引凤”的重要通道，以汽车零部件、模具机械、电子信息和智能家电为主要投资领域的一批项目相继落户。迄今为止，杭州湾新区已累计引进内外资项目超过 200 个，总投资约 340 亿元。过去的“旮旯地”，如今成了经济发展的“桥头堡”。

上海长江隧桥工程南接浦东，对于配套改革试点的浦东而言如同锦上添花；对隧桥落地的崇明来说，则是打通了一条飞速发展的通衢大道。自 2003 年长江隧桥工程项目确定，崇明招商引资的步伐大大加快。2005 年上半年招商引资实现税收 10.9 亿元，同比增长 71.7%，由此可见一斑。

上海长江隧桥工程带来的招商引资机遇，近期对长兴岛造船基地的建设意义犹为重大。激活长兴岛，要想使资金、技术、人才落地生根，最好的办法就是有产业和项目的带动。尽管在 2003 年上海长江隧桥工程确定前，上海的经济已经突飞猛进，但三岛经济发展较缓。长江隧桥方案落地后，长兴岛成为隧桥连接点，交通状况将大大改善，通行成本大大降低，成为造船产业大发展的热土。尤其是四大央企的入驻，迅速激活了长兴岛，仅为服务四大央企的“紧密配套产业”，就开辟了 8.4km^2 产业基地。未来的长兴“产业岛”将兴起四大产业：港口机械及相关机械制造业、造船修船业及其配套业、特色观光农业和旅游服务业。在振华港机等企业的带动下，进一步把长兴岛建成上海重要的港口机械生产基地；造船修船业应成为今后的主体产业，同时建立相应的配套产业及服务业。

（3）推动三岛旅游业发展。越江通道建成后，上海北向的旅游主通道打通，2h 旅游圈扩大，一批以长江隧桥为主体的热门景点将应运而生，加上苏东地区潜在的旅游消费市场，为三岛发展生态旅游业创造了有利的条件。

与上海大都市的崛起与繁华所不同，长江三岛一直保持着最原始的自然风光和以农渔业为主的乡村经济。其中，东滩湿地是上海市目前仅存的优质自然资源，是众多水禽的栖息地，是我国最大的候鸟保护区，已于 2002 年 2 月 2 日（国际湿地日）被正式列入“拉姆萨国际湿地保护公约”的国际重要湿地名录。东滩位于长江入海口崇明岛的东端，三面环水，面积为 86km^2，约占整个岛面积的 15%，实为崇明岛的东沿淤积。东滩距离上海仅 15km，但依靠渡轮和汽车到达上海市区需要 3h 的车程。上海长江隧桥的建设将使这个时间缩短到 30min，进一步提高其到达上海的便捷程度。以东滩为主的三岛旅游业将借长江隧桥之机，成为上海市民休闲旅游地，并走向长三角、全国甚至全世界。

（4）有利于完善三岛路网。上海长江隧桥是三岛发展的主动脉，以该工程建设为契机，三岛将形成“三岛联动、内外结合、模式多样、各具特点”的生态型现代化综合交通体系。规划崇明岛将建设沪崇苏高速公路，同时设置三处对外连接的出入口，分别是崇明岛南部往长兴岛通往浦东的上海长江隧桥，崇明岛北部通往江苏启东的崇启大桥和通往江苏海门的崇海大桥。规划三岛间通过高速公路和主要公路开成“工”字形干道进行沟通；崇明本岛形成“一环三横十五纵”的公路网络；长兴岛公路网构成“十”字形干路骨架，并进一步形成富有特色的“鱼骨”格局；横沙岛公路形成“一环 + 十字”的结构。

（5）有助于推动城市发展。近年来，上海市人口急速膨胀，交通拥挤等问题突显。为此，上海启动了“1966”规划，新建了 9 个新城。但由于中心城区吸引力过强，“摊大饼”现象仍然严峻。崇明与市区有着天然的屏障，自然条件优越、生态环境优美，具备新城建设的最佳区位条件。上海长江隧桥工程的通车和三岛路网的完善，将加速崇明的城市化步伐，推动城市建设发展。

①促进陈家镇地区的发展。陈家镇地处上海长江隧桥的登岛位置，南距上海中心城区 45km，距浦东国际航空港 50km。上海长江桥隧工程将根本改变陈家镇交通格局，从陈家镇到陆家嘴和浦东空港的时间均缩短到 40min 内。同时镇区紧邻东滩自然保护区，环境优越，区位条件十分突出，是上

海市政府确定试点建设的全市“一城九镇”之一。陈家镇在布局上采用组团式的生态城镇结构，划分了休闲观光、教育研发、森林商务、户外运动、主题乐园、实验生态建筑和新型中心社区等多个生态功能片区，并通过大面积森林、湿地、湖泊、溪流、田园风光与其紧密交融，形成以生态居住、知识研创、休闲运动、会议论坛为主导功能的充分展现崇明现代化生态岛区的“长江口第一镇”，规划城镇人口 12 万，用地 15km^2。

②促进城桥新城的发展。崇明（城桥）新城地处崇明岛的中心，是上海的 9 个郊区新城之一，是崇明三岛的政治、经济、文化中心，为上海北翼以“田园水城”为鲜明特色的中等规模的海岛花园新城。崇明新城在布局上以滨水的新公共中心区居中，形成工业园区、老镇区、新中心区、新城区的带状紧凑格局和环形放射的路网形态。其建设启动将成为新世纪崇明发展的战略依托，成为高标准构筑崇明城市化发展格局和满足广大城乡人民群众需求的重心所在，规划城镇人口 20 万，用地 26km^2。

第六节 工程范围和规模

一、工程范围和规模

上海长江隧桥（崇明越江通道）工程，位于上海东北部长江口，是一项特大型交通基础设施项目，也是上海至西安高速公路的重要组成部分。该工程的建成将改善上海市交通系统结构和布局，加速长三角地区经济一体化，提升上海在全国经济中的综合竞争力。工程采用“南隧北桥”方案，起于上海市浦东新区的五号沟，以隧道形式穿越长江口南港水域到达长兴岛，然后以桥梁形式跨越长江口北港水域到达崇明县的陈家镇，全长 25.53km。工程按高速公路标准、双向六车道设计，设计荷载公路 I 级，设计车速 80~100km/h。

上海长江隧道工程全长 8.95km，其中一次穿越水域部分 7.5km，为两条外径 15m 的盾构法圆形隧道，采用两台直径为 15.43m 泥水加气平衡盾构机从浦东由南向北一次掘进至长兴岛。上下行线间设有 8 条连接通道，间距约 830m。上层为高速公路车道层，车行道建筑限界净宽 12.75m，净高 5.2m，设三条（3 × 3.75m）车道，双向六车道，设计车速为 80km/h。下层为预留轨道空间、逃生通道、设备通道及江中废水泵房。上下层间设有疏散楼梯，间距 270m。浦东岸边段长 657.83m，长兴岛岸边段长 829.93m（含 214.93m 接线道路）。隧道工程浇筑混凝土约 819 100m^3，耗用钢筋约 152 214t。

上海长江大桥工程全长 16.57km（其中接线道路 6.60km，跨江桥梁 9.97km，设计车速 100km/h）。跨江桥梁考虑漫滩、深水、江中沙洲等复杂地形的影响，采用了不同的结构形式，使得工程的结构形式多样化：考虑通航要求，在深水区设置了一个主跨为 730m 全飘浮体系分离式钢箱梁斜拉桥，深水区其他地方则为 105m 钢—混凝土组合结构连续梁和 70m 混凝土连续梁，整孔制造安装；漫滩区采用单跨跨径 50m 预应力钢筋混凝土连续梁，移动模架施工；辅航道孔为 80m+140m+140m+80m 预应力钢筋混凝土连续箱梁，挂篮悬浇施工；江中沙洲由于距岸边较远，则采用单跨跨径 60m 预应力钢筋混凝土连续梁，节段预制，造桥机拼装。为沟通两岛交通，长兴岛潘园公路及崇明岛陈海公路各设一座互通式立交。全桥累计浇筑混凝土约 798 284m^3，耗用钢筋约 100 952t、预应力钢束约 12 912t、钢材约 122 106t、填土约 686 202m^3。

二、工程建设特点及难点

上海长江隧桥工程建设的特点，主要体现在以下方面：

（1）水文、地形条件十分复杂。上海长江隧道工程穿越的长江南港水域，水域宽阔，江面宽度约 7km，江中浅滩极不稳定，地质条件复杂。该水域江海分界且地层具有液化性、高流塑性和高水压等特点，极易发生流沙、管涌、振陷。其跨越的北港水域，江面宽 8.6km，水域范围内漫滩、深水、江中沙洲结合，地形条件十分复杂。

（2）水域通航条件要求高。长江隧道工程位处的长江南港水域通航要求高，需要满足第四代、第五代集装箱船通航要求，这也是建设隧道而非建设桥梁的重要依据。长江大桥工程位处的北港水域，也需满足远期 3 万吨级集装箱和 5 万吨级散货船及满足 3 000t 级船舶通行的要求。这对大桥主通航孔和和辅通航孔的设计提出了较高要求。

（3）施工工艺复杂。上述水文、地形复杂和通航的要求，形成长江隧桥工程建设施工工艺复杂性的特点。鉴于土层极不稳定，且为了不影响通航，长江隧道工程采用了 15m 级软土盾构一次性掘进 7.5km 的施工方案。

（4）工程集约化要求高。为贯彻建设集约化的科学理念，长江隧桥工程在隧道下层和大桥两侧预留了轨道交通空间，同时也预留了 22 万伏超高压电缆和各类社会公共管线通道。

上海长江隧桥工程建设的难点，主要体现在以下方面。

（1）上海长江隧道工程主要难点。①作为世界上最大直径隧道，将面临超大断面盾构隧道抗浮、超大直径泥水盾构开挖面稳定、超大直径衬砌结构设计等难题；②一次性掘进距离长，需要解决特长隧道通风与降温、三维轴线控制、特长隧道纵向稳定性、公轨共用隧道火灾控制与救援疏散等难题；③隧道在高水压复杂软土地质条件下面临的抗震、防水、耐久性、减震与长期沉降等难题；④长大隧道公轨结合对振陷、纵向沉降及疏散逃生提出了更高的要求。

（2）上海长江大桥工程主要难点。①鉴于长江上游环境的变化以及长江综合开发利用，加之海洋环境气候的变化，工程建设过程中必须考虑不利的水文条件对河床的冲刷、对桥梁结构的冲击以及对工程施工带来的困难，同时还必须考虑桥梁建设完成后结构对长江口水文的影响。②桥梁结构形式的多样化和施工方案的多样化给工程建设带来很大困难。为了满足轨道交通的运行要求，在工程建设上必须严格控制基础的沉降、梁部结构的变形等。③ 70m、105m 箱梁的整体制造在桥位以外 90 海里的浙江嵊泗县的沈家湾岛上进行，重达 2 374t 的巨型梁的海上长距离运输，105m 钢—混凝土组合结构连续梁墩顶合龙技术，超宽分离式钢箱梁的制造、运输、吊装及 1 400t 钢套箱长距离浮运整体吊装技术等均首次应用，给工程建设带来风险；同时长江口受台风、季风、迷雾等灾害性气候影响频繁，加之潮涨潮落的影响，也给工程施工带来带来很大困难。

（3）设计技术等方面的难点。公轨同层共面，在工程建设上必须严格控制基础的沉降、梁部结构的变形、梁端的转角，并需考虑无缝线路对基础产生的附加力等，现行的设计规范在这方面还是空白，给设计工作提出了更高的要求；针对长江隧道“长、大、深”的工程特点，国内还没有专项质量检验评定标准；长江大桥主通航孔桥为主跨 730m 分离式全漂浮体系斜拉桥主跨，目前是世界上同类已建成桥梁中最大的，无类似经验可供借鉴。

三、上海长江隧道主要工程量

长江隧道按双向六车道高速公路标准设计，在车道板下部中跨内为轨道交通预留空间，隧道内设计车速 80km/h。南港隧道工程全长 8 954m，其中江中段盾构法隧道长度 7 472.11m，掘进盾构机直径达 15.43m，是当今世界上最大直径的盾构。江中盾构隧道上下行线之间设 8 条连接通道，采用暗挖法施工，在两个最低点分别设置两座江中泵房。

（一）江中段线形指标

隧道坡度平缓，最大纵坡为 2.9%，最小纵坡 0.3%，最小平面曲率半径为 4 000m。江底最浅覆土约 14.0m，最深覆土约 29.0m，极端冲刷后 8.0m。江中段线形指标见表 1–3。

江中段线形指标

表 1–3

指　标	平面曲线半径 R（m）	平面曲线长度 L_c（m）	竖曲线半径 R（m）	竖曲线长度 L（m）
上行线	R_1=4 420.00	460.99	R_1=20 000.00	461.90
	R_2=6 015.20	944.87	R_2=40 000.00	381.24
	R_3=5 984.20	1 247.65	R_3=40 000.00	478.32
	R_4=6 025.00	1 051.56	R_4=12 000.00	447.96
下行线	R_1=4 000.00	492.57	R_1=20 000.00	460.99
	R_2=5 984.80	940.09	R_2=40 000.00	381.24
	R_3=6 015.20	1 254.35	R_3=40 000.00	475.28
	R_4=5 940.00	1 037.09	R_4=12 000.00	447.04

（二）江中段衬砌结构

隧道衬砌采用混凝土管片结构。管片外径为 15 000mm，内径为 13 700mm。衬砌形式为通用环（楔形量为 40mm）错缝拼装。管片厚度为 650mm，环宽为 2 000mm，混凝土强度 C60 级，混凝土抗渗等级为 S12。每环由 10 块管片（B1、B2、B3、B4、B5、B6、B7、L1、L2、F）构成。

衬砌环与环之间用 38 根 M30 的纵向斜螺栓相连接，每环衬砌块与块间以 3 根 M36 的环向斜螺栓连接（共 30 根）。施工时采用微量内八字的小封顶，拼装时纵向搭接 1 200mm，径向推上，然后纵向插入（图 1–10）。

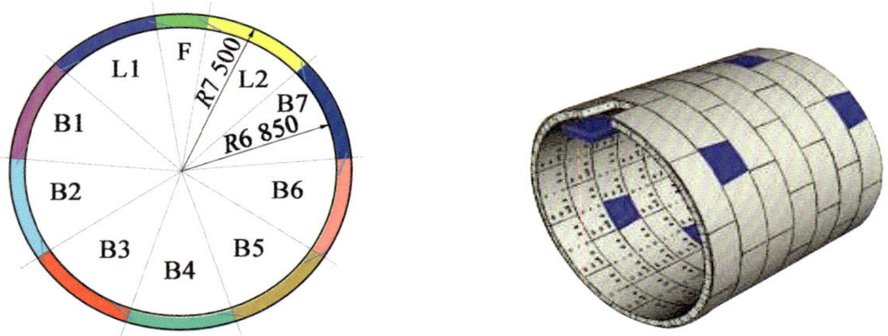

图 1–10　管片拼装形式

隧道接缝由弹性橡胶密封垫与聚氨酯膨胀止水条组成双道防水线。弹性橡胶密封垫以三元乙丙橡胶为主，其顶部复合遇水膨胀橡胶。以三元乙丙橡胶为主构成的弹性橡胶密封垫，其材质具有压缩永久变形量小、应力松弛变化率低、耐老化性能佳的特点。

为进一步加强接缝防水，提高弹性密封垫的耐久性，防止管片环纵缝凸面造成的浆液回灌、渗漏水漏至拼装面，减少盾尾密封油脂的浪费，沿沟槽外侧的环纵缝空隙处设置聚氨酯膨胀止水条。

（三）圆隧道道路结构

圆形隧道内道路采用同步施工工艺，车道板结构采用“Π”形预制构件和现浇钢筋混凝土相结合的形式。道路中间结构为预制件，两侧路面板及防冲侧石为现浇结构（图 1–11）。

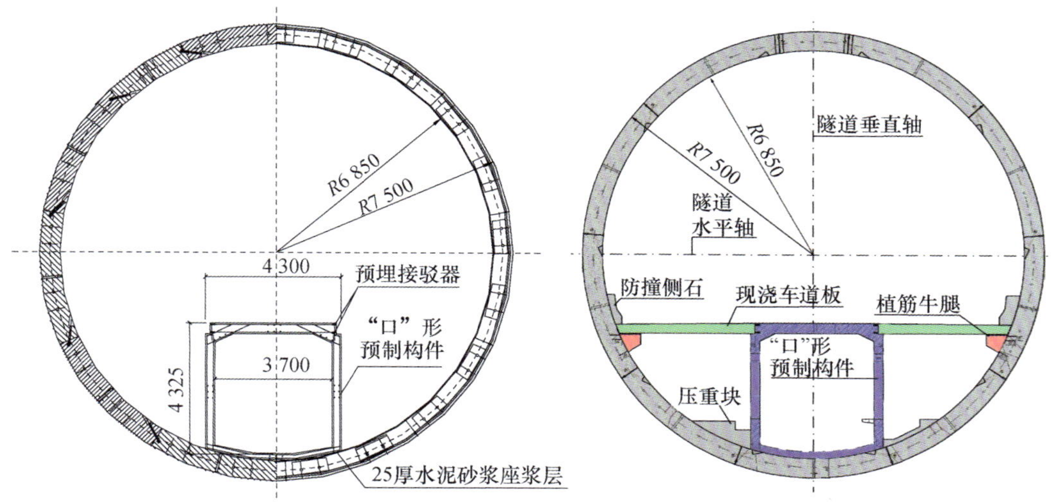

图 1–11　道路结构示意图

（四）主要工作量

1. 盾构推进

（1）盾构掘进拼装工作量（表 1–4）

盾构掘进拼装工作量　　表 1–4

序　号	项　目	单位工作量	总工作量	备　注
1	推进距离	2.0m/ 环	14 942m	东西线 2 条圆隧道
2	推进出土量	373.983m^3/ 环	2 794 027m^3	东西线 2 条圆隧道
3	管片拼装		7 471 环	2m/ 环
4	负环拼装		18 环	每条隧道 9 环

（2）衬砌连接件和防水（表 1–5）

衬砌连接件和防水　　表 1–5

序　号	名　称	型　号	单环数量	总数量
1	环向直螺栓	M36	30 根	224 130 根
2	纵向直螺栓	M30	38 根	283 822 根
3	环向垫圈		30 只	224 130 只
4	纵向垫圈		38 只	283 822 只
5	弹性橡胶密封垫		7 471 套	
6	聚氨酯膨胀止水条		7 471 套	

2. 道路结构施工

隧道道路预制结构部分在施工现场制作。该部分随盾构推进在车架 1 和车架 2 之间安装完成。其余结构采用现浇混凝土结构，滞后于盾构车架 2 后 100m 开始，包括牛腿、弓形板、素混凝土铺张层、防冲侧石等。道路宽度为 12.25m，混凝土强度等级 C30。

3. 连接通道施工

东西线隧道共设 8 个连接通道供隧道内上下层行人使用，相邻连接通道间距约为 830m，通道断面外包尺寸为高 4 200mm、宽 1 800mm。

四、上海长江大桥主要工程量

1. 上海长江大桥 B1 标

上海长江大桥工程 B1 标段位于长兴岛北侧。本标段里程桩号为 K10+921.76~K12+248，双幅桥梁，长 1 326.24m。本标段由浅滩区 50m 连续梁桥和陆上段 21m、30m 连续梁桥两部分组成，工程合同造价 1.94 亿，另包括栈桥 795m。其主要工程项目及数量见表 1–6。

上海长江大桥工程 B1 标段主要工程项目及数量　　表 1–6

工程区段	里程桩号	项　目	尺　寸	数　量	混凝土方量（m^3）	钢筋用量（t）
陆上段 21m、30m 梁桥	K10+921.76~K11+498	PHC 桩	ϕ0.6m	405 根	C50，96	41
		钻孔灌注桩	ϕ1.8m	8 根	水下 C30，1 425	96
		承台（含桥台）		44 座	C30，3 087 C40，382	277
		墩身		44 座	C40，1 538	300
		箱梁	21.4m、30m	42 跨	C50，12 145	745.7
		防撞墙		2 305m	C30，575	280
浅滩区 50m 梁桥	K11+498~K12+248	施工栈桥		795m		
		钻孔桩	ϕ1.8m	120 根	水下 C30，24 249	1 761
		承台		30 座	C40，5 790	484
		墩身	9~15m	30 座	C40，3 262	616
		箱梁	50m	30 跨	C50，18 055	3 419
		防撞墙		2 940m	C30，747	380
合　计					71 351	8 399.7

2. 上海长江大桥 B3 标

上海长江大工程 B3 标段位于主通航孔两侧，长兴岛侧设计里程从桩号 K12+248（PM29）至桩号 K13+858（PM52），崇明岛侧从桩号 K16+688（PM71）至桩号 K17+318（PM80）。本标段的主要工作为 6 联 32 跨共计 64 片 70m 箱梁的预制、运输、架设、海上湿接头及桥面附属设施的施工。工程合同造价 2.78 亿元。其工程特点为：（1）箱梁结构尺寸大，梁长 70m、高 4m、桥面宽 16.95m；（2）箱梁质量大：单梁混凝土体积 911.8m^3，最大起重质量 2 374t；（3）箱梁海上运输距离长：最大运距 85.0 海里。其主要工程项目及数量见表 1–7。

上海长江大桥工程 B3 标段主要工程项目及数量　　表 1–7

序　号	名　称	单　位	数　量
1	箱梁预制	片	64
2	支座	个	152
3	现浇湿接头	个	52
4	混凝土	m^3	63 960

续上表

序　号	名　称	单　位	数　量
5	钢筋	t	13 006
6	钢绞线	t	3 756
7	精轧螺纹粗钢筋	t	23.8
8	钢材	t	31.6
9	无缝钢管	t	9.6
10	塑料波纹管	m	277 791.2
11	锚具	套	24 944

3. 上海长江大桥 B4 标

上海长江大桥工程 B4 标段位于主通航孔两侧，长兴岛侧设计里程从桩号 K13+858 至桩号 K14+558（PM52 墩至 PM59 墩），崇明岛侧从桩号 K15+988 至桩号 K16+688（PM64 墩至 PM71 墩）。跨径组合为（接 70m 梁）85m+5×105m+90m（接主航道），共两联双幅，处于北港水面中心区域。本标段的主要工作为 2 联双幅 14 跨共计 28 孔钢—混凝土组合梁的预制、运输、架设、桥面湿接缝及桥面附属设施的施工。箱梁预制成品后质量为 2 300t。采用先简支后连续的施工方法，在预制场预制好一片梁后整孔吊装至墩位，现场焊接钢梁，浇筑墩顶段混凝土桥面板现浇缝，形成连续结构。其工程特点为：

（1）组合箱梁结构尺寸大、技术含量高，最大箱梁长 105m、高 5m、桥面宽 16.95m。

（2）桥面板及现浇缝分别采用 C60 及掺高聚物纤维 C60 高性能混凝土。

（3）组合箱梁起吊质量大：箱梁预制成品质量达 2 300t，吊梁扁担约 700t，共计 3 000t。

（4）组合梁的线形控制复杂，其线形设计在平面内包括了直线段和曲率半径为 7 000~8 000m 的曲线段，纵断面设计了 2.5% 的纵坡。

（5）组合箱梁海上运输距离长：约 85 海里，运输要通过长江入海口，在此区域内约有 13 海里的涌浪区使得“天一号运输船”横摇摆角度较大，加大了运输的风险。

（6）组合箱梁架设高度高：最大高度为 54.325m。

本标段桥梁总长 1 400m，主要工程项目及数量见表 1–8。

上海长江大桥工程 B4 标段主要工程项目及数量　　表 1–8

序　号	名　称	单　位	数　量
1	105m 箱梁	片	20
2	90m 箱梁	片	4
3	85m 箱梁	片	4
4	支座	个	64
5	墩顶现浇段	个	32
6	墩顶双结合段	个	24
7	混凝土 C60	m^3	16 650
8	混凝土 C40	m^3	1 719
9	钢材	t	19 253
10	预应力锚具	套	13 276
11	钢结构防腐涂装	M2	152 242

4. 上海长江大桥 B5 标

上海长江隧桥 B5 标工程为主通航孔桥部分。起讫点桩号：K14+558~K15+988，包括主墩（PM61、PM62）基础、塔柱施工，辅助墩（PM60、PM63）、边墩（PM59、PM64）基础、墩身施工，上部结构钢箱梁制造、安装和斜拉索安装施工。工程合同造价 11.35 亿。

其工程特点为：主通航孔桥桩号范围 K14+558~K15+988，采用五跨连续全漂浮体系，空间双索面结构形式，跨径组合 92m+258m+730m+258m+92m。主梁为扁平闭口流线型钢箱梁，梁体采用分离式双主梁形式，梁高 4.0m，宽 51.5m，两主梁间距为 10.0m。中间采用中间横系梁连接（TA 梁段除外），横系梁间距为 15m，为矩形箱梁断面，梁高 4.0m，宽 3.75m，钢箱梁共计 101 块。设两座主墩、两座边墩和两座辅助墩。主桥塔柱为“人”字形独柱结构，塔柱底面高程为 7.000m，塔顶高程为 216.322m，塔柱总高度为 209.322m；基础采用 ϕ2 500~3 000mm 变截面钻孔灌注桩（桩端压力注浆），桩长为 105~108m，共计 180 根。斜拉索为空间扇形双索面，直径为 ϕ113~409mm，全桥共 192 根。

其主要工程项目及数量为：

（1）钻孔桩 182 根（C30 混凝土：114 466m^3，钢筋：10 646t，钢材：375.9t）；

（2）防撞设施（钢吊箱）6 个（钢材：3 608t）

（3）承台 6 个（封底 C30 混凝土：11 625m^3，承台 C40：40 926m^3，钢筋：4 354.1t）；

（4）主塔塔座 2 座（C40 混凝土：5 392m^3，钢筋：469.1t，钢绞线 48.9t）；

（5）主塔 2 座（C50 混凝土：22 030m^3，钢筋：5 262.5t，钢材：87.5t）；

（6）边墩、辅助墩各 2 座（C40 混凝土：6 613m^3，钢筋：1 263t）；

（7）钢锚箱 46 个（工程用钢量：935t）；

（8）钢箱梁 101 块（工程用钢量：39 881t，C40 混凝土：1 795.2m^3）；

（9）斜拉索 192 根（工程用钢量：4 368t）。

5. 上海长江大桥 B6 标

上海长江大桥工程 B6 标段位于北港桥梁工程近崇明岛侧，桩号范围为 K17+318~K19+238。本标段全长 1 920m，为堡镇非通航孔 60m 跨连续梁。工程合同造价 4.978 亿。桥梁上部外侧预留轨道交通空间。

桥梁结构采用 6~7 跨预应力混凝土连续梁，墩号范围：PM81~PM111。跨径组合：3×（6×60m）+2×（7×60m）=1 920m。平面线形：K17+318~K18+158.170 位于半径 7 000m 圆曲线上，K18+158.170~K19+238 位于直线上。桥面纵坡：最大纵坡 2.88%，最小纵坡 0.5%；竖曲线半径：R=14 000~15 000m；桥面横坡：2.0%。

主梁为预应力混凝土节段连续箱梁，采用单箱双室斜腹板截面，共有预制节段 1 078 片。梁高 3.6m，使用 C55 高性能混凝土 50 249m^3，钢筋 9 126t，钢绞线 2 949t，各类锚具 23 444 套，各类塑料波纹管 243 212m，各类转向器 1 368 套，各类盆式支座 148 只。

桥墩墩身为整体式薄壁空心墩，下部为直线段、直线从底部向顶部变宽，并过渡到弧线段。本标段边墩、中墩共设 62 个。墩高范围 10.161~26.843m，使用 C40 高性能混凝土 10 670.2m^3，钢筋 1 868.3t。

承台为钢筋混凝土承台，共有 62 座。其中 13.7m×6.75m×3.65m 规格的 46 座，15.2m×7.65m×3.8m 规格的 12 座，15.8m×8.25m×3.8m 的 4 座。使用材料 C40 高性能混凝土 15 416.86m^3，C20 水下混凝土 4930.6m^3，钢筋 1 470t。

基桩采用钻孔灌注桩，桩径为 ϕ160cm、ϕ180cm、ϕ220~180cm 三种结构形式，共计 372 根，桩长为 77.3~87.3m。使用 C30 水下掺合料混凝土 66 101m^3；各类钢筋 5 748.2t，无缝钢

管 123 696m。

防撞护栏采用钢筋混凝土护栏，全长 7 628m。使用 C30 高性能混凝土 2 195.71m^3，钢筋 432.89t。

6. 上海长江大桥 B7 标

上海长江大桥工程 B7 标段位于北港桥梁工程近崇明岛侧，起点桩号 K19+238，终点桩号 K20+888.64，全长 1 650.64m，由辅通航孔桥、崇明岛侧浅滩区非通航孔 50m 梁连续梁桥和陆上段 30m 梁连续梁桥三部分组成，另包括 B7、B6 标栈桥 2 612m。工程合同造价 4.13 亿。桥梁上部外侧预留轨道交通空间。

辅通航孔桥距崇明岛大堤约 500m，桩号范围 K19+238~K19+678，考虑 3 000t 级船舶双向单孔通航，桥梁上部结构采用 4 跨预应力混凝土连续梁，设 3 个主墩和 2 座边墩，长 440m，跨径组合 80m+140m+140m+80m。主梁采用单箱单室斜腹板截面，墩身采用钢筋混凝土空心薄壁墩，基础采用 ϕ250~300cm 变截面钻孔灌注桩，共 79 根，桩长为 85.5~117m；44.8m × 18m × 5m 主墩承台 3 座，38.5m × 13.2m × 4m 边墩承台 2 座；墩高 27.514~23.043m 墩身 10 座；各类支座 20 个，梁高 8~4m，箱梁 2 × 55 节段；钢筋 10 046.8t；混凝土 92 592m^3；钢材 1 808.83t；精轧螺纹钢 132.5t；ϕ^s15.20 钢铰线 1 034.3t；各类锚具 13 000 套；预应力管道 11 6221m。

崇明岛侧浅滩区 50m 梁连续梁桥桩号范围 K19+678~K20+378，长 700m。上部结构采用双幅等高单箱单室箱梁，跨径组合为 7 × 50m+7 × 50m；墩身采用钢筋混凝土薄壁空心墩，基础采用钻孔灌注桩、PHC 钢筋混凝土预应力管桩两种形式。ϕ160~200cm 钻孔灌注桩 24 根，桩长为 83~86m；ϕ160cm 钻孔灌注桩根 40 根，桩长为 81~86m；ϕ600mmPHC 管桩 376 根 1 7024m，桩长为 46~48m；5.3m × 8.4m × 2.4m、13.3m × 8.4m × 2.4m、11.2m × 7.2m × 2.5m、9.2m × 7.2m × 2.5m 承台各 4、8、14、2 座；墩高 28.339~11.774m 墩身 28 座；各类支座 64 个；跨径 50m 箱梁 2 × 14 片；钢筋 5 983.4t；混凝土 41 869.5m^3；钢材 19.1t；ϕ^s15.20 钢绞线 789.7t；精轧螺纹钢 10.3t；预应力管道 79 225m。

陆上段 30m 梁连续梁桥桩号范围 K20+378~K20+888.64，长 510.64m。上部结构采用预应力混凝土连续梁，单箱多室斜腹板截面，跨径组合 5 × 30m+3 × 4 × 30m，墩身采用钢筋混凝土实心墩，基础采用 ϕ600mmPHC 预应力混凝土管桩基础，共 378 根 17 576m，桩长为 46~48m；（10.65~12.07）m × 4.80m × 2.5m 承台 8 座，7.90m × 4.40m × 2.0m 承台 24 座；墩高 11.92~2.02m 墩身 32 座，34m × 3.0m × 1.6m 桥台 1 座；各类支座 86 个；跨径 30m 箱梁 2 × 17 片；混凝土 158 865m^3；钢筋 2 690t；钢材 19t；ϕ^s15.20 钢绞线 563t；各类锚具 7 464 套；预应力管道 80 909m。

7. 上海长江大桥 B8 标

上海长江隧桥崇明岛接线工程 B8 标段工程起点里程桩号为 K20+888.640，南接北港桥梁桥台，工程终点里程桩号为 K25+351.734，北接北沿高速公路，道路全长 4.46km。工程总造价 18 984 万元。

本标段工作主要为路基工程、路面基层、桥涵工程，包括 1 座双喇叭形的互通立交和 4 座跨河桥施工。互通立交主线上跨陈海公路跨线桥，桥长 730m，标准部分桥宽 2 × 16.25m。匝道上跨主线桥梁和陈海公路，桥梁长度分别为 314m 和 250m，标准部分桥宽 15.5m。

本工程路基为填方路基形式，最大填土高度为 4~4.5m，平均填土高度 3.74m。路基总填方约 53 万 m^3。考虑崇明岛土源匮乏，取土困难，一般路基主要填料采用长江疏竣工程产生的吹填砂。为解决桥头跳车问题，桥头过渡段路基填料采用二灰（95% 粉煤灰 +5% 石灰）。为确保路基边坡稳定，采用土工布及包边土形式。

陈海立交主线桥、南横引河桥及两座匝道桥基础采用直径为 600mmPHC 管桩，共 1 085 根，桩长 40~42m；主线跨河小桥桩基采用直径为 600mm 钻孔灌注桩，共 202 根。

桥梁墩台身为承台、立柱、盖梁形式。承台 126 个，立柱 126 组，盖梁 138 榀，桥台 24 座。承台、立柱为钢筋混凝土结构。陈海立交主线桥及两座匝道桥盖梁采用预应力混凝土结构，采用后张法施工，预应力筋采用 ϕ^{s}15.20 钢绞线。

桥梁上部结构，跨南横引河采用 30m 预应力混凝土 T 梁，共 16 片，其余采用先张法预应力混凝土空心板梁，共 2 250 片，采用两台 50t 履带吊架设。

桥面铺装采用钢筋混凝土，共 4.4 万 m^2。防撞墙采用钢筋混凝土，共 7 500m。

桥梁工程钢筋总量 6 991.96t，钢筋网片 239.6t，钢绞线总量 1 113.6t，各类锚具 1 192 套。

第二章　前期工作

QIANQI GONGZUO

第一节　上海长江隧桥工程的论证与立项

一、项目酝酿和提出

1993 年 5 月长江口越江通道的前期研究工作起步。1993 年 5 月 15 日由原国家科委副主任主持召开了“长江口越江通道越江工程重大技术经济问题前期软课题工作会议”。上海市政府、国家外国专家局、原国家科委、原国家计委、原交通部、水利部等司局，原上海市科委、南通市、江苏省科委、同济大学等单位也出席会议。会议对课题开展的战略和背景进行了研讨，并对课题的组织协调、研究内容、工作进度、成果形式等提出了要求。会议成立了由国家科委、原国家计委、上海市政府、江苏省政府等 26 家国家有关部委、地方政府和银行组成的课题领导小组，成立了上海、北京、江苏南通三个课题总体组，同时开展研究。

1993 年 6 月 15 日至 18 日，原国家科委邀请国务院有关部委、地方政府和研究机构的专家、学者组成专家考察组，对上海浦西、浦东、崇明和江苏南通市及海门市等地进行了实地考察。

根据领导小组的总体安排与计划，课题研究工作主要围绕以下三大专题展开研究工作：（1）越江通道的战略意义和作用；（2）越江通道工程技术可行性研究；（3）工程集资、融资方案设计和经营机制研究。三个课题总体组汇集了上海、北京及江苏的一大批专业科研机构和高等院校的专家学者，对涉及越江工程各方面的课题，进行了广泛和深入的研究，既有桥梁、隧道、交通、地震、气象、港口、航道、河口、工程地质和城市规划等方面研究，也有经济、社会学、区域发展、金融、土地等方面的研究。研究工作取得了相当进展，形成了一批高质量的社会经济、工程技术方面的研究报告。

上海总体组在原上海市科委的领导下，在原上海市市政工程管理局的直接负责下，组织了上海市规划局、市计划经济研究所、林李公司、隧道设计研究院、城建设计研究院、上海市公路管理处等单位参加了研究工作，上海气象局、航道局、地矿局等单位积极参与，并提供了大量资料。

1993 年 10 月原国家科委汇编并发表了中国科学绿皮书第 1 号《长江口越江通道工程重大技术经济问题研究》。1993 年 10 月 11~13 日，在上海由原国家科委、原国家计委、国家外国专家局、上海市政府及江苏省政府联合召开了“长江口越江通道工程重大技术经济问题国家研讨会”，来自海内外近 60 位代表出席了会议。代表中有国家和地方政府有关主管部门的领导，各研究课题的专家学者。国际著名桥梁专家美籍华人林同炎教授率香港、加拿大、美国等国家和地区的桥梁、交通工程和财务专家出席了会议。我国著名桥梁专家李国豪教授也出席了会议。会后，由原国家科委、原国家计委、上海市政府及江苏省政府联合签发了会议纪要，即“93 国科策字 098 号”文。

国家研讨会之后，在原上海、北京、南通三个总体组的基础上成立了新的课题总体组。新总体组由原国家科委和原上海市科委牵头，并分别邀请北京、上海、南通、海门和崇明等方面专家、领导参加。总体组办公室设在上海。

1994 年 10 月新总体组完成课题最终报告——《长江口越江通道工程重大技术经济问题前期研究报告》。前期研究报告汇总了各方面的研究成果，对各专题的研究，有以下分析与结论，概述如下。

（一）越江通道的战略意义和作用

通过对长江口越江通道工程的客观经济背景的研究，其战略意义和作用，概括以下几方面：（1）长江口越江通道工程是衔接与整合沿海、沿江两大发展战略的重要部署；（2）长江口越江通道工程是推动长江流域和沿海地区对外开放和整体开发的基础工程;（3)长江口越江通道工程是上海建成“一个龙头、三个中心”的有机组成部分；（4）长江口越江通道工程是崇明资源综合开发、苏北经济发展和浦东新区开放的迫切需要。

（二）越江通道工程技术可行性研究

1. 路线方向

前期研究中对上海长江口越江通道的路线选址，提出三个规划位置。

（1）东线（浦东五号沟方案）

浦东五号沟—长兴岛东端—长兴岛西端—崇明四滧—崇明陈海公路—崇明牛棚港—江苏海门青龙港。

（2）西线（罗泾方案）

罗泾—崇明城桥镇—崇明陈海公路—崇明牛棚港—江苏海门青龙港。

（3）中线（浦东外高桥方案）

浦东外高桥—长兴岛西端—崇明四滧—崇明陈海公路—崇明牛棚港—江苏海门青龙港。

前期研究中，对先行实施哪一条线路，尚无明确推荐意见。

对上述三个方案的线路走向，当时在上海市总体规划中都予以保留。后因浦东高桥地区建设情况发生变化，中线（浦东外高桥方案）上海市方向已无实施条件，取消中线规划，并对东线走向做了调整。因此，目前上海市总体规划中，越江线路为东、西两条规划线路。

2. 越江方式

（1）对长江北支的越江方式，在前期研究中，经专家的初步研究，取得了比较一致的意见，即建设崇（明）海（门）大桥跨越长江北支。

（2）对长江南支的越江方式，专家们则提供了可供选择的三种方案，即全桥梁方案、全隧道方案和桥隧混合方案。最终研究报告中提出，对越江方式“拟待预可行性研究和工可研究阶段再进一步作出确定性有限结论”。但在专家的方案研究中，多有趋向于桥隧结合方案的意见。

前期研究的最终报告中，还作如下研究结论：“需要强调指出的是，不论长江口越江通道工程所涉及的自然、社会经济条件如何错综复杂，也不论最终选择何种越江位置和何种越江方式，上海目前均有雄厚的桥隧科技力量和施工力量予以保证，它们在工程技术上都是完全成熟和完全可行的。”

3. 技术经济评价

前期研究中通过大量数据分析，并采用国际通用的“费用—效益分析法”，经专家们的测算评估后认为：建设长江口越江通道在经济上是合理的，吸引的运量是可观的，经济效果和社会效益都非常显著。

（三）工程集资、融资方案设计和经营机制研究

前期研究中提出，长江口越江通道工程应本着从深化改革，向改革开放要资金，向国际、国内两个市场要资金，向减少成本、提高效益要资金。

对多种筹资渠道，在前期研究中，提出了利用世行、亚行项目贷款，在境外发行 H 股和 ADR（全美存券）及 GDR（全球存券），成立工程投资基金，发行工程建设债券等 6 种融资方案。

由上述对长江口越江通道的前期研究概况可见，1993 年由原国家科委组织的一系列工程前期研究，进行了大量和深入的工作。此后，围绕这一重大工程项目，上海市又进行了一系列相关研究工作。1994 年 8 月，由原上海市计委委托上海市投资咨询公司主持进行了《长江口综合开发的研究》。这一工作主要是就越江工程与航道整治、青草沙资源开发以及长江口促淤工程相结合的研究。1996 年 8 月，上海市又完成了长江口北支的《崇海大桥预可行性研究报告》。

在上海市最新修订的“上海市城市总体规划(2000~2020)”及“上海市高速公路网规划(1999~2010)”中提出，到 2020 年，上海将初步形成国际经济、金融、贸易中心之一，基本确定上海国际经济中心城市的地位，基本建成上海国际航运中心；发挥上海国际国内两个扇面辐射转换的纽带作用，进一步促进长江三角洲和长江经济带的共同发展；对崇明的开发和建设将作为 21 世纪上海改革开放的战略重点；在 21 世纪头十年，上海的道路建设，将以网络建设为重点，2010 年建成全市高速公路网络系统，并与长江三角洲地区的高速公路联网，并明确提出高速公路网的建设，要实现“153060”的建设目标。

15min 上网：重要工业区、重要集镇、交通枢纽、旅客（货物）主要集散地的车辆 15min 可进入高速公路网。

30min 互通：中心城与新城（含县城）、中心城至省界 30min 互通。

60min 可达：高速公路网上任意两点之间 60min 可达。

实现郊区环内新城、县城、重要运输枢纽之间半小时互通，郊区环外新城、县城之间的联系 1h 互通。

上海市城市总体规划根据上海的现状和发展趋势，提出拓展沿江沿海发展空间，形成宝山新城、外高桥港区（保税区）、空港新城、上海化学工业区、金山新城等组成的滨水城镇和产业发展带；沿江沿海地带集重要的对外交通枢纽、重要城镇及大型园区于一体，使之成为上海未来城镇和产业发展最重的拓宽空间。

随着上海市改革开放的不断深入，国民经济建设的不断发展，根据上海市城市建设的总体发展步骤与规划，长江口越江通道工程的建设问题，已被提到议事日程上来。为实现党中央、国务院提出“一个龙头，三个中心”和建设上海国际航运中心的重大战略目标，为使上海在今后发展中更好、更充分地发挥辐射作用，服务全国，面向世界，充分体现上海在改革开放中的地位和作用，长江口越江通道的建设，已成为实现其战略目标中的一项十分必要和紧迫的任务。

二、预可行性研究过程

1998 年 9 月底，上海市城市建设设计研究院在项目酝酿和提出阶段研究基础上着手开展预可行性研究工作；1998 年 10 月对初步工作大纲进行了讨论修改；1998 年 12 月 23 日原上海市市政工程管理局组织对修改后的工作大纲进行了较深入的研究，确定了预可行性报告编制的基本指导思想和工作总体进度安排。

1999 年 1 月 4 日，原上海市市政工程管理局、市公路管理处等单位赴崇明岛，拜访了崇明县人民政府，并与崇明县人民政府就越江通道的项目研究历史背景、现实意义和发展前景进行了沟通与交流。崇明县人民政府对长江口越江通道的建设，表示了十分迫切的愿望与要求。1999 年 3 月底，原交通部委派有关专家，对越江通道工程研究进展情况进行了了解。2000 年 3 月 7 日原上海市计委了解上海长江隧桥（崇明越江通道）工程预可行性研究报告编制情况，并要求简缩成汇报提纲；2000 年 10 月 31 日，上海市市政局规划处组织研究上海长江隧桥（崇明越江通道）建设总体设想，并要求提出预可行性研究最终报告；2000 年 11~12 月，就上海长江隧桥（崇明越江通道）工程总体研究情况，总体组多次向原上海市市计委及市政局进行了汇报。

整个预可研究工作受到了各级领导的高度重视，各有关方面与协作单位给予了大力支持，加之1993年前期研究的工作基础与成果，2001年1月完成了《上海长江隧桥（崇明越江通道）工程预可行性研究报告》的编制。

三、可行性研究过程

2001年4~8月进行工程方案国际征集，对桥梁方案、隧道方案、南隧北桥组合方案进行对比论证；在工程方案国际征集阶段，三个联合体提出2个线位方案和18个工程实施方案，其中隧道方案6个，桥梁方案7个，南隧北桥组合方案5个。

2002年8月底在上海，由原上海市市政工程管理局主持，召开了由国内著名桥梁、隧道专家和学者及有关部门领导参加的上海长江隧桥(崇明越江通道)工程桥梁、隧道专家咨询会。2002年9月初，召开了上海长江隧桥（崇明越江通道）工程河势条件专家咨询会；2002年12月22日上海市市政工程管理局主持召开上海长江隧桥（崇明越江通道）工程北港桥梁通航标准论证专家咨询会。

同时于2001~2003年期间完成系列专题研究，内容涉及规划、交通流量、河势、通航净空尺度、水域通航环境、工程地质、环境气象、水文模型试验、防撞冲刷和风险分析等18项。

在这些研究基础上，2001年12月提出工可研究大纲和标准大纲，经过一年多的努力，最终于2003年2月形成了完整的工程可行性研究报告。

四、国家立项及开工

2002年12月原国家计划委员会下达了经国务院批准的项目建议书，上海长江隧桥（崇明越江通道）工程正式立项。项目批准立项范围：东线越江通道的上海市陆域—长兴岛—崇明岛越江段范围。2003年04月上海完成工程可行性报告评审；2003年09月原交通部组织工可评审；2003年10月国家发展与改革委员会组织专家评审；2004年07月国务院常务会议通过项目的工可审批。

通过科学论证，工程方案于2005年5月通过国家审批，核定工程建设投资126亿，采用南隧北桥组合方案。

上海长江隧桥工程于1993年起开展研究，2004年下半年完成初步设计，2004年12月28日正式启动，2005年5月通过国家审批。整个论证与立项过程大约12年，期间国内外许多专家都参与到这项工作中来，为长江隧桥工程开工奠定了良好的建设基础。

2005年9月上海长江大桥正式动工，2006年9月上海长江隧道正式开始掘进，2009年10月31日工程建成通车。

第二节　工程投资与工期可行性研究

一、投资估算及资金筹措

1. 投资估算

工程投资估算汇总见表2–1。

工程投资估算汇总表（亿元）　　表 2-1

方案		南港越江段	北港越江段	建安费（含设备购置费）	总投资
规划线	南隧北桥	50.71	41.75	92.46	122.98
	全隧	52.81	57.70	110.51	145.80
	全桥	79.87	39.23	119.10	157.32
比较线全桥		45.94	34.05	79.99	106.71

2. 资金筹措

根据资金筹措方案的研究，按推荐的南隧北桥方案，本项目总投资估算为 122.98 亿元（静态投资约 112.84 亿元），其中资本金投入为 43 亿元（占项目总投资 35%），其中原交通部投资 3 亿元，上海市公路建设公司投资 25 亿元，上海市市政资产经营公司投资 15 亿元。其余 65% 为银行贷款，贷款年利率为 5.76%。2005 年原交通部有关文件最终批复的工程总投资费用为 126.16 亿元。

二、工期安排

综合考虑工程建设的项目前期、设计周期、施工前期准备、资金筹措等各方面因素，本项目实施计划作如下安排。

1. 前期工作和设计进度安排

2003 年 2 月，完成工程可行性研究，并完成相关课题研究。

2003 年 6 月，完成工程初步设计，并完成施工招投标。

2003 年 12 月，完成施工图设计。

2. 施工工期

根据工程前期工作和设计进度安排，按规划线位南隧北桥方案，2004 年 12 月 28 日开工建设，原计划 2010 年 7 月建成，实际 2009 年月 10 月 31 日建成。

三、经济评价

经济评价各方案综合评价结果见表 2-2，规划线位南隧北桥方案财务评价敏感性分析见表 2-3。

各方案综合评价结果　　表 2-2

评价指标			单　位	规划线位			比较线位全桥
				南隧北桥	全　隧	全　桥	
国民经济评价	基本评价	经济内部收益率	%	19.68	17.18	16.45	22.10
		净现值	万元	519 927	390 148	355 020	634 711
		效益成本比		2.94	2.56	2.41	3.30
财务评价	全部投资（国内贷款利息 6%）	财务内部收益率	%	7.26	6.19	6.04	8.79
		净现值	万元	157 866	27 676	6 559	318 284
		投资回收期	年	14.75	15.81	15.89	13.24
		还款期限	年	18.22	20.26	20.43	16.14

规划线位南隧北桥方案财务评价敏感性分析

表 2-3

财务指标 \ 风险因素	正常情况	投资升 10% 收费不变	投资不变 收费降 10%	投资升 10% 收费降 10%
财务内部收益率（FIRR）（全部投资）	7.26%	6.6%	6.18%	5.57%
财务净现值（6%）（万元）	157 866	80 749	22 106	-55 011
投资回收期（含建设期）（年）	14.75	15.44	15.77	16.43

综合经济评价：

从项目的国民经济评价和财务评价来看，各方案均是可行的。

从项目的国民经济评价方面来看，上海长江隧桥（崇明越江通道）不仅经济效益显著，社会效益将更为显著。项目的社会宏观效益虽然从国民经济评价角度尚不能直接计算，但相对于项目的经济投入，将十分巨大。

项目的财务评价显示，在现阶段研究的项目投资和交通量水平情况下，通过对资本金投入比例的测算分析，以35%资本金投入是适当的。财务评价的敏感性分析表明，项目具有一定的抗风险能力。

从财务评价的投资回收期来看，项目各方案的投资回收期（含建设期）在13~16年，其中规划线位南隧北桥方案约15年。还款期限（含建设期）16~20年，其中规划线位南隧北桥方案约18年。

由财务评价的敏感性分析还表明，按规划线位南隧北桥方案，项目全部投资时，虽然在投资与收费分别单一不利因素变化10%时，财务赢利尚可行，但在投资上升10%，收费同时下降10%的情况下，其财务内部收益率将低于国家贷款利率水平。而规划线位全隧及全桥方案在投资与收费分别单一不利因素变化10%时，财务内部收益率已经低于国家贷款利率水平。这说明，由于工程投资巨大，方案不同，投资规模增加对收益影响较为敏感，风险随之增加。考虑到工程规模及风险较大，建议通过适当延长营运周期来提高其抗风险能力。经测算，就规划线位南隧北桥方案而言，在投资上升10%，收费同时下降10%的情况下，如果延长营运期至25年，财务内部收益率将达到6.39%。

第三章　工程建设项目管理

GONGCHENG JIANSHE XIANGMU GUANLI

第一节　工程投融资管理

一、工程项目投融资管理

上海长江隧桥工程项目通过项目的资产、收益作抵押来融资，其项目导向、有限追索、风险分担、信用结构多元化的特征，使得该模式项目融资具有很多优点：可以减少项目对政府预算的影响，可引进先进的技术和管理经验，使项目融资的信用结构灵活多样、债务承受能力高、风险分担合理，也使项目融资易获得较高的融资比例和较长的贷款周期等。作为大型的基础设施项目，长江隧桥工程项目建设周期长、成本大，在具体实施过程中，项目公司积极探索，不断创新，综合吸收了代建制、施工总承包、设计施工总承包、BT（建设—转让，政府回购）等管理模式的重要元素，在实际运做过程中取得了良好的成效。以下从项目融资模式、项目投资与资金管理模式、工程款资金委托监管操作模式等方面进行分析。

二、工程项目融资模式

1. 融资结构

按照2005年原交通部有关文件批准上海长江隧桥工程的投资规模为126.16亿元。根据上海长江隧桥建设发展有限公司与原上海市市政工程管理局签署的专营权合同有关条款约定，上海长江隧桥建设发展有限公司用于建设长江隧桥工程的资金来源为：

一是上海长江隧桥建设发展有限公司资本金共50亿元。其中由上海城市建设投资开发总公司与上海公路建设总公司分别按60%、40%（含原交通部出资3.25亿元）出资比例分别出资。

二是上海长江隧桥建设发展有限公司以专营权合同授予的G40高速公路在收费经营期内的收费经营权向银团融资76.16亿用于项目建设。随着项目的不断进行，公司根据项目进展情况按照计划有序开展外部融资。

上海长江隧桥项目的外部融资渠道多样化、方式较为灵活、长期和短期融资结构比较合理，能够较好地满足项目投资的进度计划。

2. 项目融资模式若干特点

自有资本规模大，是确保项目顺利实施的重要条件。在项目融资中，股本资金比例越高，现金流量中用于偿还债务的比例就越小，项目的经济强度就越高，贷款人的风险就越小，这有利于项目投、融资顺利开展。从上海长江隧桥工程项目的情况看，公司的两大股东分别是上海城市建设投资开发总公司与上海公路建设总公司。这两家公司具有国资背景，资金实力和技术实力雄厚，市场影响力强。而根据公司章程，两大股东总计投入50亿元的资本金，这在国内同类项目中是规模非常大的，从而为完成项目投、融资奠定了良好的基础。

银团贷款发挥重要作用。银团贷款是项目融资中一种重要方式。从借款方来看，银团贷款具有多方面的优点，如可以满足项目的大额贷款需求；采用同一贷款协议，借款人只需与牵头行商讨，节省谈判时间和精力，降低筹资成本；通过牵头行的推介，融资方可以与一些原本没有业务往来的银行建立起业务往来关系，扩大往来银行的范围等。在上海长江隧桥工程项目中，外部融资主要采取银团贷款的方式。长江隧桥建设发展有限公司于2005年12月22日与以中国工商银行股份有限公司上海市分行牵头的银团签署了《银团贷款协议》。根据协议约定，共获得银团贷款额度76.16亿元，并将分批投放，这将为项目建设的顺利开展提供强大的资金保证。

外部融资结构较为合理。从隧桥项目的融资结构来看，体现出渠道多样化、方式较灵活、长期和短期融资结构比较合理等特点，从而能够较好地满足项目投资的进度计划。在项目外部融资中，长期融资与短期融资结构搭配合理。比如，2008年上半年共融入资金22.45亿元，其中流动资金借款（1年内）17.447 5亿，项目借款（1年以上）5亿元。除部分用于承兑到期票据和偿还前短期借款外，全部资金用于长江隧桥工程建设工程款支付和公司的日常运营。如果较多地采用长期融资，往往融资成本较高，而且缺乏灵活性。通过对长、短期融资规模进行合理搭配，能够有效降低融资成本，有利于多渠道引进外部资金。

保险资金的引进。隧桥公司积极探索通过金融创新，开辟多渠道的项目融资。2008年初，在上海市城投总公司的协调推动下，公司开展了引入太平洋保险有限公司的保险资金参与市政基础设施建设的工作。根据设计，拟订的方案主要内容为：引进20亿元的保险资金，使用期限为20年。该模式最大的优势在于，项目综合资金成本比同期银行贷款利率低15%~20%。

三、项目投资与资金管理模式

在投资和建设过程中，长江隧桥项目工程整合了代建制、施工总承包、设计施工总承包、BT等各种管理模式。在实际运作过程中，相关模式和措施发挥了良好的效果。

项目投资实施严格的预、决算制度。长江隧桥工程项目具有投资规模大、建设周期长的特点。项目投资必须按照科学、高效、合理、有序等的要求进行安排，以确保项目建设需要，并实现优质、安全完成工程投资计划。在项目建设过程中，公司采取了严格的预、决算制度，在保证项目投资管理目标实现中发挥了重要作用。整体上，项目建设投资大体按照计划有序推进，工程款支付按照预算进行，两者相互匹配。

项目资金管理内部控制体系的构成。在对工程建设资金的监管上，为保证工程建设资金全部用于工程建设，公司在招标文件中规定、并委托银行设立专户进行监管。具体支付流程为：每月由施工方编制用款计划，业主审核确认后通知银行核付；对计划外的费支，需单列报请业主专审确认后支付，以防建设资金的流失和挪用。监管并确保工程建设资金全部用于工程建设，防止工程建设资金的流失和挪用，以使投入的建设资金发挥最大的效能。在内部控制机制建设上，具体细化设置了六项财务管理重点工作业务流程，操作过程中，这六大制度相互衔接、有序交叉，能够高效、规范、科学地实现项目资金管理的各项目标。

四、工程款资金委托监管操作模式

“上海长江隧桥工程”工程作为国家重点公路上海至西安的重要组成部分，必须确保工程资金的专款专用，确保工程的顺利完工。为提高工程资金管理可控性，上海长江隧桥建设发展有限公司采取了引入第三方实施资金监管的模式。

第三方的引入。上海长江隧桥建设发展有限公司委托监管方（具有良好行业记录、信誉良好的商业银行）对公司指定的施工企业（由公司通过《工程款资金监管委托书》指定的施工方）的资金使用情况实施监管。

监管方式。监管方凭《工程款资金监管委托书》、《接受监管同意书》等要件对施工方通过以下方式实施的对外支付行为进行监管。金额超过 100 万元（含 100 万元）的对外支付；且通过监管方网上银行进行落地结算或到监管方营业柜台通过贷记凭证或电、信汇凭证结算。

监管内容。项目公司委托监管方对施工方符合规定方式的付款请求实施以下监管行为：（1）委托监管方根据经公司方核定的施工方用款依据（即经公司方核定并加盖公司方公章的施工方《月度用款计划申请表》），审核其付款请求；（2）委托监管方审核的内容：a. 付款请求的支付对象是否在用款依据记载之列；b. 付款请求的支付金额是否超过用款依据中记载的同一支付对象的付款总金额。（3）若施工方付款请求与用款依据相符（即付款请求的支付对象在用款依据记载之列且付款请求的支付金额小于或等于用款依据中记载的同一支付对象的付款总金额)，委托监管方受理该笔业务；若施工方付款请求的支付对象不在用款依据之列、付款请求的支付金额超过用款依据中记载的同一支付对象的付款总金额、监管方认为难以确定是否属用款依据之列，委托监管方立即通知公司方，并遵照公司方书面指令处理该笔业务或按本协议约定处理该笔业务。（4）因施工方以除约定以外的方式（即其他结算方式）进行结算的，监管方不予监管，且监管方在根据用款依据记载的金额审核符合约定方式的付款请求时，亦无义务考虑施工方通过其他结算方式实施的对外支付金额。

公司方委托监管方于每月 10 日之前根据公司方委托的内容，向公司方出具上月资金监管报告，报告上月施工方资金使用情况。

对于新中标的总承包单位，及时督促在有关银行开立监管账户，协调银行及时提交监管报告，由此全面掌握资金动向，保障长江隧桥工程建设的正常进行及维护各方的合法权益。这个第三方资金监管的操作模式，具有严密性强、交易成本低、监管效率高、便于及时掌控、避免主观性等诸多优点，在运作过程中效果比较理想。

五、多元化项目投融资管理分析

上海长江隧桥工程项目通过建立并实施工程建设的多元化投融资体系，为工程建设提供了资金保障。具体来看，其成功经验主要体现在以下几方面。

1. 借鉴国际经验，开展多元化、国际化融资

根据有关规定，上海长江隧桥建设发展有限公司积极拓展资金来源，实现了多元化、国际化融资。

2. 规范管理制度，实施科学、有序的投资管理

长江隧桥工程项目的成功经验：一方面，严格的预算、决算制度是推进科学化投资的重要渠道。在隧桥项目建设过程中，公司采取了严格的预算、决算制度，在保证项目投资管理目标实现中发挥了重要作用。另一方面，严格工程资金的控制和管理，在内部控制机制建设上，具体细化设置财务管理重点工作业务流程，监管并确保工程建设资金全部用于工程建设，防止工程建设资金的流失和挪用，使投入的建设资金发挥最大的效能。

3. 引入专业机构，推行细致、严密的资金监管

严格按照第三方监控流程，杜绝主观化的资金管理方式，这是上海长江隧桥项目资金管理成功的重要经验。为防止投资资金不到位、资金挪用、资金拖欠、资金超预算等现象的发生，长江隧桥公司通过借鉴相关经验，引入第三方实施资金监管的模式，图 3-1 可以大体表示出上海长江隧桥公司资金监管的操作流程。

实践证明，第三方资金监管模式在有效提高工程资金管理可控性、客观性方面发挥了非常重要的作用。

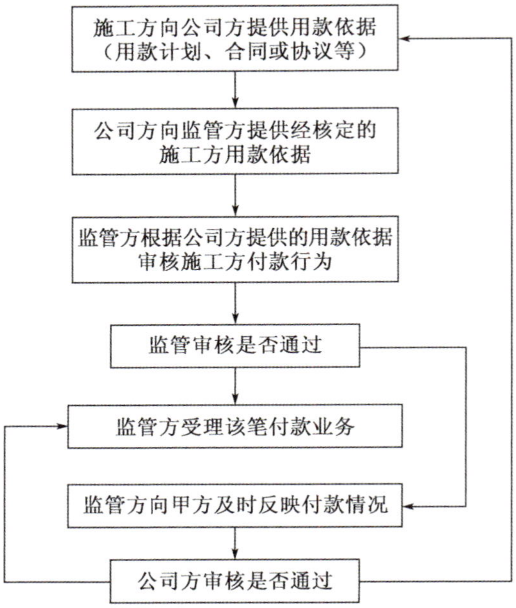

图 3-1　上海长江隧桥公司资金监管的操作流程

第二节　工程技术创新管理

上海长江隧桥工程是我国一项新的世界级工程。作为一项隧道、大桥、轨道交道等多形式的超大型交通系统工程，工程的建造难度之大、遇到的风险之多、质量要求之高和组织协调之复杂，都是目前世界交通建设史上前所未有的。整个工程规模浩大，技术标准高，地理位置特殊，建设条件复杂，是我国对世界现代隧桥建设技术水平的全新挑战。

同时，上海长江隧桥工程项目作为一项科技含量高、施工工艺要求高和工程施工风险高的“三高”工程，集多项国内外施工记录于一体，对项目技术和研发提出了极高的要求。然而，不完全依靠技术引进，而是通过加强科技研发与自主创新，解决施工技术难题和管理问题；不单纯依靠自有资源，而是积极借援外部资源，共同开展科研攻关，上海长江隧桥公司取得了巨大的成功。

一、科技开发的引领作用

上海长江隧桥建设发展有限公司高度重视科研创新与科研管理的重要性。本着“设计指导施工，施工印证设计，科研服务全局”的原则，公司开展了大量的科研工作，为后续施工、设计服务。通过系统的论证，对成果进行提炼融合，使这些科研成果形成了一个有机的整体，有效地降低了项目建设、管理风险和成本，从而使科研工作有机地引领了项目建设的全过程。

1. 建立科研创新体系，保障课题研究进展

在项目建设过程中，上海长江隧桥工程建设指挥部会同上海长江隧桥建设发展有限公司，以科学发展观为引领，以“依靠科技进步，创建精品工程，稳步推进建设”为科技工作的指导方针，组织、支持各参建单位大力构建科研创新体系，着力保障国家863科技攻关、市科委登山计划及公司自主研发项目的技术论证和科研攻关工作，使公司在若干单项技术上达到国际领先水平。

2. 充分开展前期论证，降低项目建设风险

隧桥项目科研工作最大的成功经验之一，就是充分认识到前期论证的重要性，通过抓好科技攻关、科研工作，为后续施工、设计服务；通过技术进步、工艺优化、科学管理，来最大限度减小、降低建设成本和施工风险。在谨慎推进、理论先行的思路下，上海长江隧桥建设发展有限公司在工程建设前期以及施工过程中，往往首先开展严密、充分的理论论证，待理论上对施工方案的可行性予以认可后，再稳步加以实施。

3. 优化施工技术方案，科研引领项目建设

公司本着"设计指导施工，施工印证设计，科研服务全局"的原则对动态跟踪施工进度，通过优化施工技术方案，并对科研成果进行提炼融合，使之不断引领项目建设，为工程的建设管理、工程设计、工程施工提供了技术支撑。

二、科技投入与成果转化

上海长江隧桥建设发展有限公司紧密结合工程实际，通过多方努力积极筹措科研试验经费，并通过加强成果及时转化应用、加强政、产、学、研有机结合等途径最大限度地发挥科研试验的效能，有力地推动了科研工作的开展。

1. 多元筹集科研试验经费，为科研项目提供有力保障

上海长江隧桥建设发展有限公司从项目可行性论证开始，就非常注重科技研发的投入。工程科研投入总规模已经达到了8 000多万（其中包括国家科技部资助445万、上海市科委给予资助的部分资金近1 500多万元），如此大规模的科研投入在许多同类型施工项目中是不多见的。

如此巨大的资金规模，得益于指挥部及公司领导的高度重视，公司通过积极筹措，开辟了多元化的科研试验经费筹集渠道。这主要包括：一是自有资金投入；二是申请市科委的资助；三是申请国家有关科研计划立项目，获得资金支持。通过多方面着力，有力地保证了科研试验经费的投入，及时地解决了制约工程建设的一些关键技术问题，极大地促进了长江隧桥工程建设的顺利开展。

2. 紧密结合工程实际，积极拓宽课题来源渠道

长江隧桥工程的科研项目，涉及多层面的立项课题，从而在筹措更多科研经费的同时，也提升了科研水准。具体来看，课题立项来源主要包括三个方面：

一是国家"863"研究计划。根据国家863科技攻关专题"现代交通技术领域——大型跨江海隧道关键技术"的具体要求进行了项目申报工作。申报的研究题目为《超大特长越江盾构隧道关键技术研究》，目标是以世界上最大直径、公轨兼用的上海长江隧道工程为目标背景，开展大型越江隧道工程的结构设计、施工技术、安全与防灾等关键技术的研究，建立具有自主知识产权的大型越江跨海隧道工程的核心技术群及其相关技术标准，使我国大型越江跨海隧道工程的建造水平，不仅能完成国内的大型越江跨海隧道工程的建造，而且具备参与国际重大越江跨海隧道工程项目竞争的能力，并在若干单项技术上达到国际领先水平。

二是上海市科委研究计划。上海长江隧桥工程的科研工作，始终得到了上海市科委的大力支持和具体指导。早在2004年的初步设计阶段，针对工程建设和管理过程中的技术难点和关键点，市科委又投入资金展开"登山计划"项目的研究，包括《长大隧道结构的技术研究》、《崇明长江口大型隧道通风控制、火灾安全及污染物集中排放的研究》、《超大直径、超长距离隧道盾构推进技术研究》、《无江中大直径风井施工技术研究》、《隧道工程的施工监控及预警、报警系统及风险管理系统研究》、《上海长江隧桥（崇明越江通道）北港桥梁工程建设关键技术研究》和《上海长江隧桥（崇明越江通道）工程建设关键技术研究——特大型工程项目信息化管理系统研究》七项课题。2007 年，市科委根据工程进展，继续加大支持力度，批准立项“创新性行动”课题《上海长江隧桥工程养护管理及数字化技术研究》，2009 年获得《特大型盾构隧道数字控制关键技术研究与应用》课题，为工程的运营与维护提供了强有力的技术支持。

三是上海长江隧桥建设发展有限公司研究计划。公司配套国家“863”计划和上海市科委研究计划，并结合工程建设实际需要，加大研发投入，进一步开展了一些立项研究。截至 2009 年 10 月 31 日工程建成通车，共立项了《长大隧道综合降温技术研究》、《上海长江隧道工程半导体照明技术应用关键技术研究》、《长江大桥工程预留轨道交通设计科研试验研究》、《上海长江隧桥工程路面铺装关键技术研究》、《隧桥结构健康监测识别系统研究》等 60 余项课题，为工程设计和施工服务，解决了许多技术难题。

3. 积极探索科研试验模式，注重政、产、学、研有机结合

本着“依靠科技进步，创建精品工程，加快工程建设”的原则，上海长江隧桥建设发展有限公司在科研试验投入过程中注重过程与机制创新。指挥部会同公司，立足工程建设实际，针对建设过程中的难题，以施工和设计单件为主体，横向联合科研院校，建立了产学研相结合的技术创新体系，这在“863”科技攻关计划项目、市科委等有关项目及自主研发项目中都得到了充分体现。通过政、产、学、研有机结合，达到了充分借助外部资源、提高技术力量、提高科研投入效率等预期效果。

4. 及时总结研究成果，推动技术转化应用。

上海长江隧桥建设发展有限公司非常重视并积极推进创新性科研成果在工程建设中的及时转化、应用，通过加快核心技术的创新与集成，利用技术成果在工程应用中的示范效应，帮助施工企业将技术成果推广应用。在建设过程中，一大批新工艺、新技术成果，如大断面软土盾构隧道计算和设计方法；长大隧道通风、消防和防灾控制方法；长大盾构隧道道路同步施工工艺；盾构隧道泥水处理工艺；盾构隧道同步壁后注浆工艺等 30 项科技成果及时应用到工程建设中，极大地提高了施工和建设效率。

三、自主研发与对外咨询的结合

上海长江隧桥科研攻关取得成功的重要经验之一，就是在加强自主研发的同时，积极探索借助外力，发挥社会科研资源的作用，取得了良好成效。

1. 扎实开展科研攻关，推进项目自主研发

上海长江隧桥工程项目在科研方面最大的特点之一是，绝大部分的技术和工艺都是依靠自主研发形成的，其中不少项目达到了国际领先的水平。其经验主要在于，依靠专家组科学决策、科技引领和发挥建设者集体智慧相结合，一方面积极推进国家“863”科研项目的实施，加大、加快科技成果的转换及应用，不断提升科技创新对工程建设和管理的贡献率；另一方面学习经验开展合理化建议活动，激发群众智慧和潜能，群策群力，不断优化施工技术、组织和管理。

2. 努力提升研发效率，推动技术引进、消化、吸收

在加强自主研发的同时，通过认真分析，综合考虑技术条件、研发成本、国际技术现状等诸多因素，对于部分重要技术项目采取了引进、消化、吸收的模式，但这部分项目在总体科研项目中的比重不是很高。

3. 注重外部技术交流，构筑科研人才高地

2006 年 1 月，经上海长江隧桥工程建设指挥部研究决定，聘请了十五位国内著名的桥梁和隧道专家，组成上海长江隧桥工程技术顾问组，对工程实施过程中的重大技术问题给予理论支持、技术指导和咨询服务。同时，参与重大技术方案的论证、重大施工方案的审查以及重大技术问题的处理，确保工程建设的优质、安全。技术顾问组的建立，在很大程度上提高了公司的科研能力和水平。

同时，坚持深入剖析大桥和隧道工程技术难题，进行针对性的工程技术研讨，开展广泛的技术交流；聘请的境外咨询单位与设计、施工单位就技术标准、设计理念、施工方案等进行了许多次技术交流，积极参与施工过程的监管；还通过各种渠道收集了国外大量具有价值的技术资料，通过每月的咨询报告向业主提供了大量宝贵的意见和建议，并与参建各方进行了交流。

4. 认真运用知识产权，积极组织项目申报

注重开展知识产权战略研究，制订和完善知识产权管理办法，建立健全知识产权管理体系。通过邀请专家授课、职工培训等形式，广泛开展宣传和学习活动。通过一系列的知识产权保护措施，不断扩大自主知识产权的拥有量，从而提高了在跨江越海桥隧工程建设中核心竞争力。同时，鼓励并积极帮助科研单位将适应竞争需要的技术和工艺及时申报专利，加强科研成果保护，促进了专利成果在工程实践中的应用和推广。

第三节　上海长江隧桥工程中的技术创新

上海长江隧桥工程作为一项超大型建设工程，在努力进行技术攻关与技术创新的基础上，有效克服了多项世界级难题。本着“依靠科技进步，创建精品工程，加快工程建设”的原则，公司调动设计单位、施工单位和科研院校的技术力量，开展了 1 项国家高新技术发展计划（863 计划）、9 项上海市科委支持计划及 50 余项上海长江隧桥建设发展公司研究计划，极大地推动了工程建设。

一、科技创新

上海长江隧道工程具有盾构直径最大、盾构一次性掘进距离长、隧道埋深大的三大特点，隧道工程主要技术难点表现为：第一，作为世界上最大直径隧道，将面临超大断面盾构隧道抗浮、超大直径泥水盾构开挖面稳定、超大直径衬砌结构设计等难题；第二，一次性掘进距离长，需要解决特长隧道通风与降温、三维轴线控制、特长隧道纵向稳定性、公轨共用隧道火灾控制与救援疏散等难题；第三，隧道在高水压复杂软土地质条件下面临的抗震、防水、耐久性、减振与长期沉降等难题；第四，长大隧道公轨结合给振陷、纵向沉降及疏散逃生提出了更高的要求。

技术创新围绕国家“863”计划《超大特长盾构隧道关键技术研究》、市科委项目和隧道双线贯通展开，主要内容包括隧道结构理论分析、科学试验及结构优化设计技术，大直径盾构隧道先进施工技术、质量控制研究，以人为本的大直径盾构隧道综合防灾体系与风险控制研究。

二、技术创新

上海长江大桥工程主要风险有长江口复杂的水文条件，漫滩、深水、江中沙洲等复杂的地形，强风、潮汐影响等复杂的气候因素，淡咸水交替腐蚀等复杂的自然环境，公轨共面作用。

技术创新方面围绕市科委项目《上海长江隧桥（崇明越江通道）北港桥梁工程建设关键技术研究》贯通展开，主要包括新型特大跨度斜拉桥设计理论与关键技术研究，大跨度连续组合箱梁桥设计与施工关键技术研究，长江大桥墩柱预制拼装建造技术研究，公轨合建桥梁关键技术研究，长江口细砂路堤设计与施工关键技术研究。

三、技术创新的机制保障

为有效推进技术创新，首先是成立专家顾问组，全程参与技术决策。聘请了凤懋润等十五位著名桥梁和隧道专家，组成长江隧桥工程技术顾问组，对工程实施过程中的重大技术问题给予理论支持、技术指导和咨询服务，确保工程建设的优质、安全。

其次是推进重大科研项目，有效强化技术创新。针对工程建设和管理过程中的技术难点和关键点，组织实施市科委科技"登山"项目，组织社会力量进行专题攻关，实施《长大隧道结构的技术研究》等7项课题研究，为工程初步设计提供了依据。同时根据国家863科技攻关专题"现代交通技术领域——大型跨江海隧道关键技术"的具体要求进行了项目申报工作，研究题目为《超大特长越江盾构隧道关键技术研究》。

再次是推广应用科研成果，有效促进工程建设。针对上海长江隧桥工程高风险、高难度、规模大、技术复杂的特点，本着"依靠科技进步，创建精品工程，加快工程建设"的原则，充分应用最新科研成果，为工程的建设管理、工程设计、工程施工提供了技术支撑。截至2009年10月31日工程建成通车，长江隧道共有"结构全寿命耐久性技术研究"等29项；长江大桥共有"基础防撞研究"等20项科研成果被运用到工程建设的实践中。通过多方面共同努力，上海长江隧桥工程质量达到了预期要求。上海长江隧桥工程开工以来，各施工单位均能按照长江隧桥工程指挥部的要求，及时建立健全了质量管理保证体系和组织机构，质量管理目标明确，人员分工职责分明，制度健全。工程施工中质量管理体系运转正常，严格遵守施工中的"三检"制，工程原材料检验合格后使用，工程质量符合设计和技术规范的要求，按公路质量检验评定标准要求评定，结果全部达到合格标准。交通运输部在《2007年度公路工程质量安全监督情况通报》（交质监［2008］85号）中对上海长江隧桥工程的评价是：项目管理科学、制度健全、职责分明、质量管理成效明显。

第四节　上海长江隧道工程施工管理

一、工程进度管理

为有效确保工程质量，按照精品工程的要求，整体推进工程建设的各项管理工作，确保各项工作、各个环节、各个流程处于严格的受控状态。

第一，统筹兼顾，正确处理工期和安全、质量的关系。在长江隧桥工程的施工中，由于时间紧任务重，既努力做到要确保工期，更要保安全与质量。在具体的工作中将工期的要求细化分解至每一项施工细节、每一道施工工序中，充分考虑到多种可能的不确定性因素，做好天气原因、市场因素、供应保障、人力资源、突发事件等应对预案，牢牢把握工期的主动权。并在此基础上，将安全与质量的具体要求于此相适应，使工期、质量与安全成为一个相互促进的有机的受控体系。

第二，针对特点，强化工程建设安全和质量整体受控。在具体的施工工程中，各项进程均面临着较大的风险，必须在此过程中采取有效措施，提高质量，确保安全。在质量管理上，深入开展工程创亿活动，以质量为中心，以科技进步和技术创新为动力，以防治和消除质量通病为突破口，全面提高工程建设的整体水平。努力加强现场监理控制和管理，加强工程实质质量的实测实量检查工作，强化质量问题的处理，严格按施工监理要求施工，非正常施工处理程序和质量问题处理按程序办事。在安全管理措施方面，进一步加强施工过程中的安全检查与监控。针对具体工艺特点，精心编制好相关施工方案、应急预案与各项安全技术措施，并在施工中努力落实，特别要预防突发灾害性恶劣天气对施工安全造成的不利影响，避免发生重特大安全事故。全面推行《施工现场安全生产保证体系》，全面推行工离岗位安全、技术操作规程，全面规范操作人员的施工行为，有效降低人为操作而引发的事故和控制各类事故的发生。注重关键设备的保养和应急方案的细化落实，继续抓好一线施工骨干的教育培训，继续强化应急预案的演练，提高各施工标段对突发事故的紧急处置能力。持续推进"文明工地"、"平安工程"创建活动，确保一方平安与社会和谐。

第三，积极筹划，强化系统集成和科研成果应用。针对工程施工特点，以及工程调整需要，适时开展针对性研究，强化"863"科技攻关的各项工作，促进技术的突破，有效推进大型试验工作，努力形成一批具有知识产权的特色技术或优势技术。并做好成果的现场转化和应用，为长江隧桥工程建设持续、稳步推进提供有效的技术支撑。在取得已有成果的基础上，持续努力推进后续科研项目的研究进展，拓宽思路，全面筹划，为工程建设提供技术保障。

第四，未雨绸缪，精心规划后续工程实施与竣工验收工作。长江隧桥工程要善始善终，要精心规划与科学安排长江隧桥各项附属工程的实施，尽早启动工程竣工验收的准备工作，进一步加强对质量保证资料的管理工作，加强竣工资料的归档工作，重点抓好竣工标段档案资料的整理归档与移并工作，要求档案资料归档及时、完整并符合规定。

二、工程质量管理

1. 质量与安全控制创新

（1）设定严格管理程序，提升执行标准

长江隧桥工程在规范化管理上树立标杆，在工程质量、安全上率先垂范，在工程投资控制上严格要求。在设定严格管理程序、提升执行标准方面，主要做好以下工作。

首先是强化工程规范管理，全面建章立制。公司不断探索重大工程内部管理运作模式，组织编制了 30 多项工程建设管理类规章制度和 10 多项涉及财务管理、人事管理、信息管理、综合行政管理等方面的管理制度，在实际工作中进行了具体落实，实现了公司管理的制度化、科学化、规范化。

再次规范工程劳务分包，杜绝工程转包。公司制定了《上海长江隧桥工程的分包管理办法》，规范了工程分包和劳务分包的工作程序和审批程序，施工过程中坚持"标本兼治、综合治理"的工作方针，遵循"严查、严处、严管"的工作原则，多次与原市政局建运处、公路处、质监站联合组织专项的分包检查，杜绝工程转包；同时对一些专项工程合理分包进行了规范。此外，在设备材料采购管理上，列入政府采购范围（招投标）的材料、设备，严格按政府采购程序办理，由业主、总承包单位与供应商签订供需合同，内部管理按建安招标流程进行。

（2）健全工程质安体系，确保优质安全

质量和安全是重大工程建设的生命线，是投资过百亿、设计运行逾百年的重大工程建设的"重中之重"的工作。指挥部会同长江隧桥公司，主要做了三方面的工作：

首先是建设质安管理体系，分层明职管理。在工程建设之初，公司编写了《上海上海长江隧桥（崇明越江通道）工程建设质量管理办法》等质安规章制度，明确了工程建设的质量目标、安全操作规程，建立了以建设单位牵头的、覆盖工程建设各层次的质安管理体系和质安管理网络，并随工程的进展不断扩充完善。

其次是优化施工技术方案，注重技术导引。本着“技术方案先行”的原则，在工程开工之前，抓好技术方案的编制工作，做到先方案，后施工。公司委托原市政局科技委对关键工序、技术复杂、风险较大的专项工程施工方案组织专家评审，施工单位根据专家意见进行修改补充，完善施工方案。通过专家评审，优化了施工方案，使施工方案更具针对性，降低了工程施工风险。

再次是完善施工现场督导，强化动态管理。为加强对工程建设现场的监管力度，公司与原市政局建运处、公路安（质）监站联合成立了“上海长江隧桥工程建设现场安全、质量、文明施工督导组”，督导组依据《上海长江隧桥工程综合考核奖惩办法》不定期对工程建设的各环节进行巡查，同时每月根据不同标段、不同施工内容进行全面或专项检查，强化质安体系的建设。

2. 项目质量管理：精细化管理模式

项目质量是建设工程企业的核心竞争力，实现工序质量验收合格率 100% 更是特大型工程追求的共同目标。一般而言，项目质量管理包含一些程序，它要求保证该项目能够兑现它的关于满足各种需求的承诺。它包括在质量体系中，与决定质量工作的策略、目标和责任的全部管理功能有关的各种活动，并通过诸如质量计划、质量保证和质量提高等手段来完成这些活动。健全质量管理制度、注重细节管理，确保整个工程的高标准、高质量，是上海长江隧桥工程项目管理最重要的内容之一。根据长江隧桥工程项目质量管理的实践与特色，可称其质量管理为精细化管理模式。

（1）树立质量管理的源头治理理念

原材料的质量决定着工程的实体质量。如何从源头开始加强对原材料供应和构件制作的质量控制，成为上海长江隧桥工程保证整体质量的关键。为此，上海长江隧桥工程质量管理，一方面通过严格把关原材料及构件制作的质量控制，严禁将不合格材料应用到工程之中，从源头上杜绝了质量问题的发生，如上海长江隧桥工程共浇筑各类混凝土约 68 万 m^3，各类钢筋约 9.5 万 t，预应力钢材 3 400t，高强度钢材 7 万 t，抽检合格率达到 100%；另一方面严格执行“首件认可制”，按照“以工序保分项，以分项保分部，以分部保单位，以单位保总体”的质量创优保障原则，对首件工程的各项质量指标进行综合评价，有效地预防和纠正了后续生产可能发生的各类质量问题。

（2）充分发挥建设者和质量管理者的主观能动性

除了材料之外，工程质量往往与参与工程建设的各类人员具有直接的关系，不同环节、不同阶段、不同施工场地的各类人员，对质量标准的理解和执行不同，将会造成不同等级的工程质量。因此，工程质量的高低，根本在于组织者、管理者、建设者、监督者等群体对每一道程序的态度。长江隧桥工程在质量管理中，非常注重发挥所有各类人员的主观能动性，项目公司通过对包括管理者、设计者、施工者、监理者等在内的全体参建单位人员进行专门的质量意识教育，特别是加强对劳务分包队伍人员上岗考核和教育培训，全员全面树立质量安全意识，让每一个建设者和管理者树立质量安全意识，从根本上杜绝了重大质量事故的发生。

（3）以专门化的组织建设确保质量工作

质量管理涉及工程建设的多个环节，需要进行统一化、专门化、标准化的管理，而拥有一个专门的管理机构或职能部门，是工程质量完全达标的重要保障。为此，上海长江隧桥建设发展有限公司下设了一个专门从事工程质量管理的职能部门——质量安全部，对工程材料、设计方案、施工现场、检验监理等环节，进行总体的质量目标策划和实施，确保工程质量的全面达标和创优。

（4）以争创国内外重大奖项为质量管理的目标导向

能够获得建设领域的一些重要奖项，不仅仅是一项工程建设项目崇高的荣誉，更是其项目建设品质的象征和保证，这往往成为诸多工程项目质量管理追求的目标。上海长江隧桥工程从建设的一开始，就确立了中国建筑工程鲁班奖（国家优质工程，国家建筑领域的最高奖项）、上海白玉兰奖（上海市颁布的建筑行业的工程质量最高荣益）的质量目标，并将这一目标贯穿于工程质量管理的全过程，更以此为鞭策搞好工程质量，争创一流工程。

（5）注重发挥质量技术交流与质量咨询

在某种程度上，设计、施工的技术水平决定着工程质量的好坏，强化和完善技术交流与咨询，是保证工程质量的一条重要途径。为此，长江隧桥工程建设过程中，项目公司特别注重技术咨询与交流，一方面公司邀请国内外咨询公司对国外类似工程的设计、施工、管理等方面的经验进行介绍和指导，并对隧桥建设过程中面临的难题、施工技术方案等进行技术咨询，如关于混凝土的耐久性、隧道施工中的安全管理、大体积承台混凝土的施工、墩身节段湿接头的裂纹控制、承台系梁的施工、地下连续墙的施工、口形构件的安装等；另一方面，公司邀请国内一些科研机构和专业单位对施工中的一些问题进行专题性技术交流活动，如邀请同济大学就“人工冻结技术”进行交流指导、邀请华北油田专家对泥浆的配制和性能进行了专题讲座，使施工单位进一步完善施工方案和施工组织，促进了工程建设，提升了工程质量。

（6）突出质量控制的细节化和独立化

对一项中特大建设工程来说，工程细节、关键部位的质量，直接关系着整个工程质量的安危。长江隧桥工程在施工管理中，对一些施工细节和关键部位，在实施施工单位自检、监理单位复检的基础上，公司委托了第三方进行独立复查，确保关键部位和工程细节的质量。如委托上海市测绘院对主通航孔桥的两个主承台中心以及隧道地下控制网进行复测，委托海洋勘测大队对隧道推进过程进行检测等，使得整个工程细节和关键部位始终处于质量受控状态之中，确保整个工程的质量安全。

3. 工程质量总结

上海长江隧桥工程开工以来，各施工单位均能按照长江隧桥工程指挥部的要求，及时建立健全了质量管理保证体系和组织机构，质量管理目标明确，人员分工职责分明，制度健全，有效确保了工程质量。在工程施工中，质量管理体系运转正常，能严格遵守施工中的“三检”制，工程原材料检验合格后使用，上道工序检验合格，才能进行下道工序施工，工程质量总体处于受控状态，质量平稳，隧道与大桥完成的分项工程，符合设计和技术规范的要求，按公路质量检验评定标准要求评定，结果全部达到合格标准。交通运输部在《2007 年度公路工程质量安全监督情况通报》（交质监［2008］85 号）中对上海长江隧桥工程的评价是：项目管理科学、制度健全、职责分明、质量管理成效明显。

（1）长江隧道工程质量情况

经过严密施工精心组织，长江隧道工程质量取得了预期的效果。首先，上、下行线盾构安全顺利地穿越长江口及两道防汛大堤、民房及浅覆土层。

其次，管片和口形构件预制生产严格按工厂化管理，外形尺寸精度完全符合设计要求，混凝土外光内实，检测数据表明：混凝土强度和耐久性指标均满足设计要求，管片检漏按照每生产 50 环抽查 4 块，合格率达 100%。

再次，轴线偏差在施工中大都控制在 ±75mm 标准以内，合格率 99%；相邻环间高差大都控制在设计标准 8mm 以内，合格率大于 90%；椭圆度合格率 99%；上行线洞门贯通测量偏差为 5mm，下行线洞门贯通测量偏差为 2mm，现场成型管片基本无渗漏、碎裂现象。

第四，道路同步施工质量良好，钢筋绑扎符合设计及规范要求；保护层厚度符合设计要求；混凝土表面平整度和强度达到设计要求，基本无蜂麻和裂缝现象。

第五，浦东岸边段和长兴岛岸边段施工，混凝土表面平整强度达到标准，地下连续墙成槽及钻孔灌注桩施工符合设计要求，未发生槽壁坍塌情况，工作井基坑开挖始终处于受控状态，合格率达100%。

（2）长江大桥工程质量情况

与长江隧道工程相同，长江大桥工程质量也取得了预期的效果。

第一，已完工的分项工程，对照《公路工程质量检验评定标准》（JTG F 80/1—2004）要求全部评定为合格。

第二，长江大桥工程结构混凝土内实外光，线形流畅。监测数据表明混凝土强度和耐久性指标均满足设计要求。

第三，钻孔桩按100%的比例进行超声波检测，I级桩的比例为100%；PHC桩按100%的比例进行低应变动测，I级桩的比例为100%；并对其中不少于5%的PHC桩以及38根钢管桩进行高应变动测，其承载力符合设计要求；

第四，钢结构焊接过程中严格执行考核上岗制度和工艺评定的技术要求，监理的平行检测表明：钢管桩焊缝检测一次合格率98%，防撞钢套箱焊缝检测一次合格率94.7%，钢梁焊缝检测一次合格率97.8%，无二次返修现象。

第五，辅通航孔桥悬浇施工和60m阶段预制拼装过程中严格执行监控指令，以确保梁部结构线形流畅。成桥后检测效果表明，结构线形满足设计要求，桥面高程误差值在2cm以内的占93.5%，最大值仅为3cm。

第六，通过对钢—混凝土组合结构连续梁体系转换过程中顶落梁工艺的监测，表明墩顶负弯矩区混凝土顶板的压应力储备满足设计要求。

第七，上海市测绘院对两塔身的检测结果表明，其垂直度分别为1/9 600和1/10 300，两塔中心距离误差12mm；通过对斜拉桥悬拼施工全过程进行监控，使得斜拉桥梁部线形流畅，桥面高程误差约为规范允许值（*L*/10 000）的一半，并成功实现了一次调索，合龙后其索力、高程都在设计允许范围内，不再进行调整。

三、预防式的安全管理

项目安全管理贯穿于整个工程项目全过程之中，也是项目管理工作的重中之重。如何应对日益突出的安全事故，强化项目安全管理，是每一个工程项目、每一个项目管理人员需要高度重视的管理内容之一。长江隧桥工程按照“预防为主”的理念，构建了预防式安全管理体系，并将严格的安全管理制度贯穿于施工前和施工进程中，收到了良好的安全管理效果。总体而言，长江隧桥工程的预防式安全管理，具有如下几个突出特点。

1. 建立健全安全管理组织网络

长江隧桥工程安全过程中，第一步就是建立健全工程安全管理的领导和组织体系，对整个工程安全管理实施强有力的领导。这主要表现在四个方面：一是公司成立了以总经理为组长、隧桥指挥为副组长、各职能部门为成员的“安全领导小组”，全面领导、协调、负责整个工程的重大安全问题。二是以隧、桥工程部为主体成立了长江大桥和长江隧道安全生产工作小组，负责工程建设过程中的日常安全管理工作。三是成立由总经理、党委副书记、公司纪委、工会、大桥和隧道工程现场指挥部领导及办公室、总师办负责人等组成的“创建‘创安达标’领导小组”，全面领导和规划长江隧桥工程“创安达标”工作，与此同时，要求各标段项目经理部也成立“创安达标”工作小组，加强内部综合治理工作。四是成立由原市政局建运处、质（安）监站、长江隧桥公司组成的“上海长江隧桥工程安全、质量、文明施工督导组”，全面负责对工程安全的检查监督工作，以加强施工现场安全生产、文明施工的监督和指导工作。

2. 建立健全安全管理制度体系

根据工程项目建设的实际需要，建立健全完备的安全规则与安全制度体系，是实施工程项目安全管理的主要途径和策略。长江隧桥工程是一项国家级重特大工程建设，保持安全生产具有极其重要的地位和作用，不允许发生重大安全事故。为此，长江隧桥建设公司通过制度创新，构建了较为健全的安全管理制度，督促施工单位编制安全保证计划，建立健全安全生产保证体系，旨在推进安全管理的标准化、规范化和程序化，并在实践中将安全制度进行有效地贯彻和落实。具体来讲，长江隧桥工程安全管理制度包括五项基本制度：一是安全教育制度，对整个公司的相关部室、工程各标段项目经济部安全生产负责人、总监办相关人员，通过各种形式，进行创建“文明工地”、“平安工地”、“共安单位”为专题的实务培训。二是安全交底制度，具体包括由项目总工程师向项目技术负责人或技术员交底，技术负责人向施工队各专业施工员交底，施工队各专业施工员向班组长及工人交底，其中特别强调了向施工队伍进行安全规则的书面交底和现场交底，增强安全工作的针对性。三是实行安全岗位责任制度。四是安全检查制度，既建立了经常性的日常巡查制度，又做到明察暗查相结合、月查和季查相结合，避免重大安全事故的发生。五是安全事故报告处理制度，一旦发生安全事故，按程序及时加以处理，保障工程的正常进行。

3. 工程安全管理与社会管理联动协作

特大型工程建设项目往往涉及许多地区、许多人民群众的切身利益，经常因土地征迁而发生利益冲突或社会矛盾，这就需要从社会层面处理好整个工程领域范围内的社会稳定与公共安全问题。只有确保社会安全稳定，才会为工程安全创造一个良好的发展环境。在长江隧桥工程安全管理中，特别注重开展工程安全管理与社会安全管理之间的合作，实施警企共建、工程管理与社会管理联动机制，长江隧桥建设有限公司与工程施工和办公所在地的当地派出所签订《警企共建综合治理协议书》，协议对共建目标、共建工作机构、共建工作内容、共建机制等作出了明确的规定，双方综合治理，共同维护社会与工程的平安。这一点集中体现在工程消防安全管理方面，公司相关管理部门和浦东新区派出的消防队进行了多阶段的消防联合演习，共同确保重大工程现场消防安全。

4. 注重细节化管理

长江隧桥工程建设过程中，细节化管理无处不在。公司安全、质量管理坚持从总体着眼、从局部和细部着手，针对长江隧道的工程特点和各施工阶段的特点，从危险源分析、队伍人员的状况调查、现有措施和预案制订、人员培训、演练等方面的工作中不断找问题，不断完善、深化、改进细节管理工作。例如，施工监理实现 24 小时全天候监理；在选材方面，公司加强材料送检、严格检验标准等措施，杜绝了这个容易出现问题的环节中各种不良现象。

5. 推进风险源排查与现场管理

基于“预防为主、安全第一、质量第一”的思想，公司非常重视对建设风险的前期研究。根据工程建设指挥部的安排，公司与施工单位结合施工进度和特点，对风险点进行了全面的排摸、梳理，共查出主要的风险源（风险点）24 项，其中大桥和隧道施工场所各 12 项。在此基础上，将整理出的风险点及控制方案下发各施工单位，做到有备无患。在实践中，效果显著，施工伤亡事故在同类项目中都非常低。

6. 优化施工技术方案：注重技术引导

本着“技术方案先行”的原则，在工程开工之前，抓好技术方案的编制工作，做到先方案，后施工。公司委托原市政局科技委对关键工序、技术复杂、风险大的专项工程施工方案组织专家评审，施工单位根据专家意见进行修改补充，完善施工方案。通过专家评审，优化了施工方案，使施工方案更具针对性，降低了工程施工风险。

7. 针对危险源和风险点策划应急预案

防患于未然，始终是长江隧桥工程安全管理遵循的基本原则和思路。在整个工程安全管理中，管理层确立了“未雨绸缪、防患于未然”的安全思想，要求各标段强化风险意识，系统辨识和分析隧道施工的危险源和风险点，编制具有针对性、操作性强的应急预案，加强对施工人员的岗位安全操作规程和技术操作规程交底和培训，并在条件允许的情况下实施隧道施工防火消防、人员逃生救助等专项演练。同时，与相关部门协调，各施工单位都建立了医疗救助应急预案（绿色通道），以应对突发事件的发生。

第五节　上海长江大桥工程施工管理

一、工程进度管理

长江大桥如同一条巨龙，横跨波涛汹涌的长江口，气势恢弘。短短的五年里，在这样一个极富挑战的环境中，建设者们共同造就了人间奇迹。多少个夜晚，指挥部会议室里灯火通明，一个个施工计划正在热烈讨论中；多少次乘风破浪，一片片钢箱梁、叠合梁，按照预定步伐稳步驶向它们的归宿；多少次反复奔波、反复研究，技术难题一个个破解，盾构豪迈地向前推进。滔滔长江水，见证了来往穿梭的施工船和船上、墩上无数繁忙的身影。过往的旅人会感叹长江大桥天地间横空出世的伟大，但在建设者眼里，每片箱梁、每个环号、每个联络通道，都是一段故事。

使无数构件按照一定程序逐一达到设计位置和状态，这种高度复杂的工作，需要系统性强、组织性好的管理体系，这就是长江大桥的进度和计划管理的内涵。

1. 长江大桥进度计划的分析与部署

长江大桥建设是个和谐的过程。如果把工程建设过程比作是交响乐，进度计划就是音乐的节奏。计划太紧，以至于超过承包人的能力，就会威胁到质量和安全；计划太松，又会造成窝工、人员和资源流失，破坏施工的紧张感，后患无穷。计划是环环相扣的，工序之间有着程度不同的紧密联系。计划关系到资源按照最有利方式配置。

因此，关键是制订一个合理的计划。这个“合理”有两层含义，一是必须满足工期要求，二是实现资源的最优配置。

（1）计划分析

按照三个类别划分工作计划：主干计划、配套计划和支持计划。

主干计划就是工程的实施计划，是最核心的计划。制订主干计划时我们考虑的要素包括节点设置、主线与侧线确定、工程单元合理完成时间计算。首先是根据合同工期和其他约束条件确定年度节点目标，如考虑到台风季节来临前必须完成斜拉桥节段安装以及 2009 年工作量完成的工期目标，由此倒推，得出主塔封顶、零号段支架搭设完毕、梁段第一轮次待出运、第一批斜拉索制造完成的 2008 年年度目标。接下来，以年度节点目标为基础，进一步设定一年内的分节点，例如第一季度，主塔必须完成多少节、零号段支架钢管必须进场、第一批板单元必须到场等。其次是要确定主线和侧线，侧线围绕主线，主线带动侧线。我们认为现场作业是主线，工厂制造是侧线。为了确保主线的推进效率，要根据各种不利因素充分考虑工作面的搭接。最后，也是最需要精细化的分析是计算工程单元的合理完成时间。例如确定移动模架完成一个作业循环的时间、悬臂浇筑完成一个平衡节段的时间、爬架施工完成一节塔身混凝土的时间等。确定了单元完成时间，才能以此为基础制订月度、季度计划。

配套计划是指完成主干计划必须进行的配套工作的计划。这些配套工作包括：施工方案编报、设备进场、材料标准试验、材料进场、工地试验室资质报审、沥青拌站建设、混凝土拌站建设等。这些工作必须按计划实施，不然会严重影响主干计划。

支持计划是保证项目健康运行的辅助工作计划，包括质检工作计划、安全措施投入计划、健康检查计划、安全教育计划等。

我们要求各标段按照上述分类上报计划，以此推动工作有序开展。

（2）工作部署

计划的制订使工作执行拥有了目标、线索和时间基准，而计划的落实涉及这样的要素——劳务分包、专业分包、材料采购以及设备租赁等合同、岗位专业技术人员配置、管理程序的运转、技术问题的解决、生产能力配置等。具体来说，在一定的工作阶段内，要明确各工种要多少人，调查哪个厂家有能力在规定的时间里生产出规定数量、质量合格的混凝土节段梁，需用多少技术岗位，管理流程要多久的磨合期才能高效运转，需要克服哪些施工技术难点，需要多少套模板才能保证墩身混凝土施工进度等。

这就是工作部署必须面对的课题，只有攻克了这些课题，计划的实现才能得到保证。

2. 长江大桥进度计划的跟踪与保障

工序之间是环环相扣的，每个单位、分部、分项工程的进展始终受到客观条件制约，有的以其他工序为前提条件，有的受设备、材料、施工方案、审批程序等的制约。在长江大桥管理者心里，计划的落实绝不简单，必须深入一线，实时跟踪，发现问题及时解决，消除影像进度的障碍。

潜在的不利因素如果不能在早期消除，一旦表现出来，就会严重阻碍计划的实现，长江大桥深刻认识到这一点。长江大桥的计划保障的原则，是不断激发促进计划实现的积极因素，及时发现、消除影响进度的因素，使工程始终充满后劲，势如破竹、水到渠成。

（1）管理细化

工程建设作业面多、流水线多、露天作业多，同一般的工厂生产相比，管理难度成倍加大。长江大桥工程像一场大规模集团战役——工作面不断产生、流水作业踏着节奏跟进、前方施工与后方生产的配合、外包加工与现场安装的搭接，这样的规模远非一般工程可比，对工程进展的影响因素也纷繁复杂。这些因素随时阻碍着工程的开展，细化管理就是对不利工程开展的因素进行识别、监控。主要内容：

①岗位目标与节点目标相适应。人的工作积极性是克服困难最强的武器。检查项目部管理者是否把工程进度计划转化成每个岗位的工作目标，工作人员是否受到动员，是否将工作目标内化为工作动力这些都是计划跟踪的重要内容。

②日常管理的规范性。日常管理的规范性主要表现在以下几个方面。

技术方案是否提前编制，施工难题不及时解决，工程就会停滞不前。

设备管理是否规范，维修与保养不及时会导致设备故障率增加，影响工程进度。

质检程序是否严格执行，工序检查不到位会导致返工，工程无法正常开展。

安全监管是否有力，发生安全事故会导致全部或部分停工，也会影响士气。

③潜在客观因素的预见。

在施工过程中要充分考虑天气、潮位等自然环境因素，合理安排施工，避开施工风险。例如，非通航孔普通承台封底作业要选在每月最低潮，围绕这个规律安排承台施工作业。

管理上的难点，要考虑一线作业人员素质，根据实际情况加大教育培训力度；专业分包单位生产能力的变化，如果新接项目太多，可能会影响本项目的生产；施工风险集中点处于完全监护状态，例如叠合梁现场吊装，涉及水上、高空、大型构件吊装，在管理资源上必须倾斜，做到万无一失。

（2）进度保障

充足的投入是进度的基本保证，数量或质量上投入不足都会影响到进度。例如，混凝土拌和站生产能力是否满足生产速度要求、钢筋加工场地面积不足导致钢筋加工不能满足前方进度需求、劳动力投入不够会降低单位产出率、技术力量投入不足会导致管理效率低下。因此，我们把投入作为首要监管对象。

科学的管理是工作有序开展的保证。每个参建人员都明确自己在工程建设中的责任，每项工作都能按程序执行，每个工作点都有人负责，参建者们心情舒畅、精神饱满——如果这些都做到了，那施工现场一定充满干劲。以敏锐的眼光，寻找管理中薄弱点，然后对症下药，提高效率，这是我们的日常工作之一。

必要的协调是解决进度瓶颈的突破口。在每周工作例会上，除了工作进展，各项目负责人充分反映各种实际或潜在的困难。对于难度较大的问题，公司领导总是身先士卒，亲自协调或督促承包人提高协调的主动性。技术上的瓶颈，例如设计院未及时根据设计交底进行调整、未及时提供技术要求或者对项目部的变更设计联系单审批不及时，或者施工方案总监迟迟不审批、也不退回，业主项目工程师未及时介入，这些问题要向各方了解情况，找到问题症结，迅速解决。生产上的瓶颈，例如钢材不能按要求到货，公司领导会视困难程度亲自出面协调，使计划得到落实。

二、工程质量管理

1. 长江大桥质量控制要素分析

一个构件从工厂制造到现场安装就位，从成品质量到安装质量，其中每一步几乎牵涉质量控制；从技术员、监理到主管、指挥，参建人员工作的主要内容和职责，都将围绕“质量”开展。可以说，质量管理渗透到长江大桥工程建设的每个环节。把握质量控制环节，管理就有的放矢。我们认为材料、工艺、人员是质量管理最核心的三个要素，这三个要素是质量管理的落脚点，必须时时把握，否则，质量就是“无源之水、无本之木”。

（1）材料

材料，就是工程实体的物质构成，包括四部分：原材料、半成品、成品和构件。就混凝土结构来说，水泥、黄沙、石子、外加剂是原材料，拌和好的混凝土是半成品，到达强度后的混凝土结构就是成品，工厂制作的预制节段梁是构件。从四个角度对材料进行控制：供应商、实验室、检验、加工过程。

首先是把好材料供应商选择关。相应措施是主要受力钢筋、水泥、外加剂、沥青等关键原材料均由业主指定国内一流产品，禁止承包人选取这些品牌以外的供应商。其他原材料的选择，如黄沙、土方、石子等，要求承包人必须执行供应商资质报审程序，提供供应商资质证明文件，其中包括材料最新的形式检验报告、进沪许可证等，监理审核后报业主审批。

长江大桥现场实验室包括承包人工地实验室和监理实验室。现场实验室配备了合格的计量仪器和试验员，建立了完备的管理制度，经行业主管部门现场审查合格，取得工地试验室资格证之后，才允许开展试验检测工作。业主单位制订了《上海长江隧桥工地试验室管理办法》，质量安全部每月对现场实验室进行抽查，发现问题提交整改单，严重问题则暂扣工地试验室资格证，整改情况经质量安全部认可发还资格证，在此期间采用委外试验。

材料检验贯穿整个施工过程，涵盖几乎所有原材料、半成品、成品和构件。业主单位要求大桥总监办根据相关国标和行业规范，制订《试验检测管理细则》，明确了首次进场原材料检验项目、原材料抽检比例、半成品（例如钢筋接头、焊钉、高强螺栓紧固性、混凝土）抽检比例、半成品（例如混凝土、水泥稳定碎石、沥青混凝土、改性沥青）标准试验、成品（例如钻孔桩的探伤、钢结构焊缝探伤、混凝土的回弹检测）检测比例、构件（PHC 桩、钢管桩、节段梁、预制墩的出厂或进场检测）检测比例。除了按照《试验检测管理细则》严格要求之外，质量安全部采取的措施还有：第一，严抓薄弱环节。制样、取样关系到样品的代表性，但往往是管理的盲点，因此质量安全部将制样、取样作为控制要点，采取突击检查方式，发现违规制样、取样无人监管的情况立即严肃处理。第二，对于有一定监管难度的材料，业主直接监督试验监理取样，有质量安全部送交业主指定的检测单位。

过程控制的管理对象是半成品，也就是材料在施工现场的加工过程。要求各标段列出半成品生产安排汇总表，要求总监办针对每种半成品制订旁站记录格式，现场监理对每次生产进行旁站，按格式做好旁站记录。例如，每个标段把计划混凝土浇筑作业汇总表报驻地监理，每次浇筑作业对应一张旁站记录，使资料之间建立追溯性，便于业主监督、检查。此外，我们要求监理实施细则必须列出半成品生产工艺控制关键点。例如，“沥青摊铺监理细则”中，写清楚初压及终压温度、压路机配置、碾压遍数、接缝控制等，并且将控制项目列在旁站记录空表中，要求现场监理填入实际数据。最后，为了提高对产品质量的监督效果，我们实行总包单位和监理驻厂制，严抓工序检验和出厂检测，确保到达安装现场的构件没有任何质量问题。例如，斜拉索由专业分包单位生产，考虑到无应力长度控制、隐蔽作业较多，我们要求监理驻厂监造，严把出厂关。

（2）工艺

从技术角度来看，设计图纸是抽象的概念，工程实体是已经实现的终点，而施工工艺则是完成从概念到实现的转变是施工工艺。施工工艺必须具备操作性、步骤性、可控性。施工工艺的前提是技术方案，技术方案必须落实为施工工艺，成为工人可以理解并执行的一个个规定动作、监理员可以检查的一个个要点。

因此，我们要求承包人以施工方案为基础制订针对各个工种的作业指导书，包含操作步骤和控制标准，并且张贴在工作现场，实现看板管理。从监理角度来说，则是把审批通过的监理细则细化为旁站表格形式。这样，技术交底变得有针对性，对每个工种只交底与之有关的内容，而且，业主的考核和检查也因此而简单明了，即只需要向操作人员询问看板内容。

为了验证施工工艺效果，我们执行首件制，其含义是对一系列分部工程中首次开工的作业，例如移动模架施工第一孔箱梁，在业主、监理跟踪监督下，从立模、钢筋到混凝土浇筑等全过程，严格按照作业指导书实施，现场监理严格按照细则执行旁站、巡视、抽检、验收。首次作业完毕后，进行分部验收、首件评价和首件总结，总结全过程的经验和教训。最后根据首件总结对作业指导书、质保体系、质量检验程序以及监理工作程序、监控要点进行调整。

（3）人员

一件佳作的诞生离不开工作者的辛勤劳动。再先进的设计、再大胆的方案，如果管理层落实不力、一线人员不懂工艺，最终的结果肯定同预想大相径庭。对此，长江大桥管理者有着清醒的认识，在人力效能、人的潜力挖掘上采取了许多切实可行的方法。

概括起来，一是变“管”为“带”——业主不是简单地发指令，而是每周至少两次到施工现场检查、沟通，同时业主项目工程师每日做好电子记录，部门经理定期检查。项目工程师检查管理规范性、质量管理的程序和工人的熟练程度，发现问题后立即判定。如果属于偶然性问题，则当场纠正；如果问题多次出现或多处有表现，则从管理层上找原因。根据问题严重程度，要求监理发“监理联系单”、“整改通知单”直至“停工令”。

二是对管理人员讲“严”，对操作人员讲“宽”。施工现场问题的根源往往在管理上，而操作人员大多是农民工，不能要求太严，而要讲“人性化”，最重要的是怎样管好农民工，使他们成为生力军。从上到下，一级盯一级，业主领导要求项目工程师必须具有一定的管理水平，布置的任务没完成、工作状况不佳的，大会上严厉批评，甚至是更严厉的惩罚。项目工程师对待工作自然会非常用心，同时把上级的这种管理力度扩展到监理和承包人。这种从上到下的紧张感使每个参建人员更好地发挥出了潜力。

2. 长江大桥质量管理层次分析

长江大桥质量管理的特点是宏观与微观层面并重、技术与操作层面并举，实现了管理的立体化。宏观指标准、制度、程序、技术方案的制订，没有宏观指引，一切只能凭经验和习惯，无法适应现代化大工程的客观要求；微观指一线操作的规范和每道质检流程，是管理的最终落脚点，时刻关系到工程质量，作业层的水平真正体现着工程管理水平。

（1）宏观层面

我们从三个方面把握：组织体系、程序标准、技术方案。

组织体系上，抓住两个原则，“因岗设人”和“专岗专人”，岗位来自工程动态需要，迅速反应，确保工作不耽误。为每个岗位制订岗位职责，并制成看板。例如，主桥大体积承台施工现场需要有专人负责钢筋、混凝土、模板、质检、试验等，还要有人总协调。为确保每个“关口”有人把守，承包人根据业主建议，设置钢筋施工员、混凝土拌和施工员、混凝土施工员、模板施工员、质检员、取样员、试验员、测量员、分部工程主管等。随着工作面的增减，施工现场对岗位的需求随之变化，人员调度、分配随之动态变化。

对于程序标准，我们把力量放在程序标准的落地上。我们制订了方案报审、变更设计、工程业务联系、检查与验收、监理的旁站与巡视、监理细则报批、开工报告、技术交底等程序，在合同和第一次工地例会强调了遵循的规范和标准。但是，我们认为到此为止远远不够，程序标准落地任务刚刚开始。应把握三点，一是制订表式汇编，就是将程序标准凝聚在一张张报审表、检验表的格式中，各方确认后，按照表式规范质量管理行为，形成工程档案资料；二是形成检查整改机制，通过规范化的方式，业主深入到施工现场检查指导工作；三是设置守住单位工程开工审批关，开工审批单上要求的前提条件比如施工组织设计审批完毕、设计交底完毕、材料供应商报审完毕、技术交底完毕等；如果有一项不具备，就不允许开工。

技术方案关系到工程的成败，好的技术方案会兼顾施工质量、效率、安全、经济，也就是施工可行性。长江大桥的自然环境和先进设计理念使得许多常规方法在此并不适用，必须通过技术创新找到解决难题的突破口。因此我们成立由承包人总工为组长、包括业主项目工程师、驻地高监在内的技术攻关小组，小组内部发散性思维，业主总工和专家组作为领导小组成员提供指导。以这种模式，先后成功制订或细化了大体量防船撞钢套箱制造、下水、浮运及吊装方案、大体积承台一次性浇筑方案、高塔混凝土养生方案、箱梁节段安装方案、60m 节段梁安装方案、叠合梁墩顶顶升方案等。

（2）微观层面

微观方面的着力点在沟通交底和监督检查，因为把操作规程张贴在现场、把作业指导书发到工人手里很容易做到，但转化成个人的技术和能力就要难得多。工程部要求项目工程师、质量工程师自身必须熟悉程序、规范、合同、设计要求、方案以及施工现场的各岗位工作内容，作为监督检查和沟通交流的前提。具体来说，就是做好“看”、“问”、“听”、“记”。

"看"就是观察施工现场各岗位人员是否到岗，工序检查程序是否正常执行，监理是否认真履职，工艺细节是否正确（例如混凝土拆模后是否及时养生，模板表面是否清理干净，钻孔桩下钢筋笼前清孔效果是否达到）。

"问"就是通过广泛提问掌握真实的工程状况，询问工人接收过怎样的技术交底，询问监理工艺数据和质量控制参数（例如钢筋焊缝长度要求、预应力管道真空压浆要求、斜拉桥刚箱梁节段现场环焊缝间隙控制范围、混凝土振捣时间），询问施工管理人员质量控制措施（是否存在与施工方案不吻合的情况）。

"听"就是以客观的态度，引导被询问的人畅所欲言：监理多谈谈施工管理问题，多谈谈工作中遇到的困难；施工管理人员多谈谈技术上的难点，哪些解决得较好，哪些还要设法加强。

"记"就是在工作记录中认真记下现场掌握的情况，不管是表现出来的还是潜在的；记下自己的分析和解决思路。然后同项目部负责人、驻地高监协商解决办法。明确后，复查执行情况和效果。

3. 长江大桥质量管理的三个时期

长江大桥工程的施工历经准备、开展和收尾三个阶段，这三个阶段内容各异，但质量——这个主题贯穿始终。每个阶段质量管理都有不同的内涵，管理者抓住不同阶段的内涵，采取相应的管理思路。

（1）准备阶段

对于长江大桥这样复杂的工程，准备阶段尤其重要，这个阶段的工作内容包括：

制订各项质量管理规定（监理、试验、验收、检查、例会等）；

明确各项质量管理程序（检查、抽检、试验、验收、方案报审、设计变更等）；

分包审查（审查分包资质）；

设备进场审查（包括车辆、船舶、试验仪器、施工机械等）；

施工组织设计编审；

建立质量保证体系（组织、岗位、职责、流程、奖罚等）；

监理工作规划（岗位、职责、工作表式、主要质量控制点、旁站工作清单、例会等）；

材料供应商审查、混凝土配合比及检测、沥青混凝土配比及检测、原材料型式检验等。

（2）开展阶段

这个阶段跨度最长，又由许多相对独立的小阶段组成，实际上每个小阶段同分部、分项工程相对应，每个小阶段都有开始、进展和结束三个部分。开始阶段，如同前面说到的"准备阶段"，要做大量的审查工作。在进展过程，从宏观和微观两方面，对项目管理体系和一线作业质量进行监管。结束阶段，主要是检查、验收、问题整改与复查。大量的协调工作——无论技术上还是管理上（例如变更设计、岗位设置等）集中在这个阶段。

（3）收尾阶段

工程收尾阶段要做三项工作：工程验收、竣工资料整理和归档、缺陷整改。

对于工程验收，开展阶段各分项、分部验收是工程验收的基础工作，只有把后者做扎实了，才能确保前者的完美。当然，工程验收的主体是行业主管部门，应从更高的层面提出意见，相关单位应不折不扣按照验收意见加以完善。

对于竣工资料，是资料在施工过程中按照一定格式自然形成，体现的是工程的规范化进程，因此大量工作已在前两个阶段完成，收尾主要是补充和完善。

缺陷整改直接同质保期工作搭接。工程项目的质量无论多好，或多或少总会有轻微的质量缺陷，这些缺陷一般要经历一段时间才会显现，例如涂装剥落、混凝土收缩裂纹等。这个阶段就应对结构进行认真、彻底地检查，早发现问题，通知承包人及时修复，避免问题加重。

三、工程安全及施工风险管理

跨越长江天堑，挑战严酷的大自然，怒涛、台风、险滩、迷雾摆在眼前，是一座座必须攻克的堡垒；大量施工船舶、大型起重设备、无数高空作业每天必须处于安全状态，是工程如期开展的保证；来自四面八方建设者，每天来往于江面、平台、墩顶，他们的安全，是建设管理人员的重要责任。

对长江大桥的诸多危险源和控制难度有着深刻的认识，安全管理的高度正是建立在这种基础上。

1. 安全管理总纲

质量管理的成果蕴涵在工程实体中；进度管理的成果体现在提前通车的社会效益、经济效益中；而安全管理则为工程成功保驾护航，表现在建设过程中，关系到每个参建人员切身利益，安全管理效应随着工程竣工完结。工程在客观上存在安全风险，必须用安全管理来消除工程风险。长江大桥的安全管理就是针对风险开展的。长江大桥危险源种类多、程度重、时间跨度长，而且连续不断地出现，为此，我们把全方位、全覆盖、全过程、全天候作为长江大桥安全管理的指导思想。

（1）风险状况分析

工程风险状况是安全管理的对象，必须在开工前摸清。大桥建设之初，我们要求总监办根据投标文件梳理出风险作业清单、大型设备清单、危险因素清单。大桥建设期间包括的风险作业种类有：水上人员船运、水上承台施工、主塔爬架高空顶升、高空作业、临边作业、大型结构浮吊吊装作业、移动模架安装及移位、架桥机安装及移位、箱梁节段桥面吊机吊装、土方车道口交通、深基坑等。大型设备种类包括塔吊、桥面吊机、架桥机、移动模架、汽车吊、大型浮吊、打桩船、材料运输船、交通船、拖轮、抛锚艇、钻机、导向架、打桩机、压路机、土方车、摊铺机、混凝土泵车等。危险因素种类包括自然因素（如台风、浅滩）、人为因素（如人员素质、思想麻痹、违章作业、措施不力、管理缺位等）。

根据工程安全状况基础资料，我们进行了深入分析。首先是按风险程度分类，划分为一般风险和重大风险。诸如高空、临边、用电、防火、支架、一般起重等为一般风险，这里特指包括本工程在内一般工程项目均有的风险，通过安全保证体系和常规安全管理就能预防这类风险。一般风险虽然程度不重，但几乎伴随着工程全过程，哪怕再小的一项任务，可能都包含这类风险。重大风险指本工程特有的、程度高的风险，比如水上安装钢套箱、水上打桩、台风应急响应等，对于包含重大风险的作业，安全监护的重要性甚至超过作业本身，此时项目部主要管理人员必须在场监督、调度。

另外就是要找出哪些作业需要报安全专项方案、甚至报安监站备案，哪些只需要进行班前安全交底。对于安全管理复杂，需要一定技术手段降低安全风险的作业，就要报安全专项方案，还要视情况进行专家评审。

（2）管理体系建设

首先是依据国家法规和规范，结合风险状况分析，确定长江大桥工程安全管理思路，主要针对一般风险。我们陆续制定了《长江大桥水上水下安全作业规定》、《长江大桥高空作业管理办法》、《长江大桥起重吊装专业安全规定》、《用电安全管理办法》、《危险品储藏、使用管理办法》等具有强制性的规定，明确了水上、高空、临边、用电、吊装、燃气使用等行为规范。此外还编制了《防台抗台应急预案》、《大型吊装应急预案》、《各类工程突发事件应急预案》。

其次是建立了每月安全检查制度、每月安全例会制度、监理安全月报制度、安全问题整改制度、安全教育制度等，使业主、监理的安全管理与项目部建立紧密联系。

此外就是人员配置，督促专职安全员和安全监理的设置符合规范要求，安全员必须经过市安监站培训后获得安全员证才能上岗。项目部必须具备一名分管安全的领导，必须设置安全部，负责现场安全监护、安全教育、安全检查、安全整改、安全措施投入等。

（3）安全理念培育

安全体制建立起来并不十分困难，在如何纠正承包人主要负责人对安全的麻痹和忽视是主要难题。因为体系的运转需要领导重视，安全工作本来就需要花大力气推动，如果项目部领导自身经常表现出看轻安全的言行，无形中会对安全工作造成更大的障碍。

安全工作必须是自上而下层层紧抓，没有项目部领导支持，一线安全员很难开展工作。正是考虑到这点，我们首要解决的就是各项目部负责人头脑中对安全的轻视问题。为此，公司桥梁工程部千方百计纠正一部分项目负责人对安全的错误认识，使所有负责人对安全的认识高度达到业主的要求，形成了安全管理的良性循环。

2. 规范化安全管理

在建设中，安全生产往往容易被承包人忽略，因为安全生产的成果随着竣工会完结。安全管理首先是不断调动承包人、监理的安全管理积极性，其次是不断消除危险源，杜绝违章。最终达到的状态是人人重视安全，实现规范化安全管理。

（1）安全标化工地建设

通过多种安全标准化形促进规范化，是我们的一个管理思路。许多标段起初不了解安全标化工地的含义，为此，桥梁工程部会同总监办举办分层培训。不仅讲理论，为了更形象，使各标段易于理解，还定期、分批组织施工单位、监理参观上海的标化工地，使他们认识到标化工地的确能带来实惠，而且要做到并不难。认识改变了，工地随之日新月异：安全标语、安全警示牌、每日危险源告示牌、临边栏杆、洞口围护、高空安全网、安全帽及安全带佩戴、专用安全通道、脚手架搭设的规范化与验收手续、水上救生衣、灭火器等等，从无到有，从凌乱随意到规范整齐。通过安全标化工地建设，参建人员受到深刻的教育，使安全意识深入人心。

（2）安全检查与评比

如何合理利用安全检查不断增强安全意识，是桥梁工程部关注的问题之一。通过检查别人，不仅能给对方带来压力，检查者以别人为鉴看到自身不足更为重要。为此，桥梁工程部对安全检查花了不少心血：制订了科学、全面、细致的检查标准，组织总监办和各标段安全分管领导、安全部部长、专职安全员一起检查，互相查找问题。通过对比，做得好的、做得坏的大家一目了然，使检查成为安全管理人员一堂生动的安全教育课。检查完毕，开大会汇总、讨论，参检人员逐一发表自己的检查意见和评分情况，随后由参检人员作为受检方进行申述，对于不足加以解释。经过讨论后，真正的问题显露出来，受检方深刻认识到工作的不足。接下来是根据汇总意见进行整改和复查，经过这样的循环，问题得到彻底解决，而且不会重新出现。

（3）设置高压线

对于屡次出现的顽疾，我们的做法是同项目部“约法三章”，以正式文件形式，设置若干“高压线”，明确有哪些规定一定做到，否则，桥梁工程部查到后将在季度综合考评中扣分。例如，高温季节个人经常不穿救生衣就乘坐交通船，主塔施工人员为了方便，不系好安全带，支架搭设因怕麻烦不愿设置安全索，等等。针对这些难以控制的情况，我们给他们提出了“高压线”，要求必须做到：坐船必须穿救生衣、主塔施工必须使用安全带、支架搭设必须悬挂安全索等，征得项目部同意并签字后，就成为了桥梁工程部、管理者手中的硬指标，一旦发现绝不姑息。通过这种方式，大大减少以上情况的发生。

安全监理定期检查报表见表 3–1。

安全监理定期检查报表

表 3-1

单位工程名称	建筑施工管理及评价							船舶施工管理及评价			
	安全管理文明施工状况	施工机械安全状况	施工用电安全状况	高处作业安全状况	拆除作业防火防爆安全状况	季节性防护安全状况	个人防护安全状况	船舶管理	海务管理	机务管理	施工作业
上海长江大桥工程某标	管理组织机构健全、规章制度贯彻执行较好。各类检查和活动开展正常，安全员能深入施工现场，现场控制基本能满足工程施工进展需要	进场的施工机械的性能及安全状况，均经过检测中心检测。并有安全准入申报手续。应加强检查维修保养	现场分配电箱、电源线的设置与《施工现场临时用电安全技术规范》（JGJ 46-2005）标准有差距。电工应加强巡视检查，并做好记录	高处临边及水上作业的防护，虽能满足施工要求，但是管理上还存在差距	施工现场消防器材的配置和管理与工程进展要求有一定差距	季节性施工安全的防护措施，防冻雾工作等基本能满足施工要求	施工人员的防护用品配备，能满足施工要求、但在使用中需要加强检查督促	有安全准入手续，日常管理和检查符合水上作业安全管理规定要求			
本次发出：安全检查通报 3 份、安全监理指令书 1 份、安监站指挥部总监办监理组联合安全大检查通报 1 份、安全监理联系单 1 份											
评价：某标安全生产保证体系运作基本正常，管理制度健全、安全员对现场的控制尚能满足施工的要求。个别作业人员安全意识淡薄，个人安全防护不到位，自我保护意识不强；对作业班组的管理力度还需要加强、对问题的整改要及时；按规定数量配备好专职安全员，并进行正常运作；施工现场的安全管理、检查和安全监控的责任要落实到人（重点是施工用电和机械设备的安全运行控制）											
安全监理签字：						驻地监理工程师签字：					

第六节　工程信息化管理

随着计算机软硬件技术的飞速发展以及互联网的普及运用，各行各业中越来越多地采用信息系统来实现信息的共享及管理。大型越江跨海设施工程随着社会进步也在迅猛发展，中国的东海大桥、秦岭终南山隧道、苏通大桥、杭州湾大桥、上海长江隧桥、武汉长江隧道、南京长江隧道、厦门翔安隧道等工程相继建成通车，信息化工程应用在大型越江跨海设施中的作用日益重要，一是从工程管理系统方面要实现对大型越江设施工程信息管理；二是大型越江设施需要在工程的勘察、设计和施工过程中不断获取各种各样的信息和数据，并对这些大量、复杂的信息和数据进行快速处理、及时反馈，以优化设计并指导施工；三是工程建成以后的运营维护更依赖于对前期数据的准确把握与有效及时地分析。上海长江隧桥工程以工程全寿命信息化管理为目标，通过工程管理系统、建设信息系统、运营管理系统及系统间的有效融合，实现了大型越江跨海工程管理、勘察、设计、施工及运营等信息的有效管理，从而有效地提高了上海长江隧桥工程建设和运营效率与质量。

上海长江隧桥工程面临的挑战：①工程地域跨度大：管片制作、隧道推进、岸边段、暗埋段施工等地跨浦东及长兴岛两岸，仅能靠船舶往来；②工程参建单位多、分布广：工程参建单位涉及业主、设计、管片预制、盾构制作、盾构推进、同步施工、科研、监测检测、机电、消防、交通等多家单位，各单位分布在全国各地；③工程信息量巨大：各参建单位在项目实施的各阶段均产生大量的组织、管理、经济、技术类信息，且多数信息均需多家参建单位流转审核；④工程大量使用新工艺、新设备、新材料：由于大量新设计、新工艺的使用，缺乏相应经验数据的积累，从而导致在项目进度、投资、质量控制上的难点。

采用信息化管理技术，是应对以上挑战的有效手段，显著提高了工程管理决策的水平和效率。

一、工程管理信息系统

上海长江隧桥工程项目信息化管理系统，提出了有针对性的工程项目信息化管理模式，提出了工程管理目标控制数据集成模型，设计并开发了隧桥项目管理信息系统，设计并开发了基于 Web 的三维可视化技术，形成了一套特大型工程项目信息化管理的方法、软件工具和咨询实施队伍。该系统（图 3-2）主要功能模块包括进度控制、投资控制、合同管理、质量控制、施工管理、设计管理、文档管理、安全管理、材料管理和设备管理等。该系统一是建立了基于 Internet 的统一的沟通与协作的信息平台，以面向上海长江隧桥工程项目管理工作为核心，服务于工程项目所有参建方，实现工程项目各参建方的协同工作，同时集成了多种互联网信息沟通与协作工具，提高了项目信息沟通的效率；二是贯穿整个工程建设全过程，满足对工程建设全过程、全方位的信息收集、处理、存储、查询与报告要求。既是工程进展的跟踪系统，也是项目信息流的跟踪和管理系统；三是建立了工程项目管理目标控制信息集成模式，促进了上海长江隧桥工程的投资、进度、质量、安全指标的实现；四是系统是一个集成化的信息管理系统，采用模块化的系统设计思路，各功能模块之间既相互关联又相对独立，同时具有良好的灵活性，能很快的适应变化和调整，跟实际使用紧密结合，具有良好的可扩展性；五是系统集合了三维可视化技术，定制了长江大桥和长江隧道的三维数字模型，将工程信息准确反映到数字模型上，能形象地展示工程的相关信息。综上所述，系统的研究和应用切实提高了项目信息沟通的效率和质量，减少了项目信息沟通的成本，保证了项目投资、进度、质量数据的一致性，显著提升了上海长江隧桥工程项目管理的水平。

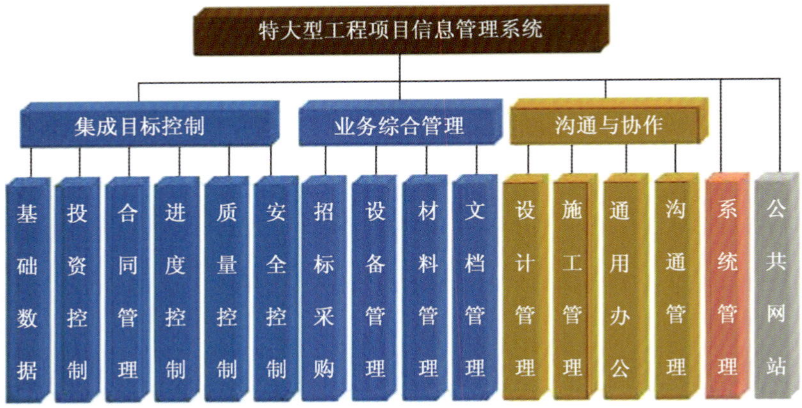

图 3-2　特大型工程项目信息管理系统构成

二、工程建设期信息系统

大型越江设施需要在工程的勘察、设计和施工过程中不断获取各种各样的信息和数据，并对这些大量、复杂的信息和数据进行快速处理、及时反馈，以优化设计并指导施工，其中上海长江隧道工程主要涉及针对盾构推进的长距离越江跨海盾构姿态控制系统、长江隧道建设监测数据信息化系统、连接通道冻结法信息化系统及工程风险信息系统，及时获取相应的数据，另外，还通过定期人工监测的方式获取盾构隧道沉降、岸边段沉降、测斜、边坡沉降及位移等数据。上海长江大桥工程建设期的数据采集主要依靠人工监测来获取施工期桥面系及墩柱等信息数据，并且根据各系统及人工得到数据。隧桥工程建设过程中所涉及的数据种类繁多且数据量浩大，数据管理困难，可视化程度不高，数据难以得到及时有效地分析与利用等问题，隧桥数字化首先要建立起工程的数字化平台和工程全生命周期信息数据库，构建工程三维可视化模型，实现数据的可视化管理。在此基础上研究基于数字地层的数值分析集成技术。

1. 长距离越江跨海盾构数据采集及姿态控制系统

在盾构推进过程中，盾构推进数据管理和姿态控制系统尤为重要：一是通过盾构推进数据采集系统采集相关数据；二是通过 PYXIS 导向系统和盾构姿态检测系统以及盾构隧道通用管片拟合排版系统，及时反映盾构机运行轨迹，确保管片拼装后隧道线形与设计线形相符目的。

（1）盾构推进数据采集系统

盾构机推进采集系统主要对盾构机的三个阶段进行采集，约 600 余组数据，主要显示盾构掘进、同步注浆、刀盘旋转、进排泥水等相关的施工参数。同时，对数据进行最小值、最大值、初始值和最终值的数据分析，可及时显示历史系统错误信息；并可将每一时刻的资料进行保存，并自动编上号码。采集的数据可以通过时间和环号进行查询。

（2）自动导向系统和姿态监控系统

该系统可实时计算盾构位置、姿态以及盾构位置的期望值，使得拼装的衬砌尽可能的接近设计轴线，提供下一环管片选型，并预测下两环隧道管片的轴线，实时显示盾构及管片的周围间隙情况。盾构机盾构姿态检测系统通过测量手段，实时确定其姿态，使其沿设计中心线掘进。盾构尾端面安装了多个棱镜，首先在任意初始坐标系内，获得棱镜和盾构特征点的坐标转换关系（图 3-3），其次是在盾构掘进过程中，通过观测任意时刻的棱镜坐标，结合坐标转换关系，得到盾构特征点的坐标；最后将其与设计值对比，得出盾构实际位置与设计线的偏离数据，及时指导施工。

（3）盾构隧道通用管片拟合排版系统（图 3-4、图 3-5）

管片实际的拼装路线与隧道的设计轴线之间的偏差控制是一个非常重要的环节，管片排版和选型技术是检验隧道完成质量的关键指标。采用模糊控制原理调整盾构主机的掘进趋势，考虑仿真结果，模糊控制器能按预期的方式实现盾构机的模拟掘进。根据施工过程中管片姿态的实测数据，动态选择管片的拼装点

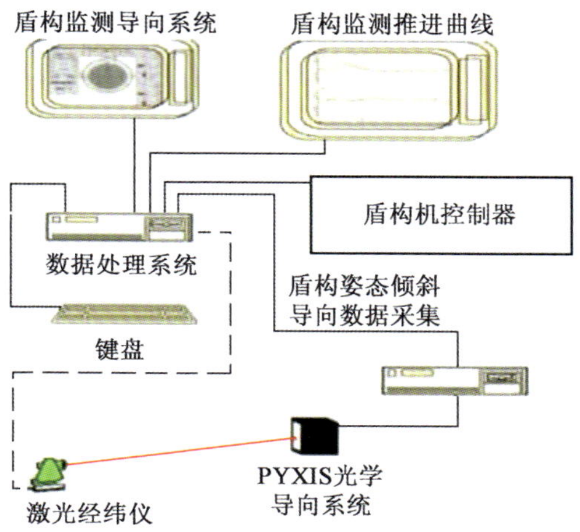

图 3-3 PYXIS 姿态控制系统构成

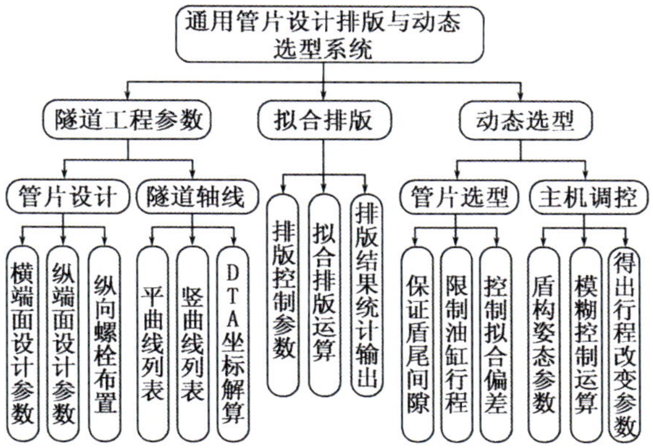

图 3-4 盾构隧道通用管片拟合排版系统结构

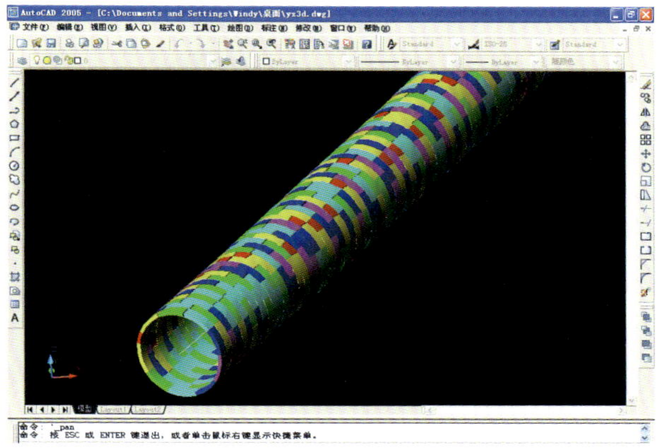
图 3-5 管片排版结果三维示意图

位，结合主机姿态控制，在对隧道设计轴线进行较为准确的几何拟合的基础之上，给出了更符合实际施工要求的管片预测排版，并绘出排版偏差图和管片盾尾间隙变化图，满足如此长距离盾构的贯通精度。系统主要包括管片设计、隧道轴线、拟合排版和动态选型四个功能模块。

2. 上海长江隧道建设监测数据信息化系统（图 3-6）

隧道工程规模的庞大，各种数据浩如烟海。为了提高管理水平，研制了隧道工程信息化管理系统。系统包含施工监测信息、盾构推进信息、量测设定管理、安全分析、报表信息、用户系统 6 个子系统，提供了一套监控管理模式，把监理、施工、设计相关的各种数据和信息实时地上传、汇总、整理、分析，对监测数据的异常情况进行多种形式的自动判定、报警。监控者随时通过视频直观地了解现场的施工及进展状况，系统实现了对工程文档、进度数据、工程合同等相关信息的采集和汇总。管理者通过系统收集监控数据，分析各种数据，监督工程进展情况，实现真正的有层次远程管理。

3. 连接通道冻结法信息化施工系统（图 3-7）

上海长江隧道共有 8 条连接通道，相互之间的间隔约为 830m，连接通道施工一直是盾构隧道施工的重要风险源，为此，必须对冻结施工过程进行全面的监测，包括对冻结系统的运行状态、冻土帷幕的发展和通道开挖后的变化、后期的冻土解冻过程的监测，以确保施工的安全与质量。长江隧道工程根据冻结法施工工艺和过程的特点，确定适合自动连续监测的传感器、二次仪表、计算机硬件，分析定位系统功能，嵌入相关理论等，针对盾构法隧道连接通道冻结法施工过程的温度自动监控，基于个人电脑 + 光纤连接 + 温度传感器的硬件系统，并编制了一套温度自动远程监测系统。软件系

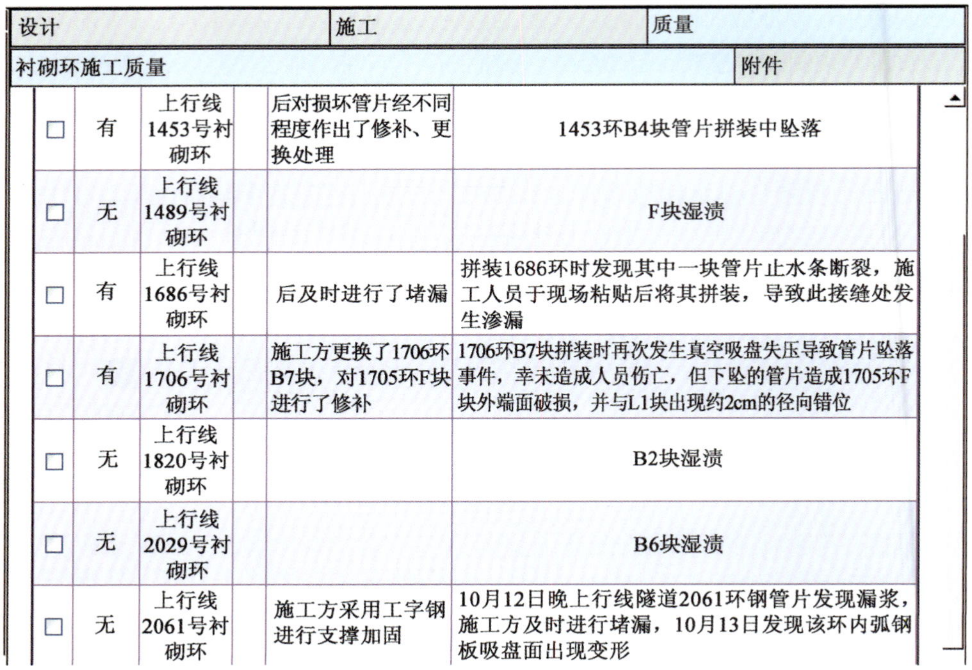

设计	施工	质量		
衬砌环施工质量				附件
□	有	上行线1453号衬砌环	后对损坏管片经不同程度作出了修补、更换处理	1453环B4块管片拼装中坠落
□	无	上行线1489号衬砌环		F块湿渍
□	有	上行线1686号衬砌环	后及时进行了堵漏	拼装1686环时发现其中一块管片止水条断裂，施工人员于现场粘贴后将其拼装，导致此接缝处发生渗漏
□	有	上行线1706号衬砌环	施工方更换了1706环B7块，对1705环F块进行了修补	1706环B7块拼装时再次发生真空吸盘失压导致管片坠落事件，幸未造成人员伤亡，但下坠的管片造成1705环F块外端面破损，并与L1块出现约2cm的径向错位
□	无	上行线1820号衬砌环		B2块湿渍
□	无	上行线2029号衬砌环		B6块湿渍
□	无	上行线2061号衬砌环	施工方采用工字钢进行支撑加固	10月12日晚上行线隧道2061环钢管片发现漏浆，施工方及时进行堵漏，10月13日发现该环内弧钢板吸盘面出现变形

图 3-6　上海长江隧道建设监测数据信息化系统

统主要由记录类模块、控件类模块和显示类模块构成，其中最重要的是记录类模块和显示类模块。

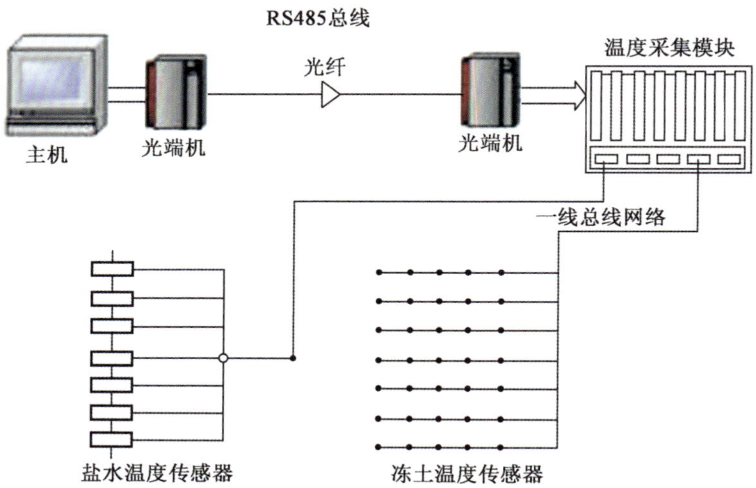

图 3-7　连接通道监控系统结构图

该监测系统是考虑地层含盐影响的、具有自动监测、冻土帷幕温度场和强度场可视化、冻土帷幕安全状态判断和报警功能的实时远距离监控系统。它主要能对冻结系统和冻土帷幕状态进行实时监控、显示和查询，对监测数据计算分析得出温度场图形和冻土帷幕状况以及对冻结施工过程的安全状态进行分析评估，具有良好的人机界面。

4. 特大型隧道工程风险监控系统（图 3-8）

超大特长盾构隧道工程建设风险复杂多样，事故发生可能性不容忽视，风险潜在损失大，风险随着施工进展呈动态变化趋势。为此，编制了上海长江隧道工程风险金控系统，分别以基于信心指数的专家调查法、基于事故树和层次分析法的事故登记评估模型、和基于风险预警值设计的监测数据评价模型为理论基础，采用风险动态信息数据库为后台支持，实现了对超大特长盾构隧道建设定量的风险评估，并自动或实时地为业主、建设方、承包人、施工、监理、保险等各个单位或部门提供隧道施工各阶段具体的风险管理及控制方案。

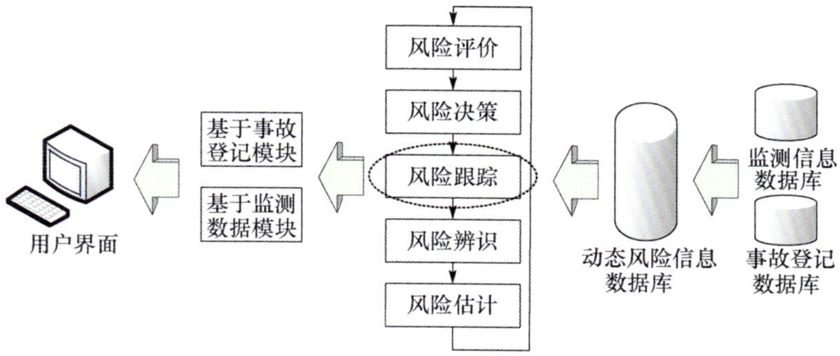

图 3-8　盾构隧道施工动态风险管理软件构成

5. 上海长江隧桥工程数字化集成系统

针对隧桥工程活动过程中，所涉及的数据种类繁多且数据量浩大，数据管理困难，可视化程度不高，数据难以得到及时有效地分析与利用等问题，隧桥数字化首先要建立起工程的数字化平台和工程全生命周期信息数据库，构建工程三维可视化模型，实现数据的可视化管理，然后在此基础上研究基于数字地层的数值分析集成技术，为工程数据的有效利用并建立工程智能分析和决策系统提供基础，最终实现工程全生命周期信息的高效管理，建成数字化的隧桥工程。

数字化隧桥工程能够实现的功能主要有：（1）周边环境、地质、结构、设计、施工和监测等多源数据的录入、浏览、查询和数据分析；（2）基于钻孔数据的真三维地层建模，实现地层任意剖切，并实现钻孔及地层数据可视化查询；（3）隧桥及附属设施三维建模及可视化展示及相关结构信息的可视化查询；（4）隧桥施工工况、施工过程的三维动态仿真模拟；（5）根据空间或时间信息查询隧桥任意处地质剖面、设计图纸、设计参数、施工参数、监测数据等，并实现对数据的统计与相关性分析；（6）基于数字地层的数值分析集成功能，为建立工程智能分析和决策系统提供有力的基础。

在设计阶段，准确地掌握隧桥所在的三维地层信息可以提出较为优化的选线方案，降低工程难度，节约工程造价；在施工阶段，及时高效地掌握隧桥的勘察与设计信息、三维地层信息、施工监测信息，可以提高各单位之间的协调能力和办事效率，可以保障隧桥的顺利施工，确保工程进度与安全，并可极大地提高工程建设的管理水平；在运营与维护阶段，对于设计与建设过程中资料与信息的准确可以及时发现问题并分析原因，降低运营成本，提高维护效率，以及提高灾害预防与快速处理的能力。

三、工程运营期管理系统

运营维护依赖于对前期数据的准确把握及对后期数据获及时分析，为此，上海长江隧桥工程在前期工程管理和建设期信息系统基础上，设置了结构健康监测系统、综合监控系统及时对结构数据、设备运营状况进行分析，确保运营服务效率。

1. 上海长江隧桥集成化的结构健康监测系统（图 3-9）

上海长江隧桥工程结构健康监测系统通过测量反映隧桥环境激励和结构响应状态的信息，实时、定期监测隧桥结构的工作性能，定时、定量地评价隧桥结构的健康状态，以保证上海长江隧桥的安全运营，为长江隧桥的养护、维修提供科学依据。

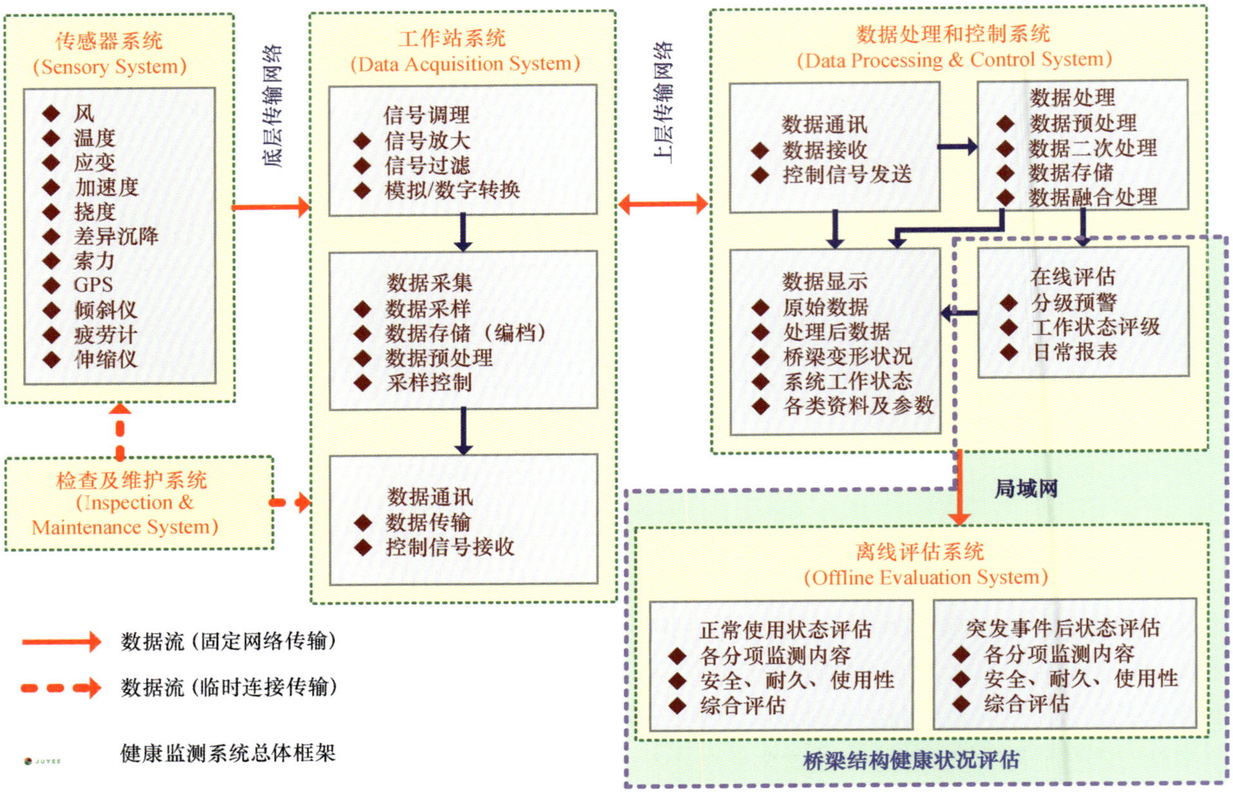

图 3–9　上海长江隧桥工程健康监测系统

上海长江隧桥结构健康监测系统包括长江隧道和长江大桥两部分，其中上海长江大桥共包括传感器 11 类 367 个、采集设备 21 台、传感器相关线缆 28 900m、数据传输设备 6 套，主要监测内容包括：GPS 位移、风速风向、温度、动力、动静载荷力、钢结构疲劳、索力、梁端位移、梁端倾斜、钢筋应力；上海长江隧道监测内容包括：土压力、钢筋应力、三向位移、腐蚀、阴极保护系统等数据。

通过模糊数学和可靠度方法，分析监测数据，每月对隧桥结构状况进行评估，并找出超过阀值的数据，加以分析并报警。充分利用海量监测数据，进行大量专项分析，使上海长江隧桥健康系统具有显著的研究性和拓展性。

2. 大型越江隧桥综合设施运营安全监控系统及预案

按上海市高速公路网交通监控系统的总体规划，针对上海长江隧桥工程实际构建了基于防灾体系的大型越江隧桥综合设施运营安全综合监控系统，以满足其大型化、隧桥结合、集约化、多接口融合的特点，保证运营安全，达到防灾、减灾、救灾的目的。

工程范围内全线设置综合监控系统（路段监控中心、浦东管理站、交通监控系统、设备监控系统等）和封闭式收费系统，以及为综合监控系统和收费系统实现联网功能的通信系统，全线在长兴岛收费站区内设置交通管理中心一处（含路段监控中心、收费中心及通信中心）。该系统控制点达 20 000 多个，通过管控中心的综合监控软件实现对总共 17 个子系统实时运行状态的实时监控。上海长江隧桥工程综合监控系统见图 3–10。

（1）交通监控系统

交通监控系统由交通信息检测系统、交通信息诱导系统、环境监测系统、闭路电视系统、有线广播系统、车辆超限管理系统等组成。

（2）设备监控系统

设备监控系统按照功能可划分为隧道及大桥控制系统、隧道及大桥电力监控系统、大桥阴极保

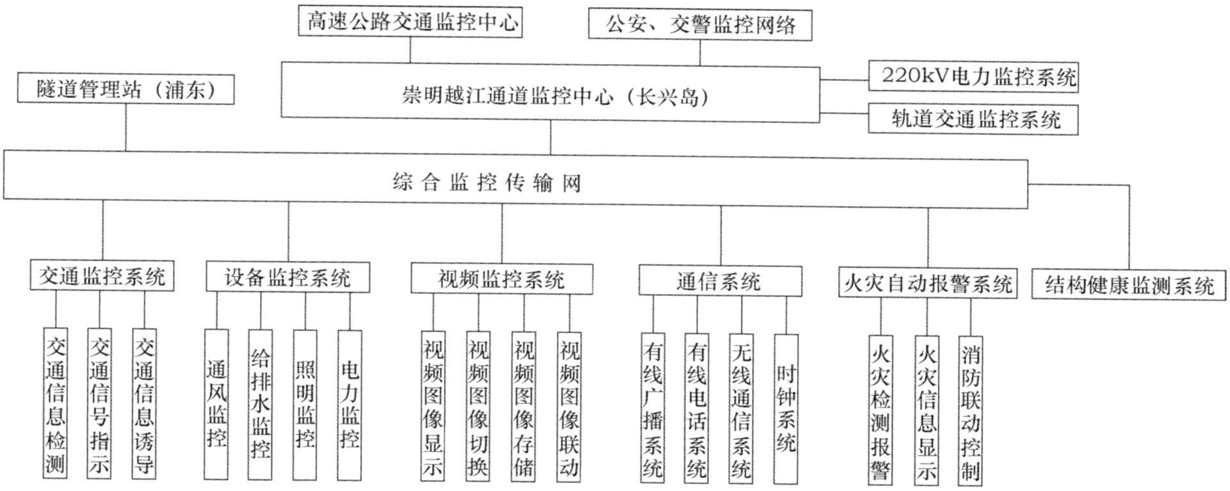

图 3–10　综合监控系统总体架构图

护系统（中心及网络部分）、隧道及大桥照明监控系统、隧道通风监控系统、隧道给排水监控系统。

（3）火灾报警系统

火灾报警系统（FAS）采用中央级和现场级两级控制网络组成。一是监控中心 FAS 主机通过通信接口接入中央计算机局域网，实现与设备监控系统、视频系统等分系统的联动控制；二是在隧道全线上、下行管段车行隧道、电缆通道、安全通道区域顶部敷设线型光纤光栅感温探测器，对检测区域的温度进行不间断探测，并异常报警；三是浦东、长兴岛的工作井内的设备用房所采用的极早期空气采样，对这些房间的火情进行监控探测。

（4）收费系统

上海市高速公路联网的收费系统采用“收费车道—收费站—各运营公司收费中心—上海市高速公路收费结算中心”的收费体制。其中收费系统采用人工半自动收费（MTC）和电子不停车收费（ETC）两种方式。本工程实施 1 个路段收费中心，长兴岛和陈海 2 个匝道收费站，并实现与收费结算中心互联。

（5）通信系统（图 3–10）

一是光纤传输系统预留千兆光纤端口，用于连接上级网络和预留其他高速公路数据通道的接入。二是电话系统，在潘园管控中心设置程控用户交换机 1 套，主机容量 700 门；三是由紧急电话话务台、大桥光纤型紧急电话、隧道紧急电话和传输介质组成的紧急电话系统；四是时钟系统采用中心一级母钟，接收来自 GPS 的标准时间信号。

3. 工程运营集成系统（图 3–11）

随着社会经济的发展，大型隧桥设施的安全维护问题也越来越引起各国政府的关注。上海长江隧桥工程是世界上最大规模的隧桥结合工程之一，在“一流工程、一流运营”的目标下，需要开展高标准运营，精细化养护。同时，集成前期上海长江隧桥工程项目管理系统、建设期信息管理系统、健康监测系统及综合监控系统相关信息，再结合上海长江隧桥运营实际情况，为实现运营养护工作的科学管理，使上海长江隧桥公司与参与运营养护的其他各方实时共享信息，畅通工作流程，积累重要数据，集上海长江隧桥综合监控、健康监测、上海长江隧桥数字化、道路数字化、工程项目管理等系统为一体，构建了信息化长江隧桥，建立了上海长江隧桥工程运营养护系统。

因工程由建设转入运营养护阶段后管理职能的转换，长江隧桥运营养护系统包括 11 个子系统（图 3–12），分别是：系统管理、GIS+GPS、运营管理、电子化养护手册、设备管理、结构养护、养护工作考核、移动门户、库存管理、费用管理、协同办公。该系统将实现智能化的预养护与量化的隧桥管理，一是能够基于电子化养护手册自动生成养护计划，提供养护工作指引，规范养护流程与操作，

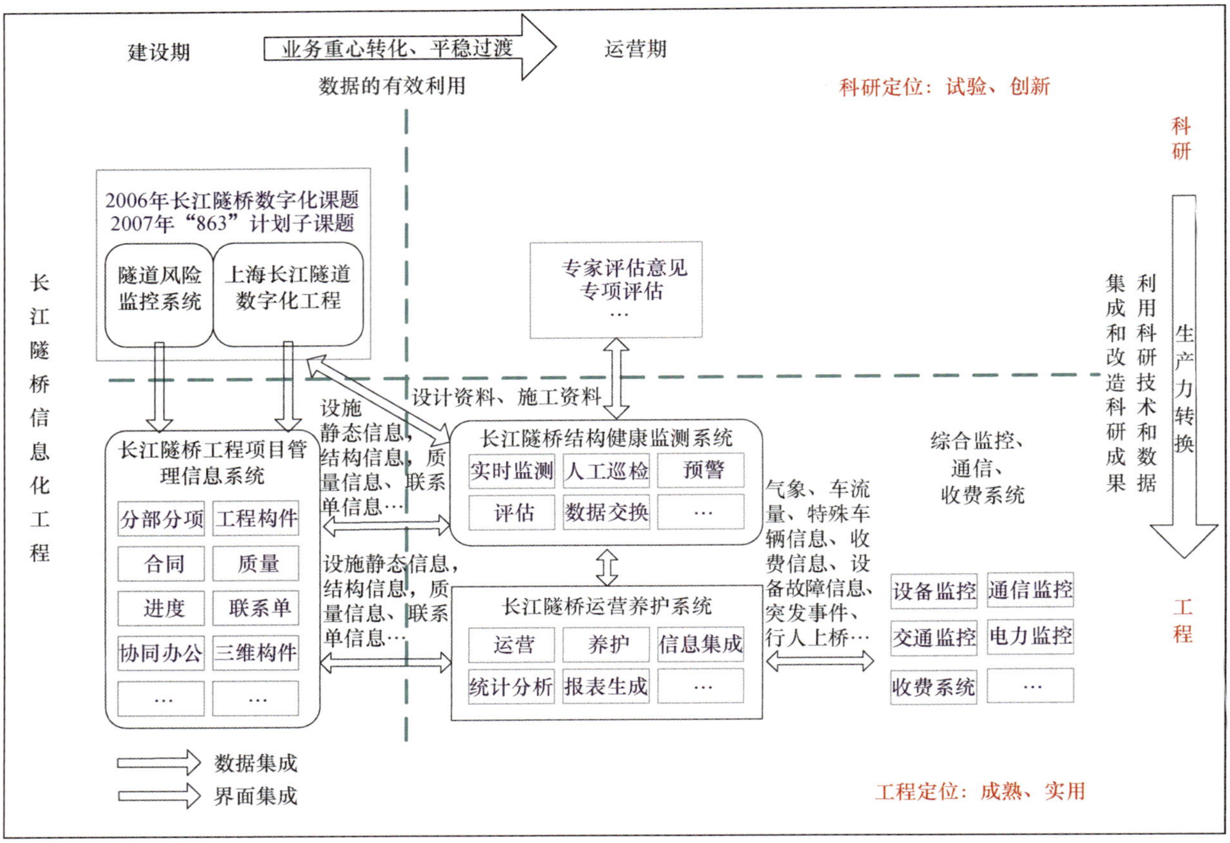

图 3-11　信息化长江隧桥

二是以设施基础构件为中心的信息集成与病害、缺陷跟踪、养护对策库建立，实现智能化的预养护，防患于未然；三是提供运营养护状况分析及辅助决策支持，从而保证上海长江隧桥高质量地安全运营，实现较高的经济效益，带来良好的标杆效应。

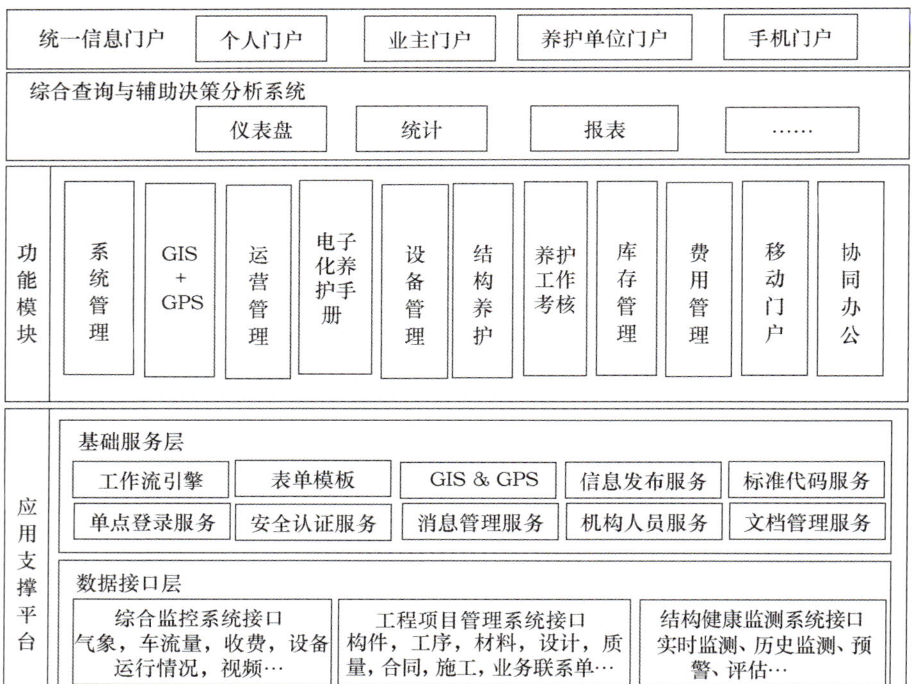

图 3-12　上海长江隧桥工程运营养护系统

第四章　工程建设管理模式及总结

GONGCHENG JIANSHE GUANLI MOSHI JI ZONGJIE

第一节　工程建设管理模式

超大型工程离不开管理创新，作为世界上最大规模的隧桥结合工程正是在不断进行管理创新的基础上，构建了符合要求的管理体制与机制，从而保证了工程建设的顺利推进。体制创新、机制健全与运转良好的工程管理体系，是隧桥结合工程成功的关键。工程在整合代建制、施工总承包、设计施工总承包、BT（建设—转让，政府回购）等管理模式重要元素的基础上，紧紧围绕效率性构建、专业性塑造、战略性谋划的总体思路，积极探索适合这项国家级重大建设项目特点的管理模式，不断创新重大工程的管理体制和机制，并取得了重大的收获和成效。

一、最强势的体制创新

1. 强化工程指挥体系，整合优化管理资源

在超大型工程建设中组建以政府为主导、以工程涉及的政府职能部门及电力公司等少部分能源供应性企业参加的工程建设指挥部，有助于确保工程建设充分体现社会利益和集群优势。长江隧桥工程在强化工程建设指挥体系方面，主要构建了以下两个层面的管理框架。

一是成立由市领导和相关职能部门参加的指挥部，加强指挥协调。2005 年 2 月 28 日成立了由副市长任总指挥，市府副秘书长任副总指挥，市建交委、市规土局、上海海事局、浦东新区、宝山区、崇明县等有关委、局，组成长江隧桥工程建设指挥部。指挥部主要负责“研究决策重大问题、统筹协调重大事项、督促保证节点目标”。

二是成立桥梁和隧道工程两个现场指挥机构。根据“南隧北桥”的工程建设特点，分设大桥、隧道两个现场指挥机构，配备现场指挥和总工程师，并根据工程标段，组建项目经理部，以使管理前置延伸。指挥部在专项决策、前期准备、难点协调、提高效率、确保进度上发挥了举足轻重的作用。

2. 构建“合署办公”机制，强化业主管理

上海长江隧桥工程实施项目公司与指挥部下设办公室合署办公机制，这是重大工程建设管理上的创新实践，通过“合署办公”既可以省却“代建制”管理的环节，又可以达到精简机构，减少人、财、力的投入。更重要的是两者的有机结合，能有效提高工作效率，发挥管理资源融合优化后的叠加效应与倍增效应，有效地构建政府职能与项目管理相结合的平台、工程建设与投资效益相结合的载体，以及社会利益与企业效能相结合的机制。

指挥部办公室主要负责组织、落实指挥部的日常工作，重点加强日常管理。2003 年 8 月 1 日成立的上海沪崇越江通道投资发展有限公司（2005 年改称上海长江隧桥建设发展有限公司），由上海城市投资建设总公司和上海公路建设总公司联合组建。公司主要履行“资金筹措、方案优化、工程实施”的职责，经营方式为：以自有的资本金，根据市政府批准的建设规模，投资建设越江设施，不足部分以市政府授予的收费经营权向银行抵押贷款；项目建成后，通过收取车辆通行费负责向银行还贷，保证设施维护和正常运营；经营期满，停止收费，设施无条件移交市政府。

“合署办公”的创新机制，有效地履行了工程主要的管理职责。首先是履行工程建设常设管理机构职权，重在加强项目管理、设计管理、计划管理、质量和安全管理；其次是履行工程建设投资管理业主职能，建立并实施工程建设的投融资体系和行为，严格工程资金的控制和管理，监管并确保工程建设资金全部用于工程建设；再次是履行工程建设行政管理内部职责，构建公司内部考核管理体系，推进科技创新、管理创优工作。

二、实效的机制设置

1. 细化工程技术保障，大力强化技术支撑

针对高科技工程的特点，细化工程技术保障与强化技术支撑极为关键，在细化工程技术保障、强化技术支撑方面，指挥部会同长江隧桥公司，主要构建了三项保障措施。

首先是成立专家顾问组，全程参与技术决策。2006 年 1 月 23 日聘请风懋润、王振信、刘建航、陈新、杨我清、张海、范立础、项海帆、侯引程、钱七虎、黄兴安、蒋树屏、皇甫熹、李永盛、江绵康十五位著名桥梁和隧道专家，组成上海长江隧桥工程技术专家顾问组，定期组织专家会议对工程实施过程中的重大技术问题给予理论支持、技术指导和咨询服务，参与重大技术方案的论证、重大施工方案的审查以及重大技术问题的处理，确保工程建设的优质、安全。

其次是推进重大科研项目，上海长江隧桥工程共完成国家高技术研究发展计划（863 计划）等在内的 60 余项课题攻关，为优质、高效地完成工程建设任务作出了巨大贡献。2006 年 9 月启动国家 863 计划《超大特长越江盾构隧道关键技术研究》，课题以长江隧道工程为目标背景，围绕工程建设所涉及的结构设计、施工技术、安全与防灾等关键技术展开研究，课题成果建立了具有自主知识产权的大型越江跨海隧道工程的核心技术群及其相关技术标准，为提升我国大型越江跨海隧道工程的建造水平奠定了坚实基础。同时，积极争取市科委的支持，在工程建设前期、建设过程中和运营期过程中，获得市科委 11 项、建交委 1 项资助研究，解决工程选线、结构设计、长距离施工、运营管理等方面难题，为多功能特大型工程的建设提供了有力支持。

再次是导入信息管理技术，全面提高信息效率。公司开发了上海长江隧桥工程管理信息系统，建成一个以建设单位项目管理为核心，各参建单位协同工作，满足上海长江隧桥工程建设全过程、全方位管理需要的集成项目管理信息系统。系统实施覆盖到主要的参建单位，各主要业务模块保持与工程建设同步，提高信息沟通效率和透明度，为运行养护提供资料准备，强化指挥部对工程施工的整体掌控。

2. 优化技术资源配置，有效集聚建设精英

为把长江隧桥工程建成世界级精品工程，首先是建设以“最先进的理念、最成功的经验、最优化的方案、最成熟的工艺”为主要内涵的“落地工程”，这一切取决于吸纳国内外优秀人力和技术资源的情况。优化技术资源配置，有效集聚建设精英，是确保工程建设整体质量、公司运行整体效率和降低工程施工风险的基础。

首先是形成强势国际团队，大力降低施工风险。以吸纳最优参建力量为先引，构建强强联合的国际施工团队。在技术咨询上，引进了国际知名的咨询公司，采用了具有国际一流水平的盾构等重要工程设备。

其次是汇聚国内最强阵容，努力打造品牌工程。在招投标工作中将投标队伍是否具备在重大工程建设中打大仗、硬仗和高科技仗的实战经验列为重要条件和标准，对投标的企业好中选优。入围中标的单位均为国内知名大型企业和上海著名企业，形成了强大的“国家队”阵容。

再次是塑造职业管理团队，全面实施专业管理。建设单位是一支经历重大工程实战锻炼、具有丰富实战经验的职业化管理队伍，在整体“调防”中为长江隧桥工程及时、全面地注入了工程管理和建设的经验、技术。公司还针对工程建设的特点，引进、吸纳了隧桥工程建设方面的专业技术人才，

组建起了一支高素质的工程技术、管理者队伍。

三、规范的工程管理

1. 设定严格管理程序，切实提升执行标准

上海长江隧桥在设定严格管理程序、提升执行标准方面，首先是强化工程规范管理，全面推进建章立制。公司不断探索重大工程内部管理运作模式，组织编制了30多项工程建设管理类规章制度和10多项涉及财务管理、人事管理、信息管理、综合行政管理等方面的管理制度，在实际工作中加强落实，实现了公司管理的制度化、科学化、规范化。

其次是制订审批流程。根据《公路工程设计变更管理办法》（交通部令〔2005〕第5号）的要求，结合长江隧桥工程的实际情况，公司编制了《上海长江隧桥（崇明越江通道）工程设计变更和变更设计管理办法（试行）》和《设计变更实施细则》，对设计变更和变更设计的工作流程和审批权限进行了规定。

再次是规范工程劳务分包。依据原交通部《公路建设市场管理办法》的有关规定，并按照市政局（2006）711号文的要求，公司制订了《上海长江隧桥工程的分包管理办法》，规范了工程分包和劳务分包的工作程序和审批程序，施工过程中坚持“标本兼治、综合治理”的工作方针，遵循“严查、严处、严管”的工作原则，坚决杜绝工程转包。在设备材料采购管理上，列入政府采购范围（招投标）的材料、设备，严格按政府采购程序办理，由业主、总承包单位与供应商签订供需合同，内部管理按建安招标流程进行。

2. 健全工程质安体系，全面确保优质安全

质量和安全是重大工程建设的生命线，是上海长江隧桥工程建设的“重中之重”工作。

首先是建设质量安全管理体系，有效分层明职管理。在工程建设之初，公司编写了《上海长江隧桥（崇明越江通道）工程建设质量管理办法》等质量安全规章制度，明确了工程建设的质量目标、安全操作规程，建立了以建设单位牵头、覆盖工程建设各层次的质量安全管理体系和质量安全管理网络，并随工程的进展不断扩充完善。

其次是优化施工技术方案，注重技术导引。本着“技术方案先行”的原则，在工程开工之前抓好技术方案的编制工作，做到先方案，后施工。公司委托原市政局科技委对关键工序、技术复杂、风险较大的专项工程施工方案组织专家评审，施工单位根据专家意见进行修改补充，完善施工方案。通过专家评审，优化了施工方案，使施工方案更具针对性，降低了工程施工风险。

再次是完善施工现场督导机制，进行全面强化动态管理。为加强对工程建设现场的监管力度，成立了“上海长江隧桥工程建设现场安全、质量、文明施工督导组”，督导组依据《上海长江隧桥工程综合考核奖惩办法》，对工程建设的各环节进行不定期巡查的同时，每月根据不同标段、不同施工内容进行全面或专项检查，强化质量安全体系的建设。

3. 构建激励和约束机制，大力创建“双优工程”

创建“双优工程”是树立上海长江隧桥工程这项政府性投资工程形象的现实要求，通过构建有效的工程激励和约束机制，强化文明施工，建设文明工程，建设和谐工程，打造优秀团队，充分调动工程参建者工作的积极性和创造性，最大限度地赢得社会各方对工程建设的理解、支持和参与，有效塑造“长江隧桥”精神，这些做法有效推进了长江隧桥工程的建设。

首先是大力开展工程党建工作，重在强化党旗引领。建设单位党委以工程建设为纽带，通过签订合作协议的方式，搭建党组织联席会议的平台，使参建单位党组织受所在单位上级党组织和工程建设指挥部办公室党组织双重领导，联合开展上海长江隧桥工程的党建工作。同时开展“与长江隧

桥工程同光辉”党建主题活动，在全面推进工程建设中，提高党组织的战斗堡垒作用和发挥党员的先锋模范作用。

其次是开展立功竞赛活动，全程营造竞赛氛围。公司成立“上海长江隧桥工程”赛区，制订了《上海长江隧桥国家重点工程立功竞赛管理办法》、《综合考核评比管理办法》等规章，将参建的14个主体工程标段项经部的3 000多名建设者全部列入竞赛活动的范围，开展了“比质量、比安全、比技术、比文明、比管理”等立功竞赛活动，每月对参赛单位进行“进度及合同管理、工程质量、安全生产、文明施工”等四个大项内容的检查，每一季度进行考核评比。

再次是创建“双优工程”，努力推进反腐倡廉工作。公司通过与工程所在地的浦东新区和崇明县人民检察院签订共建协议，开展创建“双优工程”活动，构建廉政保障机制。公司先后拟订了《关于上海长江隧桥公司开展治理商业贿赂专项工作的实施意见》、《上海长江隧桥公司干部廉洁自律的规定》等规章制度；按照相关规定，公司在与总承包单位签订工程承建合同时，同步签署《廉洁合同》，并作为总承包合同的主体合同之一。重点针对工程建设中治理商业贿赂的三个重点——重点岗位、重要环节、重大事项，从决策层面上列出了工作中应重点把关的“四个重要部分”，即：重大合同的签订、重大资金的支付、重要环节的监管及其他重大事项的决策，使开展治理商业贿赂的工作更具针对性和有效性，取得了良好的效果。

四、长江隧桥工程创新管理模式总结

上海长江隧桥工程建设的管理模式是现有若干种管理模式的组合，是传承中的创新，是创新中的发展。

管理模式的主要实质——以业主（政府）的最高要求为目标，符合项目的建设宗旨，满足社会和人民的需求。

管理模式的主要内涵——业主全方位掌控项目建设前期、设计、施工、质量、安全、工期、造价、竣工验收、运行管理，可称为项目建设全过程管理。

管理模式的构建体制——在现有建设管理制度的指导下，充分依靠政府机构力量，采用工程指挥部的形式，运用市场化手段，成立项目公司，加大管理协调力度，掌控工程建设。

管理模式的运行机制——从工程建设管理内在规律出发，全方位、多角度（包括技术方面的，经济方面的，组织协调方面的，集成控制方面的）地加强管理协调力度，业主单位以对工程的高度负责的态度促动工程承包单位高质量完成工作，承包单位用质量、安全和文明施工来回应业主管理。

管理模式的主要特征——以施工总承包为基本元素；赋予业主更大的掌控权，始终把握工程建设管理的主动权；着实抓好设计、施工、监理队伍的选择工作，注重实绩、资质和信誉，着力构筑工程建设最根本的要素；大宗材料市场招投标，特种材料进入政府采购网招标；投资控制强调设计概算、施工图预算和工程结算三者间的关联和互控，工程款支付突出真实的验工计价和合同履约的程度。

管理文化——创新求实，集聚资源；以人为本，和谐工程。

第二节　工程文化建设

一、工程的精神文明建设

1. 构建长江隧桥工程"大党建"，努力强化党性意识

上海长江隧桥建设发展有限公司结合工程实际、队伍特点，积极开展了"党组织联席会议"、重点工程立功竞赛等活动，突出精神文明建设主体，强化企业文化建设，在继承"洋山精神"的同时，勇于实践、善于创新，赋予了"党组织联席会议"、重点工程立功竞赛许多新的元素，使其不断更新、与时俱进，呈现出勃勃的生命力。

首先是围绕中心，搭建平台。以工程建设为纽带，通过签订合作协议的方式，整合资源，搭建党组织联席会议的平台，使参建单位党组织受所在单位上级党组织和工程建设指挥部办公室党组织双重领导，以创精品、创品牌为内容，抓品牌文化建设；以关爱生命、营造安全施工环境为内容，抓安全文化建设；以工程优质、干部优秀为要求，抓廉洁文化建设，实现了以优质工程、优美环境、优良秩序、优秀文化为标志的企业文化理念。

其次是确立主题，目标引领。以工程建设为核心，开展"与长江隧桥工程同光辉"党建主题活动，在全面推进工程建设中，围绕党建主题，公司党委坚持每季组织一次工程党组织联席会议活动，每次活动都紧扣工程建设实际，选定一个专题进行互相交流、探讨和学习，整体强化了参建单位的党组织在长江隧桥工程建设中的政治核心作用，并有效凸显参建共产党员的旗帜引领作用，扩大了党建工作的影响力，丰富了企业文化。

再次是规范内容，细化流程。以"大工程、大思路、大家办、大联动"来展开精神文明、企业文化建设工作。通过"党组织联席会议"的组织，开展立功竞赛、党建"双优"、文明工地创建、青年人才培养、凝聚力工程、综合治理等工作。每次党组织联席会议的组织流程可概括为"申办、确定、暗访、明展、众评、共进"六个具体步骤，即先由参建单位党组织申报活动专题，联席会议针对工程的"热点"，决定活动的承办方，然后围绕专题内容进行现场摄像；会上先请承办者主讲，然后播放录像，组织与会者评议讨论，最终达成共识。体现了博采众长拓思路、各展特色共进步的主旨。

第四是创新形式，相融共进。以工程建设为聚焦，通过紧扣工程建设的重点、难点、热点和充分展示各参建单位党组织精神文明建设最新成果、最优活动形式两条工作主线，寻找精神文明建设与企业文化建设的最佳结合，将党组织联席会议开到工程建设的第一线，贴近工程、贴近党员、联系群众、联系实际，以上海长江隧桥建设发展有限公司党委为主导，以各参建单位党组织为主角，以第一线党员建设者为主演，每季定期召开一次联席会议，每一次联席会议在"与长江隧桥工程同光辉"的同一主题下，有针对性地设立不同的活动内容。

2. 以员工为本，全力打造优秀团队

员工作为企业的主体，是参与工程建设活动、决定工程建设成效最直接、最根本、最活跃的因素，建设精品工程首先要建设好一流的员工队伍。

首先是开办建设者夜校，通过系统培训不断提升素质。长江隧桥工程建设者大多是外来务工人员，人员构成非常复杂，员工素质参差不齐。为提升外来务工人员的素质，使外来务工人员逐步成为讲文明、守纪律、懂技术、有理想的新一代市政工人，各标段在公司的统一布置下，开办了务工人员夜校，全面提升外来务工人员的综合素质。各标段都与外来务工人员签署《维权承诺书》，确保外来务工人员的合法权益不受侵犯。投入大量资金，推行外来务工人员“住宿公寓化、洗澡淋浴化、饮食餐厅化”，配发电脑、电视机、洗衣机、消毒柜和图书用品。积极开展“装扮工地家园”活动，外来务工人员的宿舍管理普遍推行“五个一”标准，即一盆花、一幅画、一条线（洗漱用品）、一张（鞋）柜、一块（值日）牌等。

其次是关心外籍专家生活，实施文化平行相容策略。上海长江隧桥工程作为国际化团队合作的特大型工程，为了充分发挥各方外籍专家的作用，必须实施文化平行相容策略。为此公司设立定期例会制度，充分听取外籍专家对现场施工方面的意见；境外咨询公司以月报、季报、巡视报告等形式定期向业主汇报工程进展及质量安全情况。每年圣诞节及新年，公司领导会亲自慰问外籍专家，赠送具有中国特色的礼物，感谢他们为工程的顺利进行所作出的努力。同时组织外籍专家们观看音乐剧，参加外专局主办的新年音乐会等，丰富外籍专家们的业余生活。

再次是热心社会公益，唱响和谐发展主旋律。汶川发生强烈地震后，为了将大家关注抗震救灾的热情，引导到工程建设中来，公司开展了“情系灾区重建家园，立足隧桥创建新功”活动。得到广大职工包括参与工程建设的外籍专家积极响应，大家捐款献爱心和报名参加无偿献血活动。2007年8月，工程参建者共捐献25万元援建了云南省广南县那洒镇发门坎希望小学，2008年1月2日，收到当地政府赠送的“建设重大工程功在当代，援建希望小学利及千秋”的牌匾。

四是开展文体竞赛活动，建设人文和谐型企业。根据长江隧桥工程文体资源比较稀缺的实际，充分发挥工会的组织优势，开展了“全力奋战一百天，优质安全保贯通”百日竞赛等多项文体系列活动，用健康向上的文体活动不断充实和丰富员工的文化体育娱乐活动。和谐发展已成为一种无形的凝聚力，把全体员工紧密地团结在一起，在工程建设的各项工作中争创一流。

五是创建文化品牌，丰富内涵增动力。通过不断充实“长江隧桥建设展示厅”内容，完善公司公共门户网、内部局域网，出版每周一期的《长江隧桥工程简讯》，编辑出版《长江隧桥》季刊，不断加大宣传力度，有效打造文化品牌，全面提升软实力。“长江隧桥文化品牌”被广泛传播，公司也连年荣获原上海市市政局“新闻信息工作先进单位”称号。

在近五年的长江隧桥工程建设过程中，涌现出一批又一批具有行业垂范性的先进群体及个人。截至2009年10月，施工单位获得交通运输部“优秀企业文化先进单位”、市级文明单位和中国施工企业协会“技术创新先进企业”，并连续三年获得上海市优秀公司，同时有2人获得全国“五一”劳动奖章；3人获得上海市“五一”劳动奖状；6人获得上海市建设功臣称号；市级记功14人，上海市“五一”劳动奖集体4个，上海市工人先锋号集体9个，上海市重点工程实事立功竞赛优秀集体11个。他们如同一座座丰碑，展示着长江隧桥建设者“特别能吃苦、特别能创新、特别能拼搏、特别能奉献”的风采。一支忠于企业、热爱事业、意志坚强、精诚团结的团队正在迅速成长。

二、工程的人力资源管理

长江隧桥工程作为国家级重大建设项目，成立了由杨雄副市长任总指挥，浦东新区、崇明县及其他有关委、局为指挥部成员的长江隧桥工程建设指挥部。工程建设指挥部下设办公室，与组建的“上海长江隧桥建设发展有限公司”合署办公，具体负责组织工程项目的实施、落实指挥部的日常工作。由于工程项目耗资大，时间长，技术难度高，做好相应的人力资源管理保证了工程的顺利实施和有效开展。

1. 拥有一支高精尖的工程技术管理队伍

专业技能与实战经验并重。长江隧桥公司建设之初在编人员56人，博士3人，硕士、工程师多人。从职称构成来看，以中高级职称为主，占72%，其中，高级职称19人，占38%，中级职称17人，占 34%，初级职称 8 人，占 16%，其他人员 6 人，占 12%。其中，40 多人曾经参与东海大桥工程建设，不仅具备扎实的专业技能，还拥有丰富的实战经验，形成了一支技术卓越、管理经验丰富的高精尖工程建设队伍，为长江隧桥工程的顺利开展奠定了良好的人才基础。

干中学，员工业务能力与工程建设共进步。长江隧桥工程建设时是上海目前最复杂的工程，面临着技术、施工、安全、质量等各方面的难题和挑战，只有以科技指导工程建设，工程才能继续开展。工程的管理者和建设者们也同样每天都面临新的任务和挑战，只有不断学习更新，才能保证工程的顺利开展。因此，公司十分注重员工培训，员工结合个人业务，每年参加培训；工程建设一线的操作人员通过考核，合格方能上岗。从而增强员工的业务能力，保证了工程的建设质量，实现员工与工程的同步协调发展。

2. 制订并实施有效的激励约束机制

长江隧桥工程项目构建以人为本的隧桥精神，制订了一套完整的激励约束制度，一方面充分满足员工的利益诉求，尊重员工的利益，另一方面，也制订了严明的规章制度，约束员工的行为。其人力资源管理以激励式管理为特点，激发个人的内在动力，在发挥个人优势的基础上，合理进行人力资源的配置。员工通过个人努力达成个人绩效（绩效高低与个人能力和评比办法有关），最终实现个人目标。在绩效与目标之间构建了组织奖罚的桥梁，以评价和强化其绩效，并衡量员工个人努力的目标是否与组织目标相符。通过这样一个相互作用的传导机制，最终实现个人与组织的有机统一。图 4–1 为长江隧桥工程激励式人力资源管理模式。

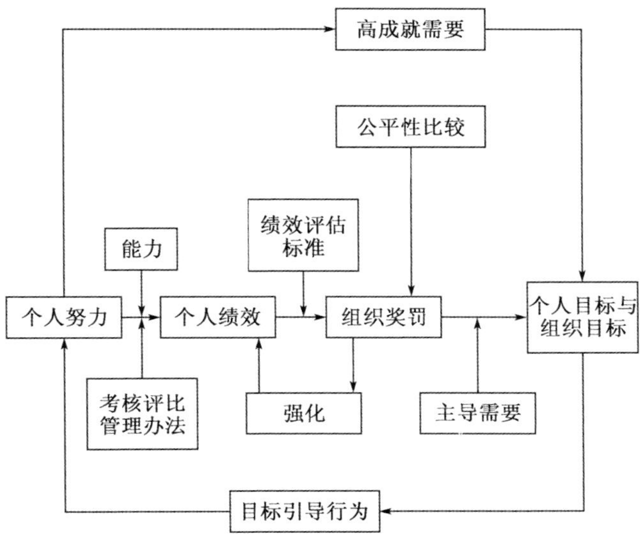

图 4–1　长江隧桥工程激励式人力资源管理模型（根据当代激励理论模型改制）

长江隧桥公司的激励机制包括奖励基金制度、目标激励、期望式激励、尊重激励、参与激励、事业激励。针对工程人员职位职能的差别，各有侧重，分层激励。约束机制主要是经济处罚以及廉洁自律管理的方向激励。这些激励约束机制的实现以公平公正的考核制度为基础，在员工绩效评定的基础上，奖罚分明，奖优罚劣，有效地将员工个人的努力程度与达成个人目标、组织目标结合起来，调动了员工的工作积极性。

（1）激励机制正面强化

第一，奖励基金制度实现绩效与奖励对等

奖励基金是一种物质激励，以绩效为基础，奖励与员工的努力程度正相关，强化了努力与奖励之间的联系。以绩效为基础的奖金及其他奖励办法，避免了薪水永久性上涨的传统做法，因而也节约了资金。

奖励基金规定了其来源、提取比例、分配原则，主要用于在工程建设中进度、质量、安全生产、文明施工（综合治理）成绩突出的集体和个人的奖励。

考核评比分为综合和单项考评，并分别给予前两名的标段（或单体工程）物质和精神奖励。进度、质量、安全生产、文明施工各单项得分 80 分以下为不合格，并取消其单项考评资格。完成月形象进度计划的 100%，评分为 100 分，每脱额 1% 相应减 0.5 分。关键节点完成 90% 以下的，则取消其进度单项考评资格。

各标段或标段内单位工程施工单位按季度、月度单项考评均为合格，单项季度评比排名在前两名的可分别获得 3 万元、1.5 万元的单项奖奖励。综合奖评比办法是能按期完成施工节点任务，不发生各类安全、质量事故，月度单项考评均为合格，并在季度综合考评中被评为第一名的给予奖励 10 万元，第二名奖励 8 万元。

获得市级文明工地称号的标段，给予 3 万 ~5 万元的奖励；获得市重大工程文明工地称号的标段，给予 2 万 ~5 万元的奖励。通过安全标化工地检查的标段（或单体工程），给予 1 万 ~2 万元的奖励；获得市级安全标化样板工地称号的标段加奖 3 万元。在本工程年度安全生产、文明施工方面被评为先进集体和先进个人的除给予通报表扬外，给予先进集体 3 万 ~5 万元的奖励，给予先进个人 500~800 元的奖励。受到电台、电视台或报刊等媒体宣传表扬的（集体或个人）经核实后给予奖励，奖励金额将视其社会效应而定，奖励集体 1 万 ~2 万元，个人 800~1 000 元。

隧桥公司将按当时安全生产和文明施工工作的需要，不定期开展各种立功竞赛活动等，竞赛结束后将进行评比，对于能积极参与活动，工作突出的标段给予奖励。

第二，精神激励彰显活力

长江隧桥工程很重视精神激励的作用，从满足员工精神需要，特别是从个人发展和个人实现的需要出发，尊重、理解和关心员工，采取了目标激励、期望式激励、大党建工作激励等方式。每个人除了满足最基本的物质需要以外，还要追求更高层次的目标。而个体所设定的目标是不一致的。一些人是为了自我实现的需要，也有些人希望能够得到一定的荣誉或提升，还有些人是希望能够在不断地完成工作任务中得到对自我能力的认可和肯定。长江隧桥在整个项目过程中，针对指挥部、设计单位、项目经理人员、驻地监理组、一线施工人员，都采取了不同的激励方式，从而协调了各方的利益，确保工程如期完工。

长江隧桥公司组织立功竞赛，以月考和季评为载体的立功竞赛活动，优化了工程管理和竞争机制，调动了参建者的建设热情。

一是以工程建设为舞台，通过紧扣工程建设的重点、难点、热点，开展“比质量、比安全、比技术、比文明、比管理”等立功竞赛活动。二是通过长江大桥和长江隧道两个现场指挥部，每月对参赛单位进行“进度及合同管理、工程质量、安全生产、文明施工”等四个大项内容的检查，每一季度进行考核评比，并公布评比名次。

其次，开展争创“工程优质、干部优秀”活动。公司制定了《关于在上海长江隧桥工程建设中深入开展争创‘工程优质、干部优秀’活动的实施意见》，上海长江隧桥建设发展有限公司职能部门的全体管理人员和城建工程主要项目的各设计、施工、监理单位（项目部）的全体管理人员参与“双优”活动，活动目标是优质、高效、文明、安全、廉政地建设上海长江隧桥工程，确保工程白玉兰奖，力争工程鲁班奖，造就一支廉洁、务实、善战、优秀的干部队伍。围绕“学习思廉、家庭助廉、案例警廉、制度保廉、功行践廉”五个方面积极开展了各项工作。

第三，大党建工作对党员的参与激励

大党建工作增强了党员的参与归属感，是一种有效的参与激励，保证了隧桥工程的顺利进展，

2007 年实现了超额完成全年投资计划，全面确保了工程重要节点目标。创建了联席会议制度，以工程建设为核心，通过大党建载体，开展“与长江隧桥工程同光辉”党建主题活动，公司党委共组织了 7 次工程党组织联席会议活动，每次活动都紧扣工程建设实际。同时，还加强党的组织建设，强化青年干部培养和队伍建设。

第四，分层激励实现最优化选择

由于职位和职能不同，个人工作的动机和目标是不一致的，因此，切合个体的实际工作状况，采用相应的激励机制，可以达到事半功倍的效果。长江隧桥工程遵循这样的原则，对管理层、设计单位、项目经理部、驻地监理组采用了不同激励方式。

管理层采取高成就需要和事业激励。长江隧桥工程建设指挥部主要履行“研究决策重大问题、统筹协调重大事项”的职责，在专项决策、前期工作、难点协调、提高效率上发挥作用。工程建设指挥部下设办公室，与组建的“上海长江隧桥建设发展有限公司”合署办公，主要具体负责组织工程项目的实施、落实指挥部的日常工作。指挥部成员均来自政府管理层，工程建设的决策与管理是其主要职责。他们以达到标准、追求卓越、确保工程建设成功为目标，而不单是成功之后带来的奖励。这样一种内驱力就称之为成就需要。高成就需要者们认为努力与个体目标之间是一种直接关系，只要他们所从事的工作能使他们产生个体责任感、有信息反馈并提供了中等程度的风险，他们就会产生内部的驱动力。上海长江隧桥是目前在建的最大的隧道桥梁结合型工程，工程建设中许多施工工艺在国内外首次使用，风险较大。因此，工程赋予管理层决策指挥的重大责任和畅通的信息反馈渠道是管理层的工作动力。攻破技术难关，协调各项工作，并取得成功是对个人事业能力的最大肯定，有助于其事业的进一步发展。

工程施工图设计单位以奖励为主。上海市政工程设计研究总院及上海市隧道工程轨道交通设计研究院分别承担长江大桥工程和长江隧道工程施工图设计。在设计阶段，为了达到按期、优质完成各项施工图设计和现场配合工作的目的，引入激励机制。制订了相关的考核内容，采用综合评分法，由业主、监理和施工单位参与评价，设计前期部负责考评日常工作（每季度一次），经总工程师、公司领导审批后记录在案。工程施工结束后，隧桥公司将根据总体评分情况（即各次考核平均分占满分的百分比）给予设计院相应的奖励。

项目经理部与项目经理以物质激励为主。期望理论认为，如果个体感到在努力与绩效之间、绩效与奖赏之间、奖赏与个人目标的满足之间存在密切联系，那么他就会付出高度的努力；反过来，每一种联系又受到一定因素的影响。对于努力与绩效之间的关系来说，个人还必须具备必要的能力，对个体进行评估的系统也必须公正、客观。对于绩效与奖赏之间的关系来说，如果个人感知到自己是因绩效因素而不是其他因素而受到奖励时，这种关系最为有效。项目经理部负责具体的施工，他们的主要目标还是为了获取经济收益，而工程的目标是要保证质量、安全与时间。要使得两者的目标一致，就必须通过一条纽带连接起来，那就是绩效考评与奖金挂钩，绩效越高，所获就越多。因此对他们的激励采取在各指标考核评比的基础上以物质激励为主，分为单项奖和综合奖，并给予一定的精神荣誉奖励。对项目单项奖的分配依照按劳分配原则，标段项目经理提取 10%，单项工程负责人提取 5%，其余奖金可按内部实际情况自行分配。综合奖的分配办法按照按劳分配原则，标段（或单体工程）项目经理提取 10%，进度、质量、安全生产、文明施工专业负责人各提取 5%，其余根据内部实际情况自行分配。施工项目经理部按照季度综合检查评比，第一名授予流动红旗一面（连续 3 次获得第一名的标段授予固定红旗一面）并给予 10 万元奖励，第二名、第三名分别给予 8 万元、5 万元奖励；优秀项目经理部授予优秀奖杯一樽并给予年度计价额（扣除暂定金、以万元计）千分之三（向下取整）的奖励；各单项优胜项目经理部分别授予优胜奖杯一樽并给予 10 万元的奖励；优秀项目经理颁发证书一个并给予 2 万元奖励，优秀项目总工程师、优秀安全员、优秀项目书记分别颁发证书一个并给予 1 万元奖励。

第五，驻地监理组物质和荣誉激励

驻地监理组主要也是在考核办法的基础上，给予物质和荣誉的奖励，激励其更好地完成监理工作。季度综合检查评比中，第一名授予流动红旗一面（连续3次获得第一名的标段授予固定红旗一面）并给予1万元奖励；年度优秀监理组授予优秀奖杯一樽并给予3万元奖励；年度优秀监理组长颁发证书一个并给予1万元奖励。

（2）约束机制反向激励

经济处罚保证工程保质保量完成。激励必须是双向的，适当的惩罚能促使员工按照工程要求保质保量地完成任务。长江隧桥公司对经济处罚制订了具体的条款：对于进度、质量、安全生产、文明施工等单项检查不合格的施工单位取消其评比资格，并由隧桥公司进行通报批评，要求限期整改，并给予经济处理。经济处理所得款项进入奖励基金。

进度、质量、安全生产、文明施工等月度单项和季度单项考评不合格的，要扣除奖金。若发生重伤以上事故或瞒报事故，并处以3万~5万元的罚款。凡在工程建设过程中由于责任过失，安全防护措施失当，造成人身伤亡事故、管线事故、工程倒塌或损坏事故、机械设备严重毁坏（包括施工船舶）事故（不包括一级、二级、三级特大事故）的，隧桥公司将对肇事施工单位另行处以3万~5万元的罚款。重复发生事故的加倍处罚。

凡违反各条例规定，不编制专项施工方案等，将按其情节轻重，对该各标段或标段内单体工程施工单位处以2万~3万元罚款。凡在工程关键节点或安全生产、文明施工考核评分检查中，考评不及格，受到有关部门批评的，对施工单位处以1万~2万元罚款。

未按规定购置安全防护设施、大型施工机械不报现场监理审核而擅自使用、在生活办公场所违规使用电器等，均处以罚款。凡在工地发生破坏社会治安事件，以及职工食物中毒事故，均根据情况处以罚款。

（3）廉洁自律管理激励

长江隧桥公司为进一步加强党风廉政建设，加强治理商业贿赂工作，根据党章规定以及市委、市政局党委有关廉政建设责任制的相关要求，结合公司建设的实际情况，制订了工作人员廉洁自律行为准则。

一是着力于工程建设中的“三重”环节，提高治理商业贿赂工作的实际效力，梳理并明确了在工程建设中治理商业贿赂的三个重点，即重点岗位、重要环节、重大事项。从决策层面上，列出了工作中应重点把关的“四个重”，即重大合同的签订、重大资金的支付、重要环节的监管及其他重大事项的决策，从而使开展治理商业贿赂的工作更具针对性和有效性。二是着力于工程管理中规范化、标准化、程序化的“三化”建设，构建治理商业贿赂工作的长效机制。自开展治理商业贿赂工作以来，公司积极推进治理商业贿赂的建章立制工作，先后拟订了《关于上海长江隧桥公司开展治理商业贿赂专项工作的实施意见》、《上海长江隧桥公司干部廉洁自律的规定》、《上海长江隧桥公司关于在工程建设管理中严禁私自收受礼金礼品和私自接收商务邀请的规定》等一系列规章制度，使各项工作有章可依、有章可循。

第三节　上海长江隧桥工程模式的管理特点

上海长江隧桥工程对上海、长江三角洲乃至全国是具有战略意义的重大工程，需要一个勇于创新、卓有成效的管理体制。同时作为世界上最大规模的隧桥结合工程，如何进行投融资管理、如何进行隧桥一体化建设管理、如何进行信息化管理系统、如何进行有效人员配置，成为组织结构运作的关键。长江隧桥工程难度大，需要在科学发展观引领下建立一套科研体系，集成跨江越海隧桥建设核心技术群。作为一个优质工程，需要一套质量和安全的管理体系。纵观长江隧桥工程的总体管理模式和具体内容，其管理呈现以下几个重要特点。

一、政府主导、市场化运作的管理体制

作为一项国际化、超大型的工程建设项目，项目的管理组织工作对工程的安全与质量建设起着决定性的作用，在设计长江隧桥工程的项目管理组织时，按照社会化和合作化的理念，实施政府主导、市场化运作的管理体制。首先，充分发挥政府主导的重大作用，组建了跨地域与跨部门的隧道工程指挥部与大桥工程指挥部，以有效促进隧道和大桥的建设。其次，在发挥政府主导作用的同时，有效发挥市场化运作的重大作用，隧桥项目业主以市场经济的思维方法构思项目管理组织的模式，形成了按投资多元化、管理社会化、经营市场化建立工程项目管理组织的总体构想，典型体现为设立专门的项目公司——上海长江隧桥建设发展有限公司，其组织结构见图 4–2。此外，为加强工程的管理与指导，构建了公私协调联动机制，即指挥部办公室与项目公司合署办公，业主全程参与工程的设计、施工、建设等过程，宏观把握工程的建设方向。在发挥政府主导地位的同时，充分运用市场化运作机制，在政企合作的框架内实现了管理主体之间的有效互动与沟通，推动了长江隧桥工程建设管理的有效性。

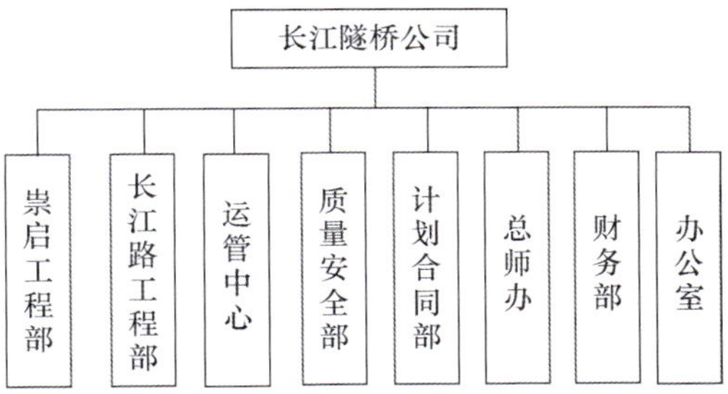

图 4–2　上海长江隧桥建设发展有限公司组织结构图

二、制度化、规范化和信息化的管理效率

管理手段或管理工具的正确组合与使用，是决定工程项目管理效率和水平的关键因素。长江隧桥工程作为一项极其复杂的特大型项目，对管理的规范化水平和管理效率应该具有更高的要求。实践证明，正确地使用管理工具，突出所有管理环节的制度化、规范化，并且依托现代信息技术，实现所有管理单元之间的无缝衔接，提高工程管理的整体效率，是长江隧桥工程管理的显著特点之一。具体而言，反映在以下几个方面：首先，注重制度建设，严格实施程序化操作。仅在 2007 年之前就组织编制了 30 多项工程建设管理类规章制度和 10 多项涉及财务管理、人事管理、信息管理、综合行政管理等方面的管理制度。其次，特别注重合同管理。在长江隧桥工程管理中，公司专门设立了“计划合同部”，负责对外谈判、起草合同、履行合同、解决争议等事宜，并且在工程设计、工程建设、工程监理、工程科研等诸多领域充分发挥合同管理的优势，从而提升了整体管理的规范化程度。再次，高度强调管理的信息化，开发了长江隧桥工程管理信息系统，全程实现了纵横之间各类信息的快速沟通、协调与衔接，大大节约了管理成本，提高了管理效率。

三、强调分类化、专业化的管理内容

工程项目管理是一项极其复杂的系统工程，具有显著的综合性、复杂性特征，而能否实现差异化的分类管理和专业管理，在一定程度上决定着项目管理的效率与效益。从管理内容来看，长江隧桥工程的特殊结构决定了在其项目管理过程中，始终强调分类管理、专业管理的思路，大大提高了管理的专业化水平和管理效率。这主要体现在以下几个方面：首先是根据“桥隧结合”的工程特点，除了遵循一般的职能化分类管理外，特别设立了“桥梁工程部”和“隧道工程部”两个部门，分别对大桥工程和隧道工程进行专业化的管理，与此相对应，“工程指挥部”也分设“大桥指挥部”和“隧道指挥部”两个现场指挥机构，各有侧重地进行管理。其次，在划分标段方面，根据上海长江隧桥工程的结构特点来划分标段，便于专业化施工，如非通航孔桥梁的下部结构和上部结构分标段实施。再次，在工程监理、招投标等方面，也是委托国内外最权威的监理单位或招标代理公司进行专业化、独立化的监理或招标，这更好地保证了工程质量。如委托上海市测绘院对主通航孔桥的两个主承台中心以及隧道地下控制网进行复测，委托海洋勘测大队对隧道推进过程进行检测等，使得整个工程细节和关键部位始终处于质量受控状态之中，确保整个工程的质量安全。最后，高度重视工程项目的专项科学研究，并分门别类，对具有实用性强的技术研究成果，最大可能地加以推广和应用，促使技术研究成果直接转变成社会生产力，这直接提升了工程建设的质量和创新水平。

四、突出强调科学化与动态化的管理决策

工程管理实质上就是根据工程特点不断地作出判断和决策，达到工程建设科学化和功能最大化。长江隧桥工程在决策管理中，尤为强调决策的科学性，以防发生重大的工程问题，但由于工程存在一定的潜在风险，整个管理过程也存在着一定的不可预见性。因此，在强调科学性、规范性的同时，注重决策机制的灵活性、开放性，实施动态化管理，及时有效地解决可能出现的一些重大问题，是提高工程管理有效性的重要保证。这主要体现在两个方面：一方面，在长江隧桥工程的整个管理过程中，始终强调科学技术对工程本身以及管理的服务功能，特别是在工程项目的论证、设计、施工、质量、安全等领域，充分发挥科研和咨询的作用，以便得出科学的决策依据，力争做到科学决策、科学管理。例如工程建设过程中，项目公司特别注重技术咨询与交流，邀请国内外咨询公司对国外类似工程的设计、施工、管理等方面的经验进行介绍和指导，并对隧桥建设过程中面临的难题、施工技术方案等进行技术咨询，如关于混凝土的耐久性问题、隧道施工中的安全管理、大体积承台混凝土的施工、墩身节段湿接头的裂纹控制、承台系梁的施工、地下连续墙的施工、口型构件的安装等。另一方面，根据上级部门或工程建设现场的实际情况，按相关要求及时调整设计或建设方案，满足工程的多元化需求，这特别体现在设计变更管理方面，例如在隧桥的原先设计中没有考虑轨道交通的向北延伸问题，后来为了与上海市轨道交通总体规划中地铁过江规划接轨，原工程设计及时开展了关于上海长江隧桥工程预留轨道交通空间的方案研究，并及时完成了工程初步设计补充报告。这一灵活的决策机制，对进一步放大整个工程的功能与效用发挥了十分重要的作用。

五、注重国际化、开放化的管理品牌

特大型工程项目管理系统是一个依托信息系统运行的网络化运行模块。从长江隧桥工程管理的

实践来看，该工程管理系统除了做好一般的项目管理内容（设计、合同、施工、质量、安全等）外，还突出了管理品牌的建构与运作。一是注重国际化与开放化，每个管理项目都是一个开放的耗散结构，特别是在各类人才的配置、科研咨询单位的挑选上，工程管理者始终坚持“让一流团队做一流工程”的思想，面向国内和全球公开招标，以最大可能在更大空间内实现资源的优化配置，避免发生内部化、地方化和封闭性，这就保证了工程管理中的顶尖智慧和水平。与此同时，工程管理内容与服务相应地不断延伸，将工程建设的进度和过程，特别是一些具有特殊地位或意义的工程施工项目，如最大盾构机工作平台、隧道、大桥等关键部位，向社会开放，让更多的民众进行实地参观，让社会大众及时了解工程建设进度，以便不断发现管理问题，创新管理实践。二是塑造有影响力的管理品牌，紧密结合工程建设的内容和进程，注重资料文献的积累和保存，同时开展工程项目的后续参观和舆论宣传工作，积极建设“长江隧桥工程展示馆”，为参观者提供施工动画视频、机械部件实物、盾构机模型、桥隧效果图等全方位立体地工程介绍服务，甚至延伸出一定特有的特大工程项目旅游服务，推动“长江隧桥管理”的品牌化效应。

六、突出人文意识和人性关怀的管理文化

特大型建设工程项目的建设是一项集诸多科技精英和广大劳动者共同协作的结晶，也是内在精神动力加以支撑的结果。长江隧桥工程之所以取得成功，也与项目公司长期奉行管理工作服务化和人性化的做法具有十分紧密的关系。通过人性化的服务和人文关怀，充分激发各类成员在整个工程建设中的主观能动性和工作热情，极大地提高了工程建设的凝聚力和向心力，保证了工程建设的重大精神动力。这一管理特色主要体现在以下几个方面：一是积极发挥广大党员干部的率先带头作用，且公司全体党员积极实践“讲党性、重品行、做表率”主题，开展缴纳“特殊党费”活动，特别是坚决防治发生腐败行为，明令实行“七个不准”，全面规范公司领导人员的廉洁从业行为和提高廉洁自律的自觉性，以此激发全体普通劳动者的工作热情。二是在整个公司倡导和发挥“无坚不摧、奋发向上”的铁军精神，以及“乐于奉献”的劳模精神，联合攻克工程建设面临的种种困难。三是切实从劳动者身体健康的角度出发，充分尊重每一个基层劳动者的人格，给基层劳动者创造最好的食宿条件，特别是在饮食方面，实施基层管理者与劳动者统一标准，同吃同住，不搞差别化，给一线劳动者最大限度的人文关怀，让每一位劳动者主动工作，确保每一道建设工序的质量和安全。

第四节　工程建设经验分析

长江隧桥工程作为连接上海与崇明的大通道，是重大基础设施建设的代表，整个工程工期长、投资大、建设环境复杂，且对发展崇明、提升上海总体竞争力战略意义重大。

作为上海市特大工程、世界级工程，难度大、要求高，工程质量和施工安全是整个工程的重中之重。长江隧桥工程是目前在建的世界最大规模的隧桥结合工程，同时伴有一条轨道交通线，是一项世界级工程。世界级工程带来世界级难题。南隧工程的难点主要为“长、大、深”；北桥的难点是长江口复杂的地质、水文、气候等自然环境及工程的复杂、结构多样；轨道交通的建设，更给工程增添考验。长江隧桥工程自开工以来，创造了零事故的纪录。这些是与隧桥建设过程中高效有序的管理

分不开的。思考长江隧桥工程中的管理经验与模式对上海城市建设工程（尤其是特大工程、双百工程）建设有何启示，成为我们思考的重点。本文提到的特大型工程主要是指那些投资大、工期长（投资过百亿，使用期过百年）且事关民生、上海形象及国家战略等的工程项目，尤其是特大型基础设施的建设。

此外，长江隧桥工程作为现代城市发展建设中的一个剪影，积累了大量的建设与管理经验，形成了一套较有成效的管理模式，为现代城市管理及建设提供了成功的经验和启示。如借鉴隧桥工程管理政府与企业、市场相结合的模式，引入社团、居民、媒体、企业等“城市利益相关者”，充分发挥他们在城市发展决策、执行和监督以及社区管理与服务等领域的作用，通过政府与市场相结合、政府与其他利益相关者相互配合的间接管理，综合运用行政、经济、法律、教育等多种手段，推动城市的现代化建设。

一、落实科学发展观

党的十七大中正式提出的“坚持以人为本，树立全面、协调、可持续的发展观，促进经济社会和人的全面发展”。科学发展观是指用科学的眼光看发展，具体内容包括以人为本的发展观、全面发展观、协调发展观、可持续发展观。

特大型工程建设的运营、管理、意义，涉及人与自然、经济、社会等诸方面事宜，是政府统筹城乡发展、统筹区域发展、统筹经济社会发展、统筹人与自然和谐发展、统筹国内发展和对外开放等的具体体现，是全面落实科学发展观的重要体现。科学发展观在隧桥项目中主要表现在项目选址、设计因地制宜、因时制宜，与当地自然、经济、社会协调发展，且有长远规划设计，体现可持续发展；建设管理以人为本，实现全面发展；落实节能减排举措，体现科学发展。

1. 工程项目选址设计因地制宜

长江口越江通道（后来的长江隧桥工程）自 1993 年开始立项以来，项目立项—选址—设计—可行性批复—开工建设，以及后续的运营管理、维护等环节，都是在多方多次从自然环境、经济社会、技术工艺等全方面论证，最终确定实施的。无论是从工程选址、设计，还是从施工建设及日后的运营维护等，都体现着全面、协调、可持续的科学发展观。特大型工程项目的选址与设计要因地制宜、因时制宜，既要适合当地的自然状况，又要能带动沿线区域经济社会发展；既要符合当时的社会经济发展、技术条件水平，又要有长远规划，适应当地区域经济社会的可持续发展。

（1）项目选址

长江口越江通道工程的选址要因地制宜、因时制宜，既要适合当地的自然状况，又要能带动沿线区域经济社会发展；既要符合当时的社会经济发展、技术条件水平，又要有长远规划，适应当地区域经济社会的可持续发展。在项目工程的设计上，长江隧桥工程更充分体现了科学发展观的要求，全面考虑长江口的自然条件，协调处理好通航、经济、景观等要求，用长远、可持续的眼光决定通道的规模流量。

该工程项目位于长江入海口，属于典型的江心沙多岛型潮汐河口，江面辽阔，暗沙众多，河势多变，通航要求高，水文、气候、地质等建设条件复杂。在通道选址过程中，必须考虑由于长江河海交界处的水文、漫滩、深水、江中沙洲等复杂的地形，强风、潮汐影响等复杂的气候因素，淡咸水交替腐蚀等复杂的自然环境等因素。经多方多次论证后，东线通道（浦东五号沟—长兴岛—崇明陈家镇奚家港—崇明陈海公路—崇明牛棚港—江苏省海门青龙港—宁通启高速公路）建设条件较好，又可带动长江三岛的开发联动，适宜当前要求所建设的第一条越江通道。

（2）工程设计

通过对河势、水文、气象、通航净空尺度、通航环境、工程地质、水动力学、模型试验、风环境特性、局部冲刷试验、船舶撞击力、环境评估、交通量预测、资金筹措、风险分析等专题的研究，确定的通道设计细节为：南隧北桥，双向6车道的高速公路，行车速度为80~100km/h；桥涵与隧道结构为汽车—超20级，挂车—120；道路结构设计为BZZ—100型标准；全程道路交通通行净高均为5m，对接路线路基、桥梁与涵洞路段，按路桥同宽布置，路基宽34m；非通航孔桥墩年平均流速1.9m/s，地震基本裂度为7度，设计220kV高压越江电缆等。

（3）预留轨道

考虑上海、崇明、苏北等地区未来经济社会发展的需要，长江隧桥工程还预留轨道交通，以待适时建设。在长江隧桥工程建设中增加轨道交通，是提高资源综合利用率、进行集成创新的一项举措，符合集约和节约利用资源、建设节约型社会的科学发展理念，有利于提升上海长江隧桥的交通服务功能，发挥工程投资的最大效益，更好地为三岛、苏北等地的发展服务。

隧桥公司相继开展的轨道交通预留空间相关技术标准、桥梁合理刚度及列车走行性、轨道交通无缝线路设计、桥梁抗震、主通航孔桥梁抗风性能等专项技术研究，为轨道交通的实施奠定了一定的基础。最终确定了隧道内上路下轨、大桥上公轨共面（长江大桥在双向6车道的外侧为一来一去两根轨道分别预留了4.7m宽度的设计方案）。增加轨道交通后，隧桥公司通过对桥梁各部分结构进行加强，主航道桥、辅航道桥及非通航孔桥上下部结构的刚度、强度及稳定性均满足交通运输部现行规范要求。隧桥公司极为重视公路和轨道交通运营的安全风险控制，并采取相应措施，在不降低隧道内高速公路疏散能力的前提下，深化隧道防灾、消防系统研究，确保公路和轨道交通的运营安全。同时要进一步优化横断面布置（含车道宽度、防撞护栏的位置及形式等），而且根据长江口地区气象特点，深化抗风研究，并考虑设置必要的风障设施，确保运营安全。

2. 工程设计充分体现以人为本

以人为本是科学发展观的核心，就是要以实现人的全面发展为目标，从人民群众的根本利益出发谋发展、促发展，不断满足人民群众日益增长的物质文化需要，切实保障人民群众的经济、政治和文化权益，让发展的成果惠及全体人民。长江隧桥工程在工程设计细节中，始终贯彻以人为本的科学发展观。

（1）隧道内的逃生通道

隧道由于深埋海底，隧道内人员安全逃生通道的建设尤为重要。隧道工程内共设计三种类型的逃生通道，以保障发生事故时有效逃离事故区。

①纵向逃生通道，即迎着风来的方向而行，由专门逃生通道，向距离最近的出、入口疏散。

②横向逃生通道，即通过横向联络通道，疏散到相邻的另一条圆形隧道内，该逃生通道可以由两个成人带一个儿童并排通过，在长江隧道内每隔830多米就设置有一处。

③上下逃生通道，长江隧道下方预留了地铁轨道。为防不测，隧道和轨道上下之间还有“逃生梯道”，每隔270m就设置一个，整条隧道上下行通道共设54个。

（2）隧道内色彩设计

隧道全长8.9km，在如此长距离的隧道内驾车，驾驶员容易感到疲劳、压抑。为此，隧道内的净空高度达5.2m，可以满足集装箱货车的通行，不使人有压抑感；同时，在宽敞的隧道内两侧墙面铺设了3~4种装饰墙面，由不同颜色的图案及简单的色块组成，避免驾驶员产生视觉疲劳或困意，来增加隧道通行的舒适性和安全性。

（3）箱梁内检修滑车

养护人员在箱梁内行车不便，为了更好地执行梁内检查、维护，公司要求设计院设置沿轨道行进的滑车。

3. 工程设计建设贯彻节能减排

《国民经济和社会发展第十一个五年规划纲要》指出了“十一五”期间单位国内生产总值（GDP）能耗降低 20% 左右等一系列资源节约的约束性指标。为此在长江隧桥工程总体和各系统的设计中都高度重视，采取了切实有效的措施，建设节约型项目工程。响应上海市“重视大型基础设施的复合利用，使大型基础设施由功能设计粗放型、用途单一化向精细化、多用途化转变”的要求。设计中通过多方案调整、优化，经多方论证、研究、评审，在隧道中，预留了轨道交通空间，纳入了 220kV 电缆及社会过江电缆，大大提高了基础设施的利用效率。

（1）结构、照明设计体现节能

通过研究桥位的水文、地质、气象等建桥条件，从桥梁结构的技术经济合理性及更有利于提高施工质量、进度、安全等方面考虑，除岸边滩地桥梁外，占跨江段长度（9 966m）70% 桥梁（长度 6 990m）的主塔结构，如主梁、桥墩墩柱、承台系梁、防撞栏杆混凝土基座等结构大规模采用了整体预制拼装结构与节段预制拼装结构。突破了江海桥梁结构陆上制作，水上安装的设计与施工关键难点，实现了质量高、工期短、污染物排放少和建设成本低、运营期养护工作量少的建设目标。通过对国内外路面研究，针对大型货车及集装箱拖挂车运行需要，竖向线形上考虑最大纵坡取 3%，并且坡长大于 1 500m 的纵坡取 2.5%，来改善大型货运车辆运营的燃油经济性问题，降低车辆运行成本。

隧道侧墙面采用淡彩色，对灯光形成漫反射，起到提高车道亮度的作用，增加行车环境的明亮度。在隧道暗埋段入口设置自然光过渡段，长度 65.75m。设计采用轻盈的双拱形钢结构遮光棚，遮光板成梭形，光过渡建筑具有减光遮光的功能，可减少加强照明的配置。

（2）合理设计通风、照明、给排水系统

①照明。长江隧桥在设计过程中，在道路照明设计标准、光源选择、供配电系统、照明系统等方面着重考虑采取措施，做到节能减排。道路照明的控制结合全桥综合监控系统的实施，通过远程遥控、遥测、遥讯和数据信息处理等功能的控制系统，对全桥各区域路灯进行准确的遥控开关灯，避免能源浪费。采用智能光源降压—稳压—调光技术，在调光的同时也大幅降低了电耗，节约有功电耗达 20% 以上。长江隧道工程基本照明采用调光分级的智能照明控制系统，在入口（出口）加强照明采用“照明控制仪”的自动控制方式。其次电缆通道照明采用遥控和就地两种控制方式，不浪费不必要的电能。充分利用自然光，在隧道洞口采用混合光过渡方式，相应加强照明供电容量可减少 25%。在大桥的道路照明设计中，首选高压钠灯，因为在相同的电功率下，高压钠灯光能量要比金卤灯高 40% 左右，且透雾性能比较好。LED 光源目前是照明领域的又一个重大技术创新，具有节约能源、污染少、光指向性好、寿命长的特点，有成为未来光源的趋势。在进行轴流风机、射流风机等设备比选采购时，在风量、推力等参数基本相同，满足技术规格书要求的前提下，优先选用功率较低、品质可靠、维修方便的产品，以节约运营能耗。

②隧道通风节能设计。长江隧道单管内汽车为同向行驶，采用纵向 + 重点排烟的通风方式，具有较好的通风节能效果。它以车行方向为通风空气流动方向，同时根据汽车行驶的速度适时开启一定数量的射流风机来加强通风，并通过 CO/VI 监测仪、风向风速仪和温湿度计等检测设备，通过采集相应的数据为控制隧道通风设备的运行提供数据支持。隧道通风设备设三级控制：中央级控制、区域控制器自动控制和就地人工控制。区域控制器自动控制（ACU）对所辖区域内通风设备实现通断、控制及监测等操作，监测所辖区域内环境参数，并上传中央控制室。就地控制在轴流风机、射流风机、电动风阀等设备处设置就地电源控制开关，供设备安装、调试、检修时现场使用。

③隧道给排水节能设计。优化排水布置，合理选择管径。管线布置力求顺畅、简捷，尽可能减少管道沿程及局部水头损失。选用高效、低能耗设备及变频技术，有效节约运营能耗隧道内各类废水及敞开部分的雨水分段集中，通过泵房分段提升后，纳入市政雨、污水系统，减少不必要的提升

能耗。采用新型优质管材，降低粗糙系数，增加管道过水能力。

（3）建立隧桥监控系统

长江隧道工程线路长，运营工况复杂，机电设备众多。唯有通过现代化的技术手段对机电设备进行统一管理，方能对于减少能源消耗，节约运营成本。本工程中监控系统节能设计主要通过机电设备监控、交通监控、中央控制、电源等分系统实行实时监控实现。

上海长江大桥桥梁气候、气象条件恶劣。建立交通监控系统，可以根据交通流、气候、路况及随时发生的意外情况，如交通事故、车辆故障、道路维修、货物散落以及恶劣气候等，进行检测、发现并及时进行控制、疏导，对于减少交通事故、减少行车延误，提高大桥交通的运行效率，从而减少能耗和运输成本起到了不可或缺的作用。

二、发挥政府主导调配作用

在市场经济充分发展完善的上海，政府已渐渐脱离出运动员的角色，行使起教练员或裁判员的职能。特大型工程项目具有规模大、难度大、投资大、工期长、影响大等特点，若全部由市场、企业来运作，容易造成工程质量、安全等问题。应充分发挥政府和市场有机结合的作用，利用政府主导，调控资源、资金和人员，科学合理安排工程进度，保证项目建设的质量，保障项目经济、社会功能的发挥；利用市场机制高效配置资源，控制价格，降低风险。为此，在这些投资过百亿、周期过百年的项目建设与管理中，应充分发挥政府这一有形的手的作用，参与到工程的建设和监管中，有效调控资源、资金和人员。长江隧桥政企"合署办公"模式，可以提高工作效率，产生管理资源融合优化后的叠加效应和作用，有效地构建政府职能与项目管理相结合的平台、工程建设与投资效益相结合的载体、社会利益与企业效能相结合的机制。

1. 规划先行，全程监控项目运作

长江隧桥等特大型工程尤其是具有重大意义的交通工程，投资大、工期长、经济社会效益大。这类交通工程项目是城市交通规划的重要组成部分，有助于改善目前交通现状，提高区域通达性。为此，政府需全程参与，尤其是在前期规划和后期监理方面，要发挥政府优势，通过规划设计论证，充分了解把握项目建设的必要性与可行性，奠定项目建设的理论依据和实践可行。

（1）规划先行

长江隧桥工程自设定起，政府就开展了一系列相关研究，涉及桥梁、隧道、交通、地震、气象、港口、航道、河口、工程地质和城市规划诸方面，从自然、社会、经济、环境等角度多方论证，保障工程建设的可行性。自 1993 年 5 月 15 日由国家科委副主任任惠永同志主持召开的"长江口越江通道越江工程重大技术经济问题前期软课题工作会议"起，开展了一系列相关研究，涉及桥梁、隧道、交通、地震、气象、港口、航道、河口、工程地质和城市规划诸方面。直到 2002 年 12 月，国家计划委员会下达了经国务院批准的项目建议书，上海长江隧桥（崇明越江通道）工程正式立项。政府通过与企业组织合置办公模式，在平衡社会利益和项目投资效益的基础上，有效参与隧桥工程的建设与管理。

（2）监理殿后

在长江隧桥工程项目中，政府作为业主，全方位掌控项目前期、设计、施工、质量、安全、工期、造价、竣工验收、运行管理，实现了项目建设的全过程管理。这在很大程度上确保了项目建设的质量。严格工程资金的控制和管理，在内部控制机制建设上，具体细化设置财务管理重点工作业务流程，监管并确保工程建设资金全部用于工程建设，防止工程建设资金的流失和挪用，以使投入的建设资金发挥最大的效能。与原上海市市政局建运处、公路安（质）监站联合成立了"上海长江隧桥工程建设现场安全、质量、文明施工督导组"，督导组依据《上海长江隧桥工程综合考核奖惩办法》不定期对工程建设的各环节进行巡查的同时，每月根据不同标段、不同施工内容进行全面或专项检查，强化质安体系的建设。

2. 合署办公，政府调配优势资源

政府作为建设管理主体之一，可自上而下地协调工程进度与各职能部门的衔接，有效整合各类组织资源，及时有效地解决各类跨部门的矛盾与问题，促成全员协同工作，有序推进工程建设进程。工程建设启动后，政府通过与企业组织合置办公模式，在平衡社会利益和项目投资效益的基础上，有效参与隧桥工程的建设与管理。

（1）协调各级职能部门

长江隧桥等大型工程涉及多个政府职能部门，部门交叉、环节交错，审批流程繁琐复杂。市政府作为建设管理主体之一，可自上而下地协调工程进度与各职能部门的衔接，有效整合各类组织资源，及时有效地解决各类跨部门的矛盾与问题，促成全员协同工作，有序推进工程建设进程。

（2）创造公平建设环境

政府的参与一方面可以防止“暗箱操作”，有利于创造公平、公开、公正的建设环境；另一方面也有利于保证建设质量，避免“豆腐渣工程”的产生。招投标之前，建设方、承包方以及有关分管领导各自所承担的职责和义务，可以通过履行要约承诺方式公布于众，便于接受群众的监督。同时，也有利于控制工程造价，避免资金流失。

（3）政府投资，保障工程建设需要

政府的有效参与为隧桥工程的启动提供了资金保障，便于有效控制投资和合理确定工程造价。

首先，政府的有效参与为隧桥工程的启动提供了资金保障。上海长江隧桥建设发展有限公司注册资金 50 亿元，其中由上海城市建设投资开发总公司与上海公路建设总公司分别按 60%、40%（含交通运输部出资 3.25 亿元）出资比例分别出资。其次，上海长江隧桥建设发展有限公司以专营权合同授予的 G40 高速公路在收费经营期内的收费经营权向银团融资 76.16 亿元用于项目建设。再次，有效控制投资和合理确定工程造价，建立严密的资金监管体系，引进第三方监管机构，确保建设资金的安全性、及时性、效率性，防止投资资金不到位、资金挪用、资金拖欠、资金超预算等现象。严格工程资金的控制和管理，在内部控制机制建设上，具体细化设置财务管理重点工作业务流程，监管并确保工程建设资金全部用于工程建设，防止工程建设资金的流失和挪用，以使投入的建设资金发挥最大的效能。

三、海纳百川、集聚建设精英

“海纳百川、有容乃大”，就要豁达大度、胸怀宽阔。人要如此，城市亦如此，特大型工程的建设与管理同样如此。特大型工程的顺利开工与建设，离不开一个高效的建设与管理团队。众所周知，人力资源尤其是高级人力资源正成为企业、城市、国家竞争力的主要因素之一。

为把长江隧桥工程建成上海世纪精品工程，努力建设以“最先进的理念、最成功的经验、最优化的方案、最成熟的工艺管理”为主要内涵的“落地工程”，将掌握的先进知识、技术、信息，有机地引入和揉进工程建设的每一个细部、细节和细胞，而这一切取决于优秀人才和以优秀人才组成的优秀建设团队的加入。优化技术资源配置，集聚建设精英，是确保工程建设整体质量、公司运行整体效率和降低工程施工的基础。

1. 成立专家顾问组团，参与技术决策

专家顾问组是项目建设的智囊团，具有谋划思路、拓宽视野、总结成果、保证质量等作用。在特大型工程建设中成立专家顾问组，对工程实施过程中的重大技术问题给予理论支持、技术指导和咨询服务，同时，参与重大技术方案的论证、重大施工方案的审查以及重大技术问题的处理，确保工程建设的优质、安全。2006 年 1 月 23 日，经长江隧桥工程建设指挥部研究决定，聘请凤懋润、王振信、刘建航、陈新、杨我清、张海、范立础、项海帆、侯引程、钱七虎、黄兴安、蒋树屏、皇甫熹、江绵康、李永盛等十五位著名桥梁和隧道专家，组成长江隧桥工程技术顾问组。

2. 汇聚国内外强阵容，保障顺利施工

在许多城市建设中，存在着本地企业占垄断的现象，容易造成工程质量不过关等问题。特大型工程尤其是交通设施项目影响大、意义深远，工程质量尤为重要，应避免“自家亲”现象的发生，采用全球公开招投标方式。长江隧桥项目自立项以来，指挥部会同长江隧桥公司，通过国内外公开招投标方式，围绕“汇聚国内最强阵容，打造品牌工程”的目标，在工程施工单位、技术咨询、设备配备等环节招标中，实事求是、创新思维，以吸纳最优参建力量为引导，优中选优，构建了一个集国际、国内最强的工作团队，打造了一支高素质的施工建设与管理队伍。这种强强联手、优势互补的国际内外公司联盟，无疑有利于长江隧道工程的顺利建设，减少工程施工风险，为其他大型工程项目提供了经验。

（1）形成强势国际团队，降低施工风险

指挥部会同长江隧桥公司，在工程建设的管理上，创新思维，以吸纳最优参建力量为导引，创造条件构建强强联合的国际施工团队：在技术咨询上，签约引进了美国茂盛公司和丹麦科威公司等具有国际知名度的咨询公司；在工程重要设备配备上，选购了具有国际一流水平的德国海瑞克公司的盾构。

（2）汇聚国内最强阵容，打造品牌工程

指挥部会同长江隧桥公司，在招投标工作中将投标队伍是否具备在重大工程建设中打大仗、硬仗和高科技仗的实战经验列为重要条件和标准，根据国家规定进行工程招标，对投标的施工企业好中选优，入围中标的单位都为部办直属大型施工企业和上海著名施工企业，形成了颇具声名的“国家队”施工阵容；此外，根据实事求是的原则，结合国定工程招标程序，明确在国内同类施工领域中技术最优、实力最强的施工企业中标参建。

（3）打造职业管理团队，实施专业管理

指挥部办公室和长江隧桥公司技术管理力量，来自于建设东海大桥的公司，是一支经历重大工程实战锻炼、具有丰富实战经验的职业化管理队伍，在整体“调防”中，他们不仅为长江隧桥工程及时、全面地注入了工程管理和建设的经验、技术，同时也全面引入了“洋山精神”等重大工程建设的优良作风和职业素养。公司还针对工程建设的特点，引进、吸纳了隧道工程建设方面的专业技术人才，组建起了一支高素质的工程技术、管理者队伍。初步形成了精简高效、专业配置合理的重大工程建设的职业化管理机构和专业化管理队伍。

3. 施工过程中人性化管理，促进全面发展

长江隧桥工期较长，工艺复杂，所处的长江口气候变化较大。长江隧桥公司力争为施工人员创造良好的工作环境和食宿环境，提供较好的工作生活保障，提高工作效率和工作质量；充分发挥人的重大作用，弘扬紧密团结、精诚协作、努力拼搏、无私奉献的精神，促进施工人员的全面发展。

（1）创造良好的工作生活条件

长江隧桥工程地处乡村孤岛，远离都市，生活单调。为了改善员工的生活条件，公司通过工地家园文化建设，开展多种文化体育娱乐活动，增强了企业的凝聚力。同时，夏天，认真贯彻落实国家有关部门防暑降温精神，积极开展有关活动，制订相关防暑降温工作的具体工作措施和规定，要求各参建单位严格遵照执行。冬天，开展冬日阳光活动，组织多名民工兄弟参观工地和演示厅，并为他们留影纪念，以感谢他们为工程所作出的贡献。要求食堂做好食品卫生工作，杜绝食物中毒等危害劳动者生命健康安全的事故。公司领导还不断深入桥梁和隧道工地现场进行慰问，关心职工的工作和生活。

（2）培训、服务相结合，提高员工素质

长江隧桥工程建设者多为外来务工人员，员工素质参差不齐。而国内外最新的工程装备、施工技术、操作工艺被广泛运用到工程建设中。为提升外来务工人员的素质，保障隧桥工程顺利建设，各标段在公司的统一布置下，开办了务工人员夜校。如T3标务工人员夜校在2007年3月开办后，根据“外来务工人员缺什么就补什么”的原则，请相关专业人员来给外来务工人员比较系统地讲授法制、安全、技术等知识课等，至今已培训了7 000人次，全面提升了外来务工人员的综合素质。

同时，各标段都与外来务工人员签署《维权承诺书》，确保外来务工人员的合法权益不受侵犯。投入大量资金，推行外来务工人员“住宿公寓化、洗澡淋浴化、饮食餐厅化”，配发电脑、电视机、洗衣机、消毒柜和图书用品。积极开展“装扮工地家园”活动，外来务工人员的宿舍管理普遍推行“五个一”标准，即一盆花、一幅画、一条线（洗漱用品）、一张（鞋）柜、一块（值日）牌等。

四、技术创新，推动管理创新

自主创新是指通过拥有自主知识产权的、独特的核心技术，以及在此基础上实现新产品的价值的过程。自主创新从类型上来看，主要包括技术创新、管理创新、制度创新。一般意义上的自主创新主要是指技术创新，包括原始创新、集成创新和引进技术再创新。原始创新是指前所未有的重大科学发现、技术发明、原理性主导技术等创新成果，意味着在研究开发方面，特别是在基础研究和高技术研究领域取得独有的发现或发明，是最根本的创新，是最能体现智慧的创新，是一个民族对人类文明进步作出贡献的重要体现。集成创新是指通过对各种现有技术的有效集成，形成有市场竞争力的产品或者新兴产业。引进消化吸收再创新是指在引进国内外先进技术的基础上，学习、分析、借鉴，进行再创新，形成具有自主知识产权的新技术，是提高自主创新能力的重要途径。

企业是市场经济的主体，同时也是自主创新的主体。自主创新是企业自主创新无疑也是长江隧桥工程项目成功的关键所在。通过此次长江隧桥工程的建设，有效提升了我国构建大型隧道与大桥工程的技术水平，构建了具有中国特色的相关技术标准，对于有效促进提升相关技术，拓展我国隧桥与大桥的工程建设，具有重要的标杆意义。在隧桥建设中，绝大部分的技术和工艺都是依靠自主研发而形成的。通过对长江隧桥建设与管理模式和经验的梳理，发现在推动城市、区域创新中应以企业为创新主体，加大创新支持力度，不断推进产学研一体化进程。

1. 提高科研试验经费投入，构建产学研用一体化创新体系

国际上通常采用科研试验活动的规模和强度指标反映一国的科技实力和核心竞争力。科研试验经费的金额、使用结构，一定程度上反映企业的创新能力与活力，是企业生存并不断发展的根本。政产学研一体化是生产（企业）、学习（高校）、研究（研究所）一体化合作的新形式，是将“科学家与工程师”结为一体的模式，让企业真正成为研发投入、技术创新和科研成果应用的主体。科研成果只有进行有效转化，才能真正转化为现实生产力，才能不断提升科技创新对工程建设和管理的贡献率。学研用一体化的创新体系，充分利用各种资源并将其转化为生产力，有效推动特大型工程项目建设进程。

截至2009年10月，长江隧桥工程科研试验投入总规模已经达到了8 000多万元（其中包括上海市科委给予资助的部分资金，约1 000多万元），如此大规模的科研试验投入，在许多同类型施工项目中是不多见的。长江隧桥建设项目从可行性论证开始，就投入了大量的资金用于科技研发。如此巨大的资金，得益于指挥部及公司领导的高度重视，公司通过积极筹措，开辟了多元化的科研试验经费筹集渠道。这主要包括：一是自有资金投入，这部分占绝大部分的比重；二是申请市科委的资助；三是申请国家有关科研计划立项，获得资金支持。通过多方面着力，有力地保证了科研试验经费的投入。立足工程建设实际，针对建设过程中的难题，以施工和设计单件为主体，横向联合科研院校，建立了产学研相结合的技术创新体系，通过产、学、研有机结合，达到了充分借助外脑、提高技术力量、提高科研试验投入效率等预期效果。

（1）科技攻关

长江隧道具有盾构一次性推进距离长、盾构直径大、隧道埋深大的三大特点，主要难点有：①超大直径软土盾构隧道衬砌结构安全与耐久；②无中间风井特长隧道的通风模式；③长距离公轨共用隧道火灾控制与救援疏散；④高水压下超大直径盾构机长距离穿越长江；⑤大断面隧道衬砌管片高精度制作与拼装；⑥多工序隧道内部结构阶梯流水同步施工；⑦全寿命周期隧道建养一体化管理。长江大桥工程主要风险有：①长江口复杂的水文条件；②漫滩、深水、江中沙洲等复杂的地形；③强风、潮汐影响等复杂的气候因素；④淡咸水交替腐蚀等复杂的自然环境；⑤公轨共面作用。

针对以上难点，长江隧桥公司以科学发展观为引领，本着“依靠科技进步，创建精品工程，加快工程建设”的原则，公司调动设计单位、施工单位和科研院校的技术力量，立足工程建设实际，针对建设过程中的设计、施工和管理难题，开展了1项国家高新技术发展计划（863计划）、9项上海市科委支持计划及50余项上海长江隧桥建设发展公司研究计划，极大地推动了工程的推进。

国家“863”研究计划。2006年9月，上海长江隧桥建设发展有限公司协同同济大学、上海市隧道工程轨道交通设计研究院和上海隧道工程股份有限公司申报的《超大特长越江盾构隧道关键技术研究》课题被列入国家863科技攻关计划。课题研究以市科委登山计划研究成果为基础，对其中的亮点和关键技术进一步深化，以突出在本领域的技术领先优势，研究内容覆盖设计理论、施工技术、质量控制和风险防范等研究领域，综合性强，并具有一定前瞻性，目的是建立具有自主知识产权的大型越江跨海隧道工程的核心技术及其相关技术标准，并在若干单项技术上达到国际领先水平。主要内容包括隧道结构理论分析、科学试验及结构优化设计技术，大直径盾构隧道先进施工技术、质量控制研究，以人为本的大直径盾构隧道综合防灾体系与风险控制研究。

上海市科委研究计划。上海长江隧桥工程科研工作，始终得到了上海市科委的大力支持和具体指导。早在2004年初步设计阶段，市科委就投入资金展开“登山计划”项目的研究，包括《长大隧道结构的技术研究》、《崇明长江口大型隧道通风控制、火灾安全及污染物集中排放的研究》、《超大直径、超长距离隧道盾构推进技术研究》、《无江中大直径风井施工技术研究》、《隧道工程的施工监控及预警、报警系统及风险管理系统研究》、《上海长江隧桥（崇明越江通道）北港桥梁工程建设关键技术研究》和《上海长江隧桥（崇明越江通道）工程建设关键技术研究——特大型工程项目信息化管理系统研究》7项课题。2007年和2009年，市科委根据工程进展，继续加大支持力度，批准立项“创新性行动”《上海长江陵桥工程养护管理及数字化技术研究》等课题，为工程的运营与维护提供了强有力的技术支持。围绕市科委项目《上海长江隧桥（崇明越江通道）北港桥梁工程建设关键技术研究》和全桥结构贯通展开，主要包括新型特大跨度斜拉桥设计理论与关键技术研究、大跨度连续组合箱梁桥设计与施工关键技术研究、长江大桥墩柱预制拼装建造技术研究、公轨合建桥梁关键技术研究、长江口细砂路堤设计与施工关键技术研究。

隧桥公司研究计划。长江隧桥公司为配套上海市科委研究计划和国家“863”计划，结合工程建设实际需要，加大研发投入，进一步开展了一些立项研究。截至2009年10月，立项了《长大隧道综合降温技术研究》、《上海长江隧道工程半导体照明技术应用关键技术研究》、《长江大桥工程预留轨道交通设计科研试验研究》、《上海长江隧桥工程路面铺装关键技术研究》、《隧桥结构健康监测识别系统研究》等50余项课题，为工程设计和施工服务，解决了许多技术难题。

（2）产学研一体

产学研一体化有效整合了技术创新链。高校、科研机构、企业各自聚集大量科技资源，高校在知识创新方面领先，科研机构在应用研究方面有专长，企业则是技术的需求者，在产品开发和市场开发方面具有优势。高校和科研机构的研究偏重于理论性，对市场需求关注不足，企业作为技术的需求者，自身的研究能力有限。三者脱节，科研成果就难以转化为生产力，创新活动和创新成果的内在价值就得不到市场检验，企业和社会对创新需求的信息在传导中就会短路，创新就失去了需求拉动和技术推动。产学研一体化是知识创新体系、技术创新体系和企业生产体系的融合剂，能将断裂的创新系统连接起来，形成创新的完整链条。"以产定研、以研促产"，科研活动完全以市场为导向，科研选题始终以市场前景作依据，创新成果就能够顺利进入商业化应用，从而增强自主创新能力。

（3）成果应用

长江隧桥坚持以市场为导向，通过科研攻关形成大量科研成果，并将这些成果应用于隧桥建设，有效地保障了工程项目的顺利进行。应用于隧道的科研成果主要包括结构全寿命耐久性技术研究，高水压条件下衬砌接缝防水适应性的研究，管片衬砌结构设计方法研究，长大隧道火灾烟气控制技术研究，结构被动防火技术研究，超大直径、超长距离推进盾构机选型及加工制作、盾构机进、出洞技术研究，盾构机开挖面稳定研究，同时还展开了"单液同步注浆对成型隧道纵向变形控制"、"泥水处理"、"道路同步施工"等方面的课题研究。应用于大桥的科研成果主要包括桥墩基础冲刷分析与试验研究，基础防撞研究，主航道桥抗风性能研究，结构抗震性能研究，大跨度钢－混凝土组合连续箱梁关键技术研究，混凝土耐久性设计方案研究，主航道桥阻尼装置应用研究，索塔、索梁锚固系统的数值分析与试验研究，同时还展开了"大桥合理刚度及列车走行性"、"轨道交通无缝线路设计"、"主通航孔桥施工关键技术"、"70m箱梁施工关键技术"、"105m钢－混凝土组合梁施工关键技术"、"特大型工程项目信息化管理系统和数字化隧道技术"等方面课题研究。

2. 推动项目管理创新，全方位保障工程项目顺利推进

在长江隧桥建设推进过程中，不断探索重大工程内部管理运作模式，组织编制了30多项工程建设管理类规章制度和10多项涉及财务管理、人事管理、信息管理、综合行政管理等方面的管理制度，在实际工作中进行了具体落实，实现了公司管理的制度化、科学化、规范化。如抓好技术方案的编制工作，做到先方案，后施工。对关键工序、技术复杂、风险较大的专项工程施工方案组织专家评审，施工单位根据专家意见进行修改补充，完善施工方案，降低了工程施工风险；建立了以建设单位牵头的、覆盖工程建设各层次的质量安全管理体系和质量安全管理网络，并随工程的进展不断扩充完善。

（1）构建两层面管理框架

长江隧桥工程在强化工程建设指挥体系方面，主要构建了两个层面的管理框架：①成立由市领导和职能局参加的指挥部，加强指挥协调；②成立桥梁和隧道工程两个现场指挥机构，加强专项指导。两年来长江隧桥工程建设的实践证明，指挥部在专项决策、前期工作、难点协调、提高效率上发挥了举足轻重的作用；"合署办公"机制深化了业主管理，提高了工作效率。

（2）高效有序的资金管理

多元融资。长江隧桥工程项投融资模式，有效降低了地方政府的财政负担，并能够积极推动市场机制发挥重要作用。按照规划，长江隧桥工程庞大的投资金额，单纯依靠单一途径是难以实现的。根据有关规定，上海长江隧桥建设发展有限公司积极拓展资金来源，实现了多元化、国际化融资。2008年初，在上海市城市建设投资开发总公司的协调推动下，公司开展了引入太平洋保险有限公司的保险资金参与市政基础设施建设的工作。该模式作为我国大型项目融资模式创新的积极探索，其最大的优势在于，项目综合资金成本比同期银行贷款利率低 15%~20%。

科学安排。在隧桥项目建设过程中，公司采取了严格的预、决算制度，在保证项目投资管理目标实现中发挥了重要作用。整体上项目建设投资大体按照计划有序推进，工程款支付按照预算进行，两者相互匹配。

严密的资金监管。为防止投资资金不到位、资金挪用、资金拖欠、资金超预算等现象的发现，必须采取严格、细致的资金监管。在这方面，长江隧桥公司通过借鉴同类项目经验，建立了一套严密的资金监管体系。特别是为有效提高工程资金管理可控性、客观性，上海长江隧桥建设发展有限公司采取了引入第三方实施资金监管（具有国有银行特征、具有行业龙头地位和良好的国内外市场声誉的商业银行作为资金监管机构）的模式，确保了建设资金的安全性、及时性、效率性。

（3）实施动态的信息管理

信息化管理越来越成为现代化项目管理必不可少的重要手段，高效便捷的工程管理信息系统，有助于提高工作效率，降低施工风险，了解实时信息，及时排查和解决施工难题，是确保工程建设顺利推进的基础。

在项目开工建设之际，公司就委托开发了上海长江隧桥工程管理信息系统，对管理、施工等实施全方位的信息化管理。在实施过程中，网络终端覆盖到了主要的参建单位。各主要业务模块，如进度控制、质量控制、施工管理、合同管理、设备管理等数据保持与工程建设同步，及时反映工程建设动态信息，提高信息沟通效率和透明度，工程施工的各项动态技术参数，在指挥中心同步反映，强化了对工程施工的整体掌控。从而建成了一个以建设单位项目管理为核心，各参建单位协同工作，满足上海隧桥工程全过程、全方位管理需要的集成项目管理信息系统。

通过工程管理信息系统，形成文件的网上会签制度，提高了各项表单的网上流转速度，极大地提高了工作效率；实现了 24 小时施工现场的实时监控；实现管理数据保持与工程建设同步，从而及时反映工程建设现场的动态信息。工程管理信息系统的建立，极大地提高信息透明度和安全性。许多管理信息可通过信息系统进行发布，通过适当的权限设置，不仅提高了信息传阅的安全性，也增强了信息发布的透明度，同时，有助于降低建设成本。通过信息系统，既能够实现无纸化办公，又能够通过减少现场人员数量而降低建设成本。

（4）程序化管理操作流程

严格的管理流程，是保障工程推进的基础。长江隧桥公司在工程建设进程中，制订了一系列严格的管理程序，形成一种近乎程序化的管理操作流程，提升工程管理执行标准。

强化工程规范管理，全面建章立制。公司不断探索重大工程内部管理运作模式，开工首年就组织编制了 30 多项工程建设管理类规章制度和 10 多项涉及财务管理、人事管理、信息管理、综合行政管理等方面的管理制度。

制订设计变更规定，严格审批流程。根据《公路工程设计变更管理办法》（交通部令[2005]第 5 号）的要求，结合长江隧桥工程的实际状况，公司编制了《上海长江隧桥（上海长江隧桥（崇明越江通道）工程）设计变更和变更设计管理办法（试行）》和《设计变更实施细则》，对设计变更和变更设计的工作程和审批权限进行了规定。

规范工程劳务分包，杜绝工程转包。依据交通部《公路建设市场管理办法》的有关规定，并按照市政局（2006）711 号文的要求，公司制订了《上海长江隧桥工程的分包管理办法》，规范了工程分包和劳务分包的工作程序和审批程序，施工过程中坚持"标本兼治、综合治理"的工作方针，遵循"严查、严处、严管" 的工作原则，多次与原市政局建运处、公路处、质监站联合组织专项的分包检查，杜绝工程转包；同时对一些专项工程合理分包进行了规范。此外，在设备材料采购管理上，列入政府采购范围（招投标）的材料、设备，严格按政府采购程序办理，由业主、总承包单位与供应商签订供需合同，内部管理按建安招标流程进行。

五、把握细节、追求卓越精品

长江隧桥工程不是为追求第一而进行设计、建设，其目的是构建世纪精品，好上加好。工程建设中，从细节入手，全方位、多层次动态监控工程进程，努力做到“安全第一、质量创优、稳步推进、好上加好”。

1. 细节成就完美

小事成就大事，细节成就完美。随着经济的发展，专业化程度越来越高，社会分工越来越细，也要求人们做事认真、精细，否则会影响整个社会体系的正常运转。特大型工程项目的成功更要如此。为有效确保工程质量，努力按照精品工程的要求，整体推进工程建设的各项管理，确保各项工作、各个环节、各个流程处于严格受控状态，做到项目管理科学、制度健全、职责分明、质量管理成效明显。以工程质量为中心，以科技进步和技术创新为动力，以防治和消除质量通病为突破口，全面提高工程建设的整体水平。以争创一流工程、建设世纪精品工程的目标，激励和促进着整个工程每个环节的质量管理工作。

（1）完善施工现场督导，强化监理监管

为加强对工程建设现场的监管力度，公司与原市政局建运处、公路安（质）监站联合成立了“上海长江隧桥工程建设现场安全、质量、文明施工督导组”，督导组依据《上海长江隧桥工程综合考核奖惩办法》不定期对工程建设的各环节进行巡查的同时，每月根据不同标段、不同施工内容进行全面或专项检查，强化质安体系的建设。

公司依据国家法律和规范，编写了《上海长江隧桥建设监理管理办法》，对施工、监理和业主的关系予以明确。公司在《上海长江隧桥工程质量检查考核办法》中，明确提出监理在质量管理方面要加强旁站管理，并对要求旁站监理的关键工序和隐蔽工程进行明确说明，使得一些质量隐患被消灭在过程之中。

（2）做好资料归档工作，细化工序检测

根据《公路工程竣（交）工办法》、《上海市档案条例》和《上海市建设工程竣工档案的编制验收及报送规定》的有关规定，公司编制了《上海长江隧桥工程竣工档案编制办法》，建立了建设、监理、施工单位组成的上海长江隧桥工程的档案管理网络机构，基本上做到了工程内外业同步。

对于一些关键地方，在施工单位自检、监理单位复检的基础上，公司委托第三方进行独立复查。公司还引进了先进的测量仪器，对管片模具和实体质量进行检测。与传统的测量数据相比，该系统考虑了温度、气压和湿度等气象条件的影响，不仅精度高，而且更加客观。

2. 争创行业标准

特大型工程项目建设困难大、技术要求高，在没有既定的规范和标准可以参照时，应结合项目实际情况，以高标准、严要求为原则，争创具有国际水准的施工和建设标准。

公司邀请咨询公司对国外类似工程的设计、施工及管理等方面的经验进行介绍，同时还就长江隧桥工程建设中的一些专题进行讲座，如关于混凝土的耐久性问题、隧道施工中的安全管理等，同时还就施工单位的技术方案、施工过程中出现问题的处理等方面进行技术咨询。公司还邀请了国内一些科研机构和专业单位对施工中的一些专题进行技术交流活动。

在工程初步设计之前，公司针对工程建设和管理过程中的技术难点和关键点，组织社会力量实施市科委科技“登山”项目，对工程建设中的关键技术和风险点进行了专题攻关，为工程初步设计提供了依据。工程建设中，鉴于长江隧桥工程在国内外的地位和影响，为了又稳又好地建设长江隧道，为今后我国大型跨江海隧道建设提供经验，公司主动将长江隧桥工程建设项目列入“863计划”（国家高技术研究发展计划）专题课题。申报的研究题目为《超大特长越江盾构隧道关键技术研究》，目标是以世界上最大直径、公轨兼用的上海长江隧道工程为目标背景，开展大型越江隧道工程的结构设计、施工技术、安全与防灾等关键技术的研究，建立具有自主知识产权的大型越江跨海隧道工程的核心技术群及其相关技术标准，使我国大型越江跨海隧道工程的建造水平不仅能完成国内的大型越江跨海隧道工程的建造，而且具备参与国际重大越江跨海隧道工程项目竞争的能力，并在若干单项技术上达到国际领先水平。

3. 保安全建精品

质量和安全是重大工程建设的生命线，是投资过百亿、设计运行逾百年的重大工程建设的“重中之重”的工作。工程建设过程中要以最先进的理念、最成功的经验、最优化的方案、最成熟的工艺管理为内涵，要建成为“世纪精品”。

（1）确立安全第一的指导方针

坚持“安全第一、预防为主、综合治理”的方针，坚持突出重点、标本兼治、重在治本的原则，着重从四个方面入手，狠抓以施工现场为重点的安全管理工作。

抓安全管理责任体制建设，促安保体系正常运行。根据《建筑施工企业安全生产管理机构设置及专职安全生产管理人员配备办法》和有关交通运输部令的要求，督促各施工标段项经部建立起安全生产管理机构，按照要求配备足够的安全专职管理人员，建立三级安全管理网络，落实各级安全生产责任制，正常行使安全管理职能。同时，严格要求施工单位主要负责人、项目负责人、专职安全管理人员必须持证上岗。要求各标段根据《施工现场安全生产保证体系》规定，在施工过程中按照安保体系文件中的要求严格执行。针对保证计划中所列的重大风险源清单项目，逐一认真落实了各项安全技术措施和各级安全生产责任制，确保安全生产有章可循、有据可查、有法可依。

抓专项施工方案管理，防止重特大事故发生。根据国务院《建设工程安全生产管理条例》、有关交通运输部令和《危险性较大工程安全专项施工方案编制及专家论证审查办法》的要求，针对长江大桥工程安全危险性较大的作业项目，严格执行“先方案后施工，无方案不准施工”的原则。对特别重大项目，组织有关专家进行方案评审，在实施过程中有关领导和部门负责人亲临现场指导，专职安全管理人员和安全监理到场全过程旁站监管。

开展安全专项整治，强化项经部安全基础管理。根据原交通部《2007年深化交通建设安全专项整治工作方案》的要求，深入开展了以“两项达标”、“四项严禁”、“五项制度”为规范的安全专项整治活动。目前，各标段的危险告知制度、专项施工方案审查制度、设备进场验收制度、安全生产费用保障制度以及施工安全监理制度等“五项制度”均已建立，并已取得了一定的成效。此外，针对施工现场安全检查中发现的“顽疾”，及时组织开展了专项安全检查。通过开展上述各项专项安全整治活动，强化了各项经部的安全基础管理，提高了安全生产防范能力。

坚持安全检查与考核，加强现场安全动态管理。指挥部除了经常督促施工单位和监理组必须加强对施工现场的定期和不定期安全检查外，还要求总监办牵头组织月度安全生产与文明施工大检查，每季度则由指挥部牵头组织评分考核大检查。对在检查中发现的一般安全隐患，由监理组签发整改单或当场予以纠正；重大安全隐患由监理组签发停工令，并责令施工单位限期整改。月度定期检查的结果均在每月召开的定期安全例会上书面进行通报，并且进行讲评。对安全工作成绩突出并且名列前三的项目经理部和监理组给予物质上与精神上的奖励。上海长江大桥工程继续保持了开工以来现场未发生各类重大安全事故的良好势头。

（2）以建设世纪精品为目标导向

规范工地试验室管理，注重过程质量验收。长江隧桥公司编写了《上海长江隧桥（崇明越江通道）

工程试验管理办法》，对各单位工地试验室的建立、管理、人员等提出了明确要求，施工单位根据自身所承担的工程需要，按照公路乙级试验室的要求，配置试验设备和试验人员，并对所有的设备按属地化的原则全部重新校验，在通过市公路质监站的检查验收后投入使用。

在工程开工之前，公司委托上海市测绘院对长江隧桥工程的控制网进行布设，并根据施工单位的进场情况分次进行交桩，同时还制订了《长江隧桥工程测量管理办法》，规定了控制网的复测要求，对临时加密点的布设和复测、测量人员、设备管理等进行了规定。根据《公路工程竣（交）工验收办法》的规定，政府质量监督部门在工程竣（交）工验收时，必须对工程的实体质量进行检测。公司与市公路工程质量监督站进行协商，将工程交（竣）工验收检测贯穿于工程建设过程中，以及时发现施工中的薄弱环节，将隐患消灭在过程之中。

六、党建为平台，实现工程全覆盖大融合

特大型工程项目周期长、要求高、意义大、参建单位多，要凝聚各种资源，发挥最大效率，以党建为平台，发挥各企业单位内党员的作用无疑是有效凝聚人心、振奋士气的方法。同时，在工程建设进程中，以党建为载体平台是新时期项目建设和管理的新方式、新手段，也是保持党的先进性的重要体现。党委通过召开党委会的形式参与工程相关重大问题的决策，有效地发挥了党组织在工程建设中的政治核心作用，扩大了党建工作的影响力；通过组织中心组学习和民主生活会、警示教育，有效提升了公司党政领导班子的综合素质，从而强化了对工程建设的整体掌控能力。

从项目建设开始，长江隧桥公司党组织立足于工程建设，不断转变思想观念、改进工作方法、服务工程建设现实需求，始终发挥党的政治核心作用，开展各项党建工作，优质安全推进工程建设。长江隧桥工程参建单位多（主体工程由 14 家国家级企业承建）、涉外工作广（有 5 家境外跨国企业参建），为有效团结联合各单位，隧桥公司构建了以工程建设为核心的大党建（全覆盖）平台，凝聚士气、人心，有效地推动工程顺利建设。

1. 开展党组织联席会议活动，搭建工作平台

建立并开展党组织联席会议，宗旨就是要整合参与工程企业资源，最大限度发挥各参建单位优势，搭建企业服务平台，实现社区“四共”（工程事务共管、工程安全共保、工程资源共享、工程文明共建）的总体要求。

（1）建立党组织联席会议

长江隧桥公司以工程建设为纽带，通过签订合作协议的方式，开展党组织联席会议活动，以上海长江隧桥建设发展有限公司党委为主导，以各参建单位党组织为主角，以第一线党员建设者为主演，每季定期召开一次联席会议，每一次联席会议在“与长江隧桥工程同光辉”的同一主题下，有针对性地设立不同的活动内容。通过这一工作平台，使参建单位党组织受所在单位上级党组织和工程建设指挥部办公室党组织双重领导，以工程建设为聚焦，通过紧扣工程建设的重点、难点、热点和充分展示各参建单位党组织精神文明建设最新成果、最优活动形式两条工作主线，寻找精神文明建设与企业文化建设的最佳结合，将党组织联席会议开到工程建设的第一线，贴近工程、贴近党员、联系群众、联系实际，有效凝聚和强化了参建党组织在工程建设中的战斗堡垒作用。有效的载体、有力的措施，使党建工作在推进工程建设、推动全员精神文明建设所发挥的作用十分突出。将大党建及立功竞赛工作与业务工作同部署、同检查、同考核、同奖惩。通过软硬件齐抓，进一步完善各参建单位党组织的功能，规范各参建单位党组织的运行，整体强化发挥参建单位党组织在长江隧桥工程建设中的政治核心作用，并有效凸显了参建共产党员的旗帜引领作用。

（2）充分发挥工青妇作用

充分发挥工青妇组织在和谐社会建设中的作用，不断加强和改进工作，团结带领广大职工、青年和妇女，激发他们的参与热情和创造活力，充分发挥工青妇组织主力军、生力军、“半边天”作用，共建平安工程、精品工程。

2. 紧密围绕党风建设，推进工程廉洁文化建设

紧密围绕党风建设与反腐倡廉工作的阶段性要求，将廉洁文化建设活动融入企业文化建设体系，大力推进以廉洁从业价值观为核心的廉洁文化建设，以人为本，注重实效，彰显特色。

一是有的放矢，抓住重点。通过与工程所在地的浦东新区和崇明县人民检察院签订共建协议，开展创建“双优工程”活动，构建廉政保障机制。梳理并明确了在工程建设中的三个重点，即重点岗位、重要环节、重大事项。从决策层面上，列出了工作中应重点把关的“四个重”，即重大合同的签订、重大资金的支付、重要环节的监管及其他重大事项的决策，从而使廉洁文化建设更具针对性和有效性。

二是联系实际，标本兼治。针对工程管理中的薄弱环节和社会陋习、“潜规则”等对党员干部队伍的消极影响，把廉洁从业的要求融入企业规章制度建设之中，着力于工程管理中的规范化、标准化、程序化“三化”建设，构建廉洁文化建设的长效机制，积极推进建章立制工作，先后拟订了《关于上海长江隧桥公司开展治理商业贿赂专项工作的实施意见》、《上海长江隧桥公司干部廉洁自律的规定》、《上海长江隧桥公司关于在工程建设管理中严禁私自收受礼金礼品和私自接受商务邀请的规定》等一系列规章制度，使各项工作有章可依、有章可循。

三是积极引导，广泛参与。发挥部门和工团优势，加大宣传力度，强化教育深度，拓宽文化广度，动员群众广泛参与，扩大覆盖面，充分利用长江隧桥公共网、内部局域网、《长江隧桥工程简讯》、《长江隧桥》季刊等网络传媒和企业报刊，以群众文化活动的方式，以廉洁文化园地、廉洁文化窗口、廉洁从业文学作品创作、廉洁文化工作交流等多种方式，将廉洁文化渗透到工程建设的各个角落。

第五章　工程运营综合管理

GONGCHENG YUNYING ZONGHE GUANLI

第一节　工程运营总体概况

一、国内外重大基础设施运营维护分析

1. 美国桥梁的预养护计划

国外高速公路以美国较为典型。美国自二战以后高速公路建设迅猛发展，目前里程数居世界首位。可以说，高速公路是美国的生命线。美国高速公路由联邦政府、州政府、市政府三级政府分别管理。其中，90% 的高速公路的资金来自于联邦政府的补助，州政府承担部分不到 10%。而联邦政府的补助资金主要来自于税费、债券和道路基金。一方面由于美国的高速公路发展较早，至今 70% 以上的高速公路使用年限超过 40 年，公路设施老化，需要大量的维护资金；另一方面由于规划过于庞大，导致行车密度不足，税费的收缴不能满足养护需求，导致公路设施失养恶化，进而增加交通事故和发生多起桥梁坍塌事件。

在美国纽约，有四座百年以上的老桥，分别为布鲁克林桥、曼哈顿桥、惠灵斯堡桥和皇后桥。这些桥梁均由市交通局管理，一部分由市交通局下属职员自行管理，另一部分发给承包商管理，资金的 90% 来自联邦政府，10% 由州、市政府出资。上述四座桥梁每天通行 52 万辆车、34 万名乘客，占纽约市 10% 以上的交通流量。1997 年以前只有大桥的维修计划，1997 年以后联邦政府作出改变，上报将桥梁养护列进“走向 21 世纪的计划”，通过预防性养护达到预定非常好的标准，从而使桥梁整体寿命期造价节省。

关键：由投资方、管理方、承包方共同参与预养护计划的制订。由于实施预养护计划，大大增加了预养护经费（增加了雇员、设备、专门化的维护）。由于预养护计划的实施，大大推迟了大修的时间，反而使桥梁整体寿命期养护成本节省。

大桥的预养护工作包括：清理垃圾、冬季养护、清理撒盐路面（桥面撒盐后，对路面及桥梁的下部结构损坏很大，有的钢桥面十年就要翻修一次。尽管知道撒盐有问题，但为确保交通，没有其他办法），对排水设施、桥梁墩部、支座及盖梁表面、下水道隔栅、伸缩缝进行清理，对钢桥油漆涂层、混凝土开裂进行修补，对机电设备进行维护，对桥梁支座表面进行润滑。对每项作业活动都认真做好记录。

纽约市交通（公路）管理部门十分重视桥梁的检查，请专业单位定期抽查。定期检查中有的地方不一定一年一次，桥梁梁底检查两年一次。经常性检查由自己做。

桥梁检查报告包括的内容：大桥位置、编号、桥型、材质、参与检查人员、做了些什么、建议（短期、中期、长期计划）等，对大桥作出评估意见，并建立桥梁养护管理电子档案（附照片）。

2. 北欧桥梁全寿命造价理念

世界桥梁建设理念经历了以下变化：建成—建好—实用性价比最优。

特大桥的特点：①寿命长（百年以上）；②投资大；③处于交通咽喉，不能中断交通；④非标设计多；⑤需要最优的养护方案——耐久性、服务性、便利性和先进的防护措施。

目前，北欧在桥梁的全寿命设计方面走在世界前列。他们的桥梁设计原则是：安全、环保、美观、流量、造价、周期、全寿命、耐久性。

最经典的案例：丹麦大贝尔特桥、小贝尔特桥。

一般桥梁的养护费用，每年为施工总费用的1.5%，丹麦小贝尔特桥每年的养护费用为施工总费用的0.7%。究其原因：①设计方具有很强的耐久性意识；②在维护上注意预防性养护、系统性检查和及时性处理；③规划良好，做好系统性仔细检查；④不断采纳更新检查和维护的新技术；⑤精心搞好养护。

他们的经验主要是：

（1）框定全寿命造价的因素——早期规划、可行性报告、设计、施工、养护。

（2）制订工程风险政策。在作工程建设方案时，一定要制订风险政策（大贝尔特桥），对大桥运行期的风险（风险源及概率）、成本要有一个评估，并综合考虑各种因素。对养护费有一个科学的预期，并正确选择方案。对工程采购方式作出科学决策（BOT、设计施工、设计总包、标段划分、养护模式）。

（3）关注和做好细节。为节约养护投入，在设计、施工过程中必须更多地关注细节。尤其是为今后养护工作的正常进行创造必要的条件。因此，养护人员介入的时机非常重要。在设计阶段，养护工程师应参与方案讨论和修正。在施工过程中，要及时搜集过程中发生的问题。保障大桥100年的寿命必须建立在正常的养护工作基础上。

（4）推广钢箱梁除湿技术。钢箱梁除湿防腐费比化学涂装防腐更省钱，湿度40%~50%即可避免生锈。典型案例为小贝尔特桥。它的除湿技术已扩大应用到悬索桥主缆的防腐，除湿的范围自地锚进口至马鞍塔顶出口。同时设置监测点。

（5）重视混凝土防腐。做好混凝土防腐，主要因素是混凝土保护层的厚度及密度。为此，混凝土防腐的思路为：①避免腐蚀（涂装、阴极保护）；②使用不锈钢钢筋，钢钎维混凝土；③分级防腐——水下区、浪溅区、水上区。

（6）抓好桥梁的出生证（验收报告）。出生证很重要，对桥梁在施工过程中存在的问题、缺陷以及善后处理的过程要作详细的特别说明（列出清单）。施工质量将直接影响养护费用的多与少。制造优质桥梁结构将趋向于大型化、预制化、拼装化，以此提高桥梁结构质量，减少运行后的养护费用。

（7）搞好健康监测。健康监测的项目一定要实用，不能为监测而监测。所有监测的数据在大桥健康评估时都应得到采用。要做好健康监测的评估。花大量人力物力收集监测数据，其目的都是用来对桥梁健康状况进行评价。评价的结论用于对养护工作的指导。对结构健康监测评价后，应在养护计划和方案上及时作相应调整和实施。

（8）制订好运营养护手册。运营养护手册是适用于操作层面、提供给大桥管养工作人员使用的专业化、程序化、标准化的指导文件。运营养护手册一是要及时制订，在大桥通车之前提交大桥管养人员学习；二是要实用，它偏重于实践性而在理论性方面比较简略；三是要有针对性，每座大桥因桥型、结构形式、建造规模、地理位置、周边环境等不同，其运营养护对策也有所不同。

3. 南京长江二桥运营养护管理的主要做法

（1）工程概况

南京长江二桥是国家“九五”重点工程。它位于现南京长江大桥下游11km处，全长21.337km，由南、北汊大桥和南岸、八卦洲及北岸引线组成。其中：南汊大桥全长2 938m，北汊大桥全长2 172m。南岸引线长3.715km，八卦洲引线长5.708km，北岸引线长5.105km。全线按双向6车道高速公路标准设计，设有4座互通立交、4座特大桥、6座大桥。设计速度：100km/h；设计荷载：汽—超20，挂—120；路基宽33.5m，桥面宽32m（不含斜拉索锚固区）。全线设有监控、通信、收费、照明、动静态称重等系统，并设有南汊主桥景观照明，南、北汊桥公园和八卦洲服务区。全部工程静态概算约为33.5亿元，建设工期4年。

二桥工程于1997年10月6日正式开工，2001年3月26日建成通车，比国家核批工期提前近7

个月，同口径比较工程投资节约了3亿多元，工程质量优良。

（2）运营养护管理的主要做法

①实行土建、绿化、机电、检测等全部委托承包的模式。一是利用原施工安装单位、检测单位技术力量强、情况熟悉的特点，为大桥提供较好的服务；二是大桥技术含量高，安全风险可适度转移；三是委托社会专业机构，可以利用他们的规模优势，节约资金。

②加强预防性养护。做到定期巡视，发现细小的裂缝和缺陷也给予了认真的处理。按照"未病先防，有损即补"的指导思想，把养护工作做在了病害发生之前，大大延长了设施的使用寿命。尤其是对大桥结构的重点部位，加强周期性检测和季节性检测相结合，使主结构的安全牢牢受控。

③利用专家库为大桥安全运行提供技术支撑。他们聘请了林同炎咨询顾问公司和当地的一些桥梁专家，对大桥管理部门列出的一些课题进行专题研究和论证，满足了大桥管理的技术需求。

4. 南京长江二桥对我们的启示

①交通设施必须以社会效益为主导。交通是国民经济的命脉，超大型的隧道与大桥更是命脉中的关键。交通的运输效率、交通的服务质量直接影响着经济运行的健康，影响着社会政治的稳定。作为隧桥设施的"管家人"，要始终把满足社会需求作为自己的第一要务。南京长江二桥运行以来，质量优质，路面平整，窗口服务规范，都很好地诠释了交通设施以社会效益为主导的理念。企业只有满足了社会需求，才能得到相应的回报。那些在资金投入上严重不足，专业管理上漏管失养，服务质量上粗糙低劣的经营方式与上海的发展方向相背离，必将被时代所抛弃。

②隧桥安危事关社会稳定大局。1993年韩国圣水大桥坍塌，数十人下落不明；1998年重庆綦江彩虹大桥竣工不久即垮塌，40多人成了亡灵；2002年四川宜宾小南门大桥桥面断成三段，将半个城市的交通、供电、供水、供气中断；2007年湖南一座正在施工中的石拱桥垮塌，60多人被掩埋在废墟中。纵观这些事故的原因，一是施工质量差，二是违章作业，三是漏管失养，四是官僚主义。这些事故造成的后果，或桥毁人亡，或城市陷于瘫痪，或经济受到重创。城市越发达，隧桥出险后造成的损失就越大。作为隧桥的管理者和投资者，一定要如履薄冰，高度重视隧桥安全，在资金投入、预案设计、措施落实、人员设备配置等都要到位。对隧桥的结构安全、消防安全一定要常抓不懈。这就要像南京二桥那样对结构进行重点控制，精细管理。

③充分利用社会资源集约化管理。当今社会分工越来越细，社会成员之间在专业上协作越来越紧密，已不太可能再回到以前的"大而全，小而全"的管理模式。一个有远见的企业，应更加注重利用自己的比较优势，做强做大；更加注重利用社会资源为我所用，达到节能、节约；更加注重与相关行业进行战略合作，优势互补；更加注重合作双方互惠互利，利益共享。南京长江二桥的经验告诉我们：运营和养护、检测也要紧紧依靠社会力量，充分利用科研院校和一些专业机构，为隧桥管理解决难题。

④预防性管理是隧桥长命百岁的秘笈。加强大桥预防性养护，未病先防，有损即补，把养护工作做在了病害发生之前，不仅延长了设施的使用寿命，而且降低了养护维修的总费用。

南京长江二桥建成至今已十三年有余，由于他们加大了对科研技术检测、检查和预养护方面的投入，通车至今大桥主体结构技术情况良好，设施完好、路面平整，土建养护总费用一直处于相当低的水平。

二、上海越江隧道和大桥运营管理分析

上海市越江设施建设与运营养护的基本概况如下。

（1）计划经济体制下的事业单位管理

自1970年上海市区第一条越江隧道——打浦路隧道建成，1991年上海市区第一条越江大桥——

南浦大桥建成以后，距今分别为40年和20年，黄浦江上如今已有三十几条隧桥，似群龙过江，车流滚滚，为上海的经济社会发展作出了很大贡献。

上海越江隧桥的管理体制过去一直是事业单位编制，由原上海市市政局统一管理。越江隧桥运营养护的具体事务分别由原市隧道管理处、市政工程管理处、公路管理处等单位自行管理。几个处级管理单位按照每条设施为单位，设置独立的运营养护管理机构（松浦大桥的运营养护由公路处委托松江公路管理所管理，经费由市财政拨给市公路处，再由市公路处下拨给松江公路管理所）。采用的管理体制是：管养一体，收支分开。管养一体是指几个处级管理单位对内对外具有相对独立的管理权，例如过江收费处置权、占用设施审批权、超限车辆违章处理权、牵引车辆收费权、设施设备采购权、基层单位人事任免权、养护工程发包权等；同时，各处级单位的基层组织（一般称管理所）又是具体的运营养护作业单位。一般情况下均自行完成养护维修，收费人员全部是自己的员工。需要委托外单位实施的，要在年度计划中作出说明，经原市政局同意后，由管理隧桥的处级单位实施。

过江收费实行收支两条线，收取的过江费全额上缴市财政专户（南浦大桥上交给市久事公司）。日常运营养护经费来自于市财政（后期由市城投总公司审核，南浦大桥由久事公司审核）拨款。各隧桥运营养护管理单位将年度运营养护计划先报请市市政局初审，在此基础上再报市城投总公司、久事公司审定。除了经费管理，包括运营养护管理在内的其他日常事务统由市市政局管理。

（2）事业单位管理的利弊分析

当时的事业单位管理体制，人财物等资源高度集中，各类机构和专业人员配置齐全，应对恶劣气候在排堵保畅方面都发挥了积极作用。

但是不可否认，由于长期计划经济体制带来的负面影响，养成了事业单位的依赖性：编制不断扩大，人浮于事，生产效率不高；在高度集中的计划经济模式下，从计划申报到批准，层次过多，周期过长，影响了运营养护工作的开展，尤其是在市政公路设施大建设、大发展的情况下，这种体制越来越显露出弊端：设施量不断扩大，运营养护资金需求不断增长；但是运营养护经费的预算切块没有与设施量同步增长，市财政拨付的运营养护经费在单位设施量分配比例上逐渐减少。同时，局、处有关运营养护管理部门限于编制，监管力量不足，管理人员疲于应付，不能有效管好这些设施。

（3）市场经济条件下的企业化运作

自1995年开始，上海在延安东路隧道引进了BOT（建设、经营、移交）的模式（投资一方为中信泰富公司）以后，上海先后有南浦、杨浦大桥和打浦路隧道（投资一方为中信仰荣公司）、外环线隧道（主要投资方为爱建公司）、翔殷路隧道（主要投资方为上海大众交通公司）、大连路隧道（主要投资方为隧道股份公司）、复兴路隧道（主要投资方为爱建公司）、卢浦大桥（主要投资方为中船总公司）等先后纳入BOT的经营轨道。

（4）企业化运作的利弊分析

自从上海市政公路设施领域引进了社会资本以后，进入了多元化投资经营管理的时代。在这一时期，上海越江隧桥设施的运营养护经费得到了补充，管理效率和生产效率得到了提高，运营养护系统员工的积极性得到了调动，市场竞争意识得到了增强。设施的运营养护活动基本适应了上海交通流量不断增长的需要。

但是，实施多元化投资经营管理体制以后，又出现了新的问题：由于越江设施管理机构过于分散，形成了各自为政的格局，路段之间的协调工作自然落到行业管理部门的身上；同时，经营性企业以利润为主要追求目标，必然考虑经营期成本的总支出，因而在一些大型设备的采购、作业人员的工资标准上不愿投入；再次，项目公司的运营养护专业人才通过公开招聘形式，从原有企、事业单位中不断流出，使人才向项目公司集中，人才总量上的紧缺在一段时期内继续存在。另外，即使这样，项目公司限于支出，招聘岗位有限，人才的专业不配套，也难于发挥好作用。随着上海的快速发展，越江设施快速兴建，每一桥隧设施均设有项目公司和运营养护公司，2000~2010 年间，上海越江设施就新生了 7 家项目公司、3 家运营养护公司。而这些设施建成运营以后，真正能独当一面的管理技术骨干，大多来自于原来的运营养护管理单位，“僧多粥少”现象突出。

“一桥一公司”分散经营的体制，加速了专业管理人才需求量的增长，加剧了越江设施运营养护管理技术人才的短缺状况。

（5）目前本市越江设施管理模式及利弊分析

1999 年，上海全面实施了“管养分开”改革。所谓“管养分开”，就是在市政设施管理体制上将传统计划经济条件下市政（公路）设施管理和养护作业合一的模式，变革为按照社会主义市场经济条件下政府管理和具体养护作业相分离的模式，以适应城市现代化管理和建立城市长效管理机制的需要。目前本市越江设施运行管理模式主要有三大类。

一是业主成立管理公司，进行招标，合同委托养护，代表为东海大桥、卢浦大桥等。东海大桥为运行管理、设施养护分别招标。

利：较好地体现了业主意志；运行、养护分开，有利于发挥运行、养护企业专长，且形成运行、养护企业之间的内部竞争机制。

弊：业主的日常运行、养护管理基本依赖运行、养护企业；各类原始数据也均产生于运行、养护企业。长此以往，管理公司管理日渐虚化；管理公司存有“特权”管理空间，不利于管理公司自身发展，也不利于业主方降本增效。

二是业主实施代建制方式，由代建制单位进行招标，合同委托养护，并进行年度考核、兑现，代表为外环隧道、翔殷路隧道、复兴东路隧道等。

利：减少了业主管理环节，确保业主投资回报。

弊：因增加了代建制环节，整体上增加了管理成本；增加的成本较多分摊至养护企业，往往导致养护企业“惜投节能”，从而导致设施养护水平、运行能力下降。

三是业主直接合同委托运营养护，并进行年度考核、兑现，代表为南浦大桥、杨浦大桥等。

利：较好地体现了业主意志；

弊：养护企业客观上处于专业垄断地位，因缺少市场竞争，在自我加压、主动提升设施养护水平上进取心不足。

三、上海长江隧桥工程运营特点

1. 长江隧桥运营主要特点

一是工程创新点多。长江隧道为超长超大型结构，集成化控制程度高，隧桥机电设备都可以在中控室进行运行监测，并根据运行需要进行相应控制。设备设施功能超过了目前上海其他越江隧道，像细水雾降温和细水雾灭火系统、LED 主照明、路面逃生口、公轨合建的交通集约体系、专设烟道层等是长江隧道工程设计中突出的亮点。隧道科研成果应用主要有数十项。长江大桥采用了许多新的结构（如整孔预制吊装组合箱梁桥，分离钢箱斜拉桥）、新的技术（如公轨共面合建、主塔耐久性设计、环氧沥青路面、健康监测系统、钢管桩阴极保护等），在大桥接线段道路首次采用了填砂路基的设计与施工技术。大桥科研成果应用主要有数十项；长江隧桥许多施工工艺在国内外首次使用，对日常养护提出了更高的技术要求。

二是隧桥设备量大。长江隧道集成化控制程度高，建成了通信、监控、通风、照明、给排水、消防、监测、供电等八大系统，较上海市区黄浦江越江隧道多出 2~3 倍的设备量；工程共计浇筑混凝土 160 万 m^3，用钢量 45 万吨，规模宏大，致使养护工作量成倍增加。

三是地理环境特殊。长江大桥位于长江与东海之间的咸淡水交汇区域，桥梁结构易受水体腐蚀；长江口恶劣气候频发，据资料统计，该地区从建国至1984年，平均一年中大于10级的大风有9次，全年大雾天气有50天。不利的地理和气候环境，对长江隧桥的运营管理增加了更大的困难。

四是集约化程度高。隧道下层和大桥两侧预留轨道交通空间，预留22万伏超高压电缆和各类社会公共管线通道等共23孔。

2. 长江隧桥运营管理主要难点

一是运行管理要求高。长江隧桥是建设时世界上最大的隧桥结合工程，养护检修的项目多、工况复杂，专业人员配置、物资设备储备的规模、种类等都大大高于其他单一的隧道或大桥；长江隧桥目前是连接上海市区与崇明岛、长兴岛之间唯一的陆上通道，遇恶劣气候、节假日，交通高峰时的排堵保畅任务更加艰巨；长江隧桥是建设时社会、政府和行业关注度最大、管理要求最高的超大型交通设施。多位国家领导人先后来长江隧桥视察指导，公路行业管理部门要求长江隧桥的运营养护管理成为行业的标杆。2010年接待来长江隧桥参观的人数达到350批、7 000人次。崇明县承办的国际女子自行车赛自2010年开始，将每年经过长江大桥。

二是应急救援难度大。超长、超宽的长江隧道，纵横交错的立交道路，提升了火灾等各类事故救援的难度；除工程上完善隧道内各项防火系统等，应急联动等外部施救资源的科学配置和响应，尤其是与附近消防救援队伍的密切配合也显得十分关键。

三是交通组织协调复杂。浦东新区、崇明县交警分段管理长江隧桥的交通、隧道与大桥在恶劣气候情况下不同的交通保障方式，长兴岛上大量的央企班车和货运车辆，崇明三岛之间及其与上海市区的申崇线公交车的迅速增长，增加了交通压力和协调难度；长江隧桥管理范围涉及交警等16个不同专业管理主体，提升了联动组织的要求。

第二节　上海长江隧桥工程运营养护管理机制建设

一、运营养护管理模式选择

1. 运营养护管理体制研究

长江隧桥运营养护管理的优劣主要取决于管养队伍综合素质以及技术装备、资金投入和管理模式。管理模式的选择无疑是影响设施运营服务质量、企业的经营收益和设施管理效率的一个重要方面。

所谓运营养护管理模式，是指由各个专业组成的、完整的运营养护管理体系，由谁管理、如何管理的一整套方式、程序等。它包括管理体制、组织架构、运行机制。管理模式是对管理资源整合、利用的一种方式，其目标就是实现效益、质量、效率的最佳组合。因此，对管理模式的选择，其衡量的标准就是企业效益、服务质量和管理效率。

2008年8月，经指挥部研究，上海长江隧桥工程初定于2009年9月底长江大桥竣工和2009年年底全线投入试运行。为了尽早规划好长江隧桥运营养护工作，确保建设与运营的平稳过渡、无缝连接，并以此推进运营养护工作规范化、制度化、科学化，经公司2008年第十三次行政办公扩大会研究决定，成立上海长江隧桥工程运营管理体制工作小组；2008年7月16日，公司成立了以总经理为组长、总工程师为副组长的长江隧桥工程运营管理体制工作小组。其间，共召开了三次课题研究专题会议；公司还邀请了香港青马大桥管理公司专家进行了技术讲座和交流。在总工程师的主持下，分别由办公室和总师办形成了《长江隧桥管理运行模式浅议》、《上海长江隧桥工程运营和养护管理模式研究大纲》两份文稿。同时，由公司党委副书记、总工程师为正副组长，公司办公室、总师办、质量安全部、计划合同部、财务部共同组成的工作小组，进行了本市大型市政设施养护管理现状的调研和运营养护管理模式、管理体制的课题研究。

2008年9月24日、10月22日、11月4日和11月6日，公司党委副书记带领办公室、质安部、计划合同部、财务部相关同志，分别去卢浦大桥、复兴东路隧道、东海大桥、浦江桥隧公司等运营养护单位进行了调研学习。与此同时，对全市大型市政设施的养管情况进行了资料分析。通过调研，对现行管理体制、管理方式、管理手段、人员配置等情况有了较好的感性了解，同时形成了三个方面的初步共性认识：一是长江隧桥工程的特点，决定了长江隧桥工程设施运营养护管理的难度要大于现有设施的运营养护管理；二是要确保今后长江隧桥工程设施运营养护管理的先进水平，运营养护管理的专业人员必须尽早介入，参与相关工程的实施；三是根据确立的长江隧桥工程试运营目标，设施运营养护管理各项前期准备工作必须在2009年年内启动。

根据公司总经理提出的推进意见，在现状调研和课题初研的基础上，形成了《长江隧桥设施运营养护管理实施筹备方案》。

2. 运营养护管理方案成稿背景

1999年，上海全面实施了"管养分开"改革。所谓"管养分开"，就是在市政设施管理体制上将传统计划经济条件下市政（公路）设施管理和养护作业合一的模式，变革为按照社会主义市场经济条件下政府管理和具体养护作业相分离的模式，以适应城市现代化管理和建立城市长效管理机制的需要。目前全市大型市政设施管理运行模式主要有六大类。

一是业主成立管理公司，进行招标，合同委托养护，代表为：东海大桥、卢浦大桥、沪青平高速公路等。

二是业主投资成立多元投资管理公司，进行招标，合同委托养护，代表为：莘奉金高速公路、同三高速公路等。其中，莘奉金高速公路运行管理由业主直接管理；设施养护、绿化养护分别招标。

三是政府委托事业单位进行招标，合同委托养护，代表为：内环线高架等。

四是业主自行成立养护公司，实施管养合一模式，代表为：沪杭高速公路、沪芦高速公路等。其中，沪杭高速公路内部下设养护公司（含绿化养护）、运行管理部门等；沪芦高速公路实施收费运营自行负责、养护招标委托。

五是业主实施代建制方式，由代建制单位进行招标，合同委托养护，并进行年度考核、兑现，代表为：翔殷路隧道、外环隧道等。

六是业主直接合同委托养护，并进行年度考核、兑现，代表为：南浦大桥、杨浦大桥等。

上述管理模式中，绝大部分将养护、牵引发包，由社会专业单位承担；机电、收费、监控大部分发包，一部分自管。

这些管理模式均由各业主根据自身的利益驱动和价值取向而确定。同样的模式在不同的路段，也有不同的结果。各种模式都有利有弊。但总的来说，机电、监控、收费由一家统一管理，设施养护分段发包管理已成各方首选。

上海长江隧桥是上海至西安的国家干线高速公路的重要节点，是长三角经济圈东部高速通道的要塞，也是中国大陆沿海公路交通的重要组成部分。因此它的战略地位十分重要。唯有提高管理效率、提高服务质量，保证其安全畅通，才能更好地提高企业的投资收益。

上海长江隧桥具有投资规模大，隧道区间段距离长、管径大、入地深，大桥水域距离长、主跨大、迎风面宽等特点，同时在使用功能上呈现"路、轨、电"三位一体的格局。因此在运营管理上有其他设施无法比拟的特殊要求。

上述特点，决定了管理模式的选择首先要以确保服务（安全、畅通）为前提，其次兼顾企业的投资收益。

为此，上海长江隧桥运营养护管理模式最后集中为两种：

第一种，借用东海大桥的运营养护管理模式——在管养队伍的数量上实行“双驾马车”的模式，互为竞争，共同推进。管理模式具体方案如下。

（1）将长江隧桥的标段分为：

①隧桥运营标——隧桥全线的车辆收费、交通监控及通行管理、机电设备运行、维护管理（包括情报板、限速板、电子告示牌，隧道通风、照明、给排水、供配电、消防、通讯广播、结构自动检测装置等）。

②隧道养护标——标段内土建设施（含管控中心的土建机电绿化等设施、长兴岛接线道路）维护、绿化养护、隧道结构人工检测等。

③大桥养护标——标段内土建（含崇明陈家镇接线道路）、绿化养护、结构内外养护用设备、钢箱梁除湿器、航空障碍灯、大桥景观照明的维护、桥梁结构人工检测等。

④全线牵引标——隧桥故障车牵引、救援。

（2）将隧桥运营标、牵引标与隧道养护标组合成一个大的标段，由一家合并承包；大桥养护标则由另一家承包；

第二种，实行由一家总包的管理模式，即运营收费、机电运行、土建养护、物业管理、设施保洁、绿化养护、变电站运行、健康监测、牵引施救等由一家统一管理，由其对业主负责。

经过充分比较，考虑长江隧桥结构种类和专业门类多、运营情况较为复杂，并考虑同一射线方向、相邻路段的崇启通道上海段也将于两年后建成通车，业主方的机构规模受到限制等因素，最后经指挥部领导确定采用由一家总包的管理模式。

3. 长江隧桥的运营管理模式

（1）运营养护市场化

通过公开招投标来确定长江隧桥运营养护的总承包单位，然后由业主与总承包单位联合进行二次专业比选，确定设施保洁、绿化养护、变电站运行、健康监测、牵引施救等专业承包单位。

（2）日常管理集约化

①细化合同条款——使承包合同具有完整性、可操作性、约束性、激励性。

②实行过程控制——应急处置由总包方统一协调，重要事项由业主控制，合同价款由业主经考核后划块分期支付。

③共享管理资源——在路况巡视、执法管理、通信联络、设备利用、培训教育、文化建设等方面建立共享机制，使有限资源得到充分利用。

（3）大修工程一体化

由长江隧桥公司对管辖范围内工程设施的大修工程实行统一管理。

（4）运营监管精简化

长江隧桥公司内设运营管理中心，专管开通后的隧桥运营养护管理。该中心在公司内部是一个职能部门，对外代表公司对运营养护承包单位进行日常的监管、检查、协调。

考虑隧桥主体结构面广、量大、检查时间长，公司对隧道、大桥主体结构将择时委托专门机构进行定期检查，运管中心派人参加。检查结果作为业主对承包单位的考核依据之一。

另外，要把社会监督作为一种重要的管理资源。聘请社会义务监督员对服务窗口、沿线设施进行暗访；在醒目位置增设投诉电话告示牌和服务承诺公示牌，利用广泛的社会力量对承包单位进行有效的监督。

（5）检测评估专业化

基于隧桥功能兼有路、轨、电，隧桥结构具有“长、大、高”，隧桥地处沿海大通道，因此，保证隧桥结构安全是重中之重。而做好结构检测数据的权威性评估，是确保隧桥结构安全的第一要件。对长江隧桥结构的各项检测数据，委托一家有权威的专业机构进行分析评估，并提交高层次专家组进行论证。

采用上述管理模式主要基于以下考虑：

一是利用市场机制，促进资源优化配置。我们通过招标和合同条款的设置，通过长江隧桥工程的影响力，使相对好的社会资源向长江隧桥流动。

二是参照但不是照搬东海大桥模式，展开有序竞争。东海大桥运营养护由浦江桥隧公司和市政养护公司共同承担。运营三年多来，情况良好。东海大桥运营管理的经验证明，收费运行一家管，设施养护两家管，比较适应于特大型市政公路设施的运营管理。因此，我们参考东海大桥模式，保留了收费运行由一家统管的模式。同时选择通过第二层次的专业比选确定了专业化运行养护管理的模式。

三是发挥本公司的专业技术和管理优势，对运营养护单位实行一体化集约化管理。实行全发包管理模式以后，业主运营管理职能部门避开了繁琐的劳动人事、作业安排等日常事务，可以集中精力抓好管理。充分利用长江隧桥公司的人才资源优势，对设施进行集约化管理；通过合同约定并实施管理流程、制度、标准、预案等措施，使运营养护承包单位与业主组成一个管理有力、协作紧密、资源共享的统一体，形成合力。

四是充分利用社会力量来加强对运营养护单位的监督和技术支持。业主对承包方的监督具有随机性、时效性、权威性、公正性等特点。而业主的管理力量不可能沿用过去事业单位大而全的管理模式。只有借助社会力量，才能又好又省地搞好设施管理。

五是对运营养护单位的良好经营业绩应给予合理回报。实施运营养护市场化以后，市政公路设施的运营养护成本大大降低。但由于一方面运营养护市场管理不够完善，另一方面各运营养护单位的起点不同、规模不同、技术力量和装备水平不同，因而在运营养护市场上产生了恶性竞争、低价中标、亏本经营的现象。目前，市政公路设施服务水平降低、路容路貌不良的情况已引起政府部门的关注。长江隧桥的运营管理必须摒弃这种不合理的、有失公平的机制。

长江隧桥运营养护管理从筹建阶段就确立了非常明确的指导思想：要完善招标，有序竞争，合理定标。入围投标者要有相应资格，中标价位要合理可行，合同执行要严格遵守，对违约经营者要有预控措施，履行合同者要有合理回报。建立良好的伙伴关系，合作共赢。这个指导思想为长江隧桥通车后迅速纳入规范化管理、优质服务的轨道奠定了基础。

二、上海长江隧桥工程运营筹建及招标管理

1. 运营养护管理筹建

长江隧桥工程建设指挥部对长江隧桥的运营养护工作十分重视。早在2008年9月份，由公司领导带队，到本市有关越江设施和高速公路管理单位进行调研，为运营养护筹建工作做了前期准备。

2009年3月份正式成立了运营准备部，并从相关投标单位借调6名同志展开了运营养护的前期准备工作。2009年5月中旬，按照指挥部领导招标文件要“细化、量化、标准化”的要求，完成了运营养护招标文件的起草工作。经过公开招标，中标单位上海市政养护管理有限公司于2009年7月上旬正式进驻，开始运营养护准备工作。经过3个多月的紧张准备，至10月31日通车之日，运营养护准备工作全部到位。

在通车之前的9个月里，经大家的共同努力，在运营养护准备工作方面主要取得以下成绩：

（1）制订了比较完整和科学合理的运营养护筹建工作计划。

（2）专程去香港、武汉、南京、南通等地，考察学习了外地隧桥运营养护的先进管理经验，提交了两份考察报告。

（3）编制了比较详细和严密、隧桥路相结合、运营养护一体的招标文件。

（4）提出了一些比较重要的工程设计、施工改进方面的建议。

（5）提出了建立长江隧桥运营养护管理体系的框架。

（6）与公安、交警、路政、消防、海事等部门建立了集约化管理、应急联动的合作和响应机制。

（7）协同市消防局与浦东、崇明消防支队共同举行了规模较大的长江隧道灭火演习。

（8）组织编制了长江隧桥公司运营养护管理机构的多种方案。

（9）编制了长江隧桥桥孔、服务区、广告的综合利用或经营方案。

（10）为上级领导机构制订长江隧桥通行费标准提供了翔实的测算资料。

（11）为长江隧桥数字化养护、隧桥结构健康监测、运营养护管理系统等课题研究提供了具体的需求和修改建议。

（12）制订了《长江隧桥通车后设备调试和维护作业管理的暂行规定》。

在运营养护筹备期和通车初期，公司主要采取了以下措施：

一是领导重视，总揽全局。总经理共主持召开了4次领导小组会议，对运营养护的筹建工作亲自部署，为贯彻指挥部领导提出的要求，进行具体的指导，还亲自带队到公路处就运营养护管理事宜进行沟通。分管领导兼管运营养护工作，坚持每周主持工作例会，统筹公司各部门资源。公司各部门为做好运营养护筹建工作予以了不同形式的支持。切实贯彻“建养一体”的原则，通过建设隧桥数字化养护、健康监测、运营养护MIS系统三大平台，为今后长江隧桥的现代化管理打下扎实的基础。

二是统筹规划，全面安排。2009年2月份公司成立了以总经理为组长的运营养护筹建领导小组，以分管领导为主的运营养护筹建工作小组。2009年3月初成立了运营准备部，并根据指挥部第七次会议确定的通车目标和公司领导小组同意的筹建计划编制原则和方法，分“启动、招标、落实、预演”四个阶段，编制了运营养护筹建工作计划。这个计划为完成运营养护筹建工作起到了良好的控制作用。

三是正确定位，统一认识。按照指挥部领导提出的“长江隧桥要实现一流设施、一流管理、一流服务”的总体要求，我们在招投标文件、设备配置、选择管理模式和人员配置、管理设施配置等方面都融入了“一流管理”的元素，突出了优质效能、精简集约的管理理念，要为上海世博增加亮点，要为上海公路打出品牌。

四是选人用人，严格把关。为做好运营养护筹建工作，我们精挑细选，选用了运营养护有经验、综合能力较强的管理人员。还与运营养护投标单位商借了6位具有一线管理和实践经验的人员。这些同志加入运营养护筹建工作后，忘我工作，认真负责，使筹建工作正常顺利开展。

五是召开例会，加强协调。运营养护筹建小组成立以后，坚持每周工作例会制度。由分管领导召集公司相关部门，就运营养护筹建中需要解决的问题进行协调，对运营养护筹建工作的进程进行检查、督促。每次会议运营筹建小组都要作书面汇报，会后都要形成会议纪要。

六是招标比选，综合考量。按照市政行业主管部门的规定，对长江隧桥的运营养护工程进行了公开招标，同时充分吸取近年来市政养护招标中，低价中标、恶性竞争引起服务质量下降的教训，在标书中加重了对人员、设备、管理技术投入的比重，加重了业主意向商务报价的评分权重，增加了保洁、绿化、35kV变电站运行、健康监测、牵引排障等项目的专业比选，确定了综合管理与专业分工相结合的运营养护管理承包模式。

七是细化计划，明确责任。长江隧桥建设工程的复杂性决定了运营养护管理的面广、量大。因此做好运营养护管理筹建工作，必须细化工作计划。我们将筹建工作分门别类，按照通车的节点目标，根据以往经验进行进度倒排。同时按照职能和岗位分工，明确各自职能和主办、协办的任务。做好任务之间和时间节点上的衔接，将筹建工作细化到每天，把筹建任务分解到每人。

八是用好资源，集约管理。运营养护管理离不开各方面支持与配合。我们把与运营养护相关的设计、施工、安装、监理、厂商、咨询以及公用事业服务单位、安全运行的保障单位和政府、行业的有关部门，都视做不可缺少的社会资源。主动加强沟通与合作。建立了今后运营养护需要的供方名录及通信方式的资料库；建立了与公安、交警、路政、消防等部门的联席会议制度和应急联动机制；通过合同形式，与运营养护咨询机构、健康监测机构建立技术支持和服务关系。养护运营单位还通过协议形式与长兴岛有关供销单位建立了部分应急抢险物资的供应保障机制。

2. 运营养护招投标

针对长江隧桥运营养护管理的特点和难点，公司选择了由业主方监督控制、总包方统一管理，并实施专业化操作维护和服务的运营养护管理全新模式。通过招投标，由一家专门从事运营养护管理的国企公司中标，5 年合同期，合同总价为 35 775 万元。在招标工作中，考虑了 5 年运营养护期中各种变化因素，包括科技发展、物价上涨、劳动力价格渐增和设施老化等因素，因此，运行养护费用逐年递增。对设施保洁、变电站运行、健康监测、牵引施救、绿化养护等通过专业比选落实相关队伍。对服务区经营由总包单位实施统一管理。

3. 通行收费标准测算情况

（1）项目性质

根据上海长江隧桥建设发展有限公司与原上海市市政工程局于 2005 年 8 月签署的《上海长江隧桥（崇明越江通道）A14 工程建设—运营—移交》专营权合同约定上海长江隧桥工程为经营性收费项目，收费期限为工程建成之日起的 25 年。

（2）测算原则

①价格与轮渡收费相当，基本不增加过江出行成本。

②价格与通车流量成反比，定价以交通不拥堵为原则。

③突出公益性质，兼顾企业盈余。

④考虑远期交通流量的多种变化，客观测算交通流量与收入。

⑤运营成本要充分考虑长江隧桥运营养护的重要性、综合性、复杂性、风险性。

⑥对运营养护费参照样本（其他同类设施）应剔除不合理因素。

（3）测算模型

各种收入 – 各种支出=较低水平盈余

收入包括：通行费、其他经营收入、借贷。

支出包括：借贷本金及利息、运营成本、各项税金。

测算按不同收费价格分成 5 种模型。

（4）主要测算结果

按照上述测算原则，综合考虑各种因素，按不同收费价格分成的 5 种模型测算比较，建成后的长江隧桥工程的通行费收取标准拟为 60 元 /pcu 为宜，这一标准与现行的上海至崇明轮渡相近，没有提高社会各方的出行交通成本（在原工可测算中收费标准为 50~84 元 /pcu），且上述财务测算的整个项目报酬率仅为 4.50%，体现了基础设施的公益性特征，保持了必要的现金流量用于偿还建设借款本息和日常的运营养护和各类必需的维修。在这一收费标准下，也有利于发挥价格对车流量的调节作用，维持高速公路良好的运行态势。

（5）对通行费优惠问题的意见

①除国家有关法律、法规规定，一律按市政府确定的标准收费。

②如确需对某一类车辆给予通行费优惠（如菜篮子工程专用车、公交专线等），需市有关部门进行统一协调，以确定合理的补偿机制。

③长江隧桥投资巨大，在营运初期将面临付息及维持日常营运的资金压力，如享受优惠通行费范围过大，将使公司的运作发生困难，从而形成新的矛盾与问题。

（6）对运营养护成本测算的意见

①根据长江隧桥的五大工程特点，决定了它的运营养护成本要大大高于其他同类设施。

②随着自然资源的不断减少，电费、材料设备费、人工费将不断提高。

③本市部分建成多年越江设施的运营养护受资金短缺的影响，运营养护服务质量不尽如人意，其运营养护成本不能真实反映实际需要，因此其参照可信度应降低。

根据以上情况，长江隧桥运营养护成本测算应比照本市越江设施作适当增加。

三、初期运营管理

通车以来，我公司和运行养护单位，积极贯彻公路行业管理部门的工作部署，在上海世博会举办的 184 天里，立足服务世博高标准，确保平安隧桥不松劲，为做好长江隧桥的运营养护，为保障长江隧桥的安全畅通，在责任细化、值巡保障、信息共享、资源集约、培训学习、模范带教、预案演练、应急联动等工作机制上不断改进和完善，通行效能得到充分发挥，服务质量得到不断提高，圆满完成了世博期间各项保障和接待任务；在迎接第三次全国干线公路养护管理检查中，我公司有力推进迎检工作，做到了领导重视抓协调，统一思想抓发动，细化计划抓分工，加强检查抓落实。经过管养单位共同努力，长江隧桥的运营养护规范化管理在这次国检中取得了优异成绩。长江隧桥运营一年多来在管理上形成了鲜明的工作特色。

1. 规范操作，编制运营养护管理手册

（1）规范作业行为

针对长江隧桥工程设施设备量多、创新工艺多、运营养护要求高的特点，我们将提升运营养护管理标准和培养有技术、懂规范的养护作业团队列为管理工作的重中之重。公司在运营养护管理筹备阶段，考察学习了香港青马管控区的先进经验，确立了科学化、规范化、标准化运营养护管理目标，聘请在香港专事青马大桥运营管理工作的 AECOM 国际专业咨询公司，请为长江隧桥运营养护管理提供技术咨询服务，并负责编制高标准长江隧桥运营养护管理手册。

（2）规范管理标准

运营养护手册共分 6 篇、55 章，包括：交通管理、隧道检查与维修、大桥检查与维修、绿化养护、突发事件应急预案、手册其他内容（包括：①技术资料的收集与管理；②养护工程的检查及验收；③文明施工、养护与环境保护；④营运及维护服务水平标准、监管与监督）等。还附录了香港青马大桥养护经验的简要说明、香港青马管控区运营管理经验介绍、香港机场隧道养护表格及规定等内容。主要特点：一是系统性。对养护（预养护）的内容、方法、响应时间、维修的基本方法、工艺流程、质量、安全、环境控制关键环节、措施、检验标准都作了具体的规定；制订了用于隧桥检查养护的一些工具性表格，例如桥梁维修、预养护响应时间表、桥梁设施编码表、桥梁薄弱点一览表、桥梁定期检查通道一览表、桥梁定期检查设备使用一览表、桥梁部件权重一览表、桥梁关键部件一览表、桥梁定期检查特别提示（缺损名称、缺损原因、评价标度）、桥梁资料卡（主要技术参数）、环境保护措施一览表。二是针对性。根据长江大桥、接线道路的结构特点，对主桥钢结构防腐、钢结构焊缝养护、阻尼器的养护、防止船只撞击、消能钢套箱养护、叠合梁 / 节段梁养护、填砂路堤的养护明确了操作方法。三是开放性。吸收了香港青马管控区以及国外其他国家的许多经验，包括解决养

护检查的近距离通道、检查的要素、以往记录、检查的安全风险评估及措施、进出结构物的路线和方法、对检查人员的素质要求、养护作业的限制，养护检查用的标准化表格等。

（3）规范考核机制

公司严格执行合同规定和作业管理标准，实行每天巡视、双周讲评、每月总结、季度考核、半年度奖惩的制度。考核内容包括专业巡检、日常养护、收费窗口服务、应急响应处置、安全管理保障、业主要求落实、社会投诉处理等。检查方式采取日常检查与季度检查相结合的办法，每季度一次进行内外业集中考核检查。考核组织由业主单位的领导和运营养护、质量安全、财务、计划合同、综合管理部门负责人以及相关专业人员共同组成。评分办法由业主各部门针对各自的工作职责范围，分别逐项对每个被考核项目提出初评意见，并报领导确认。将运营养护总包费的10%作为考核费专用，有效调动了运行养护单位的积极性。全年按时落实设备维修养护工作共189项，完成率100%，全年对隧桥结构及附属设施安排计划维护、检查、检修项目共203项，按计划频次全面完成。同时，重点做好春冬季节路面病害的预防性处治；先后组织了7次大型消防灭火、反恐防恐、突发交通事故和恶劣气候等抢险演练，为世博期间上海长江隧桥保安、保畅工作打下了坚实基础。

2. 科技引领，建立运营养护信息系统

（1）构建信息集成

长江隧桥是目前世界上最大的桥隧结合工程，结构类型多、技术含量高。我们认为其运行养护管理方式和手段应与世界先进国家接轨。必须依靠科学检测，及时掌握准确数据，进行科学分析，采取有针对性的养护维修措施。公司在建设期间就进行了信息化技术的应用规划。这些系统主要有：一是健康监测系统。健康监测是数字化养护系统的一个子系统。通过采集和处理反映隧桥环境激励和结构响应状态的各种信息，定时、定量地评价隧桥结构的健康状态，以保证上海长江隧桥的安全运营，为长江隧桥的养护、维修提供科学依据。该系统自2009年研制、2010年年初投入使用以来，发挥了明显作用。二是数字化养护系统。数字化养护系统是运营养护管理系统的一部分。我们从长江隧桥全寿命角度出发，建立勘察、设计、施工、监测与养护等数据进行统一集成的数字化信息平台，实现三维直观显示、空间查询和专业分析与解释，使建设和养护管理融为一个有机整体。长江隧桥投入运行以后，数字化管理系统以电子地图为媒介，以基础数据库、监测数据为依据，通过病害分析、健康评估，研究制订养护计划，从而达到治理病害、延长设施寿命的目的。三是运营养护管理系统。上海长江隧桥在运营养护中，涉及隧道、桥梁、公路、机电设备及附属设施的养护，养护工作涉及的专业门类多，工作内容复杂，对规范性的要求高。该系统使运营养护工作实现了管理流程有程序，运行安全有保障，工作内容有计划，完成任务有反馈，检查监测有记录，应急处理有预案的功能，使长江隧桥实现智能化的预养护与量化的隧桥管理，以主动养护保证上海长江隧桥高质量地安全运行，实现较高的社会效益和经济效益。

（2）形成系统特点

将来通过设备的二维码标示，实现有序快速的设施清点与养护操作支持；支持手机等设备的移动巡检养护系统，使养护工作更及时有效；以GIS与GPS的设施信息管理、车辆轨迹跟踪为依托，对养护活动进行实时跟踪；与综合监控系统、隧道风险监控系统、数字化隧桥的数据集成，使运营养护系统实现量化的实时管理。

基于电子化养护手册自动生成养护计划、提供巡检养护工作指引，规范养护流程与操作，降低养护成本，提高养护质量；以设施基础构件为中心的信息集成与病害、缺陷跟踪、养护对策库的建立，实现智能化的预养护，防患于未然；提供运营养护状况分析及辅助决策支持。

（3）创新服务功能

一是数据采集功能。采集能全面描述隧桥基本特征和当前技术状况的信息，在建立长江隧桥基本信息档案库的同时，提供对隧桥进行评价决策的基本数据支持，从而对隧桥进行有效的管理和状态监控。其数据主要包含两个部分：隧桥基本数据信息——设计资料、施工资料、竣工资料、重车过桥记录以及维修历史等；隧桥检测数据（桥梁运营状态评估和决策的主要数据来源）——人工检查数据、仪器检测数据和健康监测数据。通过与建设期数据系统及健康监测系统的整合，运营养护系统能够采集到足够的信息，为隧桥正常安全地运营提供数据保障。二是病害分析功能。隧桥病害诊断分析是隧桥维修加固的重要环节，也是设计的前提。例如，同一桥型中，构件不同，同一构件中，材料、所处环境、管理养护不同，都会使桥梁产生不一样的病害。这就必须通过对国内外发生的各种病害进行归类和原因分析，参考养护手册建立缺陷对策库、病害数据库供养护管理部门参考，才能减少养护过程中的人为失误与不规范操作。同时，通过对病害与缺陷及其处理信息的长期积累与不断补充，为运营养护提供更准确的参考，使运营养护工作形成良性循环。上海长江隧桥运营养护系统通过将养护手册电子化以及提供缺陷对策库、病害信息库，为养护工作提供了有力的支持。三是主动养护功能。大型隧桥的养护理念应该在技术预测的基础上，由传统型养护的消极性转向现代化养护的防御性，变以往的消极防御为现在的主动养护，将现场调查、现场检测与监测、计算机识别与判别、维修与预测的整个过程系统化。维修工作不及时将会严重影响隧桥结构的使用寿命。隧桥结构的长期性预测关系到结构将来维修计划的制订以及维护工作的优先级排序，通过对各构件的合理预测，掌握隧桥工作状态的变化趋势，管理者可以选择养护维修工作的最佳时机，并及时制订养护维修计划，从而降低维修成本和隧桥出现重大事故的概率。上海长江隧桥运营养护系统通过将养护手册电子化及提供一定的算法处理，提供隧桥设施状态的评价与评估支持，使系统可以自动生成和及时调整养护计划，实现主动养护。四是辅助决策功能。加强隧桥运营养护管理的根本目的是保障隧桥的交通安全。怎样解决有限的养护资金与无限的养护需求之间的矛盾，利用科学的管理手段，充分发挥设备效能，平衡运营收入与支出，是上海长江隧桥运营期需要解决的主要问题。通过运营管理系统，对运营状况进行统计分析，提高运营绩效，保障通行安全，是运营期管理系统的一个重要功能。上海长江隧桥运营养护系统通过事件预案（与其他系统联动）与运营绩效分析，实现了对突发事件的快速响应与对运营绩效的量化分析，进而辅助管理层进行及时有效的运营决策。目前运营养护管理系统还在不断完善之中，系统的建立，必将提高长江隧桥运营养护管理的科学化水平，为隧桥的安全运行发挥重要作用。

3. 应急联动，建立高度集约响应机制

（1）建立联动机制

长江隧桥是G40国道起始段的一个重要节点。其管理涉及交警、路政、运营、养护、牵引、海事、治安、消防、边检、边防、陆管等16个部门。如何加强各个专业部门之间的协作，这是一个重要的问题，也是一个不易解决的问题。长江隧桥开通前，我们积极寻找多方合作的途径，并于2009年9月8日召开了第一次联席会议。通过这次联席会议，与长江隧桥有关的各方增加了了解，并在工作中得到了相互配合、支持。2010年12月24日召开第二次联席会议以后，各方的合作得到了进一步的发展。我们认为：建立联席会议机制，开展集约化共建，对多方管理同一设施是一个比较有效的模式。

（2）实施联动保障

我们通过运行养护管理联席会议这一形式，不断加强与交警、路政、消防、公安、海事和地方政府、大型装备制造企业单位的联系，并以各种专题会议制度的形式，与有关管理机构进行协商，达成共识，营造了互相支持、互利共赢的局面。建立了包括执法机构、抢险队伍、社会联动单位、相关社会资源单位、业主和管养单位在内的综合应急响应机制。应急预案启动后，中控室可立即通过短信平台向有关人员进行群呼；无线通信网也做到了与交警、路政、消防、牵引、养护、机电等有关方面的迅速链接。例如，2010年4月27日上午9：40，长江隧桥上行线41.8km处，一辆超载运输散装水泥的大型槽罐车撞上大桥护栏后侧翻，阻断了大桥 3 条行车道。中海船务等联动单位在第一时间先后出动三辆大型起重机参与事故救援，确保了事故的及时处置。

4. 强化保障，建设桥孔运行养护基地

（1）实施集约管理

长兴岛被规划为海洋装备基地，陈家镇被划进上海市规划建设的“一城九镇”范围，因此非农用地十分紧张，上海长江隧桥运行养护基地因各种原因一直未落实。由养护中标单位向当地农民借用宅基地和农房不能满足长江隧桥运营养护管理需要。我们经过认真分析后认为：长江隧桥设施量大、种类多、应急响应要求高，尤其它是目前市区到崇明唯一的陆上通道，养护维修和应急抢险的后勤保障十分重要，养护基地必须满足长江隧桥运营管理需要。因此，养护基地一定要建，而且一定要就近建；对此，果断决定按规定程序申报，利用桥孔建设养护基地。一是节约了大量土地，二是桥孔有人看守，更利于防盗、防污染，保护桥梁；三是桥孔内作养护基地对周边环境影响较小；四是桥孔养护基地离管控中心较近，便于资源集中和管理。

（2）明确功能定位

为合理、高效利用好长江隧桥沿线桥孔可利用的空间，公司根据设施养护运行实际需要并结合上海乃至长三角区域设施养护运行经验及行业有关标准规定，对桥孔的空间使用功能做了如下定位：一是长兴岛潘圆立交桥桥孔作事故车辆、养护队伍、机具、仓库据点。考虑潘圆公路立交主线跨桥南侧部分临近长兴岛收费匝道和管控中心，交通便利，方便管理，因此在潘圆公路南侧设置事故处理房、事故车辆临时停车场，设施清扫保洁用的垃圾堆场。潘圆公路立交桥北侧桥孔居长江隧道和长江大桥的中间，设置养护运行作业层的道班生活用房，养护抢险应急仓库，施工、养护车辆设备停放点，养护备品备件存放仓库。二是崇明陈海公路立交主线桥孔作检修据点。陈海公路立交桥北侧桥孔位于接线道路与其连接，作为公路养护和车辆检修用地，设置养护管理中心、设施检测中心、检修场地和停车场。陈海公路立交桥南侧桥孔临近主线收费匝道，交通便利，南侧桥孔交通由立交下穿道路引入，设置养护作业道班生活用房、特种车辆及设备停放点、设施保洁清扫垃圾堆放点，另设置了崇明 10kV 开关站。

（3）取得的实际效果

经过设计、施工单位的努力，终于于 2009 年年底初步建成桥孔养护基地。目前桥孔内停放各种车辆 25 辆、新建临时彩钢板房 4 300m^2，其中，安排养护工作人员 50 名，建造机械设备仓库、各类材料及备品备件仓库、应急仓库 2 160m^2。桥孔养护基地启用后，养护单位加强管理，安排了门卫、保洁人员，对养护基地停车位进行了画线，按照消防要求安置了灭火器材。同时，桥孔严格按照公路行业管理部门的有关规定，禁止明火、易燃易爆物品进入。

实践证明：桥孔养护基地建成以后，基本满足了长江隧桥运营养护管理的需要，尤其是遇到紧急抢险，潘圆、陈海养护基地（道班）发挥了不可替代的作用。

5. 组织演练，形成有效应急救援体系

（1）强兵在于练

应急预案涉及整个组织内部的分工、相关外围组织的联动、通信联络对象方式、事件报告途径和程序，事件或事故发生以后现场处置的方案（包括进攻路线、交通组织、安全控制、实施顺序、现场取证、过程报告）、各类应急物资设备的存放与管理、事件或事故处置的后评估等。应急预案能否得到有效实施，关键是各类资源（人力、设备、物资、信息、技术）是否得到正确有效的运用。

定期组织应急预案演练，不仅可以检验预案的正确性、适应性，而且也是应急处置能否取得实战胜利的关键环节。总结经验，归结为一点，就是要做到应急演练经常化、制度化。只有通过演练才能发现问题，消除缺陷，改进工作，提高实战能力。

（2）抓住重点练

我公司从编制上海长江隧桥运营养护管理招标文件开始，就把定期组织应急预案演练作为招标需求中的一个重要任务。隧道的消防是长江隧桥安全防范系统的重中之重。长江隧桥通车前的2009年10月23日，我们与市消防局共同组织了由200人参与、100辆车辆投入的长江隧道火灾演习。通过演习，各个层次的人员彼此熟悉，隧道内设施设备的状况也得到了解，进攻路线、救援方法、灭火程序、设备联动、外围支援等均得到了有效的检验，为长江隧桥的安全通车创造了条件。

2010年正值上海世博会召开，上海长江隧桥被列为市反恐重点目标。为此，我公司为落实安保工作，在2010年4月15日组织了带有实战背景，以处置疑似爆炸物为主题的加油站反恐防爆演练；4月21日和11月9日借隧道消防联动测试之际，又进行了消防设备操作演练和隧道单管双向通行演练；8月5日上午，展开以“平安世博”为主题的特大型隧道救援实战演练和反恐桌面推演；当天下午又举行了大桥集装箱侧翻的牵引施救演习。9月15日上午，长江隧桥又展开了世博期间第二次、以公交车易燃物品泄漏为背景、在不封锁交通情况下的应急救援演练。12月17日上午，又举行了G40长江隧桥与G1501东环两路段收费道口遇恶劣气候的应急演练。

（3）定期组织练

我们在2011年工作计划中，把应急演练作为后世博长效机制的一项重要工作。针对各项预案及季节特点进行演练。通过演练达到部门与部门、岗位与岗位之间的协调；通过演练不断暴露存在的问题，及时进行改进；通过演练，不断提升专业水平，提高应急处置的能力。

6. 优化服务，建立吴尔愉带教示范岗

（1）树立服务标杆

长江隧桥通车之前，工程建设指挥部的领导提出了“一流设施、一流管理、一流服务”的要求。据此，公司制订了“设施完好、制度完善、应急完备、服务完美、档案完整”的精细化运营养护管理目标。服务窗口体现运营养护的形象，必须以靓丽的面貌展现在社会面前。经过思考，我们认为抓好队伍文化建设是根本；借用社会优质资源，利用先进人物的感召力，加速培育一支优秀队伍是一个捷径。按照这个思路，我们聘请了全国劳模、上海航空公司吴尔愉为长江隧桥公司“荣誉职工”；同时，聘请了上海世博形象大使金晶为长江隧桥运营服务“爱心大使”，以此来提升长江隧桥服务水平。

（2）深化服务内涵

2010年3月21日，长江隧桥召开服务世博立功竞赛推进会，吴尔愉同志作为长江隧桥“荣誉职工”，接受长江隧桥在迎世博窗口服务技能操作比赛中的三名优胜者拜师学艺，传授“微笑服务”经验，并为两个收费站的“全国劳模吴尔愉带教示范岗”揭牌。会上，业主及运营养护单位向社会公开承诺：一是参与世博从自身做起。主要是向过往的驾乘人员发放世博地图、提供世博资料，介绍世博、宣传世博，并用自己的知识技能，确保为世博提供优质、高效、热情、周到的全方位窗口服务，向社会全面展示长江隧桥良好的服务能力和品牌形象。二是奉献世博从小事做起。主要是完善各项便民服务措施，各收费站免费向顾客提供常用药品、针线包和崇明旅游地图，并提供导向服务，对遇到困难的驾乘人员做到“有难必帮”。保证收费亭一尘不染，收费广场、车道做到见脏即扫。世博期间长江隧桥出入口景观灯开灯比平常延长1h。三是服务世博从微笑做起。主要是加强礼仪培训、规范肢体语言，提高英语对话能力，加大手语学习力度，确保外籍人员和特殊人员能够快速、顺利通过收费道口；聘请徐根宝等社会著名人士和央企领导、政府有关机构代表为运营工作监督员，监督长江隧桥运营工作。四是建功世博从本职做起。主要是实行首问负责制，最先接待服务对象（含来人或电话）的工作人员，必须认真负责地履行首答、接待或告知、引领的责任。实施预警方案、应急预案等二套排堵保畅方案，分别应对高峰车流和突发车流两种情况。增加世博公交专用道，做好崇启分流匝道和各道口的礼仪疏导、安全保畅等工作。牵引服务做到快到、快牵、快清、快撤，强化对特殊情况处理的快速化和规范化。

（3）提升服务水平

收费窗口的员工以实际行动向吴尔愉、金晶同志学习，在收费岗位上微笑服务，规范操作，遇到节假日自愿到单位加班，参加排堵保畅工作。为保证收费站示范岗服务质量，引入了竞争机制，对不适合示范岗要求的员工及时进行调整；制订了9条排堵保畅措施，在“全国劳模吴尔愉带教示范岗”，早晚车流高峰期间推行“迎送站立式服务”；在收费车道推行“微笑面对面、服务心贴心”窗口服务新举措；服务区面貌不断改善，环境卫生、规范服务受到游客的称赞。养护单位作业班组增加保洁次数，提高养护质量，快速清除路面障碍物，为社会提供了一个舒适的通行环境。管控中心接待组深受吴尔愉精神的影响，在3 300多人次的来宾接待中，仪态端庄，语言流畅，专业用语规范，获得来宾的好评。

在吴尔愉、金晶等先进人物的言传身教下，陈海公路收费站2010年获得了上海市总工会命名的“工人先锋号”荣誉称号，同时被评为《感动世博·窗口故事》先进集体、世博运行保障先锋行动先进集体，有8名收费员分别获得行业收费窗口服务明星、十佳青年、岗位能手和世博志愿者等先进集体和个人荣誉称号。长江隧桥的运营管理在市公路行业年度检查中获得了外场和规范化管理双优秀的好成绩。

四、上海长江隧桥工程运营管理手册编制

1. 编制的指导思想

运营养护手册与长江隧桥设计单位编制的隧桥运营养护《须知》及行业部门颁布的规范有所不同。设计单位、行业部门提供的养护须知，主要侧重于所要达到的技术标准和操作要求；而运营养护手册应满足于在符合技术标准和操作要求前提下的实际操作要领、程序，即为达到某一个目标所要走的途径、采取的方法、经过的流程，包括对人、设备、材料等方面的具体措施。公司通过运营养护手册的编制，进一步规范操作人员的作业行为。

2. 手册的结构

（1）土建板块——①大桥结构；②隧道结构；③接线道路。

（2）机电板块——①隧道机电设备；②大桥机电设备。

（3）运行板块——①设施保护；②应急预案；③通车管理。

（4）安全板块——①占路作业安全；②高空作业安全；③用电设备作业安全；④变电站作业安全；⑤集水井作业安全等。

（5）绿化板块——①植被养护；②灌木养护；③乔木养护。

（6）其他板块——①技术资料管理；②养护工程的检查及验收；③营运及维护服务水平标准、监管与监督；④文明施工、养护与环境保护；⑤青马管制区运营管理经验介绍；⑥国外先进运营养护经验介绍。

3. 手册主要内容

（1）运营管理

①长江隧桥交通管理基本方法；

②交通工程及沿线设施运营管理；

③中控室交通管理工作要求；

④管控中心的日常工作管理；

⑤配合路政管理工作要求；

⑥保护区定期定点巡视工作；

⑦牵引排障工作要求；

⑧与交警部门的协同与配合；

⑨收费管理；

⑩服务区管理；

⑪检查站管理；

⑫维修养护安全工作要求；

⑬监管措施；

⑭突发事件应急预案；

⑮附录。

（2）养护维修管理

主要包括对主要土木工程结构如桥梁、隧道、道路、边坡等的养护，机电设备的保养，建筑设施养护的技术标准及要求，巡检、养护规定，特殊检查，损坏程度等级定义、维修等。

第三节　上海长江隧桥工程运营管理的总体目标和承诺

一、总体目标

行业评比前三名。

二、总体承诺

有责投诉为 0。

社会满意度≥ 85%。

突发事件及时处置率 100%。

文明创建率达 100%。

投诉回应率达 100%。

收费数据上传及时率 100%，准确率 95%。

每一工作日收费业务联系单上传及时率应达 100%，准确率应达 90%。

月末清点盘存准确率应达 99.7%。

主照明完好率≥ 98%。

应急电话完好率≥ 98%。

电视监控设备完好率≥ 98%。

交通信号灯完好率≥ 98%。

广播完好率≥ 98%。

隧道 CO ≤ 80ppm。

消防设备完好率 100%。

水泵完好率≥ 98%。

风机完好率≥ 98%。

除湿机完好率≥ 98%。

空调机完好率≥ 98%。

航空、航运灯完好率≥ 98%。

三、运营管理及人员组织机构

总运营管理组织机构见图 5-1，岗位系列图见图 5-2。

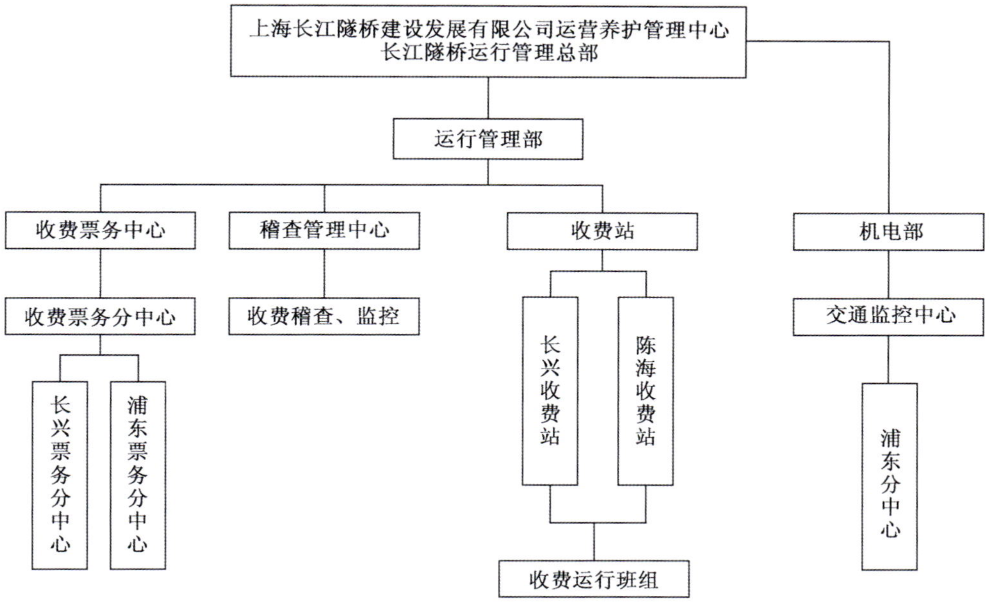

图 5-1　总运营管理组织机构图

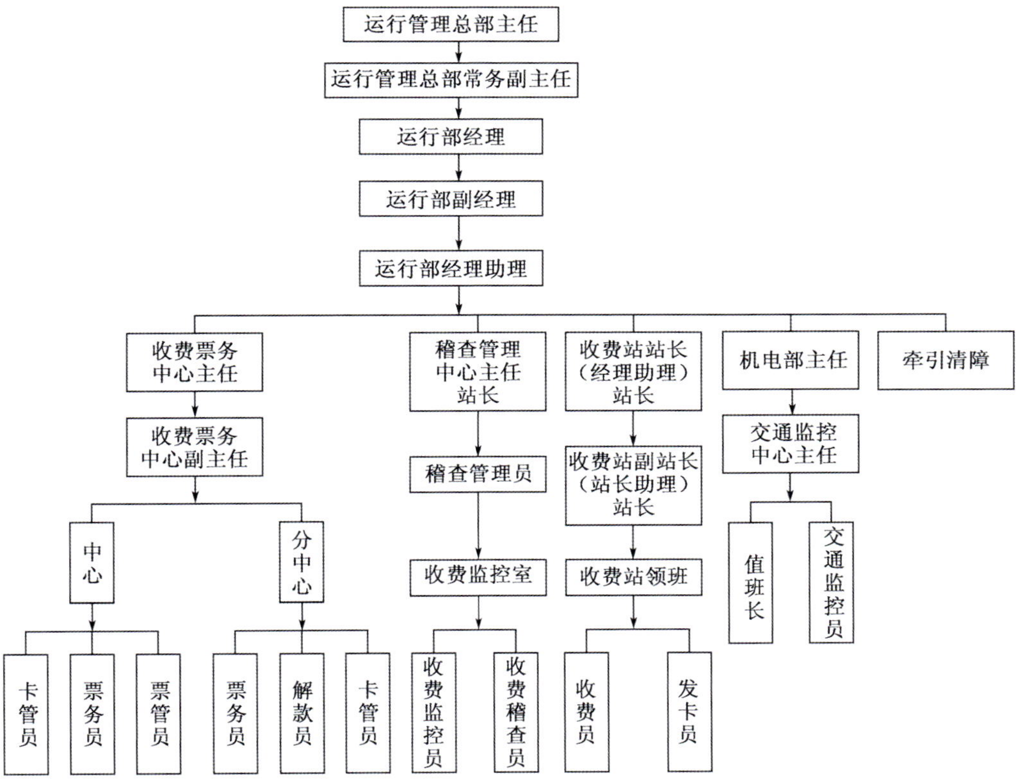

图 5-2　岗位系列图

第四节　上海长江隧桥工程监控中心管理

一、监控中心运营管理概述

1. 运营管理原则

监控中心是设施运营的大脑，无论从系统设置还是管理操作，它都是核心，是运营管理的关键控制部门。监控中心按照行业主管部门关于监控系统运营管理的要求建立工作流程，并按照流程设置相应的反映监控系统运营状况的管理指标，建立反映管理指标有关基础资料的收集体系，及时、完整、正确地记录有关数据、信息，为正确分析、评价隧桥运营状况提供依据。监控信息实行统一管理，以确保信息安全。

（1）按照“发现问题，确认问题，实施对策，效果评估”四步准则要求，进行监控系统的日常运营管理。

（2）全天候接受来自驾驶员、养护部门、交通管理部门提供的路况信息，并通过闭路电视等进行确认，全面掌握隧桥的运营动态。

（3）熟记行业管理各部门及有关单位的联系电话，迅速、准确地接听每个电话。

（4）密切注意监控系统的事件检测报警，通过闭路电视主动发现和确认问题；根据公路的交通状况，按高峰时段每15min，其余时段每30min用摄像机扫描一次路段的要求，实施操作和做好录像。

（5）根据各种信息反映的情况，经分析确认后，通过计算机辅助系统选择预案，或即时制订解决方案。

（6）负责收集道路施工、交通管制、气象变化等信息，并及时发布。

（7）通过隧桥上的可变情报板、广播等手段及时向社会发布信息，达到引导和调控交通的目的。

（8）及时通知牵引员按规定时间到达现场，实施牵引排障；遇到突发事件等紧急情况，应按有关规定处置。

（9）在事件处置过程中，做好全程监控，如有需要，即与相关部门联系或通知相关人员到场；同时，做好数据、信息的整理、分析，按规定向上级部门报告。

（10）事件处置结束后，适时更正或撤销向社会发布的信息，并及时评估处置的效果，做好相关记录。

（11）在实施紧急处置时，监控中心服从上海市公路路网中心的指挥。

图5-3为交通监控流程示意图。

2. 运营管理内容

1）交通监控范围

中央控制室监控人员不间断地通过闭路电视对监控范围的车辆通行状态和运营环境进行24小时的实时监控。主要交通监控的内容包括：

①交通堵塞、车辆故障。

②行车发生交通事故。

③禁行车辆的擅自闯入。

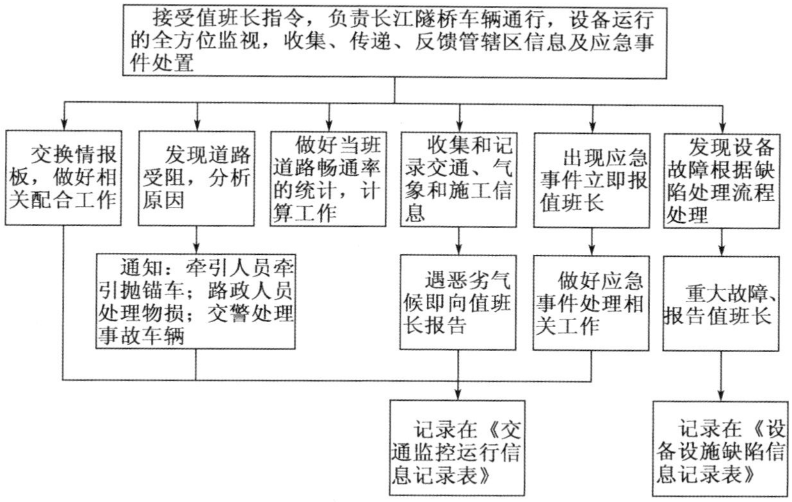

图 5-3　交通监控流程示意图

④车载物散落飞扬。

⑤车辆失火。

⑥行驶车辆损坏长江隧桥设施设备。

⑦施工妨碍交通。

⑧行人擅入长江隧桥。

⑨交通流量异常。

⑩其他影响车辆通行的异常情况。

2）运营状况监控与处置

①交通监控员通过监视器监视长江隧桥范围内车辆通行状态和道路、车辆运营情况及交通信号灯、环形线圈的运营数据状态，并按规定做好记录。

②发现行人或禁行车辆进入隧桥、车载物洒落和飞扬、车辆损坏隧桥设施设备等突发事件，立即通知路政人员前往拦截处理，并报告值班长。

③发现车辆失火，即报告值班长，通知运营管理人员和巡逻人员到现场救助，根据值班长指令启动防火预案，通知消防人员和救援中心。

④出现车辆火灾、抛锚、“一级保卫”、冰雪天、深度积水、重大车祸和台汛来袭等紧急情况和突发事件时，值班长判断对车道通行的影响和可能发生的后果。按特殊交通安全控制的要求，组织实施有针对性的特殊交通控制，最大限度发挥车辆的通行能力，并保障车辆的行车安全。

⑤遇重大交通事故、长江隧桥设施遭车辆严重损坏等情况，交通监控员全程录像。

⑥发现道路上有车辆抛锚或交通事故时，监控人员立即通知牵引人员到现场进行牵引除障工作，同时报清车辆类型、所处位置。对牵引情况进行记录，填写“牵引除障信息记录表”。

⑦对监控区域的车辆通行状况和运营环境进行全方位监控，并将发现信息、传递信息、反馈信息的内容即时填入“交通监控运营信息记录表”，需要时录像取证。

⑧在监视视野内应对进入区域内的施工、维修人员进行监控，及时填入“交通监控运营信息记录表”，发现违反安全规定行为和超越工作范围的行为立即报告值班长。

⑨定时收听气象预报，适时按气象预报调整限速板的指示速度和信息板内容，以告示顾客注意安全行车。

⑩值班长每班对运营班长、交通监控员进行督导，依照交通监控系统运营的相关规定，员工有

不符管理标准的行为，即要求其整改，并将情况记录于“督导登记表”。

3）交通量异常处置

①中控室注意模拟屏上车流量变化，特别是占有率变化。

②区段道路有摄像机能覆盖的，中控室通过摄像机观察道路车流量的变化。

③加强和收费口的电话联系，了解收费口的车流量情况。

④定时和整个路网的其他兄弟单位联系，周边道路的车流量异常情况，是否有影响车流量的紧急情况发生。

⑤观察道路监控工作站检测车流量的数据，判断道路车辆占有数值是否与实际相符。

⑥发现数据错误，立即报设备维修人员进行维修。

⑦发现交通流量异常增大，对相关的限速板、信息板发布交通流量异常信息。

⑧通知相关收费站开足收费车道，同时上报值班长。

⑨交通流量恢复正常后，值班长通知中控室，中控室对相对的限速板、信息板发布交通正常信息。

4）交通监控与管理

①交通监控员 24 小时不间断地通过监视器监视隧道内和大桥上车辆通行状态和道口车辆运营情况及交通信号灯，并做好记录。

②发现隧道内和大桥上有车辆抛锚、交通事故、出现交通堵塞现象，或者有人员在隧道内和大桥上施工，或者得到相邻的道路交通异常信息，交通监控员应变换情报板，向车辆驾驶员传递相关交通信息。

③发现隧道内通行车辆抛锚、车辆故障、车辆停驶、道口堵塞，交通监控员立即选择相应内容广播，保持广播内容的连续性，不出现断句。道口出口不畅时，对道口出口处至堵塞点依次重复广播，直至恢复正常通行。

④发现行人或禁行车辆进入隧道和大桥、车载物散落和飞扬、车辆损坏隧桥设施设备，交通监控员通知现场运营管理人员和路政人员前往拦截处理。

⑤发现车辆失火，交通监控员应报告值班长，通知现场运营管现人员和巡检人员到现场救助，根据值班长指令启动防火预案，通知消防人员和救护中心。

⑥遇一级保卫、重大交通事故、隧道内和大桥上设施遭车辆严重损坏等情况交通监控员应全程录像，并报告值班长。将交通监控信息和处理情况记录于“交通监控运营信息记录表”。

5）计算机操作管理

（1）计算机系统管理

监控中心的中央计算机系统作为整个长江隧桥管理的大脑和心脏，对长江隧桥设备系统、管理运营系统实施集成化集中控制和管理，由主服务器、磁盘阵列、I/O 应用服务器、图形工作站、管理工作点、通信工作站、网管维护工作站、打印机、网卡、交换式集线器、网络软件、数据库软件、监控平台 / 图控组态软件、通信线缆及连接器等组成。它的基本功能是信息的分析、处理，交通控制和管理的辅助决策，实行观察级、操作级、维护级三级管理，计算机系统的维护由运营部系统管理员负责。

（2）一般规定

①计算机使用人员只能按各自分工范围进行操作，监控当值人员负责操作系统设备并观察其运营状态。运营部系统管理员维修计算机需征得值班长的许可，并做好详细的维修记录。维修工作结束，经值班长确认后，才能重新投入运营。计算机禁止越级操作，使用人员遇到异常情况且无法处理时，要及时报告值班长。

②监控中心人员在接班时，应认真检查通信机、服务器等设备的工作是否正常，接班后，做好

计算机及其他设备外部的清洁工作。

③监控中心的所有数据管理、复制和备份保存，由运营管理部系统管理员负责。需要载入或携出信息载体时，须经运营管理部经理批准，使用盘片须经过检验。具体操作时，还须经值班长同意。

④为了保证信息安全，防止病毒对计算机系统的攻击、破坏，影响计算机系统的正常使用，严禁计算机使用人员使用外来的盘片。

⑤运营管理部系统管理员在进行计算机系统相关维护、维修工作时，须经值班长同意。

⑥计算机系统遇到运营程序或计算机呈现死机现象，对外部的控制无任何反应时，先采取重新启动计算机，用复位方法解除故障。如果复位后系统仍未能进入正常状态，立刻报告值班长，请运营管理部系统管理员解决。

⑦监控中心设备房的环境应符合《电子计算机房设计规范》（GB 50174—93）的要求，维护人员应定期检测监控中心的各种设备接地是否良好。

6）设备监控、巡检的监控和处置

（1）工作目标

严格按照操作规范和相关规程对监控设备进行维护，定期对设备进行检测与保养；定期对现场设备进行巡检，保持设备的清洁，保证设备的完好率。发现或接报常规故障，以最短的时间进行修复，并做好维修记录；遇到严重故障及时通知专业维修机构前来抢修，并报主管领导，保证系统在尽可能短的时间内恢复正常。

（2）管理规定

①设备状态监控

a. 交接班时，新的当班人员要检查自己操控的监控设备的工作性能，确认目前设备工作状态正常后，进行记录并交接班。

b. 值班长助理要通过各类系统自检功能，密切注意监控系统设备运营情况，一旦发现设备运营状态有异常要立即检查原因并修复，若无法修复应及时报值班长。

c. 机电设备监控当班人员要严格按设备操作规程，操作监控设备。操作过程中，发现设备功能异常要及时上报。

d. 监控员接报修后，应指挥机电巡检工立即对故障设备进行检修，不能修复的，应报值班长，通知养护管理部来维修，并协同其做好维修工作。

e. 故障设备修复后，做好验收工作及验收记录，按设备类型填写设备维修记录。

f. 监控设备的维修记录、保养记录应及时详细填写，并据此计算设备完好率，跟踪设备完好情况，以制订相应方案保证设备完好率。

g. 遇紧急故障，应严格按照紧急故障处理程序处理，尽可能做到快速处理，优先处理重要设备，保证监控系统重要功能可以正常运营。

h. 为保证快速的维修处理，应对易损、易耗零部件保有足够备用品，以备应急维修。

②系统设备的巡检

机电巡检人员应按各类系统的巡检计划对设备作日常巡视，巡检时应与控制中心紧密联络，做到内外场人员的结合；巡检时力求完备、仔细。对于重要的设备要着重检查，确保其功能正常。巡检时，应严格按照维护保养方案各项要求检查，并做好详细的巡检记录。巡检分为以下几项：

a. 设备巡检（包括变电站）。巡检人员要严格执行巡检计划和上级安排的具体任务，检查各系统设备的运行情况，对各子系统的功能实现、系统响应能力、通信链路情况、关键设备及部件的完好情况进行评定分析，填写详细的巡检检查记录。

b.维护保养。巡检人员按具体保养计划对设备进行常规保养，包括外场控制箱体的稳固、密闭，外场设备的清洁除尘，易损部件的润滑、调整，易耗部件的定期更换，根据以上情况填写设备保养记录。

c.配合检测。巡检人员配合机电管理部做好对系统设备的检测工作，做好检测记录。

7）养护作业监控和管理

（1）工作目标

对隧桥作业进行安全监控，确保作业安全。

（2）管理规定

①中控室应对运行班（巡逻、道口值勤人员）的交接班进行控制，听取交接班报告，并进行交接班许可。

②养护、检修人员进隧桥现场工作前，当值负责人应向值班长报告，值班长确认当值负责人，确认各类作业、施工或检修是否符合计划要求，下达工作许可指令，并在“交通监控运营信息记录表”中做好记录。

③对需变换隧桥运营方式的抢修或其他各类作业，当值负责人应向值班长报告，值班长确认当值负责人，确认各类作业、施工或检修是否按照批准的时间、内容进行，确认安全措施已采取完备，完成确认工作后，指令交通监控员根据实际情况的需要，迅速变换车道信号灯和情报板；在安全作业范围内应开启红色信号灯；迅速选择相应内容在隧道入口处进行广播，广播内容不得出现断句。在确认措施采取完毕后，下达工作许可指令，必要时委派值班长助理或其他人员到现场查证。

④值班长确认工作许可后，交通监控员迅速变换车道信号灯和情报板；在安全作业范围内开启红色信号灯；迅速选择相应内容在隧道入口处广播。

⑤控制中心应对各类作业进行跟踪、监视，发现违反安全操作规程和超越工作范围的行为进行制止，并报告值班长。

⑥巡视人员在隧桥巡逻时也要对现场的作业进行安全检查。

⑦工作结束，作业人员应向控制中心报告，交通监控员进行记录，并恢复变换车道信号灯、情报板和广播。如未汇报，则应向各相关部门报告追索。

8）电力设备监控和调度

（1）工作目标

保证电力系统得到全天候的监管，保证电力系统日常运营符合隧桥运营需要。

（2）管理规定

①电力系统运行总要求。电力调度员保证电力系统按规定的正常运行方式运行，通过指挥、监督电力值班人员执行电气设备的操作，保证隧桥电力系统设备运行的正确性和统一性。同时，通过电力值班人员和巡检人员的监视和巡检，保证电力设备安全运行。当发生下列情况，经值班长同意后，可变更电力运行方式。

a.电业主管部门提出要求；

b.电业供电线路突然故障；

c.电力系统的输变电设备故障或负载超过容许规定值；

d.电力系统因检修和试验需要；

e.其他威胁电力系统安全运行的紧急情况。

②电力设备监控规定：

a. 值班长助理应不间断地监视电网运行状态，监视各类遥信、遥测数据，发现不正常，及时处理、记录并报告值班长。

b. 电力值班员应不间断地通过指示灯、光字牌监视电网运行状态、设备工作状态，发现报警、故障信号，及时分析、处理、记录并报告值班长。

c. 电力值班每班两次进行设备现场巡视，填写各种设备运行记录。

d. 巡检人员每班对设备房至少进行一次巡视，确认各类设备运行正常；发现异常情况，报告值班长，在做好安全措施的前提下，进行检修，无法修复时填写《报修单》，交值班长审核。

③电力设备倒闸操作程序和规定：

a. 严格执行《电业安全工作规程》的安全组织措施和安全技术措施。

b. 值班长签发第一种工作票，值班长助理负责签发第二种工作票并签发操作票。重大操作值班长应到现场督导。

c. 倒闸操作应根据值班长助理的操作命令，正确填写操作票。发布电力操作命令准确、清晰、使用正规操作术语和设备双重名称，即设备名称和编号。值班长助理用电话向操作人传达电力操作命令。

d. 倒闸操作票由巡检人员或电力值班人员填写，经值班长助理核对正确无误后按规定进行倒闸操作，操作人应根据传达内容，填写操作票，复诵无误，并在“监护人”签名处填入发令人的姓名。

e. 每张操作票只能填写一个操作任务。

f. 在操作中必须严格执行倒闸操作规章制度和五防装置规定，不得任意解锁操作，如在操作中发生疑问时，必须查明原因，向值班长汇报得到同意后，才能解除五防进行操作，事后应做好记录并向上级汇报。

g. 工作结束后电力调度员验收，巡检人员或电力值班进行倒闸恢复操作。

9）环境监测管理

（1）环境控制标准

CO 容许浓度报警：第一次，80ppm；第二次，100ppm；超过 5min 平均，小于 125ppm。

VI 容许浓度报警：第一次，VI=0.009 1/m（可见视距 66.5m）；超过 5min 平均，VI<0.007 5/m（可见视距 53.5m）。

（2）环境监测具体要求

① CO/VI 浓度自动检测

长江隧道的 CO/VI 浓度检测为自动检测系统，检测数值通过回路数据卡及 PLC 控制系统反馈到控制中心的设备监控客户机界面上，计算机系统将对数值进行分析，根据浓度高低自动控制风机的开启，并且根据预设的报警值决定当前 CO/VI 浓度是否超限并报警。

a. 机电监控员（值班长助理）应经常查看设备监控客户机界面，检查隧道内的实时情况。当 CO/VI 浓度发生第一次超限报警时，要密切关注风机是否按设定要求自动启动和实际通风设备即时开启数量；如发生第二次超限报警时，发现风机仍未启动或开启数量与设定的条件不符时，必须立即通知机电巡检人员现场查明原因，排除故障。

b. 如故障复杂，一时难以排除，应报告值班长通知养护管理部进行抢修。

c. 机电监控员（值班长助理）对运行班巡逻人员报告的 CO 浓度现场检测的数据进行记录，并将 CO 浓度现场检测情况和 CO 浓度自动检测数据进行对比，绘制自动检测与现场信息差异图表。

② CO 浓度现场检测和报告

a. 确定现场采样检测点的数量和位置

长江隧道上下行隧道每管道设 3 个现场采样检测点，共计 6 个，布置在浦东、长兴岛隧道盾构段与暗埋过渡段的连接点和隧道中心。

b. 检测设备的配置

为确保现场检测的正确性，配置两台手持式 CO 浓度检测仪，在同一个检测点进行现场检测比较，避免 CO 浓度检测仪失灵造成的误显示。

c. 检测人员的落实

CO 浓度现场检测落实运行班巡逻人员负责，按规定时间和路线进行检测。

d. 检测报告规定

每次现场检测后，运行班巡逻人员将现场检测数据向电力调度员报告，并填写 CO 检测报表。

10）设施、设备重大故障（病害）的处理程序和规定

（1）工作目标

保证合理利用计算机设备，保证计算机系统正常运行。

（2）工作流程见图 5–4。

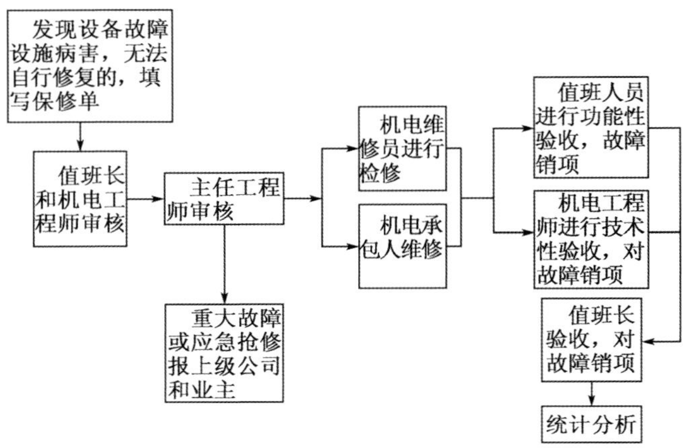

图 5–4　设施、设备重大故障（病害）的处理工作流程

控制中心工作人员发现设备重大故障（病害），应指令有关人员进行检查和处理，如无法排除故障，应立即报告值班长。

值班长接到故障（病害）无法解决的报告，应立即通知管理公司有关部门的领导，组织人员进行抢修。

重大故障（病害）的发现人，能采取有效措施防止故障（病害）扩大的，立即进行处置并报告值班长，由值班长报告总值班长，同时通知总工程师等有关领导。

交通监控员负责对重大故障（病害）情况进行单独记录，并在“监控中心运行日志”反映。

重大故障（病害）处置结束后，由专业技术人员进行技术性验收，设备故障值班长也可授权电力调度员进行功能性验收，设施病害可指令运行班巡逻人员、地面值勤人员验收。验收完毕后，值班长应负责对故障（病害）销项。

11）应急预案启动程序和规定

（1）工作目标

保证应急处置迅速。

（2）工作流程

①中控室每一位人员都必须明确各类应急预案的内容。

②发现各类突发事件，负责启动各类应急预案，在领导到达之前，负责组织实施应急预案。

③积极采取临时措施，并通知运行班巡逻人员、就近的地面值勤人员、机电巡检人员查证或救险，控制灾害性事件的发展，把灾害损失减到最小。

④发现车辆失火，应以最快速度组织救援，必要时通知当地消防部门；发现人员伤亡或接到人员伤亡报告，应以最快速度通知120救护中心；发生水管爆裂、危险品及毒气泄漏、刑事案件和火灾事件，应按紧急情况报告制度，与消防、路政、交警、上海市急救中心等各方面进行联系，在紧急情况处理过程中，负责联络工作。

⑤监控中心在得到重要信息（如暴雨、台风、潮位、恶性交通事故、冰冻、迷雾）后，必须在最短时间内感知灾害，作出迅速、准确的判断。

二、监控中心标准化管理

1. 车道通行方式及转换

长江隧桥的正常通行方式是：东线隧桥为浦东向崇明方向，西线隧桥为崇明向浦东方向。由于每条线路都有可能因事故和重大维修而造成临时封闭，隧桥在管理运行中必须解决这一矛盾，因事故或抢修造成某隧道停运时，需要通过通行方式的转换，确保交通畅通。

通行方式转换的过程以车流不能停顿、绝对不发生对车相撞为原则。运用优化组合排列，制订耗时最少的操作步骤，确保安全、准确、迅速地实现通行方式的转换。

1）长江隧道通行方式转换流程

长江隧道均为三车道通行，若某一隧道因故关闭，则应将另一隧道改变为双向通行。

以西线隧道封闭为例，则东线隧道应转为双向通行。由于西线隧道为长兴岛到浦东，因此东线浦东到长兴岛要转换为双向通行的话，需要在隧道长兴岛工作井和浦东工作井处开放移动隔离门，摆放安全标志，指引车辆进入东线隧道双向通行。

（1）监控中心执行养护计划，或有突发事件以及接交通管理部门指令需要关闭西线隧道，监控中心值班长用对讲机向巡逻和地面值勤人员发出“西线隧道开始关闭，东线隧道改为双向通行。长兴岛至浦东方向过江车辆由东线一号车道通行，浦东至长兴岛方向过江车辆由东线左侧二、三车道通行，各岗位值勤按程序准备”指令。

（2）交通监控员立即通过长兴岛隧道入口前的情报板发出“请注意，西线隧道即将关闭，请按交通信号和值勤人员引导从东线车道过江”指令，反复广播此信息。交通监控员应向长兴岛、浦东情报板发出“请注意，西线隧道即将关闭，东线隧道改为双向通行，请过江车辆按交通标志指示行驶。

（3）巡逻人员驾驶巡逻车赴东线隧道起点，卸下护栏、交通锥和红色频闪警示灯等封道器材，封闭东线隧道左侧车道，禁止车辆进入，摆放交通锥等标志，对东线隧道进行安全分道，并引导浦东车辆从东线隧道右侧车道通行，隧道长兴岛段隧道地面值勤人员在即将封道处等候指令。待东线隧道分道和车辆引导完毕，隧道长兴岛地面值勤人员对西线隧道进行封道，通过在长兴岛工作井摆放交通锥和红色频闪警示灯等封道器材将车辆引导至东线隧道。

（4）地面值勤和巡逻人员封道准备完毕后，立即向值班长报告“封道准备就绪”，值班长接到报告后，立即发布“西线隧道关闭”的指令。待西线隧道全部车辆全部离开隧道后，关闭西线隧道。

（5）交通监控员将西线隧道车道交通信号灯由绿灯转为红灯，同时变换情报板内容，浦西情报板发出“西线隧道车道禁止通行，车辆请从东线隧道通行”指令，浦东情报板发出“西线隧道车道关闭，东线隧道改为双向通行，请过江车辆按交通信号和值勤人员引导从东线隧道过江”指令，并在运行日志上记录此项指令和发布时间。

（6）地面值勤和巡逻人员立即封道，完毕后向值班长报告“方位：×××，姓名：×××，封道完毕”。

（7）巡逻车完成封道后，及时检查，确认即将执行封闭车道通行的车辆已全部驶出，车道已清空，并驶回规定泊车点，就位后再向控制中心报告。

（8）值班长向各值勤岗位宣布“××点××分西线隧道车道已关闭”，同时，交通监控员再次确认浦西、浦东情报板所发布的信息，并在运行日志上记录。

（9）至此，隧道通行方式转换与车道通行方式已告完成。若此项转换是交通管理部门或上级的指令，值班长应向该指令人作通行方式已转换完成的报告并记录。

上述转换流程具有下列优点：

（1）转换时间短。此转换过程在现场预先准备封道设施的情况下可在30min内完成，符合最低运行标准。

（2）对交通影响不大。整个转换过程，驶向隧道的车流几乎没有任何停顿，不会引起驾驶员误判走错车道的可能。

（3）转换车道过程严密。转换车道的全过程中，社会车辆能得到及时、明确无误的信息，且在控制中心严密监控中。监控人员和巡逻人员、地面值勤人员之间的指令汇报、信息交流、检查复核是严谨、周密的，能确保行车和车道设施的安全。

2）长江大桥通行方式的转换过程

（1）由值班长下达关闭车道的指令，实施封道，并由值班长通知中控室，由中控室发布封道信息。

（2）交通监控员在封闭路段外情报板发布信息。

（3）巡逻车开道，携带封道设施和载有养护人员的养护作业车随后进入警告区域。车顶情报板发出“大桥封道，车辆向左行驶”的信息。

（4）至距作业点规定的封道起点，两车停下，在起点处规范放置警示标识、交通锥、警示灯、箭指灯牌等封道设施，完成封道。卸下养护设备、材料，必须放置在封道标志固定的区域内，不得越界。

（5）养护现场负责人和巡逻人员应仔细检查交通安全措施是否规范到位，养护作业人员安全帽、反光标志服是否佩戴完备，设备、工具、材料是否全在封道区域内，确认无误后方可作业。作业时需派人监护控制，防止车辆干扰养护作业。作业车停在作业地点“上游”，巡逻车停在下游。

（6）交通监控员通过闭路电视，密切监视作业区上游车辆行驶情况。

（7）巡逻车应该将养护作业区域作为重点巡视对象。凡遇人员越界，通行车辆车速过快，应用车载广播提示，及时纠正。

2. 控制点运营管理

1）日常巡视

（1）日常交通巡检工作流程

值班长、运行班长负责隧桥和收费道口的巡视。上路巡视前通知中控室，明确各自巡视的路段和走向。巡检人员使用巡逻车对通道设备设施进行定期巡视检查，检查方式以目视检查为主。

运营班长将巡视过程中发现的异常情况记录于“异常情况登记表”并交值班长，由值班长负责汇总后，填写“信息联系单”转交相关人员。

运营班长发现不符日常巡视标准和车辆抛锚等其他异常情况，应报告交通监控员处理，必要时报告值班长，由其与相关方联系。

运营班长应依照值班长命令，对设备、设施进行巡视、应急视察和特殊巡视，根据值班长指令进行应急事件处理。

检查隧桥巡视中若发现设备损坏和故障，应下车进行处理，并报告交通监控员。无法修复时应按照设备故障缺陷程序和规定报修。

值班长抽检运营班长的工作状况，对不合格情况记录于“督导登记表”。

巡视结束后，通知中控室：“本次巡视完毕”。

（2）巡检路线及内容

①正常情况下在设施区域巡视时，沿设施整体线形开始巡检，往返一圈。

②发现重大设备故障，应根据指令调整巡检线路，快速赶赴现场进行处置。

③特殊情况下，根据值班长指挥，可适当改变巡逻线路。

④日常巡检工作的主要内容。日常巡视项目包括：路面、交通标识、照明、收费广场设施及由值班长临时制订的项目。

（3）特殊巡视内容及要求

①雨量多时的特殊巡视内容及要求

加强报警电话的巡视，重点检查电话箱体及进出线的渗水情况，保持电话的完好。

加强道路闭路电视的巡视，重点视查外场摄像机全天候防尘罩的渗水情况，保持摄像机的完好。

加强可变情报板、可变限速板的巡视，重点视察箱体及进出线的渗水情况，保持设备的完好。

②汛期、台风期的特殊巡视内容及要求

增加变电站的巡视次数，保持电站各设备的正常运行。

增加隧道泵房间的巡视，保持隧道排水系统正常运行。

巡视收费口和设施预警信号装置、情报板、限速板提前预警。

巡视收费广场、路面、海面船舶航行等情况。

③冰雪天、迷雾时的特殊巡视内容及要求

加强照明部分巡视，并保持路灯完好率。

增加能见度仪的保养，并保持完好。

加强报警电话的保养，并保持完好。

加强道路闭路电视的保养。

2）违章行为处置规定

（1）对各类违章行为，控制中心、巡逻和道口值勤人员应根据各自的条件，采取语音广播、扩音器提示、拦截等各种手段进行劝阻、制止、处置。必要时联系交警，通报情况，请求支援。

（2）对损坏隧道设施的车辆，处理人员应记录车牌、车主、驾驶员姓名，联系路政部门共同处理。

（3）对违反道路交通管理法规的逃逸车辆，应设卡阻截，记录车牌、车主、驾驶员姓名，联系交通部门进行处理。

3）CO 浓度现场检测规定

（1）CO 浓度现场检测由运行管理班巡视人员负责。

（2）CO 浓度检测线路，现场检测时间、要求，由运行管理部制订。

3. 上海长江隧桥监控中心管理特色

1）建立联动机制

按总体布局的要求，长江隧桥综合监控系统的控制中心设置在长兴岛隧道口附近，按各系统配置特点和管理的要求，在上海浦东侧隧道设置一处隧道分控中心。设置分控中心的目的在于提高管理部门对隧道及整个通道的管理监控能力，增强操作员、各系统的应变处理能力。

为了保障隧桥控制中心、隧道分控中心的正常、规范、有序运行，充分发挥控制中心系统的整体交通服务效能，提高长江隧桥整体运营管理水平，特制订管控中心与分管控中心的联动机制。

（1）管理原则

监控系统实行“统一管理、分级负责、协同运作、高效规范”的运行管理原则。

（2）管理职责

①控制中心——具有核心地位。

a. 全天候运作隧桥监控系统，实施各类信息采集、处理、发布和传递。

b. 负责收集和确认各类应急突发事件，按照预案流程和预案要求统一进行应急事件处置的指挥、协调。

c. 控制中心应根据要求，及时向主管部门报送运行、应急处置等各类信息，并根据历史数据定期编制各路段运行分析报告。

②隧道分控中心——接受监控中心指令，服从监控中心的统一指挥，在优先权确定后可独立工作。

a. 负责分控中心监控系统的日常运作，实施隧道管辖区域内各类信息采集、处理和传递。

b. 负责收集和确认隧道各类应急突发事件，并及时上报控制中心和相关部门。

（3）建立联动机制

一旦长江隧桥监控中心系统发生故障，监控中心当班值班长在进行故障排除的同时，向分管领导请示，要求将监控中心控制权限下放至隧道分控中心，由隧道分控中心实施对隧道区域内的控制，此时隧道分控中心的主要职责为：

①负责分控中心监控系统的日常运作，实施隧道管辖区域内各类信息的采集、处理、发布和传递。

②负责收集和确认各类应急突发事件，按照预案流程和预案要求统一进行应急事件的处置，并及时上报控制中心和相关部门。

③负责隧道内业资料和历史数据的汇总、整理、归档，并定期提出分析报告。

④接受监控中心指令，服从监控中心的统一指挥，确保上传数据、信息的及时、准确。

2）积极处理用户投诉。

为了保证隧道管理质量，我们制订了如下投诉管理方案。

（1）投诉受理

①监控中心接到市民投诉电话应进行记录，并立刻向值班长报告。

②值班长应立即分派相关职能部门进行调查，能够处理的投诉，尽快回复投诉人。

③对无法立即解决的投诉，值班长应向总值班长汇报，交综合办公室调查处理。

④对于重大问题的投诉，由综合办公室牵头，组织运行管理部和管理公司相关部门进行调查处理，并在一周内将处理结果回复投诉人。

⑤监控中心人员应将每件投诉处理情况记录于“投诉情况处理表”。

⑥每月向上级递交投诉事件的处理月报，重大投诉事件要及时报告。

⑦投诉事件根据查核的事实和有关管理规定，由管理公司对有责投诉的当事人进行处理。

（2）用户联络

为便于与公众的联络沟通、交流，并接受公众的合理化建议，以评价、提高服务质量，我们对主要的用户代表群成立了“用户联络组”，并每半年召开一次“用户联络组”联络例会，在会议上征询用户代表对隧道运行、养护管理的意见和建议，并在工作中加以实施整改。图 5-5 为用户联络流程图。

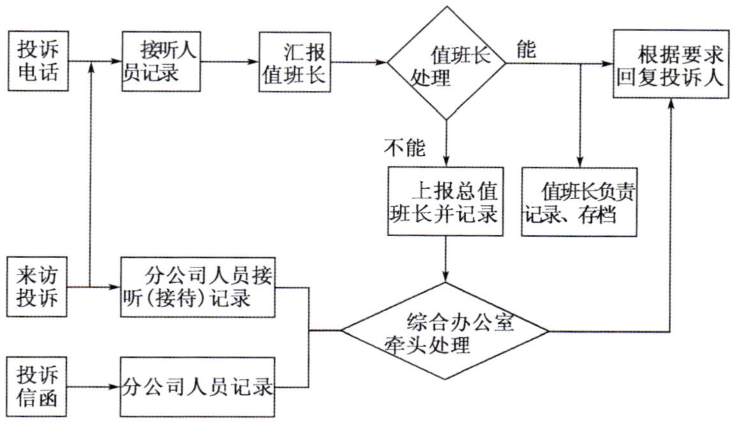

图 5-5　用户联络流程图

3）监控运行特殊服务

（1）总机服务热线

按照上海市文明行业的要求，在醒目位置公布运营声讯服务热线，制订严格的规范服务标准，总机电话——三声必答，自报司名；询问电话——首问必答，耐心指南；投诉电话——有案必列，有来必复；求救电话——询问仔细，方位清晰；业务电话——文明礼貌，态度和蔼。

（2）问询服务

长江隧桥通车后，有大量市民及外省市宾客来参观或到崇明、长兴两岛旅游，服务人员熟练回答大桥、隧道运行的公交路线，交通限制措施，市内或崇明、长兴两岛到达长江隧桥的主要路径，使市民及外省市宾客能得到满意的答复。

（3）信息、指令发布

根据看、听、想、动四方面的要求对监控人员进行培训，做到：

①勤看监视屏幕；

②细听各方信息；

③静思处置方法；

④指令正确迅速。

根据不同的交通实际状况对社会发布即时信息，下达一般事件、交通事故处置的指令，以及传达重大事件、恶劣气候预案启动的命令。

第五节　上海长江隧桥工程收费管理

一、收费运营管理原则

收费管理是运营管理的关键控制部门。收费运行应按照行业主管部门、业主等关于收费运行管理的要求建立工作流程，并按照流程设置相应的反映收费运行系统状况的管理指标，建立反映管理指标有关基础资料的收集体系，及时、完整、正确地记录有关数据、信息，为正确分析、评价隧桥收费运行状况提供依据。

（1）按照“应征不漏，应免不征；规范操作，文明服务”四步准则要求进行收费运行的日常管理。

（2）全天候接收来自驾驶员、养护部门、交通管理部门等的路况信息，并通过监控中心等进行确认，全面掌握隧桥的车辆动态。

（3）熟记收费行业规定的收费标准条款，按操作流程迅速、准确地完成每笔收费业务。

（4）密切注意收费系统的状况，发现异常问题及时上报；根据隧桥的交通状况，按有关应急预案落实相关措施。

（5）根据收费监控提供的各种信息反映情况，接受有关指令；服从运行管理人员现场调配，及时处理好各类道口的异常事件。

（6）留意道路施工、交通管制、气象变化等信息，并及时上报。

（7）遇到突发事件等紧急情况，应服从监控中心的指挥，按有关规定处置，体现长江隧桥运营管理“统一管理、分级负责、协同运作、高效规范”的原则。

（8）在事件处置过程中，应全程监控；如有需要，配合相关部门人员处理，同时，做好数据、信息的整理、分析工作，按规定向上级部门报告。

（9）按行业管理要求，抓好制度建设和规范管理，落实好票据管理规定，做好整理、汇总、上报各类收费运行报表工作，保证各种数据准确。

（10）做好窗口服务工作，接受社会监督，为客户提供便民措施；做好各类收费运行设施设备的维护与保养工作。

二、收费运营管理流程

收费运营管理工作流程见图 5–6。

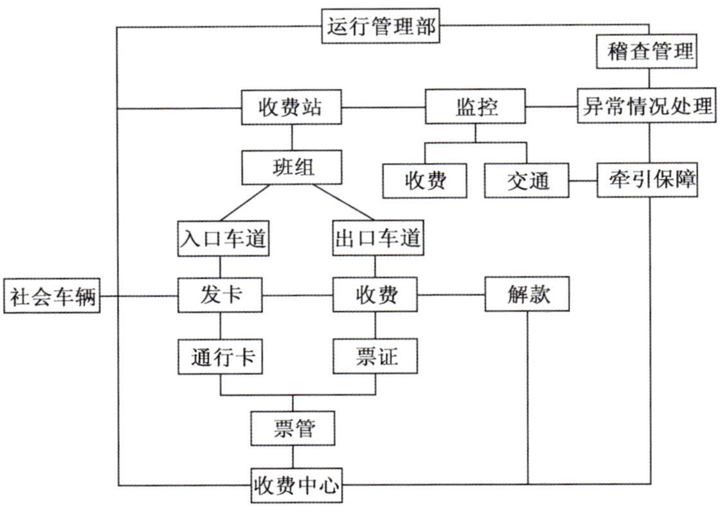

图 5–6　收费运行管理工作流程图

三、收费方式及收费操作流程图

1. 目前上海地区采用的收费方式

根据可能变化的收费方式，日后崇启段将采用人工半自动收费（MTC）与电子不停车收费（ETC）两种方式。

（1）U 行车操作流程

U 行车操作流程见图 5–7。

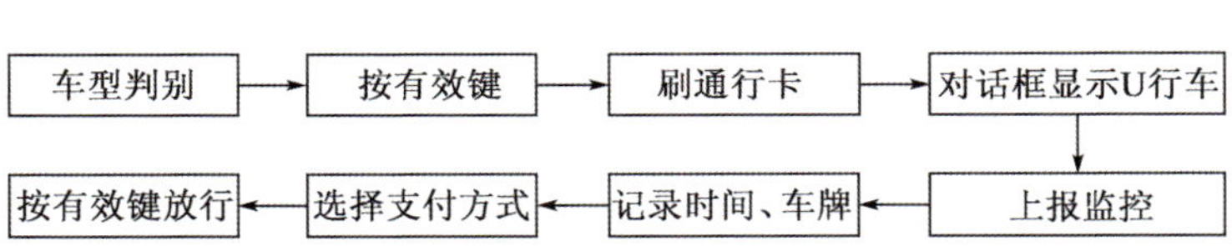

图 5–7　U 行车操作流程图

(2）车队操作流程

车队操作流程见图 5-8。

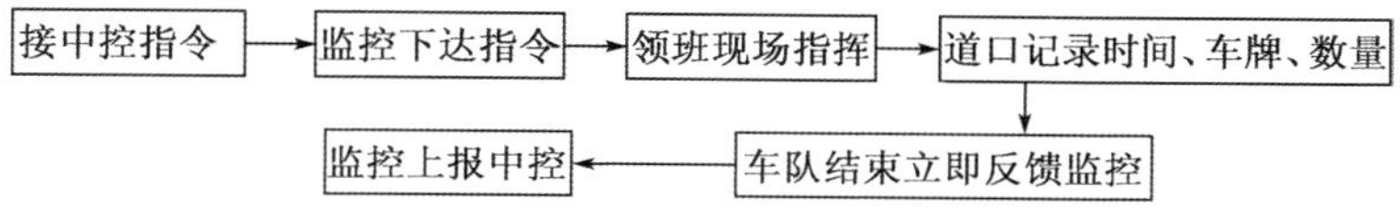

图 5-8　车队操作流程图

(3）公务卡操作流程

公务卡操作流程见图 5-9。

图 5-9　公务卡操作流程图

(4）沪通卡操作流程

沪通卡操作流程见图 5-10。

图 5-10　沪通卡操作流程图

(5）坏卡操作流程

坏卡操作流程见图 5-11。

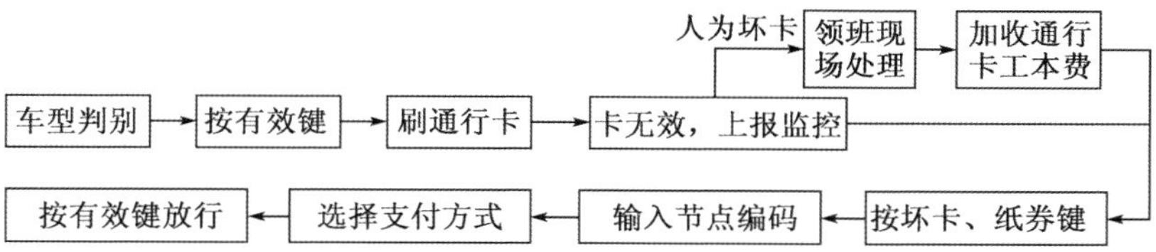

图 5-11　坏卡操作流程图

(6）紧急车操作流程

紧急车操作流程见图 5-12。

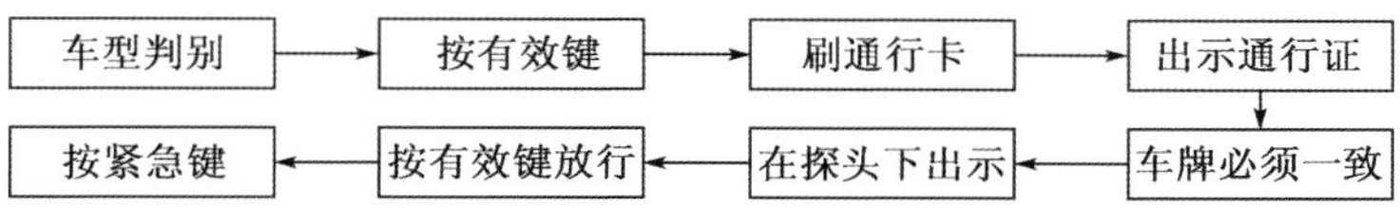

图 5-12　紧急车操作流程图

(7）普通车（发卡）操作流程

普通车（发卡）操作流程见图 5-13。

图 5-13　普通车（发卡）操作流程图

(8）普通车（收费）操作流程

普通车（收费）操作流程见图 5-14。

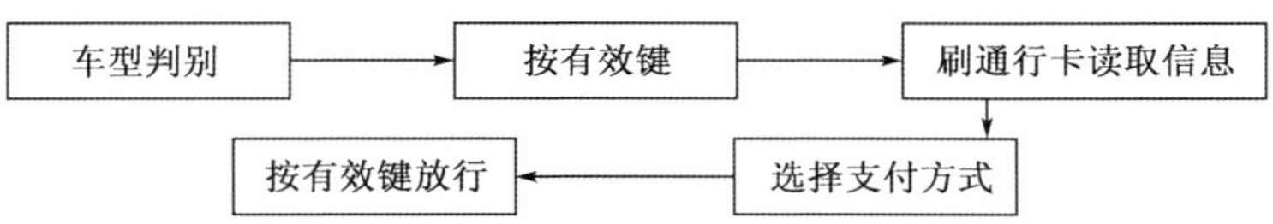

图 5-14　普通车（收费）操作流程

（9）手撕票操作流程

手撕票操作流程见图 5–15。

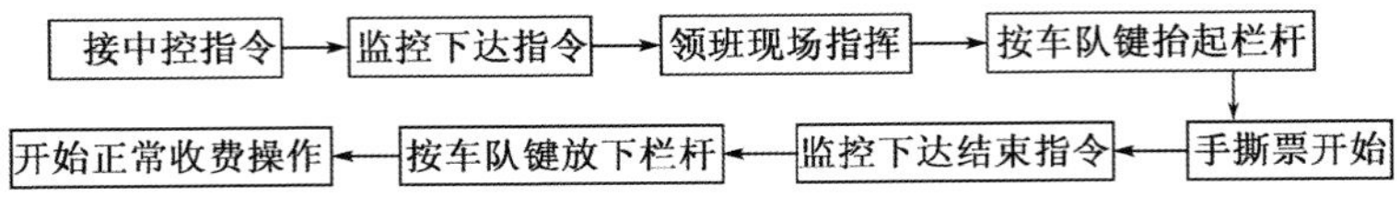

图 5–15　手撕票操作流程图

（10）无卡操作流程

无卡操作流程见图 5–16。

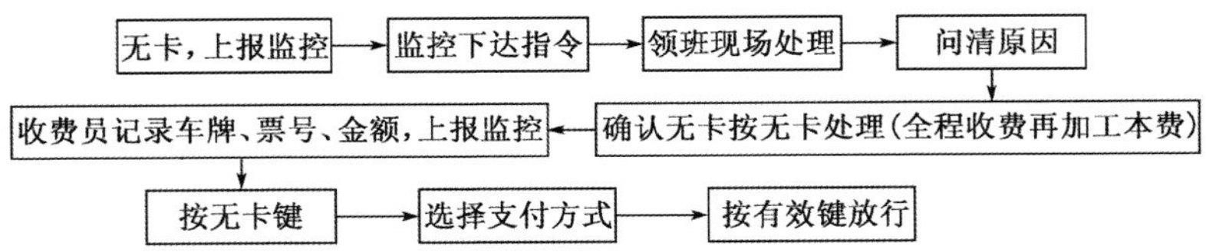

图 5–16　无卡操作流程图

（11）预刷卡操作流程

预刷卡操作流程见图 5–17。

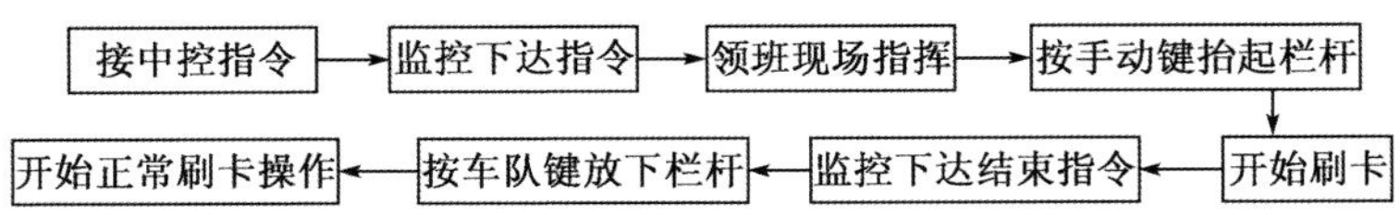

图 5–17　预刷卡操作流程图

（12）月票卡操作流程

月票卡操作流程见图 5–18。

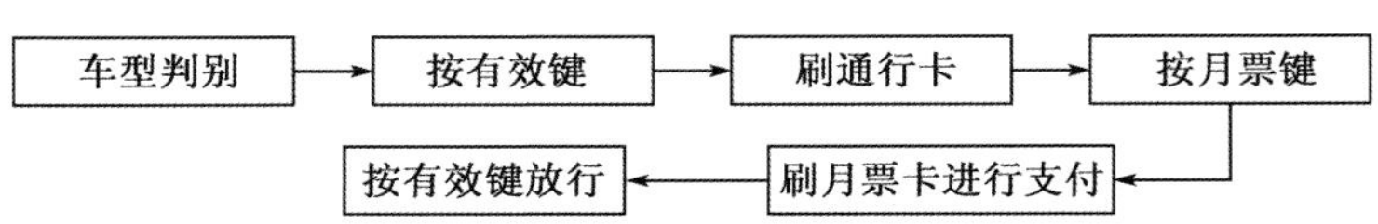

图 5–18　月票卡操作流程图

2. 崇启段通车以后采取计重收费操作流程图

（1）入口计重收费流程

①入口正常发卡操作流程（图 5–19）。

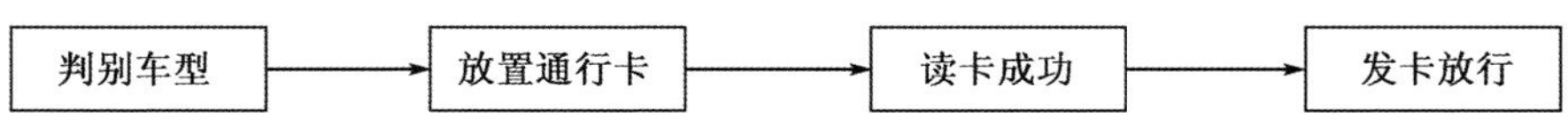

图 5–19　入口正常发卡操作流程图

②入口公务车发卡操作流程（图 5–20）。

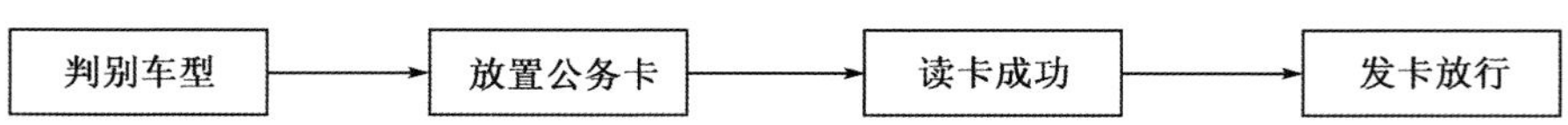

图 5–20　入口公务车发卡操作流程图

③入口牵引车发卡操作流程（图 5-21）。

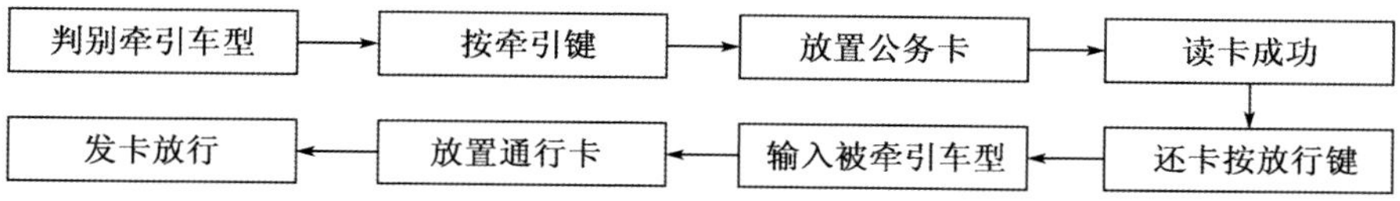

图 5-21　入口牵引车发卡操作流程图

④入口军车发卡操作流程（图 5-22）。

图 5-22　入口军车发卡操作流程图

⑤入口车队发卡操作流程（图 5-23）。

图 5-23　入口车队发卡操作流程图

（2）出口计重收费流程

①出口正常发卡操作流程（图 5-24）。

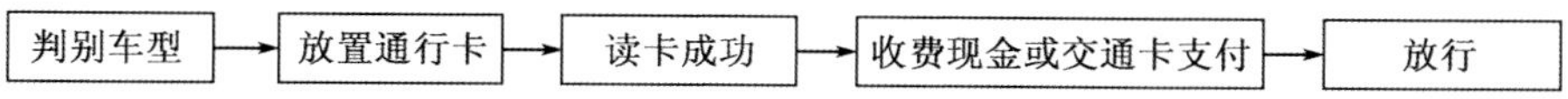

图 5-24　出口正常发卡操作流程图

②出口公务车发卡操作流程（图 5-25）。

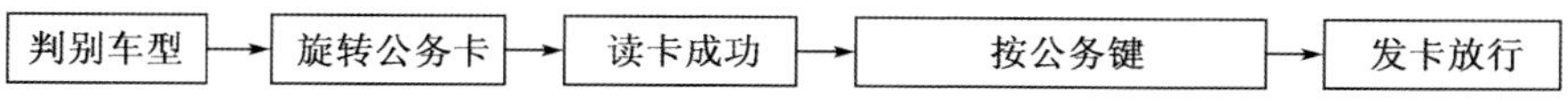

图 5-25　出口公务车发卡操作流程图

③出口牵引车发卡操作流程（图 5-26）。

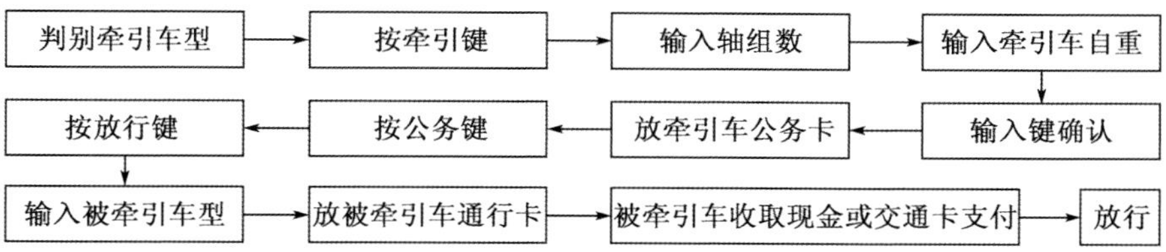

图 5-26　出口牵引车发卡操作流程图

④出口军车发卡操作流程（图 5-27）。

图 5-27　出口军车发卡操作流程图

⑤出口车队发卡操作流程（图 5-28）。

图 5-28　出口车队发卡操作流程图

四、收费清算流程

收费清算流程见图 5–29。

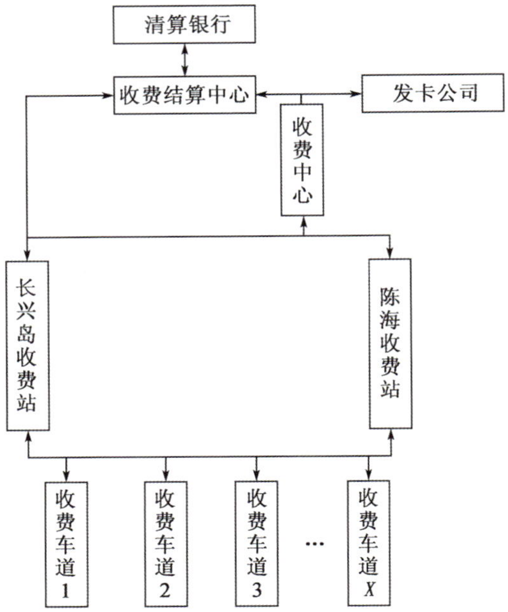

图 5–29　收费清算流程图

五、收费运营过程控制

长江隧桥收费运营管理所采用收费站长负责制下的四班二运转运作方案。收费站领班是收费运营管理现场的第一负责人，对收费站站长负责。当班值班站长监督监控人员、收费人员的操作规范，协调和处理各类纠纷，保证收费运营体系按照规定的要求控制，达到规定的目标。

1. 收费站站长操作过程控制

（1）站长在运营部的领导下，当班时间全面负责、指挥、协调、处置运营过程、业务运作及安全的管理，保障收费运营过程的安全畅通和规范服务。

（2）负责按车辆密度或收费站设备、设施状况，合理调度收费车道的关闭或启用。

（3）指挥和现场处理收费车道所发生的纠纷和物损事故。

（4）站长有权在计算机终端查询工班调度表，以及实时查询路段内所有收费车道的使用情况及收费员的上岗情况；有权查询各特殊业务处理情况，以及收费设备的使用、故障及维修情况。

（5）站长对路段内各收费运营岗位人员进行每周不少于两次的检查督导，发现不规范操作现象，除督促其整改外，将问题如实记录在“运营督导登记表”上，作为考核依据。

（6）站长当班期间对所发生的各类纠纷的处理，以及重大的违规操作现象，均以书面形式向运营部报告。

（7）站长在行政上隶属于运营部的领导与指挥，独立完成本职工作，如有超越职权范围的工作，向运营部报告、请示，现场操作规范服从运营部的督导和指挥，对运营部负责。

（8）站长负责收费站各班组的行政管理，包括人员的管理和教育、班组的学习和建设。其中包括收费员的排班、工班表的更新，以及收费广场的环境保洁等。

（9）站长每天对本收费站内各收费运营岗位人员的日常巡视、检查所发现的服务质量问题如实记录在“督导登记表”表，并督导整改。

（10）站长应每天检查设备故障和报修的汇总情况，督促相关人员进行维修和报修。

（11）各收费运营岗位人员做好责任区范围的行政事务和环境卫生等工作，落实后勤保障措施和相关事宜。

（12）站长指导和协助收费监控员完成对收费现场特殊事件的处理及纠纷的处理。

2. 值班站长（领班）的操作过程控制

（1）值班站长上岗应经规定的培训考核合格后，持证上岗。

（2）值班站长上岗前，要与前一班值班站长办理交接班手续，记录接收的各类卡、券及票据的数量，若不足立即向收费稽查员申请领取。

（3）值班站长可作“入库”时的监督人，核实入库卡的数量；当道口工作人员得到收费稽查的许可，需要领取通行卡时，作为监督人核实出库卡的数量。

（4）值班站长当班期间不准擅离岗位，不准在工作场所会客、吸烟、阅书、看报、闲谈、打瞌睡。

（5）值班站长应随时监视本收费口的通行卡、券、票据的使用状况，对收费车道(亭)的通行卡、券、票据及时调配。对各收费车道卡、券、票据数量的实时动态进行统计，以及记录给每个车道调配卡、券、票据的号面。

（6）值班站长当班期间，对收费员的工作质量进行监督，对收费员上岗、离岗和换岗等信息做好记录；当换班时岗位缺人，值班站长应在缺人岗位尚未接班时向收费监控员报告。

（7）值班站长在接受督导中如存在操作问题时，应及时整改并采取纠正预防措施。

（8）值班站长无权允许非当班收费人员及无关人员进入收费亭，或对车道设备、设施进行操作。

3. 收费员操作过程控制

（1）收费员应按操作规定，独立完成本职工作；超越职权范围的工作，向收费监控员或值班站长报告。

（2）收费员应经培训考核合格后，持证上岗。

（3）收费员上岗前，按照《票务管理规定》要求，与前一班收费员办理交接班手续，记录接收的各类卡、券及票据的数量；若不足可立即向值班站长申请领取。

（4）收费员当班期间不准擅离岗位，不准在工作场所会客、吸烟、阅书、看报、闲谈、打瞌睡，非当班人员不准进入收费亭。

（5）收费员在操作中应按操作规定，做到入口向顾客发通行卡、出口回收通行卡，实行一车一卡，对不准通行隧桥的车辆，应谢绝发放通行卡，禁止进入隧桥。

（6）收费员应执行电动栏杆的使用规定，等前车辆通过电动栏杆后，再发放后车通行卡，若后辆属免证车辆，应关照驾驶员“稍等”，然后“请通行”。

（7）收费员发现收费站或亭内设备、设施损坏，应记入日志，并向收费监控员报告。

（8）收费员无权让他人进入收费亭。

4. 收费监控员操作过程的控制

（1）收费监控员按照收费监控员的操作规定，独立完成本职工作，对超越职权范围的工作，须向值班长请示或汇报。

（2）收费监控员当班不准擅离岗位，不准在工作场所会客、吸烟、吃零食、阅读刊物、打瞌睡。非当班人员不准进入收费监控室，确因工作需要进入收费监控室时，应得到领班的同意，并做好登记。

（3）收费监控员上岗后认真履行交接班手续，并对收费监控设备进行检查，发现设备缺陷，应报告值班长，并填写《设备、设施故障报修单》，下班报值班长。如有重大故障应及时报告值班长。

（4）收费监控员当班期间，应及时对收费员上岗和换岗的报到信息做好记录，当岗位发生缺人接班时，应立即向值班长报告，由值班长通知领班及时调度。如果领班不当班时，收费监控员向值班长报告后可自行调度。

（5）收费监控员当班期间，应全方位、全过程监视、监听收费员的规范操作，对收费员的违规行为，记录在《收费员工作信息记录表》上。

（6）收费监控员对上传的抓拍图像进行管理，包括查询、备份等。

5. 交接班操作过程控制

收费员每天与下一班人员交接班时，应明确上一班工作移交的信息，如需要处理上一班移交的任务，则注意落实并检视收费监视系统设备的运转情况，遇有缺陷立即报告，且做好记录。

（1）日常巡逻、道口值勤人员交接班必须严肃、认真，交接班人员要发扬风格，尽力为接班人创造有利的工作条件。

（2）交班人员应根据轮班表按时进行交接班。如已到交接班时间，接班人员未到，交班人员应即向上级报告，并继续值班工作，不得擅自离岗，直至接班人员到达后进行交接。

（3）交班者事先做好准备，整理好交接的工作内容；接班人应休息充分，精力充沛，提前10min到达，做好接班前的一切准备工作。

（4）巡逻人员和道口值勤人员应当面交清本班巡逻和道口值勤工作中及隧桥的当前运营情况；如路面是否正在养护、何处在进行检修。当面交清巡逻车况、对讲机等，交接班结束，应在规定格式的“巡逻、值班工作日志”上签字。

（5）各控制点道口值勤人员到岗后应向控制中心报告到岗情况。

（6）交接班过程中，若发生交通异常或设备故障，应停止交接班，由交班人员负责处理，同时可要求接班人员协助处理；处理告一段落后再继续交接班。

（7）接班人员发现交接班事项不清楚或交接班内容不符规定，应要求交班人员详细说明或完成相应工作；否则，可拒绝签字接班，并应报告值班长，听从值班长指令。

（8）下列情况不得进行交接班：

①正在发布指令或联络处理交通异常情况时；

②出现设备故障信号时；

③事故处理未告一段落；

④发现接班人员喝酒或精神不正常时；

⑤接班人员未正式办理交接手续，交班人员擅自离开工作岗位的。

6. 异常情况处置

对各类违章行为，收费站应根据各自的条件，采取语音广播、扩音器提示、拦截等各种手段进行劝阻、制止、处置，监控中心联系交警、路政、通报情况，请求支援，进行处理。

1）防止超限、超载车辆进入大桥的管理措施

超限、超载车辆在长江隧桥上频繁行驶，不仅极易引发交通事故，而且会给设施的路面和结构带来严重损害。因此，应积极配合交通管理部门，对超重、超限车辆进行严格检查和控制。

（1）道口检查与沿线中途检查相结合

①沿线加强超限车辆管理规定的宣传；

②隧桥情报板定期发布超限车辆管理规定的有关内容：

③协助路政管理部门、交警、上级主管部门加强对超限车辆的执法。

④在道口，监督人员应密切关注预进入设施的车辆，若发现其有超重、超限嫌疑的，应配合交通管理部门进行拦截并实施检查，对有违章行为的驾驶员，由路政交通管理部门负责采取卸货、经济处罚等手段。

⑤值班长在通行巡视时加强对超限车辆的检查。巡检员在每天的巡逻过程中，除按要求实施规定的巡查项目外，同时还应注意观察在设施上行进中的车辆，若发现有超重、超限嫌疑的，应及时将车型、车牌号等通知给路政或交通管理部门，由其负责在道口实施拦截、检查、处罚。

（2）上门宣传和处罚相结合。在实施现场行政处罚的同时，可主动上门宣传、教育，从源头上减少超重、超限行为的发生。同时，及时统计有关数据，对超重、超限行为较多的货运公司，提交有关部门处理。

（3）办理申请与审批手续

对确因需要通过长江隧桥的超重、超限车辆，需办理申请与审批手续。由业主、交警部门和路政管理部门审批同意后方可进入和通过。

申请与审批手续包括：承运人提交书面申请，提供资料和证件，包括货物名称、重量、外廓尺寸及必要的总体轮廓图，运输车辆的厂牌型号、自载质量、轴载质量、轴距、轮数，轮胎单位压力

等有关资料，货物运输的起讫点、拟经过的路线和运输时间，车辆行驶证等。

路政部门在审批超限运输时，应根据实际情况，对需经路线进行勘测，选定运输路线，计算公路、桥梁承载能力，将有关资料提供给业主，以便业主制订通行与加固方案，并与承运人签订有关协议。

2）冲卡、设施损坏等处置措施

（1）收费道口时常会发生驾驶员冲卡、逃逸等现象，造成设施损坏。对此，除了在道口加强人员的安全管理外，还应安排专门人员，在道口负责处置这类突发事件。

（2）发生物损事件，路政员应立即调整巡逻路线或作息安排，赶赴现场进行调查和勘察，进行物损统计，办理物损赔偿事宜，并将处理结果报告值班长。

（3）长江隧桥区域发生超重、超长、超宽、超载、装载危险物品的车辆违禁通行等路政违章事件时，路政员应立即调整巡逻路线或作息安排，赶赴现场设法阻止其通行，并进行调查和处理，必要时向交警求助，事后将处理结果报告值班长。

（4）交通监控室对每辆通过的车辆进行摄像。实时图像一路上传至中控室。遇损坏设施、冲卡、逃逸的车辆，由收费人员用对讲机通知道口管理人员进行补票。收费人员还应报告中控做好记录，道口管理人员补票后也应通知中控室销项。

六、票务中心管理

收费票务中心是隶属总部运行管理部的日常收费票务管理的班组，是完成长江隧桥路段收费系统运行、资金结算的主要参与者，负责对所属收费站提供的收费数据、流量数据、上缴金额进行校对核查、统计汇总；对收费站进行票、卡、款的监督管理，对通行卡、票证进行合理调配；对抓拍图像进行复核，与结算中心对本路段的通行费收入进行清账处理；对各类免费通行车辆的范围进行甄别，审核、办理、制作、发放有关公务卡、通行证；对收费站各项收费业务的运行状态、收费人员的规范操作和违纪违规等情况进行分析，提供相应的整改措施。收费中心的主要管理功能是对整个路段的收费运行进行控制管理、票务管理、规范操作管理等。

票务管理规定和操作流程如下。

1. 票据的保管和使用

（1）科学统计预测票据的使用数量，力求做到数量准确，库存合理。

（2）应健全票据领用、发放、保管以及核销制度，并设票务总库进行具体的管理和核算。

（3）票务总库负责向清分结算中心领用核定数量的票据，并负责验收、发放、结存保管和账目登记，做到字迹清楚，日清月结，账票相符，账表相符。

（4）各级领票部门或个人应逐级提出票据申领，票务总库根据申领请求和实际情况发放，并在报表工作站作票据领用。

（5）各级领票部门或个人领用票据时，应对票据的名称、数量、序号、金额逐项进行核对；如发现缺号短联等废票时，必须全本停止使用，并立即报票务室。

（6）领用的票据按号码顺序使用，顺序号由小到大，先领先售，不得跳号或抽芯使用；票据使用过程中如有客户不要报销凭证，视作弃票处理，当班收费员应及时报领班并加盖弃票章上缴，以备核销。

（7）当班收费员应讲究效率，唱收唱找，力求准确、迅速，钱（找零）票与客户当面交点清楚，如有差错立即向领班和票务监督汇报并认真做好相关记录；及时规范填报（单），足额解缴票款，确保核算准确无误。

（8）票据的保管必须做到“三专”和“三防”，对保管的各类票据（账表）应帖好标签，并按顺序分类摆放整齐。

（9）票据应妥善保管，按规定存放，不得私自携带或委托他人保管；凡未按规定造成票据、票款（备用金）缺失，领用人应负责照价赔偿。

（10）票务总库或领用票据的收费员调离岗位，应按规定及时办理移交、回收手续。

（11）票务总库负责对管辖范围内收费员的票据领用、发放和账务情况进行业务指导和日常检查；票务室应对各收费站的票据进行定期（每月月底）和不定期的盘点。

（12）票务总库在年终应列出票据年度售存汇总报表和销毁清册，报上级主管部门审计核查后，派员监销。

2. 票据的申领管理规定

（1）票务总库向收费结算中心（养征办）申请票据的管理规定

票务总库申领票据的数量按本路段两星期平均待售量控制，负责检查本路段各类票据的领用和库存情况。当某类票据少于规定量时，路网票据需填写由结算中心提供的“票据申领单”，提交收费管理中心主任审核。收费管理中心主任审核签字后，由票务总库向收费结算中心申领。贷款费票据需向养征办提出申领请求。票务总库对票据进行现场清点，当场按包验收后入票库妥善保管，同时在“票据收发存明细表”台账上如实登记。票务总库在验收过程中若发现因印刷质量问题而不能发售的情况时，应立即向票务主管报告、协查；若在发售过程中发现，须妥善保护原本票的现状，将情况记录在案，并在第一时间上报相关领导。对上述情况由票务室主任将情况及时向主管部门反映，做好备案。

（2）收费稽查领用票据的管理规定

收费稽查申领票据的数量按站中心两星期平均待售量控制，监测下属各收费广场的票据使用、结存情况，当某类票据少于规定量时，向票务总库提出领用申请，验收票据后在“票据领用单”签字认可，在报表工作站作票据领用，并在“票据收发存明细表”台账上如实登记。路网票据由票务监督根据领班、收费员申领请求，结合实际结存情况发放票据，填写“票据领用单”（一式三联）由发放人、领用人签名。由收费稽查根据收费员反馈的领用单在报表工作站作票据领用，在“票据收发存明细表”台账上如实登记。贷款费票据由收费稽查按两个班次的最大使用量补充至各票箱内，并开具“票据领用单”，收费稽查根据领用单在报表工作站作票据领用，在“票据收发存明细表”台账上如实登记。负责每一班票箱的回收和发放工作，由领用票箱的收费员在“贷款费结存、移交报表”上签字认可。

（3）收费领班领用票据（打印票）的管理规定

收费领班向票务监督申领票据的数量按使用量控制，当某类票据少于规定量（一般按两个班次待售量控制）时，收费领班向收费稽查提出票据领用申请。票务监督同意后向领班发放票据，在报表工作站作票据入库，并在“票据收发存明细表”台账上如实登记。收费领班领取票据并对所需车道进行安装，安装后上报收费票务中心票务员，根据票据使用的车道号、使用人，由收费稽查在报表工作站作票据领用并在“票据收发存明细表”台账上如实登记。

（4）通行费定额票据的管理规定

当车道打印机发生故障等情况，或遇超大车流的情况时，需临时采用通行费定额票据作为收款凭证，由收费员统一向收费稽查领取，并备有一定数量。收费员申领的定额票据按不同票面按本票箱领取。票箱初始领取量按一个班次的定额票据使用量控制，当数量低于一个班次使用量或某票面值的票数量不足时，收费稽查核定后向该票箱发放通行费定额票据，在报表工作站作票据领用，并在“票据收发存明细表”台账上如实登记。收费员下班后，清点剩余的票据，在《售票日报表》中登记本班次售出的通行费定额票据面额及数量。

3. 票据的回收管理规定

收费员在售票过程中若发现票据因质量问题而不能使用，应立即向收费稽查报告，并在“售票日报表”备注中记录重打、卡纸等情况。异常票据上缴给票务核销妥善保存，并由票务核销将情况逐级上报相关领导。

4. 废、弃票的回收管理规定

收费员在售票过程中产生的废、弃票，及时向领班或收费稽查、监控汇报，并加盖废、弃票章后上缴收费稽查，并记录在“售票日报表”中。对于道口拾获的票据应立即加盖弃票章上交收费稽查，各站收费稽查汇总统计后上缴收费票务中心，由票务总库汇总回收废、弃票入票库保存。

5. 票据管理原则

谁领用谁负责，谁保管谁负责。

6. 票据管理流程

票据管理流程见图 5-30。

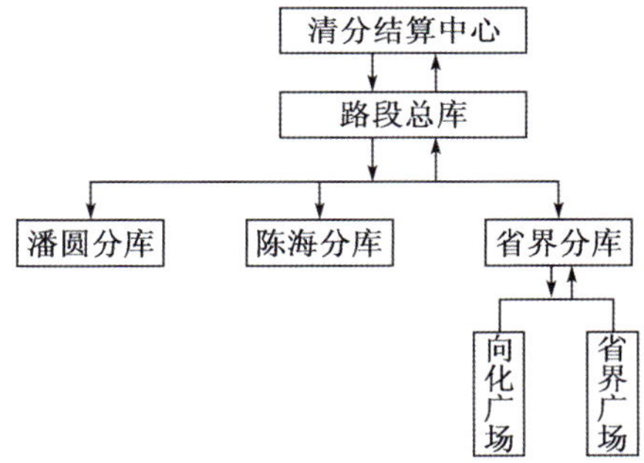

图 5-30　票据管理流程

七、收费特色管理

上海长江隧桥是建设时世界上最大的隧桥结合工程。长江隧桥目前共设长兴岛、陈海两个收费站，118 名收费员全部来自崇明县。收费站自 2009 年 7 月组建以来，积极响应市建设交通行业“让‘工人先锋号’旗帜在建设交通窗口飘扬”的行动，不断强化自身素质，在提高服务水平上下工夫，创优通行环境，创新服务内容，积极组织收费站职工开展“四优”活动，“五比五赛”、“万笔无差错”、技能操作赛、吴尔愉示范岗、爱心大使和站立式服务等工作。通过收费站全体职工的不懈努力，收费站先后荣获上海市“工人先锋号”、《感动世博 · 窗口故事》先进集体、世博运行保障先锋行动先进集体及行业收费窗口服务明星、十佳青年、岗位能手和世博志愿者等称号。

1. 创新服务，真诚奉献

在长兴岛、陈海收费站建立了“全国劳模吴尔愉带教示范岗”。在示范岗服务中，收费站先后推出了岗前微笑操作、双语服务、站立式服务和制作世博地图等多项服务新项目和服务承诺，在增加服务技能、改善服务态度、优化服务流程、美化服务环境、提高服务质量、规范服务用语上精益求精，处处体现人性化服务，以更顺畅的通行环境，真诚服务客户，真情奉献客户。

图 5-31 为收费站示范岗服务。

2. 收费班组建设

班组文化是团结凝聚班组全体成员的桥梁和纽带，是班组建设的核心内容。班组建设创造和谐的工作环境及亲和力，坚持以人为本，发扬团队精神。我们始终把收费站文化建设作为提高职工队伍素质、服务客户、服务企业的一项重要工作来抓。

收费站聘请“爱心大使”金晶开展爱心传递活动，并先后组织了半军事化上岗操作、“隧桥杯”技能比赛、“学双语、岗前微笑操”、班组管理台账培训、季度民主生活会和站部活动日等活动，架起班组文化团结凝聚班组全体成员的桥梁和纽带，推动收费站稳步快速发展。

3. 开辟“菜篮子工程”绿色专用通道管理

为保证装有鲜活农产品的车辆快速通过长江隧桥进入市中心，对相关车辆一律按绿色通道进行放行。

1）绿色通道流程

享受“绿色通道”优惠政策的车辆，通过收费站时，收费人员的操作程序如下。

（1）入口发卡处：发卡员按实际车型正常发卡，向其说明；运输鲜活农产品的车辆在出口处享受优惠政策。

a)车辆进入道口前，应起立迎接客户　b)车辆进入道口，应伸手示意

c)递交客户票证应微笑目视客户　d)车辆离开时应扬手目送

图 5-31　收费站示范岗服务

（2）出口收费处：

①收费员发现或客户提出本车属于绿色通道车辆后应上报收费监控。

②收费监控在接到收费员上报后通知值班站长前往道口查验。

③当班值班站长对车辆运输货物及实际吨位进行核验。

④核验无误后，上报收费监控进行登记，在核验人员一栏中签字，交站长复核。

⑤核验认为不属于优惠范围车辆，值班站长通知收费员在车辆实际车型类别的基础上，对车辆收取通行费，同时在运转日志上做好记录，并报告收费监控室。

图 5-32 为收费人员操作程序图。

2）实施要求

（1）各收费站要按上级有关文件精神严格执行，并根据文件规定的时效、范围、优惠方式进行操作管理。

（2）核验人员必须为当班值班站长，若当班值班站长不在岗位时，由站内指定的当班负责人核验并签字。复核人员必须为站长。

（3）核验和复核人员要认真负责，核验运输的货物时必须查看实货，不得只查看货物运输单。

（4）收费时要以车辆的实际车型为准，不能只按通行卡上的车型进行改卡收费。

（5）收费人员要做好文明服务，对于不符合优惠政策的车辆要做好解释工作，对于经核实为符合优惠政策的车辆在操作时要快捷，确保车辆快速通过。

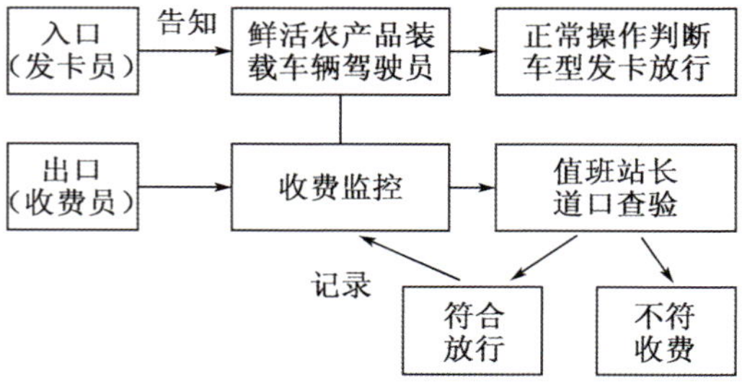

图 5-32　收费人员操作程序图

3）监督检查

（1）收费监控员要认真负责，对于核验及收费等各个环节要加强监督，发现问题要及时加以指正，同时做好记录。

（2）各收费站要加强对收费人员的责任意识教育，并加强日常的督导检查。

（3）运行部管理人员和中心稽查员要通过现场稽查、抽查录像带及核对原始记录等方式对此项工作进行监督检查。

4）责任追究

（1）核验及复核工作采用谁签字谁负责的原则。

（2）对于借“绿色通道”政策，进行吃、拿、卡、要，放人情车或贪污票款的，一律按公司有关规定处理。

（3）对于私自扣押运输鲜活农产品车辆造成损失的，由责任人负责赔偿，同时处罚责任人 300 元并通报批评。

（4）对于符合优惠政策的车辆不按规定进行降低标准收费而造成驾驶员、车主投诉的，经查属实对责任人给予 200 元处罚并通报批评。

（5）收费监控人员对于“绿色通道”政策执行情况监督不力，出现违纪行为不记录、不汇报，与违纪者同等处理。

（6）收费站对“绿色通道”政策执行不力，站内出现违纪行为的，在优秀站评比中按每人次予以扣分，出现作弊行为的，按公司有关收费纪律进行处理。

4. 特殊车辆，出亭引导

遇到国内外贵宾通行，或有紧急情况需要通行的车辆，收费人员要出亭引导，一方面致以友善的礼节，另一方面便于通行车辆对专用车道的识别。

5. 亲切提示，危险告诫

对特殊气候条件下的通行，给予亲切提示，如雾天、大风、暴雨天气，根据预先设定的通行控制措施，请驾驶员开启雾灯，按照通行规定的车道行驶。

6. 设立专亭，便民利民

在收费站旁设立便民利民服务亭（图 5-33），提供一系列便民利民服务，其范围包括：提供饮用水、提供指路图、提供医药箱、提供咨询服务及其他力所能及的服务。

图 5-33　便民服务亭

7. 通过运营流量数据结果分析，提高排堵保畅能力

1）交通通行状况数据分析，调整收费运营能力

长江隧桥全线开通后，长兴岛、陈海收费站将根据采集通行车辆的数据（收费员收费电子账，发卡员通行卡账、运行流量的日报表、月报表、年报表），然后汇总流量状况给予数据分析，掌握日高峰小时流量、最高日流量、最高月流量及显示所出现上述流量的时间位置、客货车比例等，采取一些相应的管理措施和对策。

（1）收费站根据不同时段的交通流量的变化，对收费人员的作息安排、道口开放数、开放时间段进行管理，编制各班次之间人员安排计划、道口开放数计划、设施维护安排等报表。

（2）在各特殊时段应急保畅预案启动前的准备，如增加收费员的上岗、亭外收费服务，监控中心在情报信息板上发布拥堵信息，收费站广播系统广播提醒信息。

（3）各收费站票证款的备用，如提前预备好充足的路段通行卡、预刷编码通行卡、纸质定额通行券、通行票证和零钱调换的准备。

（4）相关单位的提前预警，如提前告知交警、路政部门增加上路巡检和安排警力在收费站执勤。

2）牵引状况的数据分析，提高排堵保畅、应急抢险能力

采集在长江隧桥道路上车辆发生故障、事故的数据（牵引情况月报表、年报表），分析造成这

些车辆发生上述情况的原因（车况情况、道路拥堵、高温、严寒和恶劣天气等与之关联），及事故多发地点汇总（设施硬件原因、驾驶员疲劳驾驶、不良驾驶习惯、违章违法行为等与之关联），采取一些相应的管理措施和对策。

（1）通过广播、视频等载体，对社会宣传道路交通安全，同时在情报信息板上滚动播放交通安全信息，起到宣传教育作用。

（2）监控中心根据实际路况利用情报信息板实时播放拥堵信息，提醒驾驶员注意。

（3）联系交警、路政部门，携手合作开展整治机动车违法活动，整治重点为大型车辆不按规定车道行驶、擅自变道、不按规定路线行驶等违章违法行为，通过这些活动的开展，努力使长江隧桥的交通状况得到改善。

（4）加强对总值班长巡视路线、频率的考核，将设备更新添置计划、应急预案变更进行调整，对抢险人员作业时间进行安排。

（5）根据事故多发地点资料的分析，调整牵引车辆的泊点，使其在车辆发生故障、事故后，最短时间到达现场，实施牵引排堵，保证道路畅通。

8.ETC 快速通行管理

ETC（电子不停车收费）作为本市高速公路联网收费的组成部分，是由原来的 MTC（人工收费）变为采用 5.8GHz 专用短程通信技术对安装了 OBU（车载单元）的车辆在经过设施收费道口时自动收费的一种方式，其收费原则与 MTC 完全一致，包括收费依据、费率计算、费用收取、结算、拆分等，只是在收费道口由于收费方式的不同而有所差异。

1）ETC 专用车道功能及操作流程

对于 ETC 专用车道，正常通过车辆的收费管理不需要人工干预，收费过程自动完成。在正常车辆通过的情况下，ETC 车辆驶入 ETC 收费车道，ETC 车道路侧读写设备通过无线通信方式对 ETC 车辆上安装的电子标签内的数据进行读写、交换等处理，完成不停车收费交易。收费交易完成后，车道计算机控制接口设备，电动栏杆抬起，通行信号灯为绿灯，放行车辆；车辆通过后，外设复原，准备下次车辆进入。车道计算机保存本次收费信息，并将该收费记录上传收费站。

异常情况车辆的收费管理通常需要管理人员的现场处理，异常情况包括非 ETC 用户闯入 ETC 车道、非法 ETC 用户（包括电子标签坏、电子标签过期、OBU 与 RSU 认证未通过、电子标签已被注销、黑名单用户、中间换卡等）及非正常交易的用户（如交易未成功完成），通行信号灯为红灯，电动栏杆不开启。此时通过人工干预，将该车辆引入相邻的 MTC 车道按人工收费方式处理。

对于 ETC/MTC 混合车道，ETC 车辆由电子标签读写器进行全自动收费。异常情况下车辆的收费管理由该收费车道的收费人员进行人工收费，其流程同 MTC 收费流程。

2）ETC/MTC 混合车道的变换管理原则

（1）由于 MTC 车道的通行能力只有约 250 辆 /h，当 ETC 用户的通行量达到或超过 250 辆 /h 时，将 ETC/MTC 混合车道调整为 ETC 专用车道。

（2）在晚间或同一断面 MTC 车道出现空闲时，将 ETC/MTC 混合车道设置为 ETC 专用车道。

3）日常运营管理

（1）一些位置 ETC 的车道设置，特别是专用车道设置没有考虑系统冗余，如断面设置一进一出 ETC 专用车道，单点设备故障就很容易产生 ETC 系统的非正常使用。根据上述情况，安排专业系统维护人员定期和不定期地检查 ETC 系统和设备，重点主要包括天线、快速栏杆及供配电，保障 ETC 系统设施处于良好的技术状态。

（2）ETC 车道配置相应的管理人员。配合交警和路政人员对非 ETC 用户闯入或误入 ETC 车道进行引导，使 ETC 车道保持畅通。

（3）加强 MTC 车道收费人员的服务与培训。路网目前尚未完成 ETC 车道的封网，在现阶段 ETC 车辆的“沪通卡”在 MTC 车道可兼作“通行卡和支付”使用。加强和完善培训，通过 MTC 的人工服务，为 ETC 用户提供良好的收费环境。

（4）建立服务咨询。对过往收费道口车辆问讯涉及 ETC 系统 OBU 安装的，提供一定的服务咨询。

9. 超限车辆的预防与控制

1）增设自动报警系统

在进入收费站前匝道或限高龙门架前端，增设定焦摄像机，并配置 CITILOG 自动报警系统，实现超高、超宽车辆进入收费站的预先自动报警，有效预防超高、超宽车辆进入大桥、隧道。

2）称重车道的使用

发现有超重嫌疑的车辆，要求其进入称重车道进行称重，对于经称重超过设施限载的车辆，立即报告路政进行处理。

10. 票证、票房的安全保障

为确保设施通行费与上海贷款道路通行费各类票证的安全，在硬件上公司专门设立了票证存放间（图 5–34）与解款室（图 5–35），在上述房屋外均安装防盗隔离窗、门，并在室内安装了摄像机进行 24h 不间断监控与录像，由收费监控室值班人员进行控制，由专人负责管理。为确保票证在使用中的安全与管理，公司还专门制订了票证领用、发放、核销制度，做到发放与核销分别由专人负责，避免了程序上的漏洞。在使用过程中要求票务管理员定期、不定期地进行道口票证稽查，减少票证在实际使用过程中的舞弊行为发生。为保障票证使用的连贯性与及时性，根据道口特点先编制了打印票管理到亭、贷款道路票证到箱的管理制度，又从实际性操作性出发编制了票证使用管理。

图 5–34　票证存放间

图 5–35　解款室

第六节　上海长江隧桥工程交通安全管理

一、交通安全管理概述

根据养护管理实践，需要加大交通安全控制力度的特殊情况大致有：车辆在隧道内抛锚，冰雪天、大雾天、台风侵袭、江中心深积水、重大交通事故，隧道“一级保卫”和隧道火灾等。若发生此类情况，应按照“人员安全第一，最大限度维持隧道安全畅通”的原则，采取下列特殊交通安全控制措施和程序，必要时启动应急预案。

（1）特殊交通事故处置作业原则：安全、快速、规范、有序。

安全——处置作业前及过程中，必须落实各项安全措施，确保现场和作业的安全。

快速——信息传递快、到达现场快、方案确定快、措施落实快、作业展开快、清场撤离快。

规范——现场作业操作规范无违章，充分体现专业的训练有素和职业水准。

有序——服从命令，听从指挥，团结互助，互相配合，分工协作，有条不紊，充分体现团队精神。

（2）道路交通事故现场的处置人员，须听从值班长的指挥；如值班长不在现场，则听从路政员的指挥；如路政员不在现场，则由牵引员负责指挥。

（3）处置工作人员进行作业时，必须佩戴安全用品，站位必须正确，以确保自身和他人的安全。

二、交通安全管理标准

特殊交通事故因其发生的突然性和随机性，导致其在具体发生时交通安全组织的措施非常复杂，不能单一地将一种交通安全组织模式套用在所有的交通突发事件之中，应根据发生的现场情况，制订出不同时段、不同车道、不同气象以及不同性质等环境下相应的交通安全组织措施和手段，从而真正满足在各种特殊突发交通事故发生的情况下，采取相应的处置措施。

1. 隧道、大桥单向 1 条车道堵塞时的交通安全组织措施

（1）单向 1 条车道发生交通堵塞，需 2 辆封道车同时进行设置，封道车行驶至封道路段，后车在预设封道区外，开启箭头导向指示牌，前车向前缓慢行进，安放封道设施。

（2）根据高速公路安全管理规定安放封道设施。

（3）封道设施撤除按后放先收的顺序进行。

（4）大桥封单向 1 条车道的具体交通示意如图 5–36 所示。

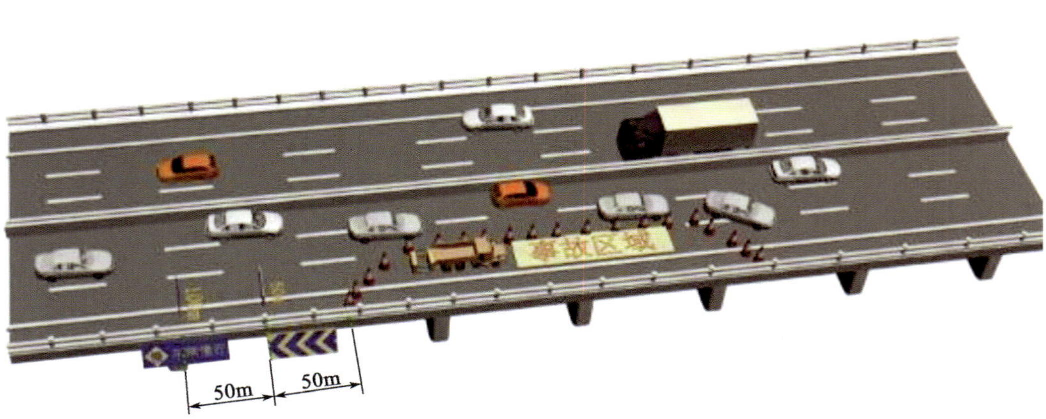

图 5–36　大桥封单向 1 条车道具体交通示意图

（5）隧道封单向 1 条车道的具体交通示意如图 5–37 所示。

2. 隧道、大桥单向 2 条车道堵塞时的交通安全组织措施

大桥封单向 2 条车道设施摆放顺序和要求与封 1 条车道相同。大桥封单向 2 条车道的具体交通示意如图 5–38 所示。

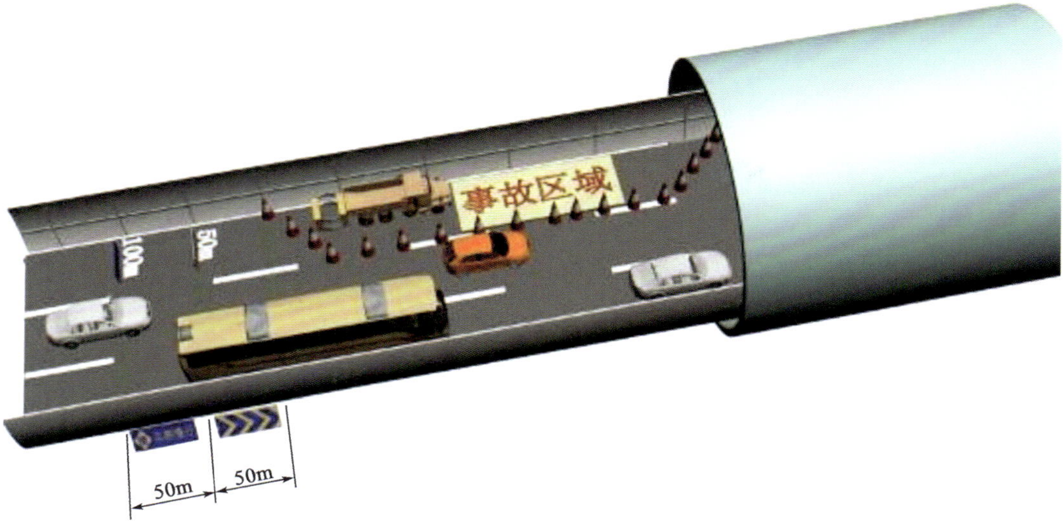

图 5-37　隧道封单向 1 条车道具体交通示意图

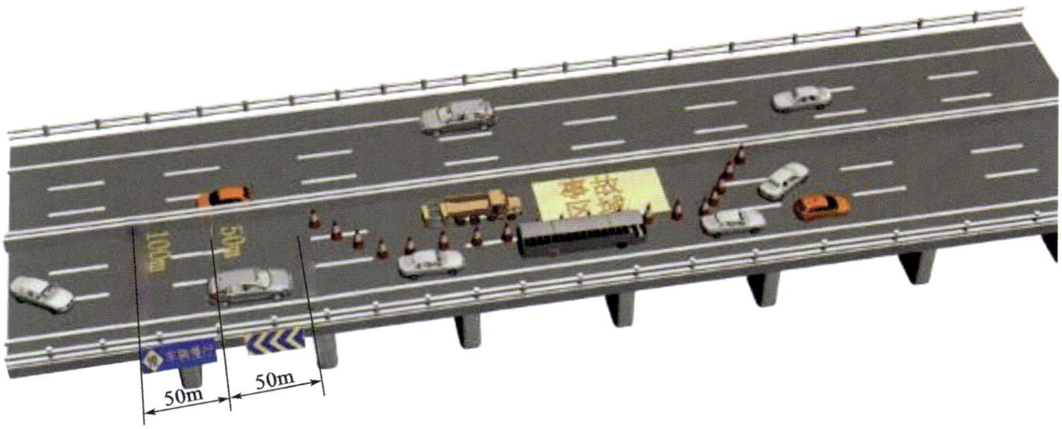

图 5-38　大桥封单向 2 条车道具体交通示意图

隧道封单向 2 条车道设施摆放顺序和要求与封 1 条车道相同。隧道封单向 2 条车道的具体交通示意如图 5-39 所示。

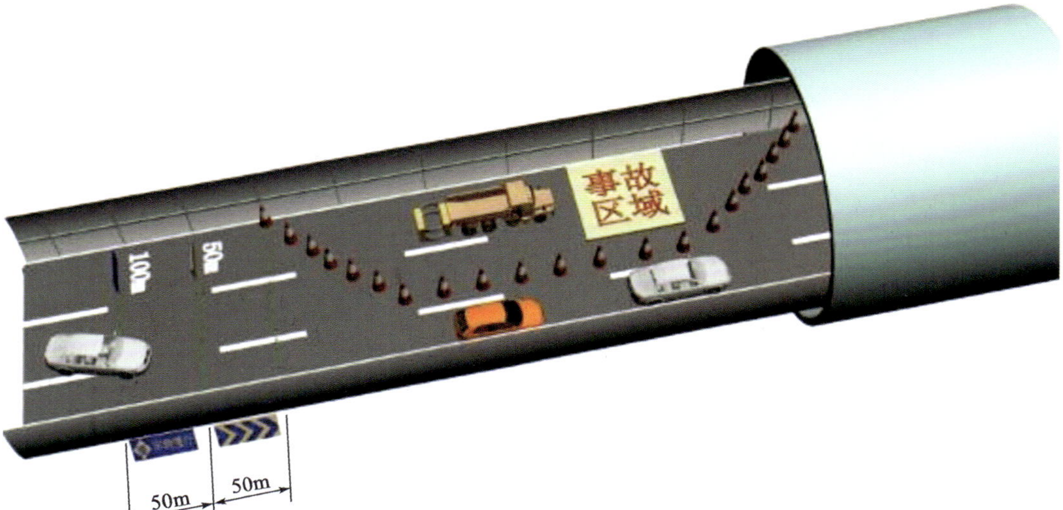

图 5-39　隧道封单向 2 条车道具体交通示意图

3. 隧道、大桥单向 3 条车道全部堵塞时的交通安全组织措施

当单向 3 条车道全部堵塞时，考虑车辆的正常通行，采用单向全封闭，利用中分带紧急开口，绕行到对面车道，将对面车道分割成双向通行。

（1）封道口必须设在紧急开口处，考虑集装箱等大型车的车身长、转弯半径大的特点，主车道封道需借用对面车道作为临时通行车道。

（2）封道必须 2 辆封道车同时进行，从最内侧车道行驶至紧急开口处。后车停至紧急开口 60m 处，开启导向箭头灯，前车在据紧急开口 50m 处与中央隔离带成 30°，按照规定安放警示灯和交通路锥。封道完成后，后车离开，开放临时交通。

（3）安全设施的摆放按高速公路安全管理规定执行。

（4）大桥封单向 3 车道的具体交通示意见图 5-40。

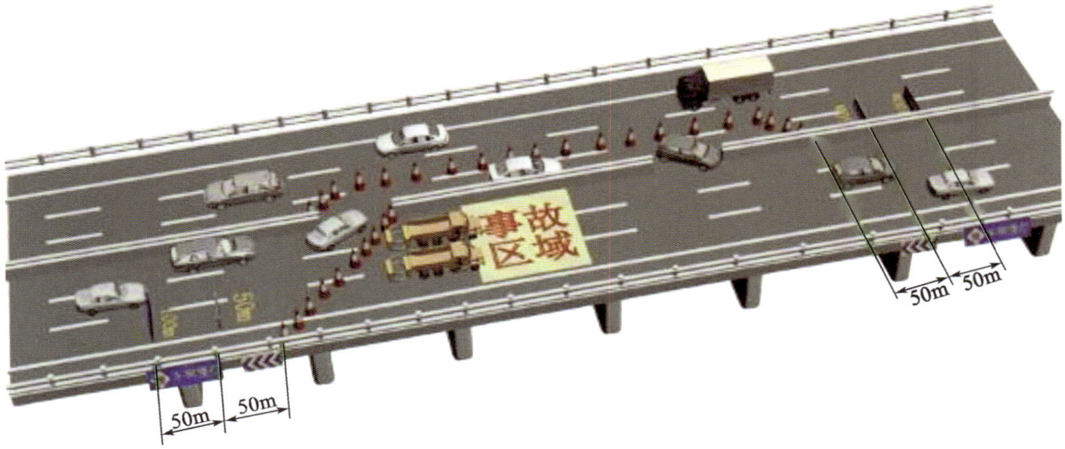

图 5-40　大桥封单向 3 车道具体交通示意图

4. 隧道、大桥单向车道不同时间发生交通堵塞时的交通安全组织措施

（1）发生事故的区域大于两个紧急开口的距离，牵引车辆和抢险车辆可以利用紧急开口进入事故区域，各自单独处置。可参考第一种措施进行处置。

（2）发生事故的区域大于两个紧急开口的距离，只能作一个事故区域处置，可根据实际情况进行封道处置。

（3）大桥单向不同时间发生交通堵塞时的交通示意见图 5-41。

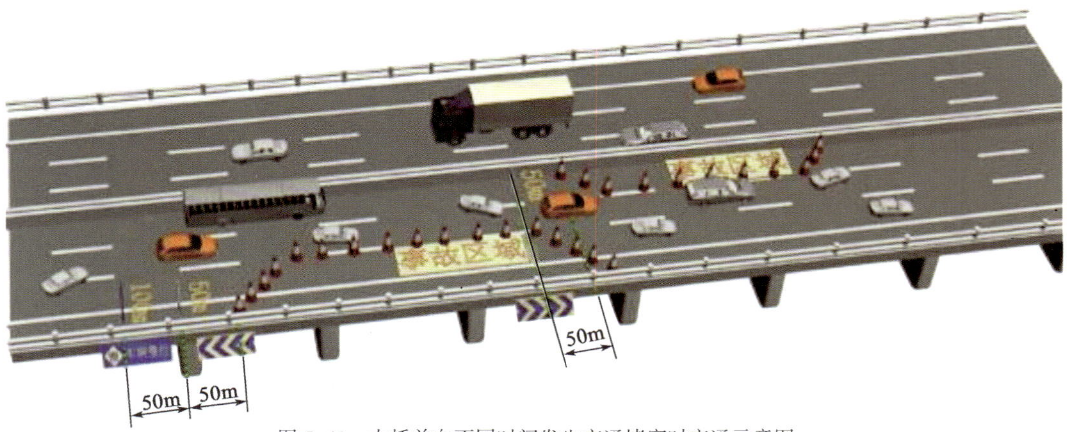

图 5-41　大桥单向不同时间发生交通堵塞时交通示意图

（4）隧道单向不同时间发生交通堵塞时的交通示意见图 5-42。

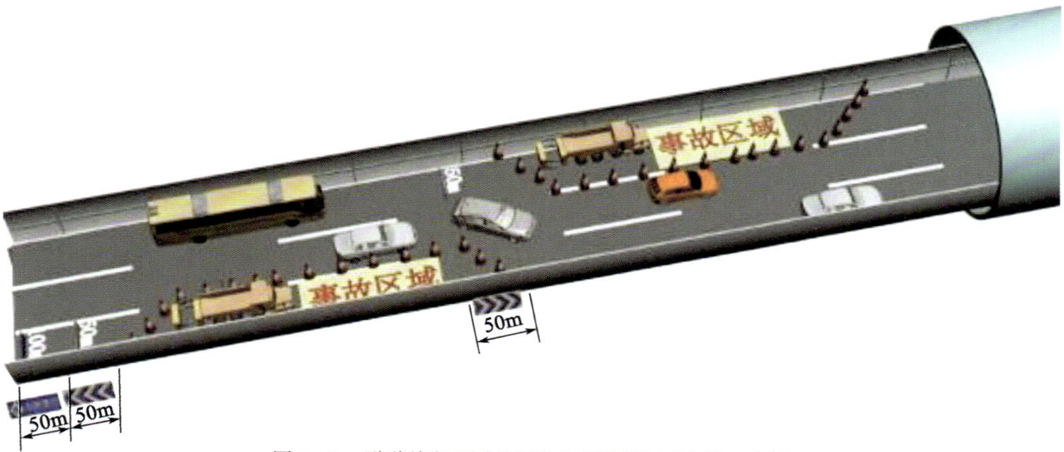

图 5-42　隧道单向不同时间发生交通堵塞时交通示意图

5. 隧道、大桥双向车道不同时段发生交通堵塞时的交通安全组织措施

高速公路双向车道同时发生事故，可根据发生事故的区域和单侧车道的阻塞情况分类处置。

（1）同时发生事故的区域处置阻塞不大于 3 条车道，可参考单向 1 条或 2 条车道的方法处置。

（2）同时发生事故的区域处置阻塞大于 3 条车道且大于两个紧急开口，可参考单向 3 车道的方法处置。

（3）同时发生事故的区域处置阻塞大于 3 条车道且在来往的相邻区域，应以疏导为主，尽可能保证双向 1 条车道畅通。

6. 隧道、大桥全封闭的交通安全组织措施

（1）遇恶劣天气需封闭道口时，要根据交警意见进行道口封闭，中控室应及时在情报板上发布车道关闭的提示信息。

（2）在收费口安全岛外设置交通路锥，每只间隔 1m，道口增设移动式情报板，显示相关信息，并通过广播进行播报。

（3）及时启动相关应急预案，路面情况符合开放交通标准后，开放交通。

7. 恶劣气候（大风、台风、暴雨、迷雾、冰雪）的交通安全组织措施

遇到恶劣气候并达到气象部门规定的标准时，在报告交警同意后，可封闭交通。冰雪天在高速公路进口处需增加移动式可变情报板，提示相关内容。中控在上位相关计算机上发布指令给公路两边的小型情报板，提示相关内容。其余情况可按上述封闭车道情况选择执行。

8. 大吨位车辆侧翻、集卡箱体脱落、运输大件散落、大面积油污、淤泥清除等的交通安全组织措施

遇到以上情况，可根据具体情况，如散落物品的体积、形状、重量、油污和淤泥的面积等，按照封闭 1 条、2 条、3 条车道的方案执行。

9. 船舶撞击桥墩等事故发生时的交通安全组织措施

大桥受到船舶撞击，需视被碰撞桥墩、卡桥的损害状况来决定交通安全组织措施。损害严重影响大桥结构的情况要按全桥封闭处置。其余情况可按封闭 1 条、2 条、3 条车道的方案执行。

10. 隧道江中心深积水时的交通安全控制措施

出现长江隧道江中心深积水和重大车祸，隧道交通会全部阻塞，以最快速度引导分流隧道的车流和排除故障、疏通隧道交通。

主要交通安全控制措施如下：

（1）凡遇此类特殊情况，交通监控员立即将事故车道入口处的交通信号灯由绿转红，再在该车道入口处外的情报板发出“× 线 × 车道事故堵塞暂停通行，过江车辆经 × 线 × 车道通行”的信息，并通知收费道口临时关闭，通知牵引车就近封闭道口，使后续车辆不再驶入事故车道。

（2）交通监控员呼叫牵引，详细通报事故车辆的信息，要求尽快牵引除障。遇隧道江中心深积水，则由值班长组织带领巡检人员检查江中泵运行情况，并采取非常措施打开逃生盖板排除积水和机电故障。

（3）若江中泵房排水泵无法修复，则采取非常措施打开逃生盖板排除积水。若无法解决，可急电 119 向消防部门求援。

（4）对已进入故障隧道的车辆，由值班长组织巡逻、巡检人员，指挥、调度车辆驶出隧道。

（5）启用广播系统，通报事故处理情况和要求社会车辆驾驶员注意的安全事项。

11.“一级保卫”的交通安全控制措施

接到“一级保卫”任务时，具体措施如下。

（1）根据交警通知，长江隧桥进口处的信号灯变红，并在情报板上发出“长江隧桥停止通行”信息。

（2）待进入隧桥的社会车辆全部驶出，巡逻车进入隧桥作巡视检查，确保隧桥无社会车辆和障碍物。

（3）根据交警通知，将隧桥信号灯变为绿色，但入口和出口处地面值勤人员配合交警管制社会车辆进入。

（4）任务结束后，进口处放行社会车辆，隧桥恢复正常运行。

12. 隧道火灾时的交通安全控制措施

隧道管理运行中，难度最大、后果最严重的莫过于隧道内的火灾，火灾事故既会造成车辆、设备、设施损毁，又易危害人的生命，尤其是火灾带来人群的混乱扰动会诱发交通事故，场面极难控制。因此，必须制订周密的应急预案，方能安全有效地应对这类灾害。就隧道火灾时交通安全控制而言，主要采取下列安全控制措施。

（1）控制中心接到隧道发生火灾的信息，应立即通过闭路电视和火灾报警信号的显示，迅速判明火灾发生的位置、现场秩序和行车情况，立即拨打 119 向消防部门求救。

（2）同时，交通监控员以最快的速度，在火灾车道入口处情报板发出“隧道火灾，禁止通行”的信息，再将火灾隧道入口处的交通信号灯全部由绿转红。

（3）同时，机电监控员以最快的速度，查看火灾位置的自动喷淋系统是否已开启，指令巡检人员到场灭火，火灾扑灭后协助调查。

（4）值班长选择最便捷的方法组织实施车道通行方式转换，引导后续车流通过转换后的车道通行。

（5）交通监控员连续广播，提示火灾车辆驾驶员和其他人员使用自备或隧道防火设备自救。

（6）启动隧道消防应急预案，组织隧道管理、作业人员火速赶往火灾现场实施扑救。

（7）值班长助理在自动失灵的情况下，应通知工作井电工进行人工操作将通风方式转为相应的火灾工况运行。

（8）巡逻人员或地面值勤人员立即到火灾地点进口处，组织已进入火灾车道的车辆撤离。

（9）值班长助理带领施救人员（地面值勤人员、巡逻人员）等，组织火灾地点进口方向车辆的驾乘人员，通过最近处的联络通道进入相邻车道逃生或者向车道洞口外逃生，并向留存在相邻车道的车辆广播“车辆慢行，注意逃生人员安全”的提示；并要求火灾地点出口方向的车辆迅速驶离清空车道，然后将此段车道的交通信号灯由绿转红。

（10）在火灾车道和同层反向车道撤清前，若消防队员到达，应从火灾车道出口处进入火灾现场实施扑救，并疏散救护被困人员和车辆。

（11）扑灭火灾后，暂时关闭火灾车道，初步调查事故原因，仔细检查设备、设施损害状况和人身伤害情况，善后工作处理结束，恢复正常后再予开启。

第七节　上海长江隧桥工程应急管理

上海长江隧桥应急管理概述如下。

应急救援是一项社会性防灾救灾的工作。它可以加强对重大事故的处理能力，根据预定制订的应急处理方法和措施，一旦发生重大事故，能做到临变不乱，高效、快速地作出应急反应，尽可能缩小事故的影响范围，减小事故对生命、财产和环境造成的危害。

应急救援主要包括以下几个方面内容：事故的预防，应急计划的准备，应急救援系统的组成，应急救援预案的制订，应急演练，应急救援行动，现场清洁与净化，系统的恢复和善后处理。

隧桥道路运行中可能出现或遭遇的典型突发事件有：火灾、交通事故、恶劣气候或天气、地震等。

1. 突发事件种类与等级划分

桥梁隧道运行事故，主要包括路面系损坏、主体结构损坏、附属设施损坏、附属管线损坏、由交通事故或自然灾害引发的设施损坏及人员伤亡、火灾、爆炸事故、化学品泄漏事故等。按桥梁隧道各类运行事故的性质、危害程度和涉及范围，将桥梁隧道运行事故分为四级：Ⅰ级（特别重大）、Ⅱ级（重大）、Ⅲ级（较大）和Ⅳ级（一般），具体标准按表5-1执行。

根据《上海市突发公共事件总体应急预案》，一次死亡3人以上列为报告和应急处置的重大事项。对涉外、敏感、可能恶化的事件，应加强情况报告并提高响应等级。上海长江隧桥的应急预案响应等级采用不低于上海市的响应等级。

2. 应急预案启动的原则

在上海长江隧桥突发事件应急救援体系的总体框架下，依托应急联动工作机制，充分发挥长江隧桥应急联动主体功能，坚持“以人为本、科学决策，统一指挥、快速反应，预防为主、防救结合，协同应对”的原则。

3. 应急预案编制的目的

上海长江隧桥运行事故应急预案的编制目的，在于能迅速、有序、高效地组织应急行动，最大限度地减少桥梁隧道运行事故及其造成的人员伤亡和财产损失，提高长江隧桥运行的整体防护水平和抗风险能力，保障安全运行。

4. 应急预案要素

预案包括以下12个核心要素。

（1）预案启动：确定预案的启动条件及启动程序。

（2）现场指挥与控制：以事故发生后确保公众安全为主要目标，按照应急预案的响应程序指挥、协调救援行动，合理使用应急资源，使事故迅速得到有效控制。

（3）预警与通知：是应急救援迅速启动的关键，接到报警后初步分析，筛选掉不正确的信息，落实事故的地点、时间、类型、范围，初步分析事故趋势。

（4）警报系统与紧急通告：事故被确认后立即通报应急指挥中心，及时向公众和各救援单位发出应急警报，建立通信程序。

表 5-1

桥梁隧道运行事故等级划分

等级	类别							
	路面系损坏	主体结构损坏	附属设施损坏	附属管线损坏	由交通事故引发设施损坏及人员伤亡	由自然灾害引发的设施损坏及人员伤亡	火灾、爆炸事故	化学品泄漏事故
Ⅰ级（特别重大）		1. 桥梁隧道、道路的结构损坏严重，严重威胁桥梁安全； 2. 桥梁坍塌导致死亡和失踪人员 30 人以上			死亡和失踪人员 30 人以上	1. 死亡和失踪人员 30 人以上； 2. 对桥梁、隧道构造物的结构造成完全破坏； 3. 造成交通完全中断	发生火灾、爆炸，设施结构严重损坏，造成交通完全中断	
Ⅱ级（重大）	1. 路面系严重塌陷，短期内无法修复； 2. 交通中断和人员伤亡	1.结构严重损坏，危及桥梁安全，交通中断； 2. 桥梁坍塌	损坏严重，交通中断	1. 管线断裂，对路面造成完全损坏，短时期内无法修复； 2. 大面积交通中断	1. 死亡 3 人以上； 2. 重伤 11 人以上； 3. 死亡 1 人，同时重伤 8 人以上； 4. 死亡 2 人，同时重伤 5 人以上； 5. 财产损失 6 万元以上； 6. 对桥梁、隧道构造物的结构造成严重破坏； 7. 交通中断	1. 死亡 3 人以上； 2. 重伤 11 人以上； 3. 死亡 1 人，同时重伤 8 人以上； 4. 死亡 2 人，同时重伤 5 人以上； 5. 对桥梁、隧道构造物的结构造成严重破坏； 6. 交通中断	发生火灾、爆炸，设施损坏严重，造成交通长时间（2h 以上）中断	发生化学品泄漏，交通完全中断，造成重大人员伤亡
Ⅲ级（较大）	1. 路面系塌陷，损坏严重； 2. 交通通行中断	结构损坏较重，对交通通行造成较大影响，可能危及车辆和人员安全	损坏严重，对交通通行造成较大影响，可能危及车辆和人员安全	1.管线严重损坏，对路面造成严重损坏； 2. 周边地区交通受到严重影响，部分交通中断	1. 死亡 1~2 人； 2. 重伤 3 人以上 10 人以下； 3. 财产损失 3 万元以上不足 6 万元； 4. 对桥梁、隧道设施造成的损坏情况较重； 5. 影响车辆通行情况较为严重	1. 死亡 1~2 人； 2. 重伤 3 人以上 10 人以下； 3. 对桥梁、隧道设施造成的损坏情况较重； 4. 影响车辆通行情况较为严重	发生火灾、爆炸，造成大面积设施损坏，严重影响交通	发生化学品泄漏，交通长时间（2h以上）中断，造成人员伤亡
Ⅳ级（一般）	大面积损坏，严重影响交通	结构部分损坏，严重影响交通	部分损坏，严重影响交通	部分损坏，严重影响交通	1. 重伤 1~2 人； 2. 轻伤 3 人以上； 3. 财产损失不足 3 万元； 4. 对桥梁、隧道设施造成的损坏情况较轻； 5. 轻微影响交通	1. 重伤 1~2 人； 2. 轻伤 3 人以上； 3. 对桥梁、隧道设施造成的损坏情况较轻； 4. 轻微影响交通	发生火灾、爆炸，部分设施损坏，影响交通	发生化学品泄漏，严重影响交通，威胁车辆和人员安全

（5）通信：确保报警和通信器材完好，并能正确使用报警和通信器材，保持信息渠道24h畅通。

（6）事态监测：监测和分析事故造成的危害性质和程度，以便提高或降低应急警报级别，并采取相应的对策进行评估。

（7）人员疏散与安置：应使所有公众熟悉报警系统、逃生线路、避难所和总体疏散程序，准确估计事故影响范围、人员影响区域，以便组织疏散、撤离，积极搜寻、营救受伤及受困人员，建立现场危险品泄漏时人员的避难所。

（8）警戒与治安：为保障救援工作顺利开展，救援现场要有警戒区域设定，实施交通管制，保障救援队伍、物质供应、人员疏散的交通畅通。

（9）医疗与卫生服务：应急救援中的医疗与卫生服务，由专业和接受过急救和心脏恢复培训的人员，事先组成医疗救援小组，在当地卫生部门的配合下，及时提供应急需要的医疗设备和急救药品。

（10）应急人员安全：应急救援行动的原则应是优先确保公众和救援人员的安全，严禁冒险指挥，防止造成次生灾害。

（11）公共关系：在重大事故中应明确应急过程中的媒体及公众发言人，协调外部机构，及时与各部门和相关社会服务机构联系。

（12）善后复原：在应急救援完成后，应尽快组织善后复原工作。

在研究确定以上12个核心要素的内容之后，需通过预案的推演，将这些要素合理组成一个可执行的应急计划。

5. 应急预案主要流程

1）应急组织机构组建

（1）应急处置指挥部

一旦发生重大和特别重大桥梁隧道运行事故，根据上级主管部门的建议和应急处置需要，成立上海长江隧桥突发桥梁隧道运行事故应急处置指挥部，实施对重大和特别重大桥梁隧道运行事故应急处置的统一指挥，同时设立现场指挥组，现场指挥组由管养单位及路政交警等部门组成，在应急处置指挥部的统一指挥下，具体组织实施现场应急处置工作。应急行动结束，该应急处置指挥部及现场指挥组自行解散，转入常态管理。

（2）专家机构

组建桥梁隧道运行事故专家组，并与其他专家机构建立联络机制。发生桥梁隧道运行事故时，根据处置需要，确定人选建立现场专家组，负责提供应对桥梁隧道运行事故的决策咨询建议和技术支持。

2）预警信息发布

（1）监测预报

①运用现代化信息技术，逐步建立桥梁、隧道运行数据库和分析评价体系。

②依据上海长江隧桥运行养护管理单位所建立的桥梁、隧道的检查、检测制度，组织开展相关设施经常性检查、定期检测和特殊检测。每年组织桥梁、隧道的检查、检测，确定各类设施的完好情况，作出客观评价，并编制评估报告。

③养护单位及监测单位负责责任区域内的桥梁隧道道路运行事故相关信息汇总、收集和研究，及时作出预报，重要信息要及时报送。

④运管单位负责汇总、收集和研究相关信息，并责成有关单位加强重要地段、重大节假日、重要会议期间和重大社会活动、灾害性气候和冬季保高峰供应期间的监测预报。

（2）预警级别与发布

①预警级别：按照各类桥梁隧道运行事故的发生、发展规律和发展趋势，结合上海中心气象

台、市防汛指挥部等部门和单位发布的预警信息，上海市桥梁隧道运行事故预警级别分为四级：Ⅰ级（特别严重）、Ⅱ级（严重）、Ⅲ级（较重）和Ⅳ级（一般），分别用红色、橙色、黄色和蓝色表示。

②预警信息发布：依据本预案和有关规定，明确预警的工作要求、发布程序、责任部门和监督管理措施，并按权限及时发布预警信息。

预警信息可以通过电话、广播、情报板、通信、信息网络以及警报器、宣传车等方式发布、调整和解除。

③预警级别调整：根据桥梁隧道运行事故的发展态势和应急处置进展情况，预警信息的发布或授权发布部门可视情况对预警级别作出调整。

（3）预警预防行动

①管养中心根据本预案和有关规定，明确报警、接警、出警的部门和第一响应队伍，明确进入预警的相关部门、程序、时限、方式、渠道、要求，落实预警的监督措施。

②进入预警期后，可采取相关预防性措施，并及时向上级主管部门报告相关情况。

3）应急处置

（1）信息报告与通报

①管养单位一旦发现桥梁隧道运行事故或接到报警信息后，要按照预案和报告制度的规定，在组织抢险救援的同时，及时掌握和汇总相关信息，并向有关部门报告。

②在监测到重大桥梁隧道运行事故后，应立即通知事故处理部门或专业人员出警并向联动单位发出报警，必须在1h内向上级直属部门报告，在2h内作书面报告。特别重大、特殊情况信息，必须立即报告。

③信息报送要及时。发生桥梁隧道运行事故后，实行首报、续报和终报制度。

④加强与消防、交警、医院、公安、广播通信等单位系统的沟通与协作，建立突发桥梁隧道运行事故信息通报、协调渠道。一旦出现桥梁隧道事故，根据事故影响范围及态势来评估应急处置的需要，并及时予以通报、联系和协调。

（2）先期处置

①桥梁隧道运行事故发生后，管养单位立即组织有关应急力量开展救助，实施处置，及时排除故障，防止事态扩大。

②上海长江隧桥公司的应急联动是通过组织、指挥、调度、协调各方面应急力量和资源，采取必要措施，对桥梁隧道事故实施先期处置，并确定事故等级，同时按规定程序，通知相关责任单位。当发展态势或次生事故灾害不能得到有效控制时，向上级单位及部门提请更高级别的应急联动请求，提出启动相应应急预案处置规程以及应急等级、范围的建议。

③桥梁隧道事故发生后，管养单位根据自身职责和规定权限启动相应应急预案，组织人员开展救助，防止出现事故“放大效应”和次生、衍生、耦合事件的发生，控制事态并及时向上级报告。

（3）应急响应

①分级响应

桥梁隧道运行事故响应及事故损失程度划分等级为Ⅰ级、Ⅱ级、Ⅲ级和Ⅳ级，分别应对特别重大、重大、较大和一般桥梁隧道运行事故。

Ⅰ级、Ⅱ级应急响应：

发生特别重大、重大桥梁隧道运行事故，启动Ⅰ、Ⅱ级响应，上海长江隧桥视情况向上级部门请示成立应急处置指挥部，由应急处置指挥部组织、指挥、协调、调度本单位应急力量和资源，统一实施应急处置，并协调和请求各有关部门、单位及应急力量及时赶赴事故现场，按照各自职责和分工，密切配合，共同实施应急处置。应急处置指挥部应将桥梁隧道事故及处置情况及时报告上级部门。

Ⅲ级、Ⅳ级应急响应：

发生较大和一般桥梁隧道运行事故，由上海长江隧桥决定响应等级，启动Ⅲ、Ⅳ级响应，组织、指挥、协调、调度相关应急力量和资源实施应急处置，各有关部门和单位，按照各自职责和分工，密切配合，共同实施应急处置。各有关部门和单位应及时将处置情况报告上海长江隧桥；超出其应急处置能力时，向上海长江隧桥上报请求支援。

②响应等级调整

各类桥梁隧道运行事故的实际级别与响应等级密切相关，但可能有所不同，根据实际情况确定。响应等级一般由低向高递升，出现紧急情况和严重态势时，可直接提高响应等级。当桥梁隧道运行事故发生在重要地段、重大节假日、重大活动和重要会议期间，其事故应急处置的响应等级视情况相应提高。

（4）现场处置

重大、特别重大桥梁隧道运行事故发生后，建立由上海长江隧桥公司最高领导及联动单位最高领导组成的现场指挥部。特殊情况下，相关现场指挥可由上海长江隧桥公司的上级单位指定。必要时，可确定有关专家参与现场指挥部工作，提供辅助咨询和决策建议。

（5）信息共享和处理

①共享机制

桥梁隧道运行事故信息共享和应急传递机制的建立健全。明确常规信息和现场信息采集的范围、内容、方式、方法、传输渠道及要求，信息分析和共享的方式、方法、报送、反馈程序及有关信息公开的规定。

②报送

编制信息报送流程图，明确上下信息报送接口、反馈程序，做到流程封闭“有报必有销”。

③信息分析和共享

建立和完善桥梁隧道运行事故信息资源库，对各类信息进行汇总、分析、总结，建立信息评估制度。桥梁隧道运行事故的相关单位通过信息网络等方式，实现信息共享。

（6）信息发布

①桥梁隧道运行事故的信息发布应及时、准确、客观、全面，并根据处置情况搞好后续信息发布。

②发生重大、特别重大桥梁隧道运行事故时，由长江隧桥公司或更高一级部门在受影响的区域范围内进行信息发布。发生一般、较大桥梁隧道运行事故时，由长江隧桥公司对外发布信息。

（7）应急结束

桥梁隧道运行事故应急处置结束，或现场危险状态消除并得到控制，由负责决定、发布的上海长江隧桥运管中心或现场指挥责任人视情宣布解除应急状态，转入常态管理。

4）后期处置

（1）善后处置

桥梁隧道运行事故应急处置终结后，长江隧桥公司应迅速采取措施，并与有关单位联动，组织实施安置、安抚、赔偿等善后事宜。

（2）保险

各桥梁隧道运行事故处置单位应为所属应急救援人员购买保险。保险机构在桥梁隧道运行事故发生后，按照有关规定，应尽快介入核查，合理评估人员伤亡和财产损失情况，支付相应的保险金。

（3）调查与评估

①重大、特别重大桥梁隧道运行事故处置完毕，管养单位应继续跟踪和掌握桥梁、隧道的设施损坏情况，收集和汇总有关信息，编制事故报告及时向上级部门报告，并向有关部门进行通报。

②管养单位作为责任单位，要对上海长江隧桥的重大、特别重大桥梁隧道运行事故进行综合评估。

③事故调查处理应按照实事求是、尊重科学的原则，及时、准确地查明事故原因，客观地确定事故责任，提出整改与防范措施，并对事故责任单位和有关责任人提出处理建议。

5）应急保障

各部门要按照职责分工和预案要求，与相关单位建立起密切的联动机制，切实做好应对桥梁隧道运行事故的人力、物力、财力、交通运输、医疗卫生及通信保障等工作，保证运营事故发生时的应急救援、受害人员的救治以及隧桥功能设施修复与恢复工作顺利进行。

（1）应急队伍保障

①桥梁隧道运行事故应急处置单位或部门应根据本预案，在职责范围内，建立相应的工作机制和应急抢险队伍。

②建立健全桥梁隧道运行事故应急处置专业队伍，并配备相应的专业施工设备，负责桥梁隧道设施的应急抢险抢修。

（2）通信保障

桥梁隧道运行事故应急部门应配备有线、无线相结合的通信设备，加强通信设施维护，建立相应的通信网络，确保通信畅通。

（3）运输保障

长江隧桥公司及养护单位应根据各自职责，配备相应的交通运输工具，确保应急处置交通运输需要。

（4）物资保障

各桥梁隧道运行事故应急机构应按照本预案，在职责范围内配备必需的物资、设备，并保持良好状态。在应急处置中，长江隧桥可向上海市应急主管部门申请依托市应急联动中心平台，在全市范围内紧急调用相关物资、设备和场地。

（5）经费保障

桥梁隧道运行事故常态管理所需的经费按照合同执行。

（6）技术支撑

①依靠科技，探索和建立早期预警、先期处置、桥梁隧道分析评价体系和专家咨询辅助决策系统，为有效处置桥梁隧道运行事故提供有力的技术支撑。

②桥梁、隧道运行和养护管理单位应研究制订特大型桥梁、隧道应急处置专业预案。

6）监督管理

（1）宣传教育

加强桥梁、隧道安全运行和紧急避险、自救互救的宣传教育。

（2）培训

①组织桥梁隧道运行事故应急处置相关人员，开展应急管理和组织指挥的培训，掌握相关知识和技能。

②各责任单位，桥梁、隧道运行养护管理单位，开展对桥梁、隧道应急管理和救援人员的专业培训。

（3）演练

组织开展有关桥梁隧道运行事故应急机构建立应急预警演练制度，定期组织应急演习，不断提高应急处置能力。

（4）监督检查与奖惩

①桥梁隧道运行事故应急处置工作实行领导责任制和责任追究制。各部门及成员按照各自职能，加强本预案实施过程的检查，督促相关单位采取措施，及时整改存在的问题。

②对在桥梁隧道事故应急处置中作出突出贡献的单位和个人，予以表彰和奖励。对未按相关应急预案开展工作，对造成重、特大损失的，进行相关责任人处分。

（5）预案管理

①预案制订。应急预案由长江隧桥公司负责审定。

②预案修订。应急预案由管养单位适时进行修订，报上级主管部门审核。

第八节　上海长江隧桥工程应急管理机构框架

上海长江隧桥应急管理机构见图 5–43。

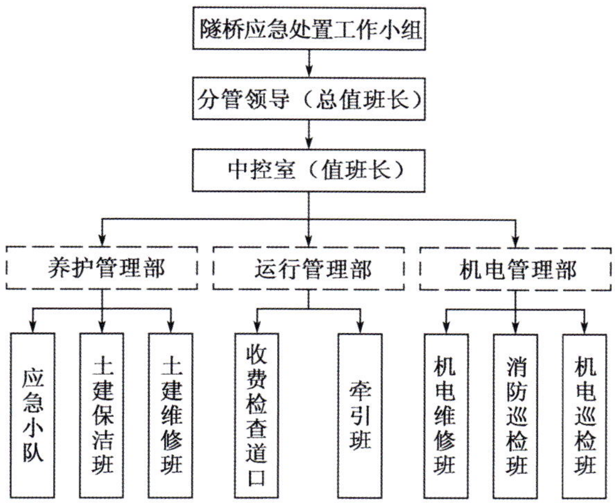

图 5–43　上海长江隧桥应急管理机构图

第九节　上海长江隧桥工程应急预案

一、预案种类

长江隧桥共有十四大应急预案，分别为：

（1）防汛抗台应急预案；

（2）大雾天交通应急预案；

（3）冰雪天交通应急预案；
（4）水管爆裂应急预案；
（5）设备抢修应急预案；
（6）隧道火灾应急预备案；
（7）大桥火灾应急预案；
（8）隧道化学危险品泄漏、倾翻应急预案；
（9）大学化学危险品泄漏、倾翻应急预案；
（10）隧道高温天细水雾应急启动预案；
（11）治安保卫突发事件应急预案；
（12）隧道、大桥反恐防恐应急预案；
（13）重大交通事故应急预案；
（14）超限车辆误入隧道应急预案。

二、预案简介

以防汛防台（大风）预案为例作一简单介绍。

1. 防汛防台（大风）分级响应

根据气象局发布的灾害性天气预警信号级别，将暴雨、大风天气划分为Ⅰ级（特别重大）、Ⅱ级（重大）、Ⅲ级（较大）、Ⅳ级（一般）四个等级，相应地确定长江隧桥应急处置的分级响应要求，具体如表 5–2 所示。

上海长江隧桥防汛防台（大风）分级响应表　　表 5–2

级　别	Ⅰ级（特别严重）（红色）	Ⅱ级（严重）（橙色）	Ⅲ级（较重）（黄色）	Ⅳ级（一般）（蓝色）
大风引发交通中断	市气象部门发布大风红色预警信号。6h 内可能受大风影响，平均风力 12 级以上或阵风 13 级以上；或者已经受大风影响，平均风力 12 级以上或者阵风 13 级以上并可能持续	市气象部门发布大风橙色预警信号。6h 内可能受大风影响，平均风力 10 级以上或者阵风 11 级以上；或者已经受大风影响，平均风力 10~11 级或者阵风 11~12 级并可能持续	市气象部门发布大风黄色预警信号。12h 内可能受大风影响，平均风力 8 级以上或者阵风 9 级以上；或者已经受大风影响，平均风力 8~9 级或者阵风 9~10 级并可能持续	市气象部门发布大风蓝色预警信号。24h 内可能受大风影响，平均风力 6 级以上或者阵风 7 级以上；或者已经受大风影响，平均风力 6~7 级或者阵风 7~8 级并可能持续
暴雨引发交通中断	市气象部门发布暴雨红色预警信号。3h 降雨将达 100mm 以上或已经达 100mm 以上且降雨可能持续	市气象部门发布暴雪橙色预警信号。3h 降雨将达 50mm 以上或已经达 50mm 以上且降雨可能持续	市气象部门发布暴雨黄色预警信号。6h 降雨将达 50mm 以上或已经达 50mm 以上且降雨可能持续	市气象部门发布暴雨蓝色预警信号。12h 降雨将达 50mm 以上或已经达 50mm 以上且降雨可能持续
分级响应	抢险队伍成员应迅速到单位集结待命，防汛器材物资应处于备用状态，切断户外广告灯箱电源，将预案启动情况向上级报告		安排人员加强值班	组织人员对要害部位和重点预防项目进行检查

2. 防汛防台（大风）工作小组分工

（1）中控分管领导（总值班长）和养护分管领导（或总工程师）为正、副指挥。

（2）值班长具体负责中控室的指挥和协调。应急处置工作小组领导作出决定后，值班长应接受其指令，并负责指令的发出和现场调度。

（3）交通监控员在收到市气象台发出的台风、暴雨、雷雨大风的黄色及黄色以上灾害预警信号后，应及时向值班长汇报。由值班长按照预定的流程，组织应急处置事宜，并向高速公路路网中心汇报。

（4）机电、土建巡检人员在接到台风、雷雨黄色警报后，立即检查户外设施和电气设备运行情况。

（5）机电、土建抢险人员根据指令执行抢险任务。

3. 信息报告流程及要求

长江隧桥范围发生特大潮汛、台风（大风）等突发事件，中控室交通监控员应立即通知公安交警、路政大队、海事处（当风力超过9级时），同时通知联动单位、应急队伍到达现场，并向公路路网中心报告；中控室当班值班长负责向总部分管领导、业主代表、养护公司养管部报告。

（1）上报流程图（图5-44）

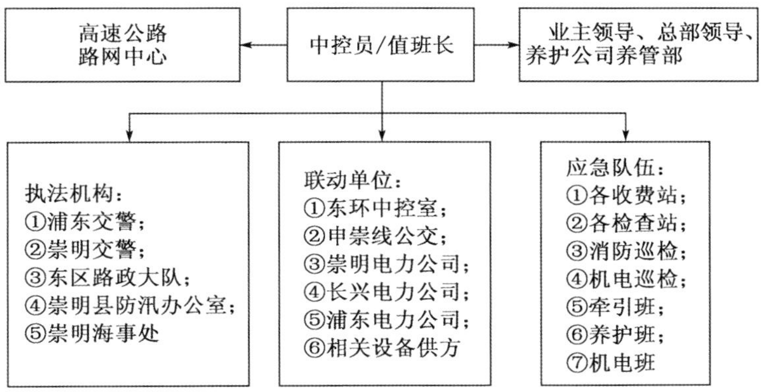

图5-44　上报流程图

（2）信息上报时限

首报：中控室在组织抢险救援的同时，应立即向路网中心口头上报。

续报：根据应急处置的进展，中控室应续报处置措施、现场情况以及善后工作等情况。

终报：当事件处理完毕，中控室应在2h内向路网中心作出书面报告，做到事故信息有报必销，确保信息传输的准确、及时。

（3）信息上报要求

①口头报告：应包括台风（大风）暴雨发生的时间、危害程度、阶段性措施、安全畅通情况等。如有事件或事故，则应报告事件（事故）发生的具体时间、地点、简要经过、人员伤亡情况（人数、性别、国籍）、设施设备受损情况、现场已采取的措施及事件（事故）控制情况，物损处理情况等。

②书面报告：由当班值班长按路网中心书面报告格式要求填写。书面报告应详细、全面汇报危害程度、应急处置情况、安全畅通情况，事件（事故）发生的起因、经过、处置过程等具体情况。

4. 防汛防台（大风）处置程序

1）台风（大风）天气应急处置流程（图5-45）

2）台风天气应急处置步骤

（1）中控室

①中控人员收到气象台发出的台风、暴雨、雷雨、大风各色预警信号预报后，即向值班长和监控分管领导（总值班长）报告。

②值班长收到气象台发出的台风、暴雨、雷雨大风黄色及黄色以上灾害预警信号以上后，应立即启动应急预案，通知相关单位到位，并及时调整情报板显示内容，向过往驾驶员传递气象信息，控制车速，并将准备情况向路网中心报告。

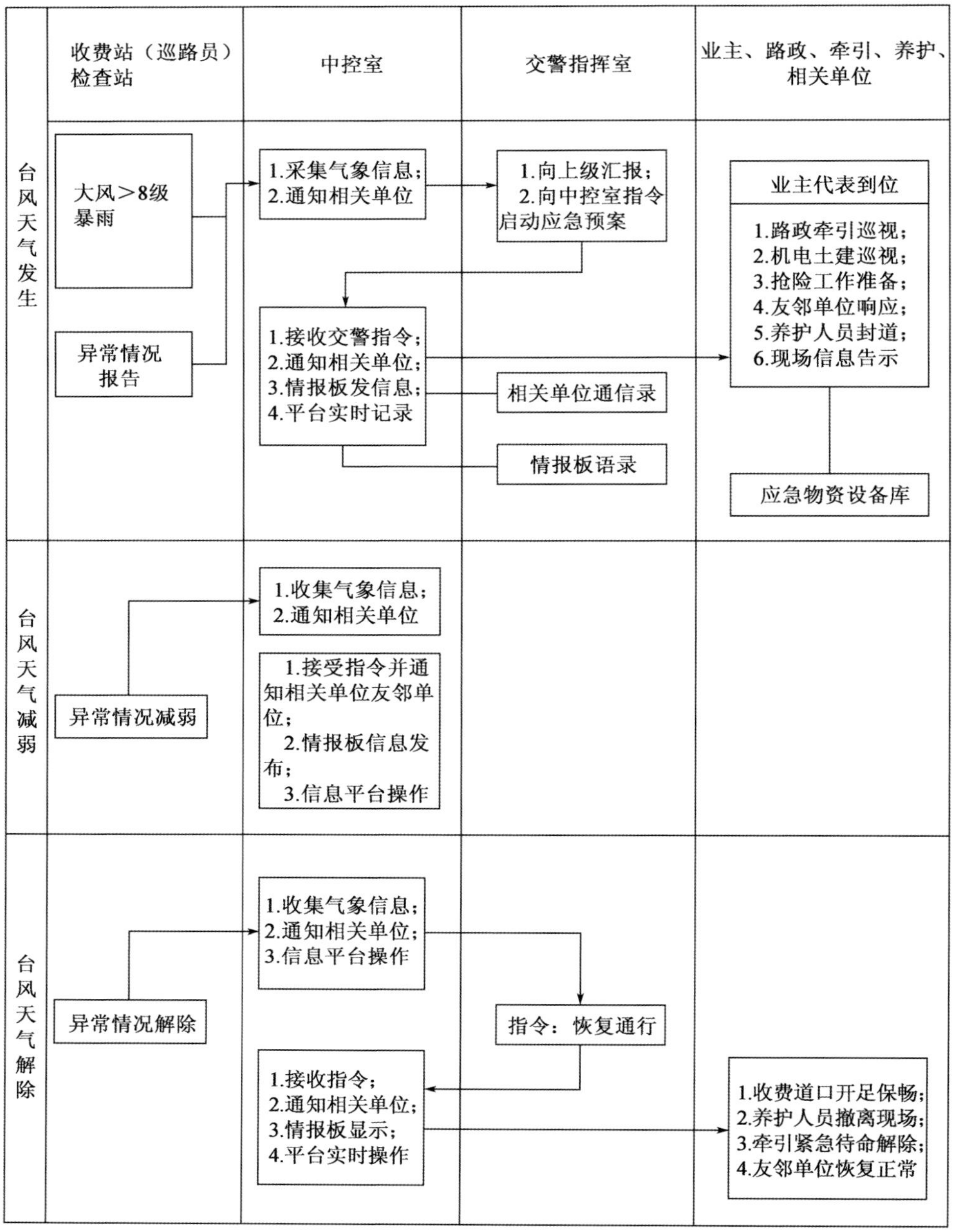

图 5-45　台风（大风）天气应急处置流程图

③电力调度员加强监视，发现泵房水位超高报警或水泵启动异常，应立即通知机电巡检员去现场检查，采取措施。如不能立即解决，报值班长。

④当接到险情报告后，值班长应立即通知相关班组进行处理。

⑤当大风达到 10 级以上时，应立即报告交警，建议封道。

⑥本路段发生的事故情况要及时向业主、路网中心、养护公司报告。

（2）机电班、土建班

①台风（大风）应急预案启动以后，机电巡检、土建巡检人员对要害部位立即进行检查，发现问题要及时处理。

②暴雨降临前：

a. 机电巡检要做好隧道工作井排水泵站的预抽空，要做好服务区排水管道的预抽空。

b. 机电班去每个泵房巡视，检查设备是否完好，检查集水（窨）井内水位情况。

c.机电班检查管辖范围有否高空坠落的事故隐患，重点检查隧桥范围内的标志标牌（包括收费顶牌、隧道进口标牌、桥塔标牌、服务区标牌）、小型情报板、限速板、风速仪、外场摄像机、隧道及大桥的高杆灯、大桥的雾灯、大桥的灭火机箱等固定情况，发现情况要及时处置。

d.土建巡视人员及时检查管控中心、分控中心、服务区门窗关闭情况和房屋渗漏水痕迹，发现情况及时处理。

e.土建巡视人员及时检查隧桥沿线的树木、检查养护行车停止的位置是否正确、声屏障固定情况，发现情况要及时处置。

③暴雨降临后，土建巡视人员应做好桥梁及接线道路下穿孔的巡视工作，及时向应急处置领导小组和工作小组通报现场积水情况。

④台风正面袭击前，应急工作小组应及时布置工作，通知作业人员撤离，妥善做好各类作业车辆、设备的撤离或合理处置工作，同时专职巡视人员在封道后进行最后检查，确保人员、设备万无一失。

⑤启动防汛防台应急预案以后，抢险队伍应迅速到单位集结待命，防汛器材物资应处于备用状态。值班长立即通知变电站切断户外广告灯箱电源。各岗位人员应坚守岗位，不得擅自离岗，及时进行抢修，以防突发事故发生。

⑥预案启动的准备情况应及时报路网中心、业主、养护公司。

⑦巡检作业必须注意安全，车辆必须慢速行驶，非紧急情况，一般不可登高作业。

⑧台风（大风）、暴雨、雷雨等灾害天气影响隧桥通行时，除立即组织现场抢险，必要时向养护公司、兄弟单位和路网中心求援。遇紧急情况，应立即通过情报板告知通行车辆驾驶员。

（3）收费站

①在接到中控室封道的指令后，及时将移动式护栏放置在封道位置，并关闭进口车道。

②收费站人员应向驾乘人员通报路段关闭情况，并指明绕行路线。

③收费站应检查站房、收费设施设备的完好情况，发现问题及时报修。

④收费站应做好随时恢复开通或压道通车的配合工作。

⑤密切关注进口通行车辆，发现装载不良的货车，立即发出停驶警告或报告中控室。

（4）牵引

①按照中控室指令做好巡视。

②发现交通事故及时报中控室，并做好事故区域安全维护。

3）台风暴雨时的通行控制

（1）台风交通控制

①7级风，即风速大于17.2m/s、小于21m/s时，大桥限速60km/h。

②8级风，即风速大于21m/s、小于23m/s时，大桥限速40km/h，单向三车道改为一车道。

③9级风，即风速大于23m/s、小于24.5m/s时，大桥限速30km/h。

④大于等于10级风，即风速≥24.5m/s时，建议交警暂停大桥通行。

⑤具体由交警管理部门决定。

（2）暴风雨交通控制

①小时降雨量达到16mm，且

a.7级风，即风速大于17.2m/s、小于21m/s时，大桥限速50km/h。

b.8级风，即风速大于21m/s、小于23m/s时，限速40km/h。

c.9级风，即风速大于23m/s、建议交警对大桥暂停通行。

d.具体由交通管理部门决定。

②小时降雨量达到 30mm，且

a.7 级风，即风速大于 17.2m/s、小于 21m/s 时，大桥限速 40km/h。

b.8 级风，即风速大于 21m/s、小于 23m/s 时，限速 30km/h。

c. 大于 9 级风，即风速大于 23m/s、建议交警对大桥暂停通行。

d. 具体由交通管理部门决定。

5. 后期处置

（1）台风暴雨强度减小，可以恢复通车时由交警作出决定。各收费道口应做好恢复通车的准备。

（2）机电、土建巡视人员在恢复交通前，应对重点部位设施设备进行巡视，发现路障应及时清除或修复。执行结果应及时向中控室报告。中控室应将具备通车的情况报告路网中心，同时告知崇明、浦东交警指挥室。

（3）台风、暴雨警报解除后，应组织专门力量对隧桥及附属设施进行一次全面检查，及时修复损坏的各类设施，确保隧桥正常运行。

（4）处置结束后应及时向业主和养护公司汇报台风暴雨期间的整体抢险工作情况和隧桥设施的损坏情况，并作出书面报告在 24h 内报业主、路网中心、养护公司。

（5）处置结束后应将应急处置抢险中消耗的物资材料及时进行补充，对设备及时进行维护保养。对损坏的设备工具要及时修复。

注：本工程设计的大桥成桥状态行车最大风速 v=25m/s，按照我国《热带气旋等级》（GB T19201—2006），6~7 级风的风速为 10.8~17.1m/s；8~9 级风的风速为 17.2~24.4m/s；10~11 级风的风速为 24.5~32.6m/s。为便于实际控制，可采取国际上通行的 15min 一次平均风速探测为标准。

第十节　上海长江隧桥工程应急预案后评估

一、总则

应急预案的总结评估工作，是应急处置工作的一个重要环节，也是及时总结经验教训、改进工作方法、完善长江隧桥高质量的应急预案和提高应急处置能力的一项重要工作。

应急预案后评估工作应坚持“客观、公正、科学”的原则，力求准确、精简、高效。

二、评估目的和方法

（1）通过评估，判断应急预案的质量和效率，发现存在的问题，总结经验教训，寻找有效的解决方法，为下一轮应急处置工作提供可借鉴的方法；修订完善长江隧桥突发事件各专项应急预案，进一步健全应急管理体系和运行机制。

（2）对承担长江隧桥突发事件应急处置工作的部门和个人表现给予客观公正的评价，并以此作为突发事件应急处置工作奖惩的重要依据。

（3）评估工作应坚持定性评估与定量评估相结合，以定性评估为主；坚持专家评估与专业技术人员评估相结合，以专家评估为主的方法进行评估。

三、评估内容和程序

1. 评估内容

（1）长江隧桥突发事件的起因、性质、影响、后果、责任。

（2）长江隧桥突发事件预测、预警的及时和准确性、预防措施的有效性、应急决策的科学性、指挥和行动协调能力、应急保障能力、现场处置能力、恢复重建能力。

（3）长江隧桥突发事件管理体制、组织机构设置和运行机制的合理性、有效性。

（4）总结长江隧桥突发事件处置中的正面经验和负面教训。

（5）概算突发事件处置取得的效果和付出的代价，以及应急投入与收益比差。

（6）对参与长江隧桥突发事件应急处置的部门和个人给予客观公正的评价。

（7）各方面对长江隧桥突发事件应急管理的认识程度、观念和理念。

2. 评估程序

（1）参与长江隧桥突发事件处置和应急救援全过程，搜集评估信息。

（2）长江隧桥突发事件处置结束后，应急预案评估小组召开评估会议，对评估信息汇总分析，集体讨论，得出评估结论。

（3）评估小组向业主和上级相关部门提交评估报告。

（4）对评估工作进行小结。

四、评估报告内容

（1）长江隧桥突发事件的发生时间、空间、成因，危害强度、危害范围、人财物损失、危机影响诸情况的详细描述。

（2）长江隧桥突发事件应急预案的具体执行情况，各项应急对策的有效性评判；应急预案经验总结，并提出预案修订相关建议。

（3）长江隧桥突发事件处置管理全过程，包括各级应急管理工作责任人对突发事件的监测预警、预防措施，贯彻执行上级应急指示和命令，处置程序、采取方法、时机把握、应急成本和最后结果以及管理漏洞的详细描述。

（4）对整个突发事件管理中成效和不足的总结，为完善长江隧桥突发事件管理工作提供有效对策建议。

（5）对参与长江隧桥突发事件应急处置工作部门和个人的评价意见。

五、评估结果处理

（1）长江隧桥应急预案评估小组向业主提交突发事件处置总结报告和应急预案修改建议。

（2）由业主审定总结报告并作出预案修改决定。

（3）应急预案评估小组协同并指导各专项预案制订部门修改预案，报业主同意后，由业主办公室印发。

（4）以后评估结论为案例，加强长江隧桥应急管理工作理论研究，为隧道和大桥的突发事件预案演练提供参考依据。

（5）业主根据评估小组对突发事件处置工作参与部门和个人的评价，作出相应的奖惩处理。

六、应急预案实施后评估

应急预案实施后进行评估，并填表 5-3。

应急预案实施评估表

表 5-3

序　号	项　目		预案文本描述		实际实施情况	
1	预案启止情况（时间、节点）	启动时间				
		应急人员到岗时间				
		应急物资、设备到位时间				
		封闭交通时间				
		人员、物资、设备等撤离时间				
		开放交通时间				
		预案结束时间				
2	天气情况	风力等级				
		降雨量 / 降雪量 / 雾级				
		其他				
3	应急人员、队伍动用情况	序号	种类	数量	种类	数量
		1				
		2				
4	现场应急处置流程（附不同流程图片，至少 3 张）					
5	应急物资、设备动用情况	序号	种类	数量	种类	数量
		1				
		2				
6	信息处理情况	收到警报、预案启动等通知的时间				
		上报上级相关部门的时间				
		收到预案结束通知的时间				
7	其他情况					
总体评估结论（主要描述尚待改进之处）						

单位负责人：　　　　　　　　　　　　　　　　时间：

第六章　养护管理

YANGHU GUANLI

第一节　上海长江隧桥工程养护管理总体目标和质量承诺

一、养护管理总体目标

1. 确保隧桥全天候、持续、安全、畅通、经济运行

隧桥设施的完好是确保交通安全、快捷、舒适的基础。由于隧桥全封闭、大交通量的特性，使得维护作业难度以及进行维护作业时对交通的影响都比普通道路要大。因此，通过规范隧桥的管理运营和养护维修的工作方式、标准，以保证隧桥全天候持续、安全、畅通、经济运营。

2. 保持隧桥设施设备的设计功能完好、安全

根据隧桥设施、设备设计要求，制订各类设施、设备的针对性保养维修计划，达到隧桥管理运行和养护维修的各项技术指标，使其服务功能得到充分体现，使管理效益、技术效益、经济效益和社会效益得以全面实现。

3. 保持隧桥具有整洁、舒适的通车环境

在保证隧桥设施、设备完好，运行安全、畅通的基础上，重视隧桥管理的各项保洁工作，制订详细的设施保洁计划和环境控制标准，并予以实施，保持隧桥具有整洁、舒适的通车环境。

4. 认真积累隧桥运营和养护维修管理的各类技术资料

在隧桥道运营和养护维修管理工作中，认真积累各类技术资料，重视各类信息的收集，吸取国内外隧桥管理的经验教训，做好各类技术储备工作，为长效管理打好扎实的基础。

5. 不断改进提高隧桥运营和养护维修管理水平

通过隧桥运营和养护维修管理的实践，虚心向从事大桥、隧道、快速道路养护的国内外同行学习，借鉴他们的先进经验，不断摸索隧桥的养护规律，不断完善工作思路、方法，持续提高隧桥运营和养护维修管理水平。

二、养护管理质量承诺

1. 总体承诺指标

行业评比前三名。

2. 养护维修管理承诺指标

高速公路养护质量指标 MQI ≥ 95。

路面国际平整度指数 IRI ≤ 2.0m/km。

隧道废水排放 6 ≤ pH ≤ 9，悬浮物≤ 150mL/L。

隧道渗水量≤ 0.005L/（m^2·昼夜）。

绿化保存率≥ 98%。

绿化种植成活率 100%。

3. 安全事故承诺指标

重大安全事故发生率为零。

第二节 上海长江隧桥工程保洁管理

一、保洁管理概述

1. 长江隧桥接线道路保洁内容、周期、频率和要求（表 6–1）

长江隧桥接线道路保洁内容、周期、频率和要求

表 6–1

类 别	序 号	项 目	内 容	频率要求	标准 / 要求	保洁手段
接线道路	1	路面	清扫	1 次 /d	无积尘、无杂物堆积	清扫车
			捡拾路面抛洒物	1 次 / d	无大块废弃物	捡拾车、人工
			黄泥带冲洗	60 次 / 年（或按实际情况）	雨后 24h 保证桥面无黄泥带	高压冲水车
	2	防冲护栏	清洗	1 次 / 月	不影响其诱导视线功能和不损害道路美观	侧壁清洗车
	3	边沟	清理保洁	3 次 / 年	清除淤塞和杂草	人工清理
	4	检修辅道	清扫	1 次 / 天	无积尘、无杂物堆积	人工清扫
	5	防撞设施	防撞墙冲洗（内侧）	1 次 / 月	无严重积尘	高压冲水车
			防撞栏杆保洁	1 次 / 月	无严重积尘	机械冲洗
陈海公路立交桥	1	路面	清扫	1 次 / 天	无积尘、无杂物堆积	清扫车
			捡拾路面抛洒物	1 次 / 天	无大块废弃物	捡拾车配合人工
			黄泥带冲洗	60 次 / 年（或按实际情况）	雨后 24h 保证桥面无黄泥带	高压冲水车
	2	防撞设施	防撞墙冲洗（内侧）	1 次 / 月	无严重积尘	高压冲水车
			防撞栏杆保洁	1 次 / 月	无严重积尘	人工擦洗
	3	边沟	清理保洁	3 次 / 年	清除淤塞和杂草	人工清理
	4	防眩板	人工擦洗	1 次 / 月	无严重积尘	人工擦洗
	5	下穿孔	路面人工清扫	1 次 / d	无严重积尘	人工清理
陈海收费站	1	收费岛道路	收费道口油污清洗	1 次 / 周	清洁、无油污	高压冲水车
	2	收费亭	人工擦洗	1 次 / 周	清洁、无油污	人工擦洗
	3	天棚	保洁	1 次 / 年	无严重积尘	高压冲水车
潘园收费站	1	收费岛道路	收费道口油污清洗	1 次 / 周	清洁、无油污	高压冲水车
	2	收费亭	人工擦洗	1 次 / 周	清洁、无油污	人工擦洗
	3	天棚	保洁	1 次 / 年	无严重积尘	高压冲水车
绿化范围	1	绿化内保洁	捡拾抛洒物	1 次 /d	无大块废弃物	捡拾车配合人工

2. 长江大桥保洁内容、周期和频率要求（表 6–2）

长江大桥保洁内容、周期和频率要求　　表 6–2

类　别	序　号	项　目	内　容	频率要求	标准 / 要求	保洁手段
上部结构	1	路面	清扫	1 次 /d	无积尘、无杂物堆积	清扫车
			捡拾路面抛洒物	1 次 /d	无大块废弃物	捡拾车配合人工
			黄泥带冲洗	60 次 / 年（或按实际情况）	雨后 24h 保证桥面无黄泥带	高压冲水车
	2	防撞设施	防撞墙冲洗（内侧）	1 次 / 季	无严重积尘	高压冲水车
			钢栏杆保洁	3 次 / 月	无严重积尘	机械冲洗
	3	伸缩缝	保洁	1 次 / 月	缝内无积灰、无碎石	吸尘机吸拾
	4	进水口	冲洗进水口（水上段）	3 次 / 月	无淤塞、无杂物	高压冲水车
		排水管	冲洗进水口（陆上段）	3 次 / 月	无淤塞、无杂物	高压冲水车
	5	混凝土箱梁	内部保洁	1 次 / 年	无积尘、无杂物堆积	人工擦洗
	6	主塔	内部保洁	1 次 / 年	无积尘、无杂物堆积	人工擦洗
	7	钢箱梁	外部除尘		无积尘、无污染	行车配合人工干擦
			内部保洁	1 次 / 年	无积尘、无杂物堆积	人工干擦
	8	检修通道	通道保洁	1 次 / 月	无严重积尘	人工清扫
			栏杆保洁	1 次 / 月	无严重积尘	人工擦洗
	9	检修平台	保洁	1 次 / 月	无严重积尘	人工清扫
	10	锚箱、锚头、护罩	保洁	1 次 / 年	表面无污染、无积灰	人工擦洗
	11	雾灯	保洁	1 次 / 月	表面无污染、无积灰	人工擦洗
	12	阻尼器	保洁、加油	2 次 / 年	清洁、无锈蚀	人工擦洗、加润滑油
附属设施	1	里程牌	保洁	2 次 / 月	表面无污染、无积灰	人工擦洗
	2	百米桩	保洁	1 次 / 月	表面无污染、无积灰	人工擦洗
	3	移动门	保洁	1 次 / 月	表面无污染、无积灰	高压冲水车
	4	龙门架	保洁	1 次 / 季	表面无污染、无积灰	登高车配合人工擦洗
	5	标志牌	保洁	2 次 / 月	表面无污染、无积灰	登高车配合人工擦洗
	6	诱导标志	保洁	3 次 / 月	表面清洁、无积灰	人工擦洗

3. 长江隧道保洁内容、周期、频率和要求（表 6–3）

长江隧道保洁内容、周期、频率和要求　　　表 6–3

类　别	序　号	项　目	内　容	频率要求	标准 / 要求	保洁手段
隧道通道	1	路面	清扫	1 次 /d	无积尘、无杂物堆积	清扫车
			捡拾路面抛洒物	1 次 /d	无大块废弃物	捡拾车配合人工
			黄泥带冲洗	60 次 / 年（或按实际情况）	雨后 24h 保证路面无黄泥带	高压冲水车
			逃生通道	1 次 / 月	无积尘、无杂物堆积	人工清扫
			联络通道	1 次 / 年	无积尘、无杂物堆积	人工清扫
			管廊通道保洁	1 次 / 月	无积尘、无杂物堆积	
	2	装饰层	防撞侧墙清洗	2 次 / 月	干净、整洁、无污垢、污染、油污和痕迹	高压冲水车
			装饰板清洗	2 次 / 月	外观整洁、无明显痕迹	侧壁清洗车
	3	工作井	内部保洁	1 次 / 天	房间内部无积尘、无杂物	人工清扫
	4	敞开段	大理石侧墙	1 次 / 年	表面清洁、无积灰	高压冲水车
			天棚	1 次 / 年	表面清洁、无积灰	高压冲水车
附属设施	1	排水设施	边沟清扫	1 次 / 天	无残留垃圾等物品	机械清扫
			横截沟清理	1 次 / 月	不留有大块硬物、塑料制品，积泥厚度≤ 2cm	高压冲水车配合人工清理
	2	风塔	风塔内通道保洁	1 次 / 月	无尘积、无杂物堆积	高压冲水车
	3	诱导标志	保洁	2 次 / 月	表面清洁、无积灰	人工擦洗
	4	排水设施	江中泵房水池清理	1 次 / 月	整洁、完好	人工清捞
			工作井废水泵水池清理	1 次 / 季	整洁、完好	人工清捞
			移动潜水泵水池清理	1 次 / 季	整洁、完好	人工清捞
			工作井存水泵水池	1 次 / 季	整洁、完好	人工清捞
			雨水泵水池清理	1 次 / 季	整洁、完好	人工清捞
			集水池	1 次 / 年	整洁、完好	人工清捞

二、保洁管理标准

1. 路面清扫保洁作业

（1）清扫保洁要求及原则

①对养护区域内所有道路、广场、绿化范围进行有计划的清扫、保洁，保持区域干净、整洁和有序，不能有杂物碎片，见表 6–1~ 表 6–3。

②道路保洁采取机械化作业与人工清扫、捡拾相结合的原则。对于清扫车无法到位或体积较大的垃圾或清扫车不能吸取的，须辅以人工保洁（见清扫保洁设备一览表）。路面保洁主要依靠机械清扫，确保每个车道整洁无障碍。作业时清扫车的车速必须控制在 8~10km/h。

③除正常保洁按表 6–1~ 表 6–3 执行外，若遇特殊情况，如交通保卫、上级领导检查、节假日等，应按业主的指令增加保洁的频率和内容。

④除确保长兴岛和陈海收费车道的整洁干净外，还必须在长兴岛和陈海主线收费站进出口 500m 范围内摆放相应的环保垃圾桶，并落实专人负责定时清扫，确保周围环境整洁。

⑤对于突发事件，造成道路出现大面积的撒落物等，影响行车安全时，在接到中控指令后无特殊情况应保证在 15min 内赶到现场进行清理。

⑥坚决执行中控室指令，随时应对恶劣天气下的路面保洁，如冰雪时扫雪、暴雨时清除路面进水口垃圾等。

（2）清扫、保洁的时间及布点

常用方案：大桥采取白天清扫（避让高峰时段，9：00~12：00，13：00~16：00）配置 2 辆清扫车，其他区域保洁也一律采取避让高峰时段（9：00~12：00，13：00~16：00）。

（3）清扫车定点位置

清扫车全部停放潘圆立交桥桥孔的养护基地，所有作业车辆均配置 GPS 全球定位系统，以实现管理部门远程对作业道路、车速的监控管理。

（4）清扫保洁设备

所有清扫保洁车辆必须喷涂黄色。所有清扫保洁车辆上必须安装箭形导向频闪灯。

（5）零星部位清扫

①对于清扫车清扫不到的部位，如斜拉索桥面锚固区，车辆交通限制区、中分带、护坡、下平台等采用人工清扫和捡拾的方法，并做好安全防护措施。

②对于体积较大等清扫车不能吸取的垃圾，配合采用人工捡拾，保证大桥桥面整洁。

（6）特殊清扫

除了定期的清扫作业外，还应根据桥面、路面污染的特殊情况，及时进行不定期的特殊清扫保洁作业。

桥面上有妨碍正常交通的杂物时，立即调动工程车来清除，以确保行车安全。

意外事件、事故等因素造成桥面污染时，应及时清扫，以保持桥面整洁。

沥青桥面被油类物质或化学物品污染时，应先撒砂、撒木屑或用化学中和剂处理，然后进行清扫，必要时调动洒水车，用水冲洗干净。

2. 雨后黄泥带冲洗

根据路面、桥面的特殊性，在大雨过后道路两旁的硬路肩会形成一条沿道路纵向发展，宽度约为 1.5m 左右的黄泥带。如不及时处理，待泥带干燥后很难去除并会影响整个桥面整洁。为减少黄泥带的产生，在雨后 72h 之内用高压冲水车对大桥出现的黄泥带进行及时冲洗，以保证大桥桥面整洁、美观。

3. 防撞墙、防冲护栏保洁

采用高压冲水车（图 6–1）冲洗并用侧扫进行保洁，可达到保洁效果。

图 6–1　高压冲水车

4. 伸缩缝保洁

伸缩缝的橡胶止水带处极易聚集垃圾，影响伸缩缝的正常工作，故每次保洁时都选择 JT5141TSL

型清扫车，车底吸口管中安装一套支管，拉两根长6m具有弹性钢口的软管，采用大功率风力吸尘机，在临时封道的情况下，开动吸尘机快速把伸缩缝内的垃圾全部吸入垃圾储存箱，而且在保洁过程中不能伤害伸缩缝原密封的软结构，保护好伸缩缝，见图6–2。

图6–2　伸缩缝保洁

5. 排水设施保洁

（1）进水口

对进水口采用人工清捞的方法，确保进水口清洁；对排水立管采用高压冲水车冲洗的方法进行疏通，确保汛期的排水畅通，见图6–3。

（2）道路边沟

对边沟采用人工清理（图6–4），保证沟底板干净。

（3）隧道横截沟、边沟

横截沟是隧道敞开段路表水的截水设施；道路边沟是隧道路面水的排水设施。其畅通与否，直接影响隧道的运行，尤其是暴雨季节，要毫不懈怠地来对待横截沟、路边沟的清淤工作。对横截沟采用高压冲水车配合人工清理，可安排采取封闭局部车道的方式进行，边沟可结合路面清扫一并进行。

图6–3　清洗进水口

6. 大桥箱梁、主塔等保洁

（1）混凝土箱梁的保洁

混凝土箱梁外部不易受到污染且外部保洁成本较高，原则上不进行保洁作业。混凝土箱梁内部则采用人工清扫的方式进行保洁。

（2）主塔保洁

主塔内部保洁以人工清扫为主，要求主塔内无杂物、无严重积尘。

图6–4　人工清理边沟

（3）钢箱梁保洁

钢箱梁内由于装有除湿系统，对环境要求较高，不能有积尘。因此保洁频率和保洁要求较混凝土箱梁有较大提高。采用人工擦洗和吸尘器保洁相结合，为了保持钢箱梁内的干燥，保洁过程中不得用水。

（4）检修通道保洁

对于大桥的检修通道，每年一次派人进行清扫除尘保洁。

7. 隧道广场、侧墙、遮阳棚等保洁

（1）隧道广场

隧道广场的保洁以机械为主、人工为辅，清扫机械可结合道路保洁同时进行，作业时必须保证隧道正常运行，对机械难以清扫的死角辅以人工配合。

（2）隧道侧墙

受通行车辆产生的烟雾、废气的污染，隧道侧壁表面会逐渐形成一层带有油污的浮灰，因此必须经常进行保洁。为避让高峰，清洗工作安排在晚上 23：00~ 凌晨 6：00，采取局部封闭车道的方式进行。如遇特殊情况，增加清洗次数。作业路线安排同清扫路线，具体实施按计划。

（3）光过渡段的遮阳棚

光过渡段的遮阳棚，运行后会受到自然尘灰等因素的污染，长此以往，会对隧道的环境美观带来影响，有碍隧道的整体环境。因此，对光过渡段的遮阳棚也要定期进行保洁，采取机械冲洗、人工吸尘和擦拭。

8. 其他附属设施保洁

（1）大桥阻尼器的保洁

阻尼器保洁以人工干擦为主，要求对不锈钢护套、不锈钢外套表面污垢采用清洁布擦洗干净；销轴连接处若有污垢及时清理干净并加注润滑油脂。

（2）里程牌、百米桩的保洁

一般采用人工擦洗的方法进行保洁，确保标志清洁、醒目。

（3）诱导器

选用合适的工具和清洗剂对诱导器进行保洁，同时注意定期更换工具，保持器具的清洁。

（4）交通标志牌、龙门架的保洁

一般采用高压冲洗和人工擦洗的方法进行保洁（图 6–5），确保标志清洁、醒目。

图 6–5　交通标志、龙门架清洗

（5）移动门保洁

一般采用高压冲水车进行冲洗，再配以人工用清洁布擦洗干净（图 6–6），来对移动门进行保洁。

图 6–6　移动门保洁

9. 收费站以及房屋建筑保洁

（1）房屋建筑保洁

每天 2 次对收费站房屋建筑进行清扫、冲洗，确保无积尘、无杂物堆积。

（2）收费场地及道路

以机械为主，用高压冲水车每天 1 次进行冲洗洒水，对机械难以清扫的死角辅以人工配合。

（3）收费岛道路

收费道口油污清洗采用高压冲水车，每周 1 次进行冲洗。

10. 服务区、管理大楼保洁

（1）服务区保洁

建立清扫保洁制度，落实责任人进行保洁工作，做到服务区内无堆放杂物现象，管理大楼清洁、整齐，大厅、楼道、场地内无杂物堆放。在日常工作中及时收集业主的需求信息，加强沟通，尽可能满足业主的需要，保证业主对物业管理满意。建立设备保养制度，落实责任人进行保养、检修工作，保证设备的正常运行。

①日常保洁

落实责任人进行保洁工作，对服务区路面巡回清扫，附属设施每天的日常保洁覆盖率达 99% 以上，确保服务区内垃圾日产日清，空气清新。

②定期保洁

按每月 1 次的频率对服务区内大楼的门厅、楼梯间，走廊通道的墙面、玻璃进行循环保洁或大扫除，对盥洗设施等卫生器具进行检查、修理，保持完好。

③其他环境卫生

供水符合卫生标准，无二次污染和隐患。

定期杀灭蚊、蝇、鼠，并做到无滋生源。

场地化粪池、雨污水井盖完好，并定期疏通、清理，不发生满溢现象。

（2）管理大楼保洁

管理大楼是养护运营的指挥场所，除安全保卫工作至关重要外，环境卫生工作也不能忽视，由于长江隧桥的技术先进性，必定会有大量国内外技术专家前来交流，因此管理大楼除日常的楼道、走廊等保洁外，还必须进行定期清洁，计划按每月 1 次，对大楼的楼道玻璃、墙面、广场、绿地等进行循环保洁，化粪池清粪。

三、保洁管理特色

1. 清洁材料的选用

保洁时如需要使用清洁剂，本着对崇明区域生态环境和设施的保护，应使用中性清洁剂，利用清洁有效、节能环保的清洁剂清洁设施，并还可根据附属设施的实际需要专门配置清洁剂。

2. 清洁设备研制

为了确保收费广场保洁质量，除每天两次清扫车进行保洁外，在收费广场每天安排 2~3 名工人对广场上的抛洒物随时进行清理。

为此，特别研制了一台移动式手推车（图 6–7）来方便工人作业。

3. 清洁工作的安全管理

隧道内的各类机械清洁，作业前和结束后必须向控制中心报告，阶段性工作完毕、转换也应进行报告。

控制中心应配合做好信号的改变，通过情报板发布“隧桥养护，车辆减速慢行，注意行车安全”的信息，提示过江车辆驾驶员安全行驶，同时全程监视保洁过程。

图 6-7 移动式手推车

清扫车、侧壁清洗车等作业车辆，均应备好灭火设备，进入隧道区域，开启示宽灯、警示灯牌。

作业人员必须穿戴好安全标识服、出车前需对车况和警示灯具进行检查，并做好记录。

作业人员、作业车辆应遵守交通法规和工作纪律，不得随意变道、掉头、倒车。

4. 保洁的质量保证措施

在生产工作中加强计划管理，以年计划为纲，逐步扩展到月、周、日计划，并做到日计划上墙，确保保洁工作无遗漏。

在过程控制中加强 PDCA 的流程管理，并安排专人负责检查工作，做到工作有自检，事后有复检，层层把关，确保落实。

在管理中加强人员培训和考核，以周为单位，将检查结果和经济效益相挂钩进行考核。

第三节 上海长江隧桥工程结构养护管理

一、大桥主体结构养护维修方案

1. 上部结构的养护维修方案

1）桥面铺装层的养护维修方案

长江大桥及长兴岛、崇明岛接线道路全长 16.5km，沥青混凝土铺装层总面积约为 27.7 万 m^2。桥面沥青混凝土铺装层按两层设置，总厚度为 5.5cm，预留轨交部分采用浇筑式沥青混凝土（GA-10），厚度为 5.5cm。钢桥面上的沥青铺装，采用 55mm 厚双层环氧沥青混凝土方案。

桥面病害包含下面几个内容。

（1）沥青混凝土面层坑塘修理

零星挖补必须做到圆洞方补、湿洞干补、浅洞深补、凿边整齐、垂直，其边线与路中心线平行或垂直。

大面积的网状裂缝、松散、破碎、车辙修补应须铣刨旧路面，铣刨厚度不小于最小面层厚度。

对路面病害修理前后须进行照相，记录反映病貌、修补日期、时间、气象资料和修补人。

大面积修理联系供应商拌制 SMA-13 特种改性沥青混合料。

采用 JSD 红外线再生作业法，维修作业人员根据任务单的具体内容到达沥青混凝土面层病害的地点，确定病害位置。现场安全员应按《长江大桥日常养护占道交通安全方案》的要求，进行安全作业区域隔离围护设置。作业人员操作步骤：

①对沥青混凝土面层病害进行拍照取证。

②对沥青混凝土面层病害丈量面积大小并做好记录。

③按沥青混凝土面层病害面积设定点火区域。

④将 JSD 红外线再生养护王放在病害处，对沥青混凝土面层进行软化（常温 15℃环境下需加热 5~7min）。

⑤对沥青混凝土面层病害进行修补处理。

⑥先挖出老化沥青，填充沥青新料。

⑦用 JSD 红外线再生养护王继续加热软化 5~7min。

⑧对软化后的新料进行拌和。

⑨对软化后的新料进行刮平处理，适当添加乳化沥青。

⑩用 JSD 红外线再生养护王再进行加热软化 2min。

⑪对处理好的沥青混凝土面层根据先边后中、先轻后重的碾压原则进行碾压。

⑫对修复后沥青混凝土面层由质量员验收、拍照、归档。

⑬必须对沥青混凝土面层病害修补的作业现场进行整理清扫，做到工完、料清、场地净。

⑭现场安全员按《长江大桥日常养护占道交通安全方案》的要求，进行安全作业区域隔离围护撤离，开放交通。

⑮沥青混凝土面层维修注意事项：风力大于 6 级，迷雾、冰雪天不得上桥作业。

路面出现病害后要求雨后 24h 内修复。如影响交通安全的应及时抢修。

（2）麻面或松散的修理

对局部地段的麻面或松散，可清扫干净，铣刨后重新摊铺。其他由于基层变形引起的松散，先处理基层后再修复路面，修补方法与坑塘修补方法类似。

（3）拥包的修理

拥包范围内用直尺画线成矩形（与中心线平行或垂直），用小型切割机切深 5cm，再用小型铣刨机铣平，采用补料填补，并压实。

2）伸缩缝的养护维修方案

长江大桥伸缩缝采用凹凸槽形和条形结构解决桥箱梁热胀冷缩的问题。长江大桥有齿形钢板和型钢两种，结构复杂，保养维修难度大。由于受重载车辆冲击和结构老化，伸缩缝钢件和混凝土接合处会产生损坏破裂，为此发现破裂应及时进行翻修过渡段混凝土。伸缩装置一旦出现病害时，应及时进行更换。

（1）伸缩缝的日常检查

有计划、有组织地做好经常性的检查工作可以避免因小的损坏而演变成大的破坏。日常检查工作主要包括：伸缩缝是否堵塞、挤死、失效；各部分的构件是否完好；锚固连接是否牢固，连接件是否松动；有无局部破损；密封橡胶带是否老化、失去弹性、异常变形或开裂；伸缩缝是否有不正常的响声或异常的伸缩量；伸缩缝各基本单元间隙是否均匀；钢构件是否锈蚀、变形；伸缩缝处是否平整，有无跳车现象等。为便于养护维修，应做好检查记录，建立检查记录档案。

（2）伸缩缝的养护

伸缩缝应经常养护，如清除碎石、泥土杂物，拧紧螺栓并加油保护，修理个别损坏部分等，使其发挥正常作用。若有损坏或功能失效要及时修理或更换。

（3）伸缩缝的维修

①修补前应查明原因，采用行之有效、与之相适应的修补方法。修补工作要依据缺陷的程度，或部分修补，或全部更换。

②当铺装层破坏时，要凿除重新铺筑。凿除破损部位要画线切割（或竖凿）。清扫旧料后再铺装新面层，当采用混凝土浇筑时，要采用快速水泥并注意新旧接缝要保持平整，对铺筑部分要加以初期养生。

③当梳齿断裂或出现裂缝后，要采取焊接方法进行修补。

④桥面伸缩缝的修补或更换工作大都不中断交通。因此，通常可考虑采用限制车辆通行，半边施工、半边通行车辆；或白天使用盖板，夜间施工时禁止通行；或白天使用盖板，夜间限制车辆通行，半边施工、半边开放交通等方法。总之，均要抓紧时间，尽量缩短工期，保证修补质量。

⑤伸缩缝养护维修作业步骤：

a. 经养护人员检查和有关资料的证实，梳齿式伸缩缝和异型钢单缝伸缩装置有混凝土表层龟裂、混凝土碎裂、锚固筋裸露或断裂、型钢变形或断裂、鸟形止水带脱落和撕裂等现象（针对长江大桥可能出现的伸缩缝故障建议用以下步骤维修）。

b. 作业人员到达作业区域后必须严格按《长江大桥日常养护占道交通安全方案》进行安全作业区域的隔离围护。

c. 安全作业区域隔离围护的设置，必须顺交通流方向进行。

d. 处理混凝土表层的裂缝一般使用快封一号胶作喷涂封闭处理。用刷子调匀快封一号胶涂于裂缝表面。

e. 处理混凝土小面积缺损可直接在清理表面使用 C40 混凝土或快速混凝土进行修补，并在 4h 后开放交通。

f. 处理螺母松动：

首先清理螺栓孔内的杂物。

使用扭力公斤扳手将松动的螺母进行紧固。

灌入拌和好的环氧树脂进行密封，待其固化（环氧树脂牌号为 6101，固化剂牌号为 T31，配合比例为 5∶1）。

施工温度在 20℃左右，固化时间约为 4h，方可开放交通。

g. 处理大小齿板跳动的方法是：

依次松开大小齿板上的螺母。

依次打开大小齿板。

检查橡胶止水带、不锈钢滑板、混凝土层、网片筋、锚固筋的损坏情况。

用环氧树脂或快速混凝土填补凹混凝土处。

盖上橡胶止水带，将大小齿板依次盖上，锁紧螺母。

养护 4h 后开放交通。安全作业区域隔离围护撤除时，必须逆交通流方向进行。

3）连续梁的养护维修方案

根据《公路桥涵养护规范》（JTG H11—2004），长江大桥预应力混凝土箱梁日常养护维修内容为：清除表面污垢；修补混凝土空洞、破损、剥落、表面风化以及裂缝；清除暴露钢筋的锈渍、恢复保护层；处理各种横、纵向构件的开裂、开焊和锈蚀；保持箱梁的箱内通风，通风孔应及时疏通。梁体的污垢应用可饮用自来水洗刷，不得使用有腐蚀性的化学清洗剂或海水。用于混凝土结构耐久性无损监测的外露测点盒应保持完好，如有损毁应及时修复。

（1）对梁体混凝土的表面风化、剥落，预应力锚固区的破损，沿预应力钢束纵向开裂等应先将松散部分清除，再用高一强度等级的自密实混凝土或专用修补自密实混凝土进行修补。封闭锚具的混凝土保护层厚度应不小于 80mm，并应在其表面涂敷和覆盖防水、防腐材料。

（2）若发现露筋或保护层脱落，应将松动的保护层和钢筋背面 2~3cm 的混凝土一并凿去，并在清除钢筋锈迹后马上修补。在浇筑自密实混凝土前，老混凝土的表面应用钢丝刷刷洗或凿毛，并保持潮湿状态直到浇筑新混凝土。凿毛可用人工或机械方法。

（3）在浇筑自密实混凝土时，在老混凝土面上应涂抹一层界面处理剂或厚约 10mm 的 1：2 水泥砂浆。界面处理剂应符合《混凝土界面处理剂》（JC/T 907—2002）的要求，涂抹施工应按产品说明书进行。

（4）预应力混凝土箱梁顺筋裂缝达 0.15mm，其他裂缝达 0.2mm 时，必须进行修补或加固，修补或加固方案必须通过论证。

（5）新补的混凝土应加强养护，所有填充应与孔穴表面紧密结合，应该与原混凝土接合牢固，无收缩开裂及鼓形区，表面平整且与相邻表面平齐。新补混凝土和新老接缝处的拉拔强度应大于原混凝土。新补混凝土的氯离子扩散系数应不小于 $1.5\times10^{-12}m^2/s$。

（6）箱梁修补的适宜气温为 10~25℃，修补 48h 内昼夜温差不得超过 10℃，否则必须采取保温措施。

（7）箱梁需要加固时，宜优先考虑在内部粘贴碳纤维或特种玻璃纤维，尽可能不影响外观，尽可能不增加原结构自重，尽可能少改变结构自振参数，尽可能不改变受力体系。加固方案必须通过论证。

（8）所有修补或加固工作，都必须在查明原因后进行。

4）防撞护栏、立柱的养护维修方案

护栏起着诱导驾驶员视线，增加驾驶员和乘客安全感，防止车辆驶出大桥避免交通事故的作用。

（1）养护要求

①护栏应保持完好顺直，栏杆立柱竖立正直，水平栏杆自由伸缩，无油漆剥落、根部松动、破损、开裂和变形等现象。

②因车辆碰撞或其他原因造成护栏变形或损坏的，1d 内修补完整。无法及时修理而采用临时防护措施的，必须牢固、醒目。

③锈蚀严重的护栏应及时更换。

④护栏基座发现裂缝应及时修复，修复工作在发现病害后 1 周内完成。

（2）养护维修措施

①作业人员到达作业区域后必须严格按《长江大桥日常养护占道交通安全方案》进行安全作业区域的隔离围护。

②安全作业区域隔离围护的设置，必须顺交通流方向进行。

③作业人员拆下被损坏的部件，其步骤如下：

a. 作业人员先拆下栏杆。栏杆有上、中、下三根，拆时先用绳子把栏杆和柱子扎牢（两头两个点），再用扳手卸下连接螺柱，先上后下地用人力套牢绳子轻轻卸下，随后用同样的方法拆第二、第三根。

b. 拆除损坏立柱，先用绳子扎牢损坏的柱子，连接于桥面固定点，防止向江中倒落，再用专用扳手拆除连接螺母，人工扛住，慢慢卸下。

④安装新配件步骤如下：

a. 安装新立柱时，用绳子扎牢立柱，人力扛住，使用专用扳手扭紧螺母，注意轻放，防止防撞墙预埋件螺柱撞坏。

b. 安装栏杆，栏杆有短接管零件，预先安装好，先安装最上面一根，固定好后以上面一个为吊杆，用绳子拉吊第二根、第三根，安全就位后用扳手螺柱紧固。

c. 检查是否装配合理，在装配过程中，如有碰伤镀锌部位需补锌，直至合格。

⑤安全作业区域隔离围护撤除时，必须逆交通流方向进行。

5）防撞墙的养护维修方案

长江大桥防撞墙设施是桥面主要的交通安全设置，如遇损坏需维修人员在短时间内及时维修，确保大桥正常通行。

（1）作业人员到达作业区域后必须严格按《长江大桥日常养护占道交通安全方案》进行安全作业区域的隔离围护。

（2）安全作业区域隔离围护的设置，必须顺交通流方向进行。

（3）维修人员用石笔画出修理区域，区域范围必须是正方形或者长方形。

（4）用锄头、凿子或电动冲击锤把区域内墙面凿毛，凹深不少于 3mm。

（5）维修人员用毛刷将防撞墙凿除区域清理干净。

（6）维修人员由深至浅分层进行修补，用混合料浇筑密实（必须保证表面平整、色泽均匀）。

（7）水泥及混合料按 C30 配置。

（8）将无机材料作为一种混凝土外加剂（快燥精），按一定比例加入到水泥混凝土或砂浆中，加快强度形成，从而达到快速修补的目的，其比例为：1kg 水泥、1.2kg 中砂、2.5kg 石子、0.4kg 水。其初凝时间短，具有高强性、收缩小、施工工艺性好、易振捣密实、强度与老混凝土基本相同等特点。

（9）含有有机料的高效混凝土修补剂，是以多种树脂按一定比例混合，直接使用于裂缝修补，或将修补剂取代水泥直接与砂石材料拌和进行缺损修补，其比例为：1kg 水泥（海螺牌 42.5 级硅酸盐水泥）、1.2kg 中砂、2.5kg 石子、0.4kg 水、0.38kg 环氧树脂、0.04kg 丙酮、0.03kg 乙二胺硬化剂、0.766kg 石英砂。

（10）安全作业区域隔离围护撤除时，必须逆交通流方向进行。

2. 下部结构的养护维修方案

1）支座的养护维修方案

支座是桥梁反力传至墩、台基础的重要构件，同时保证在活载和温度作用下转动和伸缩的灵活性。支座的支撑不平甚至脱空，支座受约束而不能灵活转动和伸缩，不仅影响车辆正常运营，尚可能招致梁体受力变化、开裂破损或更严重的病害。支座的检查与养护是桥梁养护的重要部分。

（1）支座的常见病害

①盆式橡胶支座

盆式橡胶支座常见病害包括钢件裂纹和变形，钢件脱焊、锈蚀，橡胶老化和变脆，聚四氟乙烯滑板磨损，支座位移超限，支座转角超限和锚栓剪断等。

钢件裂纹和变形是指盆式橡胶支座的钢件中出现肉眼可见的裂纹，以及支座钢板在荷载作用下发生翘曲。

钢件脱焊是指支座焊接件及不锈钢板与基层钢板之间的焊缝脱焊。

聚四氟乙烯板磨损指盆式橡胶支座中由于聚四氟乙烯板和不锈钢滑板之间平面滑动所产生的磨损。磨损程度用测量聚四氟乙烯板的外露高度来表示。

支座位移超限是支座聚四氟乙烯板滑出不锈钢板板面范围。

支座转角超限是支座转角超过相应荷载作用下最大的预期设计转角，支座转角应由盆式橡胶支座顶、底板之间的最大和最小间隙求出。

②球形支座

球形支座常见病害与上述盆式橡胶支座相似，亦为：钢件裂纹和变形，钢件脱焊、锈蚀，聚四氟乙烯滑板磨损，支座位移超限，支座转角超限和锚栓剪断等。

（2）支座的检查评定

①支座的检查

主要检查支座功能是否完好，组件是否完整、清洁，有无老化、变形、锈蚀、断裂、错位和脱空现象。上下座板与梁身、支座垫石相互之间是否密贴，有无三条腿等不正常现象；支承垫石是否完好，是否有积水或尘埃等。对固定支座要观测有无变形；活动支座要检查其是否灵活，实际位移量是否正常，变位方向是否与温度变化相符，倾斜度是否在容许限度内，有无限位装置等。

a. 检查各型支座上板与梁底、下板与支承垫石间是否密贴，支承垫石有无积水、翻浆和破损，梁跨两端四支座有无三支点现象。

b. 检查支座各部分相互位置是否正确，特别注意各部螺栓是否有折损，特别要检查其变位是否与温度变化相符，倾角是否在容许限度内；固定支座要检查其有无变形。

c. 检查横向抗风盆式橡胶支座有无钢件裂纹、脱焊、锈蚀；特别要检查橡胶是否老化、开裂；有无过大的剪切变形或压缩变形，各夹层钢板之间橡胶层外凸是否均匀；聚四氟乙烯板的磨损度和活动面的洁净度。

d. 球形支座的检查基本上与盆式橡胶支座相同，但特别要检查其位移、转角超限情况及密封圈密封性；固定和密封用的螺钉是否松动，密封圈是否失效。

②支座技术状况评定

支座检查指标及分级评定标准见表 6–4~ 表 6–13。

老化变质、开裂 表 6–4

等级	评定标准	
	定性描述	定量描述
1	轻微龟裂或裂缝	裂缝宽度小于 0.5mm，无水平裂缝
2	轻微老化，表面有脏污，出现裂缝	裂缝宽度 0.5~1mm，裂缝长度大于相应边长的 10%
3	橡胶支座老化变形，裂缝较严重	宽度 1~2mm，裂缝长度大于相应边长的 25%
4	橡胶支座老化破裂，裂缝严重	裂缝宽度大于 2mm，裂缝长度大于相应边长的 25%
5	橡胶支座老化破裂，裂缝非常严重	裂缝宽度大于 2mm，裂缝长度大于相应边长的 50%

钢 板 外 露 表 6–5

等级	评定标准	
	定性描述	定量描述
1	完好	—
2	—	—
3	钢板局部外露	—
4	钢板大部分外露	外露长度大于 100mm
5	—	—

不均匀鼓凸与脱胶 表 6–6

等级	评定标准	
	定性描述	定量描述
1	完好	—

续上表

等级	评定标准	
	定性描述	定量描述
2	有外鼓现象	沿支座一侧外鼓长度小于相应边长的 10%
3	外鼓现象较严重	沿支座一侧外鼓长度小于占相应边长的 10%~25%
4	外鼓现象严重	沿支座一侧外鼓长度大于相应边长的 25%
5	—	—

剪切大于限值　表 6-7

等级	评定标准	
	定性描述	定量描述
1	完好	—
2	—	—
3	出现变形	剪切角度小于 35°
4	出现变形，变形较严重	剪切角度大于 35° ，且小于 45°
5	变形严重并造成桥梁其他构件出现较严重病害	剪切角度大于 45°

支座位置串动、脱空　表 6-8

等级	评定标准	
	定性描述	定量描述
1	完好	—
2	—	—
3	支座位置略有偏移	—
4	串动较严重，或支座出现脱空现象	串动小于相应边长的 25%
5	串动严重并造成桥梁其他构件出现较严重病害	串动大于相应边长的 25%

支座组件损坏　表 6-9

等级	评定标准	
	定性描述	定量描述
1	出现轻微锈蚀	—
2	盆底四角翘起或钢盆出现较多锈蚀	—
3	除盆底、盆环外其他部位开裂；钢件非主要受力部位出现脱焊；或钢盆出现较多锈蚀并伴有剥落	—
4	—	—
5	盆环开裂或脱焊，并造成其他构件出现病害	—

聚四氟乙烯滑板磨损　表 6-10

等级	评定标准	
	定性描述	定量描述
1	基本无磨损	聚四氟乙烯滑板外露高度 h>1mm
2	磨损较少	聚四氟乙烯滑板外露高度 0.5mm<h ≤ 1mm
3	磨损较多	聚四氟乙烯滑板外露高度 0.2mm ≤ h ≤ 0.5mm
4	—	—
5	磨损严重，并造成其他构件出现病害	聚四氟乙烯滑板外露高度 h<0.2

位移、转角大于限值　　表 6–11

等　级	评定标准	
	定性描述	定量描述
1	完好	—
2	—	—
3	有位移现象；有较大转角，转角超出设计值	位移小于 10mm，超出设计转角 10%
4	位移现象较明显；有很大转角，转角远远超出设计值	位移大于等于 10mm，超出设计转角 20%
5	—	—

锚 栓 剪 断　　表 6–12

等　级	评定标准	
	定性描述	定量描述
1	完好	—
2	—	—
3	—	—
4	锚栓剪断数量较多	锚栓剪断大于 25%
5	有大量的锚栓剪断，造成其他构件出现病害	锚栓剪断大于 50%

支座底板变形、混凝土压裂　　表 6–13

等　级	评定标准	
	定性描述	定量描述
1	完好	—
2	局部裂纹、掉角	—
3	底板产生变形，混凝土酥裂，露筋、掉角	—
4	底板变形，大部分压碎、剥离	—
5	—	—

长江大桥开通后当年至第 5 年，每年应进行 1 次上述检查和技术状况评定。5 年后，桥梁基本处于稳定状态，结合前 5 年检查的情况，制订以后的检查频率。对于一直处于良好工作状态的支座，可以 2~5 年检查 1 次。

（3）支座的养护维修

支座的养护维修原则上是应该确保支座能保持预期的受力和变形性能。为此，支座性能的检查工作应在支座正式投入使用时就对支座的受力状态和变位性能进行初次检查，以作为支座正常使用的原始记录。通常在支座的每次检查之前，应将支座仔细清理干净，并对每次检查的结果做认真的记录。在支座检查过程中，首先应检查支座是否有损伤发生（包括支座防腐油漆）。如果没有发现可见的损伤，支座的位置也处于正常范围内，此时应测量支座的实际位置。结合支座当前的使用状态（温度、收缩、徐变、荷载状态）的实际位置与理论位置的偏差，并做记录。如果发现有可见的损伤或位置偏差、变形或裂缝等现象，就应做记录，并对支座的位移、变形和转动情况进行详细的测量，并报告上级主管部门，以便对支座采取维修和更换措施。

①日常养护

支座的日常养护工作如下：

a. 支座各部应保持完整、清洁，每半年至少清扫 1 次，清除支座周围的油污、垃圾，防止积水、积雪，保证支座正常工作；每年定期进行 1 次检查和养护。

b. 及时拧紧支座各部接合螺栓，使支承垫板平整、牢固；对松动螺栓上油紧固。

c. 应防止橡胶支座接触油污引起老化、变质；用棉纱清理不锈钢板等。

d. 球形支座、盆式橡胶支座的防尘罩，应维护完好，防止尘埃落入或雨、雪渗入支座内。

e. 支座与梁底、支座与砂浆垫层之间的接触面应平整，梁体位移及转角应不受阻碍，记录位移、转角值，检查支座位移、转角是否正常，支座垫板与锚螺栓应紧密接触，并不得有锈蚀；支座垫层上如有积水，应立即清除。

f. 支座或支座组件如有缺陷或产生故障不能正常工作时，应及时予以修整或更换。

②支座维修

支座在使用期间，应每年定期进行一次检查及养护维修，主要进行以下维修工作：

a. 检查支座锚栓有无剪断，支座橡胶密封圈有无龟裂和老化；有问题应及时更换。

b. 检查支座相对位移是否均匀，并逐个检查支座位移量，有问题应及时维修。

c. 清除支座附近的杂物及灰尘，并用棉丝仔细擦净不锈钢滑板表面的灰尘。

d. 对松动锚栓螺母清洗上油，以免螺母锈死。

e. 校核并定点检查支座高度变化，以便校核支座内聚四氟乙烯板的磨耗情况，当支座高度变化超过 3mm 时，应考虑是否需要更换聚四氟乙烯板。

根据经验，对聚四氟乙烯板的磨耗情况，应重点检查聚四氟乙烯板的外露高度 h_0。

当 $h_0 \geqslant$ 1mm 时，支座正常；

当 0.5mm $\leqslant h_0<$1.0mm 时，应每年测量高度变化；

当 0.2mm $\leqslant h_0<$0.5mm 时，应缩短检查期限，或更换，或经专家鉴定；

当 $h_0<$0.2mm 时，应立即更换，或经专家鉴定。

f. 定期对支座钢件的表面（除不锈钢板和聚四氟乙烯板表面外）的“金属喷涂 + 重防腐涂料封闭”涂装体系进行检查，超过有效保护期应重涂，以满足长江大桥防腐要求。重防腐体系技术参数见表 6–14。

重防腐体系技术参数　　表 6–14

防腐体系类型	重防腐体系	
防腐体系有效保护期	15 年	
前处理	喷砂 / 抛丸，清洁度 S_a2.5，粗糙度 40~70 μm	
热喷涂铝镁合金	>150 μm	
涂装层数	3 涂层	
各涂层涂装道数	2~3 道	
涂层厚度	≥ 300 μm	
涂料品种	底涂层	环氧富锌重防腐底漆
	中涂层	环氧云铁重防腐中涂漆
	面涂层	高级脂肪族聚氨酯半光磁漆

g. 定期对支座与上、下部结构连接件（着重于螺纹部分）的达克罗涂层进行检查，在连接件中，锚固螺栓和套筒的处理厚度为 6~8 μm。支座使用一定年限后，应现场对其进行冷维护。

2）墩、台的养护维修方案

（1）墩台的缺陷

墩台是由钢筋混凝土建成，容易受到上部结构荷载增加和基础出现缺陷的直接影响。尤其是当基础产生不均匀沉降、滑移、倾斜等现象时，将会使墩台受到影响而产生很大的损坏。

在突然外载，如船只及漂浮物的撞击等外力作用下，墩台会产生局部破坏，会产生脱落与剥离。

还要受干燥、潮湿、寒暑、冻结冰融等气候条件的影响，有时还受到水、海水、工业废水、废气、酸、碱、火热等作用，从而产生裂缝、剥落、锈蚀等病害。此外，材料随使用时间的增长还会老化。

归纳起来，墩台缺陷主要有：裂缝、剥落、空洞、钢筋外露、锈蚀、老化、结构的变形移位等。

（2）桥梁墩台常见的裂缝

①网状裂缝——此种裂缝多发生在常水位以上墩身的向阳部分，裂缝呈网状，裂缝宽 0.1~1.0mm，深 1~1.5cm，长度不等，即网状裂缝细且在墩身表面。主要原因是由于混凝土内部水化热和外部气温的温差，或日气温变化影响和日照影响而产生的温度拉应力；还有可能是由于混凝干燥收缩而引起。

②从基础向上发展至墩台身的裂缝——此种裂缝多发生在墩台身的长边（横桥向）中点附近，裂缝下宽上窄。其产生原因是基础下的土层松软或沉陷不均匀。

③墩台身的水平裂缝——此种裂缝多为混凝土浇筑接缝不良所引起。

④桥台翼墙与前墙连接处断裂——往往是由于墙间填土不良、冻胀或基底承载力不足，引起不均匀下沉或外倾而开裂。

⑤由支撑垫石从下向上发展的裂缝——主要是由于墩台帽在支撑垫石下未布置钢筋所致，也可能是由于受到过大的冲击力所致。

⑥墩台顶帽面水平裂缝——此裂缝在顶帽上平面，顺桥轴线横贯顶帽或沿支撑垫石呈放射状。这种裂缝不论空心墩或实心墩均有发生。主要是由于局部应力所致。因梁和活荷载的作用力集中地通过支座垫石传至墩台，使其周围墩台顶其他部位产生拉应力。

⑦双柱式桥墩承台上的竖向裂缝——此裂缝由于桩基不均匀下沉或局部应力所致。

⑧墩台盖梁自上而下的垂直裂缝——由于桩基不均匀下沉而引起盖梁不均匀受力所致。

⑨雉墙上的垂直裂缝——一支承相邻不等高梁体的墩盖梁的高度是不一样的，即盖梁不等高，呈凸起状，此谓之雉墙。其裂缝多位于雉墙棱角部分及桥墩中线附近，严重时部分混凝土剥落露筋。此由于局部应力所致。

⑩墩台镶面石发生裂缝——此多为不规则的裂缝，由于镶面石与墩台身连接不良造成。

⑪悬臂桥墩角隅处的裂缝——由于局部应力引起。

（3）墩台的养护维修要点

①墩台表面应保持清洁，及时清除青苔、杂草、荆棘和污秽。

②每年应对墩台混凝土进行一次裂缝观测，对发现的裂缝应测量其宽度和长度，记录其位置。对裂缝宽度大于 0.20mm 者，应测量裂缝的深度。

③由钢筋混凝土建造的墩台，如圆柱式墩台、双壁式墩和肋式台等，应特别注意保持其混凝土表面的完整性，防止钢筋锈蚀、混凝土表面发生侵蚀剥落、蜂窝麻面等病害，应及时将病害和其周围凿毛洗净，用高强度等级的水泥浆或环氧砂浆抹平。

④关于墩台裂缝的处理。

a. 裂缝宽度限值。

墩台帽：不大于 0.30mm。

墩台身：经常受侵蚀性环境水影响时，有筋墩台身裂缝宽度不大于 0.2mm，无筋（或石砌）墩台身裂缝宽度不大于 0.3mm；常年有水但无侵蚀性时，有筋墩台身裂缝宽度不大于 0.25mm，无筋（或石砌）墩台身裂缝宽度不大于 0.35mm；干沟或季节性有水河流墩台身裂缝宽度不大于 0.4mm；有冰冻作用部分墩身裂缝宽度不大于 0.2mm。

b. 裂缝的处理。

网状裂缝为非受力裂缝，对墩台本身应力无多大影响，一般无须修补。在墩台顶部或容易积水处，为防止因冻胀而使裂缝逐渐扩大，可用环氧树脂砂浆修补。

不影响墩台安全的裂缝，若裂缝宽度小、已趋稳定、未上下贯通或左右对称、过车时无明显张合现象，经分析不影响墩台安全时，可用环氧树脂砂浆修补或压注浆液进行整治。

对继续发展且较宽、上下贯通、左右前后对称、过车时有张合现象的受力裂缝，应找出裂缝发生的原因，采取有效的加固措施。

对有急剧发展、张合严重、缝口错牙、影响承载能力、危及行车安全的裂缝，应立即采取临时措施保证行车安全，再查明原因进行加固改善。

⑤桥墩台帽梁顶部的纵横向排水坡应该完好，利于排水；不得在其上堆放杂物，不得有积水。

⑥每年应检查墩台有无位移、倾斜、下沉，测量它们在纵向、横向及竖直方向的位移，并做好记录。因此，应设永久性测量标志。

3）承台的养护维修方案

（1）养护要求

①保持承台结构表面的整洁，及时清除承台表面的青苔、杂草、污秽物等。

②承台结构表面发生侵蚀剥落、蜂窝麻面、裂缝、裸筋等病害，应及时采用环氧树脂砂浆修补。

③对原有的防撞、导航、警示标志等附属设施要经常维护，保持良好状态。当发现被船只碰撞发生损坏时，对被撞的承台立即进行检测，包括墩台构件的损坏情况、立柱的垂直度等，并立即采取措施，确保安全。

④在大桥承台设置沉降观测点，每年进行观测记录。

（2）养护维修方法

①当承台由于混凝土温度收缩、局部应力集中、施工质量不良等原因产生裂缝时，应视裂缝大小及损坏原因采取不同措施进行维修。

a. 当裂缝宽小于规定限值时，可凿槽并采用喷浆封闭裂缝。

b. 当裂缝宽大于规定限值时，可采用压力灌浆法灌注水泥砂浆、环氧砂浆等灌浆材料修补。

c. 水泥灌浆修补桥梁墩台裂缝施工工艺及要求：

（a）裂缝检查及处理。实施灌浆前应对修补部位裂缝再仔细检查一遍，以确定修补数量、范围、钻孔孔眼位置及压浆数量。

（b）钻孔及清孔。水泥灌浆是通过砌体或在混凝土中用各种不同方法钻成的孔眼灌入的。钻孔时，除骑缝浅孔外，不得顺裂缝钻孔，钻孔轴线与裂缝的交角应大于30°，孔深应穿过裂缝面0.5m以上（指承台部位）。孔眼开好后，须进行清孔，即用水由上向下冲洗各孔，冲洗干净后，使用压缩空气吹干。

（c）止浆或堵漏处理。灌浆前应把这些裂缝和孔隙堵塞，即进行止浆或堵漏处理。止浆或堵漏可用水泥砂浆涂抹，也可用玻璃胶布或环氧胶泥粘贴。

（d）压水或压风（气）试验。通过压水或压风试验检验孔眼畅通及止浆效果。

（e）灌浆。灌浆水泥采用灌浆用的进口水泥，灌浆压力采用405~608kPa，压浆采用活塞推动式压灌灰浆泵。

（f）工艺流程见图6-8。

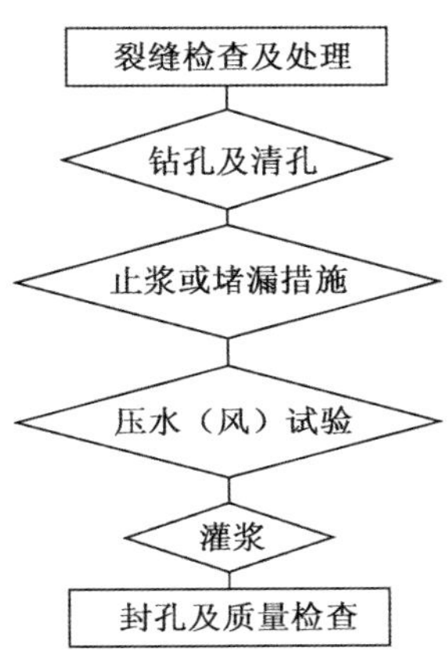

图6-8　工艺流程框图

d. 承台身发生纵向贯通裂缝，可用碳纤维技术或粘贴钢板进行加固。

②墩台基础沉降和位移超过设计容许限值，继续发展时，应采取措施予以加固。

③承台表层缺陷的维修。

混凝土结构表层缺陷的类型有：蜂窝、露筋、麻面、空洞、磨损、锈蚀、老化、表层成块脱落、构件变形、接缝不平。

a. 混凝土修补一般采用直接灌注、喷射及压浆等方法。面积较大的修补工作，在灌筑前还应立上模板，以保证修补的外观质量。

b. 施工前应把构件中的蜂窝或空洞缺陷部分尽可能凿除，且对修补部位进行凿毛处理，并使老混凝土表面保持湿润清洁不沾灰尘；为使新老混凝土接合良好，应在界面上涂抹一层界面处理剂。

c. 修补完成后要加强养护。

d. 对于小面积的缺陷，特别是当损坏深度较浅时，在经处理后的修补处，将拌和好的砂浆用铁抹抹到修补部位，反复压完后进行养生。过一段时间再在修补的区域周围涂上两层环氧树脂胶液封闭产生的裂缝。

④对于大于结构裂缝限值的裂缝要引起高度重视，应立即以书面形式向业主报告并在等待业主下达指令期间，加强裂缝观察并认真记录裂缝变化数值以供业主决策。

4）锥坡、桥台搭板及翼墙的养护维修方案

锥坡应保持完好、稳定。在桥梁检查中，应同时对锥坡进行检查，锥坡发生空洞、勾缝脱缝等情况，应及时采取措施进行维修。

桥台搭板出现破损或下沉应及时维修。当搭板下沉，使桥头出现跳车现象，应对路面进行加铺修理，使之平顺；当搭板下基础脱空，可采用注浆加固方法，以保证搭板稳定。对桥搭板与台背间的接缝张开，应进行防水处理。当桥台出现变形，应查明原因，采取下列针对性措施：

（1）由于桥台台背填土遇水膨胀而变形，应挖去膨胀土，检修排水设施，修好损坏部位。

（2）由于冻胀原因，应挖去冻土，填以矿渣砂砾等，并封闭表面不使渗水，修好损坏部位。

（3）属于砌筑不良的，应凿去或拆除变形部分，重新砌筑或浇筑。

（4）由于砌筑填缝不实，台有空洞的，可在空洞部位附近，开凿通眼，以压浆机压注水泥砂浆或环氧树脂修补。

（5）当设计考虑不周或施工不良，梁式桥台背土压力过大，会造成桥台向桥孔方向位移。此时应仔细了解观察病害情况，分析原因。通常的办法是：挖去台背填土，更换内摩擦角大的填料，以减小土压力。当病害严重时，还需根据实际情况增加其他措施，例如加厚桥台前墙、耳墙及添设锚板等。

翼墙出现下沉、断裂或其他形式的损坏，应及时维修加固。

3. 斜拉桥专属部分的养护维修方案

1）主塔的养护维修方案

（1）养护要求

①混凝土无裂缝、渗水、表面风化、剥落、露筋和钢筋锈蚀。

②混凝土无活性集料硅碱反应引起的整体龟裂现象。

③预应力钢索锚固区段混凝土无开裂，沿预应力筋的混凝土表面无纵向裂缝。

④拉索、锚固区承压板四周及塔壁牛腿混凝土无开裂、剥落，锚固钢筋无锈蚀等。

（2）养护维修措施

①裂缝的处理。当裂缝宽度在 0.2mm 以内，应进行封闭处理，一般涂刷水玻璃或环氧树脂。当裂缝宽度大于 0.2mm 时，采用压力灌浆法灌注环氧树脂胶。

②钢筋锈蚀和混凝土剥落的处理。发现主塔各部位的钢筋锈蚀和混凝土剥落等现象时，应将钢筋的锈迹清除，并将松动的保护层混凝土凿去，用环氧砂浆修补或喷注高强度水泥砂浆。

③主塔内钢结构（钢平台、钢爬梯、预埋件）应定期检查，除锈、喷漆，对损坏、断裂的钢构件及时修复或更换。

④上塔柱预应力锚头护板结构的检查和养护：每年至少 1 次或在台风过后对上塔柱预应力锚头

护板进行检查。如发现护板开裂、翘曲、露出里面的发泡剂及钢架则及时安排抢修恢复原样。

⑤主塔处的 0 号索上口：做好防水措施，以防塔内一旦进水，造成拉索护筒锈水流挂（在塔身）。

⑥在桥面处的护筒：采取严密的防水措施，选用耐久性较好的防水密封膏，以防雨水渗入梁内（杨浦大桥钢箱梁、徐浦大桥锚箱曾发生大量渗水），护筒表面喷锌防腐。

2）斜拉索的养护维修方案

斜拉索是斜拉桥非常重要的结构部分。斜拉桥桥跨结构的重量和桥上活载，绝大部分或全部通过斜拉索传递到塔柱上，因此必须精心维护和保养。

（1）索的养护

①索的检查

拉索是用直径为 7mm 的镀锌平行钢丝组合而成，钢丝束外加缠包带，经缠包的钢丝束外为 PE 双护层。斜拉索护层的完整无损，才能保证拉索内钢丝不被锈蚀，因此必须对斜拉索护层进行定期检查，检查护层是否有开裂、剥落、老化等现象。拉索护层每 3~5 年须作 1 次全面检查，如发现护层开裂、剥落、老化脆裂等现象应及时修补。

②养护维修方法

如护层有裂缝或老化脆裂剥落，雨水等侵入钢丝束，使钢丝锈蚀，导致钢丝有效截面积减少，钢丝内应力增大，因此必须定期检查及时修补。

a. 拉索热挤 PE 护层的养护维修：热挤 PE 护层，用 2mm 厚聚氨酯弹性体制成。如有 10% 的拉索热挤 PE 护层被撕破，则应组织 1 次修补。修补前，先检查内部 PE 护层有无裂缝、老化、剥落露丝等现象，如发现有这些情况，则先修补内部 PE 护层，然后再修补热挤 PE 护层。热挤 PE 护层的修补一般用热补方法进行修补，要求补丁方正、规则、美观，不可与内部 PE 护层粘连，修补后的 PE 层表面应光滑、平整、无裂痕。

b. 热挤黑色 PE 护层的养护维修：PE 护层是用高密度黑色聚乙烯制成，护层外观光滑平整，无裂缝和破损。如 PE 护层有裂缝、老化、剥落等现象，则先检查是否露丝，露丝的钢丝是否锈蚀。如钢丝有锈蚀，则先将钢丝除锈，然后清理护层，将老化剥落的 PE 层除掉，再用同样的 PE 材料，采用热补方法进行修补，修补后的 PE 层表面应光滑、平整、无裂痕。

（2）锚具的养护维修

①锚头及锚固结构的检查

冷铸墩头锚使用的锚具主要由锚杯、后盖、锚板、螺母、连接筒、密封盖六部分组成。斜拉索通过拉索锚头、支承垫块、锚固结构，将索力传递给梁和塔，因此对锚具及锚固结构的检查和维修养护是非常重要的。

a. 锚具的检查内容：

（a）锚杯及锚杯外梯行螺纹的锈蚀和变形。

（b）螺母的锈蚀及变形。

（c）条件容许时可对锚头内部进行无损探伤。

b. 锚固结构的检查内容：

（a）支承垫块的锈蚀、位移、变形。

（b）梁端锚箱的锈蚀、变形，锚箱与主梁连接的高强螺栓是否有松动、锈蚀，该项检查可与钢梁的检查同步。

（c）塔端预埋承压钢板的锈蚀变形，钢板四周是否有裂缝、剥落等。

c. 拉索梁端的护筒及护套的检查：

（a）护筒有否锈蚀和开裂，四周的混凝土是否开裂，剥落。

（b）护套的连接螺栓是否松动、崩断以及锈蚀，护套与拉索接合部的 PE 护层是否损伤和露丝。

②锚固结构的养护维修

a. 锚固的养护：首先，将锚具及支承垫块外的原有防锈材料擦净，然后除锈剂揩净，再作防锈处理。可用涂抹润滑油脂作防锈处理，也可用专门配方的防锈剂作防锈材料。

b. 塔端钢承压板四周的混凝土松动、剥落、开裂，首先将松动的混凝土去除，再检查损坏的范围，如内部钢筋锈蚀造成混凝土起壳剥落，则先将钢筋除锈，再将损坏的混凝土部分凿方揩净，要求方正平顺、美观，再用环氧砂浆修补；如只是裂缝而无其他损坏，对大于等于 0.2mm 宽度的裂缝，考虑防腐要求，均采用环氧砂浆将裂缝封闭。

c. 锚箱的养护维修：

（a）锚箱的除锈喷漆与钢梁的除锈喷漆同步实施。

（b）锚箱与钢梁板连接螺栓的检查，以及紧固、调换，可与钢梁同步进行。

3）钢箱梁的养护维修方案

长江大桥的斜拉桥主梁为钢箱形。钢结构桥梁因其具有跨度大、梁板薄、强度高等很多优点而被广泛应用，但钢铁材料如果没有良好的保护，受大气中氯离子或 SO_2 等其他腐蚀性环境的作用，会产生锈蚀，损坏结构。全世界每年因腐蚀而损耗的金属达 1 亿吨。因此，钢结构的防腐工作是长江大桥养护工作的一个重要部分。

主梁钢结构养护工作的内容包括技术状况检查、建立和健全完整的主梁钢结构的养护措施。

（1）养护维修要求

保证钢结构表面无锈蚀、裂缝、破损，强度无减少。

（2）养护维修方案

钢结构的防腐设计厚 160μm。本次钢结构采用重防护，涂层方案为：

① 160μm 电弧喷铝；

② 70μm^2 涂环氧云铁中间漆；

③ 60μm^2 涂氟碳面漆。

本方案的特点：能适应严酷的环境，特别是长江的水域气候；保护有效期较长；有较成熟的涂装工艺体系；检测设备、方法齐全；氟碳面漆具有优异的耐候性和优良的耐酸碱性能和附着力，抗紫外线能力强，漆膜坚硬、光泽好，不会粉化、泛色，装饰效果好。

（3）质量控制

①质量标准：养护时按《涂罩等钢材表面锈蚀等级和除锈等级》（GB 8923—88）、《石油化工企业设备与管道涂料防腐蚀设计与施工规范》（SHS 22—90）、《工业设备、管道防腐蚀工程施工及验收规范》（HGJ 229—91）等国家标准、行业标准精心施工。

②质量因素分析：钢结构养护的质量控制应根据施工时的各环节因素来进行，根据国内外有关资料分析，对施工质量的影响因素见表 6-15。

施工质量影响因素　　表 6-15

影响因素	影响程度（%）
钢结构表面除锈	49.5
涂层厚度	19.1
涂料种类	4.9
涂装工艺条件等其他因素	26.5

（4）质量控制手段

①组织：设立专项工程项目经理负责制及现场施工员及质检员双检制度，自行双检中不符合要求的，坚决返工。

②目标：围绕工艺要求按标准实施，建立质量验收记录，每次进行工程小结。

③施工：具体施工过程中做到每道工序由甲方或甲方委托单位的代表签证认可，方可进行下道工序的施工。

（5）钢结构养护质量的主要技术措施

本次在重防护涂层内先喷涂了 160μm 铝层，在养护中主要针对其维修。

①表面处理：

a. 用风动打磨机对涂层清除到喷铝层。

b. 铝层表面应无可见的油脂和污垢，没有附着不牢的氧化皮，显露部分的表面应具有金属光泽。

c. 清洁，去除油污。

d. 清理后钢梁表面应清洁、干燥，雨后受潮要重新进行干燥处理。

e. 手工除漆如有无法铲除的部分，可采用高效脱漆剂使其老化，或使其比较坚硬的漆膜发生软化，再预以清除，保证达到 St3 级。

②涂装：

a. 按原设计涂刷 70μm^2 涂环氧云铁中间漆。

b. 对油漆不易涂刷的部位应先进行预涂装。

c. 环氧涂料及氟碳涂装时，因先将固化剂渐渐加入基料中，并不断匀速搅拌 10~15min。

d. 涂刷作业现场钢板表面温度和环境温度应不低于 5℃，钢板表面温度应大于露点 3℃，相对湿度不大于 80%。

e. 每遍涂料的厚度应控制合理，防止流挂，涂刷操作准确、迅速，反复次数不宜多，防止咬底，等两层底漆充分干后（间隔 24h 以后），再涂刷聚氨酯面漆，防止渗色，两层面漆之间涂刷间隔时间在 12h 左右。

③涂装质量检测方法：

a. 涂层膜厚按 2 个 85% 标准检测，每 10m^2 检测 1 点。

b. 涂层间的附着力测试按油漆漆膜画格拉力法测试，要求达到 2 级。

c. 油漆表面无流挂、无针孔、表面光滑。

d. 在施工过程中，设置 3 个停检点及工程结束最后验收制度。

第一停检点：每一标段除漆完成后立即检查，达到部颁标准为合格。

第二停检点：涂装环氧漆后，检查漏涂点，测膜厚。

第三停检点：涂装聚氨酯面漆后，检查漆膜的丰满度，同时测定点涂膜厚度。

每次检查都由施工单位在自检合格后通知甲方或委托单位项目负责人进行检查，发现问题，施工单位马上整改，合格后进入下道工序。

（6）接合梁混凝土板的养护维修

①混凝土裂缝的类型和处理方法：

a. 制造时由于浇筑、搬运、安装等原因，运行时因超重车频繁过桥的疲劳影响等造成混凝土板裂缝，容许最大缝宽 0.25mm，与钢梁结合面缝宽容许 0.3mm，不容许贯通接合面。

b. 裂缝在容许范围内，以及非受力裂缝，应进行封闭处理，一般涂刷水玻璃或环氧树脂，也可采用粘贴玻璃布的方法封闭裂缝。

c. 当裂缝宽度超过容许值且承载能力不变时，可采用压力灌浆法灌注环氧树脂。

②当板中裂缝宽度超过规范容许数值时，应分析原因，采用加固方法，以提高混凝土板的承载能力。

③混凝土板露筋、保护层混凝土剥落的处理办法：

a. 混凝土板如发现露筋、剥落等现象，应将钢筋的锈迹清除，并把松动的保护层凿除，用环氧砂浆修补或喷注高强度水泥砂浆。

b. 梁与混凝土板接合面产生贯通裂缝，采用化学灌浆法修补。

④当板中裂缝超过规范容许数值时的处理方法：

当板中裂缝超过规范容许数值，承载能力不足时，应查明原因，通过专业人员计算，采用板底粘贴钢板方法加固，即将钢板用化学黏结剂粘贴在混凝土板的下面，以提高混凝土板的承载能力。

a. 板底面混凝土凿毛，使集料露出，并清除破碎部分和浮尘。

b. 钢板表面的油漆和锈蚀应清除干净，表面涂刷一层环氧树脂薄浆。

c. 粘贴钢板，一般采用加压法，使钢板紧密地粘贴在梁底混凝土面上。钢板的数量和尺寸按计算确定。

d. 防护处理，环氧砂浆凝固后，清除钢板外面的锈蚀，涂一层树脂薄浆，再涂一层防锈漆。

⑤钢梁与混凝土板连接处产生裂缝露筋的处理：接合面产生贯通裂缝，采用化学灌浆法修补。

二、大桥养护特色

1. 钢桥面上沥青混凝土的特殊病害处理

长江大桥主桥采用钢桥面直接浇筑环氧沥青混凝土的新技术。因为钢桥面与沥青混凝土之间有一层黏结层，高温季节有可能会出现气泡、鼓包等问题。

（1）修补方法：当气温在 15~25℃时进行修补，用压缩空气将裂缝中的灰尘及碎片吹干净。将低黏度环氧密封剂灌入裂缝，直至裂缝填满。用一薄层砂吸收溢出的环氧密封剂，并及时将砂清扫干净。养护 12h。

（2）由于环氧沥青混凝土是高密度沥青混凝土，在天气炎热、高温季节、每天的最高气温时，特别要加强巡查沥青混凝土路面是否出现气泡、鼓包。

（3）一旦出现气泡、鼓包，可以采用措施进行消泡、消包。用直径 3mm 的钢钎在泡顶插入放气，放气后，用木夯锤将鼓包击平，并用注射器将环氧胶填满插孔，击平后让多余的环氧胶由插孔冒出并刮平，见图 6-9。

2. 钢筋混凝土结构保护

由于长江大桥处于长江口，毗邻东海，因此，海洋空气中的氯离子对大桥混凝土结构具有较强的腐蚀作用，而这种腐蚀作用的先期看起来是很微小的，但不及时处置，随着时间的推移，后期发展速度会呈几何级增长，因此，要一丝不苟地做好混凝土保护工作。

1）毛细裂缝的及时封闭

虽然大桥的混凝土钢筋保护层较厚，但由于大桥的混凝土梁主要为 50m、60m、70m 箱梁，自重很重，因此，在制作过程中，很容易产生毛细裂缝，如不及时封闭，往往是氯离子侵蚀的突破口。为此，我们在大桥投运前，应认真仔细地进行反复检查，如发现裂缝，应根据不同裂缝情况，分别采用环氧类胶脂或甲基丙烯酸胶、微膨胀水泥、新型的毛细裂缝修补液等进行封闭，然后再涂刷有机硅材料，使有机硅与混凝土发生化学作用，有牢固的化学键来形成憎水密封层，起到加强保护作用。

2）加强浪溅区的混凝土观察

江水对混凝土的侵蚀，作用最大的区域是浪溅区，所以钢筋保护层以浪溅区最厚。浪溅区混凝

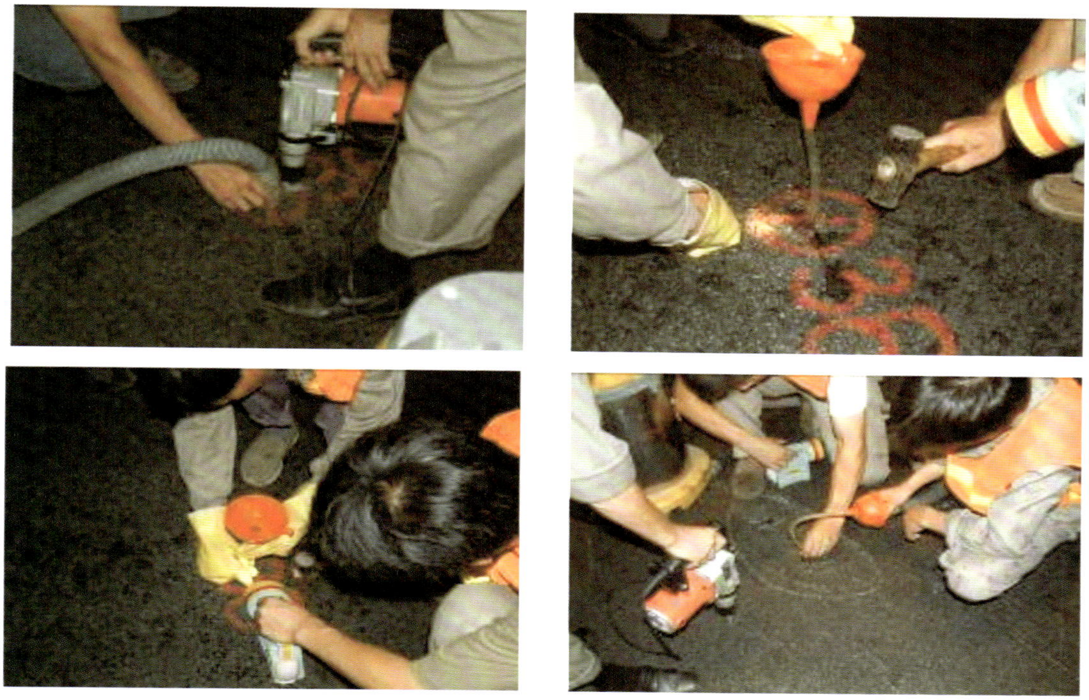

图 6-9　钢桥面与沥青混凝土之间的气泡、鼓包处理

土钢筋保护层一般为 5cm 厚，预应力钢筋保护层相对再厚一点。经常性检查和定期检查中不能掉以轻心，要加强观察混凝土的碳化程度，发现病兆，及时处置。

3. 道路细砂基层、边坡及桥台锥坡的保护

（1）长江大桥接线道路部分为细砂基层，两边的边坡、桥台锥坡对保护路基很重要。

（2）平时在做好道路路面巡视的同时，要加强边坡、桥台锥坡的巡检。

（3）发现路基有损坏或不稳定，要迅速加以维修、加固，以保证路基坚实、稳定，排水良好。

（4）高路堤路段，要设置沉降观测点，每年进行沉降观测，通过沉降数据来监测路堤、路基变化情况。

（5）在汛期和高水位期间，加强对低路堤路面的检查，检查路面变化情况。

（6）发现裂缝、滑坡、鼓肚、下沉，应查明原因，观察其发展情况，采取相应的修理、加固等措施，并做好工作记录，设立技术档案备查。

4. 防撞墙、隔离栏钢构基础涂装保护

长江大桥主桥的防撞墙、隔离栏下部基础是钢构件，表面有涂装层保护，大桥进行机械保洁时，清扫车如贴近边线清扫，扫盘的高速旋转，会使帚丝不停击打涂装层，很快这些涂装层即被磨去，造成钢结构锈蚀。因此，需要采取以下措施：

（1）告诫驾驶员在清扫此段路面时，要与边线保持一定的距离。

（2）使用比较先进的吸扫车，当清扫到此段路面时，利用吸附功能只吸不扫。

5. 阻尼器维护

长江大桥主塔装有阻尼黏滞阻尼器，该设备具有阻尼、限位两个作用，阻尼限位 $S_{max}=\pm 500$mm，设计最大阻尼力 $f_{max}=\pm 2\ 400$kN，最大位移量 $S_{max}=\pm 600$mm，设计最大限位力 $f_{max}=\pm 35\ 000$kN。阻尼器维护要注意以下几点：

（1）应选派人员参加上海材料研究所组织的上岗专业培训。

（2）对设备每季度保养一次，加油时应注意选用《无粘结预应力筋专用防腐润滑脂》（JG 3007—93）2 号建筑脂。

（3）严禁对阻尼器的不锈钢护套进行敲击和碰撞。

6. 大桥防撞特殊保护措施

（1）非结构性防撞措施的完好保证

长江大桥桥墩虽然具有刚性防撞设施，但也应经常检查非结构性防撞措施的完好性。可以通过经常观察避碰灯标的完好情况判断桥墩有无损伤，发现问题，及时向海事部门报告。

（2）加装 CITILOG 监视系统

加装 CITILOG 监视系统，对敏感部位用定焦摄像探头监视，以利及时发现违法船只进入或撞击大桥。

（3）撞桥事件管理

防灾减灾，达到长治久安，加强碰撞记录仪的维护，保证记录仪的完好。一旦发生碰撞，可正确记录撞击时间、交换撞击能的大小、撞击过程延续时间，为维护桥梁提供相应的技术数据。

7. 研制养护专用设备

长江大桥的结构检查是养护运营工作中重要的组成部分，必须对大桥结构的检查、维修做到全覆盖，尤其是长江大桥主塔、墩柱的结构检查与维修，涉及高空作业与水上作业，利用大型桥梁检测车也无法达到需要检查的结构部位，结构检查与维修的作业区域受到严重限制，使得大桥局部的结构检查、维修变成养护作业区的盲点。为此，长江大桥借用东海大桥养护工作中的经验进行设备研制，解决了对大桥所有重要结构的全面覆盖。

（1）在顶部安装 3 个固定滑轮，用 3 根 ϕ25mm × 150m 的主绳索，穿过其中一个固定滑轮下放到主塔钢平台，用两跟 ϕ18mm × 50m 的移动绳索，分别穿过两边固定滑轮与主绳索塔顶向下 20m 处相连接，在距主绳右侧 1m 处，垂放 ϕ18mm × 150m 绳索，作为保险绳索；在主绳左侧 1m 处，垂放 ϕ18mm × 150m 绳索，作为作业工具运输使用。由 3 名工人坐在主绳索上的坐板上，并将保险带扣在保险绳上，下滑至作业点进行作业。到达作业点时，另用绳索将身体与主绳索固定，以保证双手可以脱离绳索，不会产生身体侧翻现象，当作业工人在作业范围内作业完毕后，通知塔顶人员收紧收放绳索，使其移位至新作业点后进行作业；塔顶留有 5 名工人（3 名高空作业人员，2 名辅助工），以进行安全监护、材料运输及绳索收放工作，主塔检修钢平台处，留有 3 名工人，负责安全监护、绳索整理和彩条布安放及施工垃圾清理，所有由塔顶下放的绳索必须与塔顶上牢固的固定物相连接，并且保证连接牢固；作业人员随身携带的工具必须用绳索与身体相连接，以防止施工工具坠落。

操作工人上高空作业要系好安全带，戴好安全帽，检查绳索是否牢靠，确保安全时方能安装自锁器及坐板（图 6–10 和图 6–11）。

图 6–10　坐板

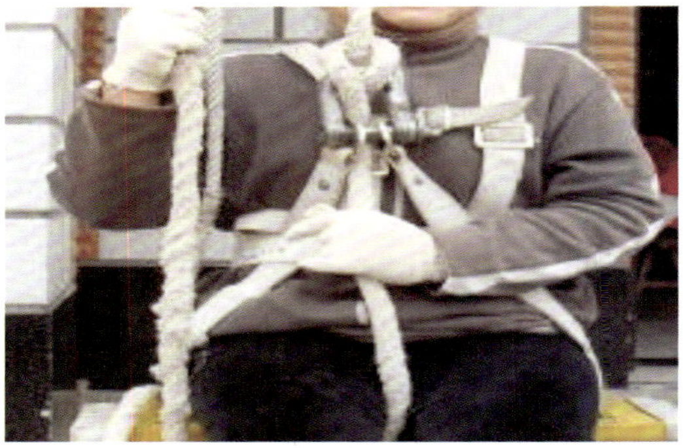

图 6–11　作业状态

（2）大桥墩柱部位的养护设备。在充分使用长江大桥的钢平台、桥梯、行车等养护维修设备的基础上，对部分地方养护维修设备不能到达的地方，可考虑采用东海大桥自行研发的 70m 升降装置或者再考虑自行研发一种实用装置。

70m 升降装置使用方法：作业人员到达作业现场后，将车辆停靠在紧急停车带内。并开启双跳灯、诱导灯、警报器等安全措施。车辆停稳后，维修人员由车辆的右侧下车，下车时必须要确保人身安全。

作业人员进入专用升降装置后，必须系好安全带，直至到达桥墩同一水平面后放下走道梯。作业人员到达承台修补作业点，固定好走道梯，作业人员即可进行病害修补（图 6–12~ 图 6–15）。

图 6–12　升降装置车辆停放作业点

图 6–13　作业平台下放到桥面下

图 6–14　作业平台下放到承台固定好走道梯

图 6–15　作业人员到达承台修补作业点

三、隧道的结构养护管理

1. 隧道沥青混凝土路面的养护维修方案

（1）沥青混凝土路面应以日常小修保养和预防性养护为主，保持路面平整，横坡适度，线形顺直，路容整洁，排水良好，以延长沥青混凝土路面的使用寿命和大修年限，降低养护维修成本。

（2）沥青混凝土路面常见病害（如：坑槽、高包、车辙、裂缝、松散等）的处理和修补，应符合《公路养护技术规范》（JTG H10—2009）的要求。

（3）沥青混凝土面层的小修应符合下列要求：

①四周修凿整齐不歪斜，修凿深度不小于 20mm，凿边宽度为 50mm。

②封边密实无起壳松散现象。

③表面粗细均匀，无毛细裂缝及起拱不稳定现象，碾压紧密无松散，无空隙及明显轮迹。

④平整度：用三米直尺校验不大于 30mm。修补的基面及新老界面需用防水材料封闭。

（4）沥青混凝土路面的预防性养护，应在夏季高温期及时修复冬寒春雨期临时修补的破损，处治泛油，铲除高包和车辙，恢复路面的使用质量，并保持路面的完好状态，以减少秋冬季节的病害。

2. 隧道风道及风塔的养护维修方案

1）下层电缆通道的顶板及隔墙的维修

下层电缆通道的顶板和中隔墙是直接承受车辆荷载的钢筋混凝土结构。因此应保持其处于完好状态。

（1）裂缝：小于 0.3mm 的裂缝应封闭处理；大于等于 0.3mm 的裂缝必须灌浆处理。

（2）混凝土因钢筋锈蚀、风化剥落，应及时凿除已损坏的混凝土和清除浮尘，对钣筋除锈，再用环氧砂浆或高强度砂浆修补。

（3）因承载力下降，已不能适应交通荷载的增长，必须予以加固。加固方法应通过计算确定。

2）风塔

（1）混凝土裂缝：小于 0.3mm 的裂缝应作封闭处理，大于等于 0.3mm 的裂缝必须灌浆处理。

（2）混凝土风化剥落和露筋、钢筋锈蚀，应及时将钢筋除锈，并凿除已损坏的混凝土及清除积尘，用环氧砂浆或高强度砂浆修补。

（3）装饰损坏，应按原设计修复。

（4）风塔墙面渗漏应查明渗漏原因，对墙面进行防渗处理。因墙面开裂的渗漏，应封闭裂缝或灌浆处理。如因风塔的混凝土结构本身缺陷，如蜂窝、沟洞等应凿除该部分混凝土，然后用高强度微膨胀混凝土予以修复，并作防渗处理。

3. 隧道主体结构堵漏的养护维修方案

1）漏水点的发现和统计

（1）隧道易发生的漏水部位为：环缝、螺栓连接部位、止水带、裂缝、伸缩缝、井圈、穿线管等部位。

（2）每日巡视及每月经常性检查应及时发现漏水点并查明漏水的原因、部位及其流量、压力等。

（3）漏水部位的详检：严重的漏水点通常用肉眼即可辨认，对于细微不易查找的漏水点，可用下列方法详细辨认，并详细记录其具体位置（如环号或桩号，左、右、上、下）、发现时间、发现人员、漏水形式、是否是复漏等。

①撒干水泥粉法。

②涂刷胶浆法。

③喷涂烘烤法。

④毛笔、毛刷查漏法。

2）堵漏

（1）圆形隧道管片环缝堵漏。

施工工艺：凿缝开槽→嵌入膨胀橡胶条（胶）→抽空内腔及封堵→注浆。

①凿缝开槽：沿漏水部位的两侧凿成 V 字形缝，其长度、深度视漏水情况而定或按设计要求，一般槽深为 50mm。

②嵌入膨胀橡胶条：在槽内嵌入膨胀橡胶条，膨胀条尺寸一般为 20mm × 40mm。

③抽空内腔：在已形成的长方形槽内放入可形成内腔的塑料管，边封堵边抽空，并留出注浆和出浆口；封堵材料可采用防水材料拌和 42.5 级硅酸盐水泥，也可用双凝水泥。

④注浆：在抽空内腔完成并封堵材料凝固牢固后，即可注浆；也可在其他漏水点注浆前的工序完成后，再一一进行注浆。注浆应饱满，当另一出浆口出浆或浆压力升高时，停止注浆。

⑤注浆材料应采用水溶性、非易燃注浆液。

（2）与矩形隧道接口变形缝的堵漏

施工工艺：凿缝清槽→设置注浆空腔→注浆处理→嵌缝处理→第二道防渗处理。

①凿缝清槽：将漏水处的接缝表面及已损坏的嵌缝材料清理干净。

②设置注浆空腔：根据已凿好的槽形大小，选择合适的半圆塑料管进行封堵，并留出注浆和出

浆口。

③注浆处理：宜采用水溶性、非易燃性的浆液进行注浆，当上下出浆口均出浆，或注浆压力上升时，即可停止注浆。

④嵌缝处理：嵌缝目的是在注浆停止并凝结后，另设的一道防水措施，其材料可根据缝宽采用膨胀橡胶条嵌入，或用环氧聚氨酯弹性密封膏嵌垫，要求与缝隙内的混凝土面黏结牢固。

⑤第二道防渗处理有三种办法。

a. 粘贴橡胶止水带：可用环氧类或聚氨酯类黏结材料粘贴，要求粘贴面与混凝土面结合牢固、平整，粘贴前混凝土面应洁净。橡胶止水带应为含胶量大于 30%，厚度为 3mm 的平板橡胶。

b. 安装金属止水带：此法应预先在缝的两侧预埋螺栓，螺孔间距为 150~200mm，金属板采用 0.5~1mm 的不锈钢板，钢板与混凝土面之间应有黏结剂等防水材料。金属止水带安装完毕后，应在止水带处粘贴两层环氧玻璃布，玻璃布比止水带四边各宽 50mm。

c. 胶乳水泥封堵，用氯丁胶乳拌和普通硅酸盐水泥封堵，封堵应平整，与混凝土面黏结牢固。

（3）隧道竖井与圆形隧道管片之间的井圈堵漏

①施工工艺。有以下两种方法：

a. 凿除加强环混凝土→设置注浆空腔→嵌入膨胀条→快凝水泥封堵→注浆处理→恢复加强混凝土环。

b. 局部凿除混凝土→设置注浆空腔→封堵处理→注浆处理→恢复表面平整。

②堵漏时应注意以下几点：

a. 凿除加强环混凝土或凿除局部混凝土，应视漏水情况而定。

b. 注浆空腔的设置，应视混凝土凿除后的情况采用埋入式或抽空式。注浆材料可采用掺有外掺剂的水泥或防水浆水泥。

c. 膨胀条的嵌入需视混凝土的缝隙大小而定。应注意其固定方式、膨胀方向等。膨胀条在施工前严禁与水接触，并不使其长期暴露在潮湿空气中。

d. 注浆完成后即可进行加强环混凝土的恢复工作，要求将环相钢筋连接好，但不能将钢筋与井壁相连，以防止沉降将环拉坏。混凝土加强环应按原结构修复。

（4）沉降区域的地基加固方案借鉴（应有专门设计）

①目的

加固隧道沉降区域的地基，止住隧道继续沉降，防止主结构的损坏，确保隧道的安全运营。

②施工工艺

钻孔→安装注浆塞→封缝→注浆→起孔封孔。

③地基加固要点

a. 使用的钻机一般为 150 型地质钻机，钻孔孔径一般为 56mm，钻孔深度以钻穿井底板或圆形隧道管片即可。

b. 止塞器的选用：在车道部位宜采用橡胶止塞器，在其他部位可采用任何类型止塞器。无论采用何种类型止塞品，要求必须密封、固定、牢固，能承受 6MPa 以上的压力。

c. 注浆前需封堵可能造成漏浆的缝隙。应在封缝材料凝固及具有一定的强度后方可进行注浆。

d. 注浆材料一般采用水泥、粉灰、水玻璃、SHG 浆料、硫铝酸盐浆水泥等，要求浆液搅拌均匀，并将硬块、杂物等滤去。注浆压力一般为 5MPa，并保持 10min 左右方可停止注浆，注浆时注浆压力应保持稳定，待压力上升时即可停止注浆，但注浆压力应不大于 6MPa。

e. 一般注浆结束 30min 后或待浆液凝固后方可去除止塞器，然后用快凝水泥进行封堵。快凝水泥宜掺用SH水泥外加剂或采用防水水泥。要求封堵密实，并注意养生，不使其产生收缩裂缝。

（5）圆隧道八条联络通道的结构渗漏自治

隧道与地下工程多为混凝土结构，国内外通常把结构自防水作为防水的一种重要手段。但是由于旁通道位于饱和含水软弱地层中，联络通道采用人工地层冻结法施工。虽然冻结法历史悠久、工艺成熟，但是在理论和工艺上仍有许多课题值得研究，冷冻法施工结构自防水未能达到应有的效果。

在隧道主体结构漏点检查的基础上，在夏季增加了对冷冻管封堵情况的检查，加强对联络通道渗漏的观察，结合隧道变形检测，找出引起渗漏的关键因素系由不均匀沉降和冷冻作业共同形成，制订合理的防水堵漏方案——采用防排结合方案，治理联络通道渗漏。

具体施工包含两个作业内容：①对顶板和符合施工条件的内衬墙渗水采取化学注浆堵漏工艺；②在墙体装饰外侧底部开设300mm宽、深度到结构基层的暗沟，再利用沟宽300mm的空间在底部寻找裂缝，钻孔至2/3板厚（约300mm），埋设注浆接头，采取机械注浆，阻断水源进入结构层板缝隙。沟内设防截断沟内的水进入瓷砖垫层内部。

①裂缝注浆堵漏工艺及流程

a. 施工流程：

钻孔→埋设注浆针头→注浆→观察，修补→去除针头→验收。

b. 施工工艺：

钻孔——采用直径ϕ14mm，长不小于350mm的钻头，沿缝交叉布孔。一般按不小于200mm深度，孔距@200mm，角度30°~45° 布设。

埋设注浆针头——将准备好的注浆针头植入孔内，并进行固定。

注浆——接通电源，将注浆泵与针头对接，进行注浆，视注浆量、浆水混合物在缝隙中溢出量和到达的距离而定。注浆过程中保持清洁，严防异物及混凝土粉尘进入浆罐；同时，对溢浆物及时用水冲洗，防止污染结构表面。注浆完成及时清理注浆泵。

观察，修补——对已完工的内容进行观察，对遗漏的微裂缝进行修补，对注浆中新发现的分支缝及时进行处理。对未达到要求的工作进行整改。

去除针头——全部按要求完工后，将埋设的针头去除，并采用M7.5的砂浆修补平整。

验收——参照一级防水标准要求结合施工质量目标进行验收。

②排水沟设防作业流程

a. 施工流程：

注浆堵漏→检查→清理基面→104涂刷两遍→微晶砂浆抹面→养护→细部增强→蓄水试验→后续施工（装饰部门）。

b. 施工工艺：

注浆堵漏——参照上列①工艺。

检查——同时对上下两个面层观察，确认板层无渗水即饰面层逐渐干燥；无滴漏现象，方可进入下道工序。

清理基面——清除基面浮灰杂物注浆残留物至结构基层。

104涂刷两遍——将104按粉剂：水=5：2配比搅拌均匀，分两次涂刷在沟内切割面层和沟底，并进行养护。

微晶砂浆抹面——按水泥用量的2.5%将微晶掺入水泥砂浆中搅拌均匀，分两次作抹面，厚度为15mm，前序做好净浆界面处理。

养护——水泥砂浆养护7~8d。

细部增强——在沟底拐角作抹角增强防水。

蓄水试验——施工完毕，做好临时防护措施，蓄水试验，并做好成品保护。

后续施工——进行面层装饰。

四、隧道养护特色

1. 隧道冷冻法施工的病害及处置

1）不均匀沉降和冻结法施工共同形成的渗漏易发点

长江隧道连接通道采用人工地层冻结法施工，由于连接通道位于饱和含水软弱地层中，冻管的温度控制与封堵易发生渗漏。另外，旁通道与隧道一起构成空间受力体系，会产生不均匀沉降，因此施工时分别在通道与隧道之间设置变形缝。

2）养护上的注意点

（1）加强渗漏水检查和原因分析，尤其是夏季增加对冷冻管封堵情况的检查。

按隧道养护规程坚持每季一次的隧道主体结构漏点检查，由于连接通道为冷冻法施工，在夏季还要增加对冷冻管封堵情况的检查，加强对连接通道渗漏的观察，结合隧道变形检测，找出引起渗漏的关键因素，制订合理的防水堵漏方案。

（2）采用防排结合方案，治理连接通道渗漏。

由于连接通道工程采用冷冻法施工工艺，根据对相似结构渗漏处理的经验，我们认为采用防排结合的方案较符合实际，且可以达到基本根治由不均匀沉降和冷冻作业共同形成的渗漏，具体施工包含两个作业内容：

①对连接通道内衬墙渗水采取化学注浆堵漏工艺；

②在墙体装饰挂板外侧底部开设深度到结构基层的暗沟，再利用暗沟在底部寻找裂缝，钻孔至2/3板厚，埋设注浆接头，采取机械注浆，阻断水源进入结构层板缝隙。

裂缝注浆堵漏作业：采用机械注浆法施工工艺，即顺沿裂缝，按不同的渗水状态和渗水量进行布孔，平均孔距为200mm，深度不低于200mm，具体视现场实际而定，由于钻孔的深度会直接影响注浆堵漏质量，特殊情况应适当增加布孔的数量。孔位沿缝两侧交叉，孔的角度以30°~45° 为宜，与内部缝隙相交于2/3处（孔深）。进行清孔，安装注浆接头，接入注浆泵进行注浆。注浆量以相邻孔位溢浆为准。根据不同情况，可跳跃式注射，同时，对不宜发现的细微裂缝进行及时处理。

机械注浆以0~20MPa的压力将堵漏剂输送至结构微裂缝内，通过埋设在结构内部的注浆接头将浆料填充至整个缝隙，堵塞渗水通道，起到高效的堵水作用。其次，所采用的主材水溶性聚氨酯堵漏剂是以水为交联剂进行化学反应，放出CO_2，在有水环境下逆水而上进行扩散，与周围结成弹性的固结体，最终达到止水目的。

裂缝注浆堵漏材料技术指标见表6-16。

裂缝注浆堵漏材料技术指标 表6-16

检验项目（单位）	技术指标	检验结果
黏度（MPa·s）	60~600	550
诱导凝固时间（s）	10~130	63
包水倍数（倍）	≥ 20	20
膨胀率（%）	≥ 350	381
黏结强度（湿润）（MPa）	≥ 0.38	0.5
抗压强度（MPa）	≥ 7.28	14.68

排水沟设防作业：对沟底结构层渗水的裂缝采用上述工艺，同时严密观察注浆效果，确认板层无渗水，即饰面层逐渐干燥，无滴漏现象，方可进入下道设防。设防的关键部位是切割层面包括底部两个界面，内沟切筑结构不考虑设防。因为无论何种类型的水进入外侧沟槽都将转变成无压力水。所以，其危害性可降至最小。

从防水的主要目的来讲，主要是考虑结构浅表裂缝，故采用捷邦 104 渗透结晶型防水材料和微晶防水砂浆抹面，共同担当刚性防水层。

捷邦 104 产品系硅酸盐水泥、石英砂（二氧化硅）和许多特殊的活性化学物组成的干粉状物质。材料中的活性化学物深入渗进混凝土，在混凝土基底层的孔隙和毛细管内与游离石灰接触并起化学反应，产生不溶性结晶。这种结晶的生成可以封闭毛细管及填充由收缩或扩张引起的裂缝（达 0.3mm），因而减小混凝土的孔隙率，从而加强混凝土的坚固度，且此结晶体会因湿气的产生而延续生长，一直到混凝土中的游离石灰被完全用尽。渗透结晶材料技术指标见表 6–17。

渗透结晶材料技术指标 表 6–17

检验项目（单位）		技术指标		检验结果
		Ⅰ	Ⅱ	
抗弯拉强度（MPa）	7d	≥ 2.8		3.40
	28d	≥ 3.50		3.70
抗压强度（MPa）	7d	≥ 12.0		12.6
	28d	≥ 18.0		19.9
黏结强度（MPa）		≥ 1.0		1.1
28d 抗渗压力（MPa）		≥ 0.8	≥ 1.2	1.2
28d 抗渗压力比（%）		≥ 200	≥ 300	300

微晶添加剂由高活性微晶原料及多种无机料和改性纤维组成，该品可加速水泥颗粒的分散和水化，降低水化热，防止产生龟裂，其具有的微膨胀作用使水泥结构更加密实，能与水泥中的水分生成物产生化学反应，与结构结成一个完整的不漏水体系。

以上两种材料存在同性，但作用的形式有所不同。前者是通过活性性能提高作业面混凝土的整体性能；微晶防水砂浆是通过自身的密实性，并通过材料中的纤维物提高抗形变能力。

上层联络通道如图 6–16 所示。

图 6–16　上层 3 号联络通道

2. 江中泵导轨固定点的加固要点

长江隧道的江中泵采用了潜水泵，对潜水泵保养时，可沿导轨拉起潜水泵。但导轨的固定点比较单薄，采用 2 根螺栓固定，导轨固定连接镀锌构件的厚度也较薄，而江中泵的运行频率较高，泵体运行时导轨轨道会随着泵体抖动，长期运行，会使螺栓松动。其他隧道发生过导轨脱落的情况。

长江隧道每 270m 有一个逃生通道，通道口的盖板设计很巧妙，可两面开启，由于受到结构限制，盖板为手枪形，有一个直角。正常情况下，人员进入逃生通道比较慢，所以不觉得怎么样，但考虑一旦发生紧急逃生时，逃生人员会出现一定的慌乱，这时，如发生拥挤，一不小心容易碰伤。因此对这个直角采取保护措施，在逃生盖板下部安装一个圆弧形保护罩。

3. 狭小空间的养护难点和对策

隧道的特点是设备设施和管道的布置空间较小，由此产生两个难点：一是养护工作难以施展，功效低、耗时长。二是养护工作封闭车道时间由此延长，会影响交通。通过认真研究若干困难作业点，采取了一些措施，力图克服此类难点。

1）隧道的烟道层

烟道层上部横断面呈弧形，最高处约 1.8m，旁边则较低，养护人员无法直立，只能匍匐前进，而此处也有渗漏点需普查，风阀维护、管片堵漏施工要做到精心养护，难度很大。我们研制了专门用于烟道层内窄小空间养护的机械化或半机械化坐车，解决人员和材料的输送。

2）隧道车道层侧墙后部

此处布有供电、监控线路，以及消防管及喷淋管，空间十分狭小，难以检查。土建方面主要是堵漏作业，养护作业时，工作人员操作困难。

利用潜望镜原理，制作折射检视镜，可通过检修孔窥检狭小空间的渗水、湿迹情况和管道环境。如发现可疑、异常，再由工作人员检查处理。

4. 超长距离隧道结构薄弱点检测

1）超长隧道主体结构最薄弱点的渗漏量控制和变形控制

由于两条隧道高程不一、地质差异、施工先后等原因，产生了不同程度的沉降和变位，故隧道与连接通道的连接处，空间受力作用显著，在通道与隧道相邻处设置了一条变形缝以适应之。长江隧道江中段共设置了 8 条横向连接通道，数量之多前所未有，为今后的养护管理和结构安全受控带来了一定的难度。

因此，在进行日常的养护管理、采用常规方法进行结构定期检查前提下，作为隧道运行养护管理单位还应从增加检查频率和不断创新检查方法上着手，进一步加强隧道的结构定期检查，确保隧道主体结构安全受控。

（1）沉降测量

考虑上海长江隧道穿越水域部分达 7.5km，为了长江隧道工程的安全性，本工程监测方案采用人工为主，自动化监测为辅的相结合原则，进行沉降监测。人工监测为保证精度，采用双向、双人、双测站往返观测。

隧道沉降测量的关键是最终要能准确反映隧道本体有无差异沉降，所以两道口埋设的测量基准点的长期稳定是关键。本工程高程监测网拟订在隧道外不受影响且稳定的地方分别在隧道两段建立 4 个深埋点，测量基准点采用深层标，其主芯管和套管需用不锈钢的标头。深层标埋深应不小于隧道江中心最低处，另建立 4 个工作基点，共 6 个水准基点建立高程控制网（图 6–17）。

①上海长江隧桥工程水准控制网及测量路线示意图

上海长江隧桥工程沉降测量监测点根据纵坡坡度考虑，点位间距一般以 30m 为宜，布设在隧道

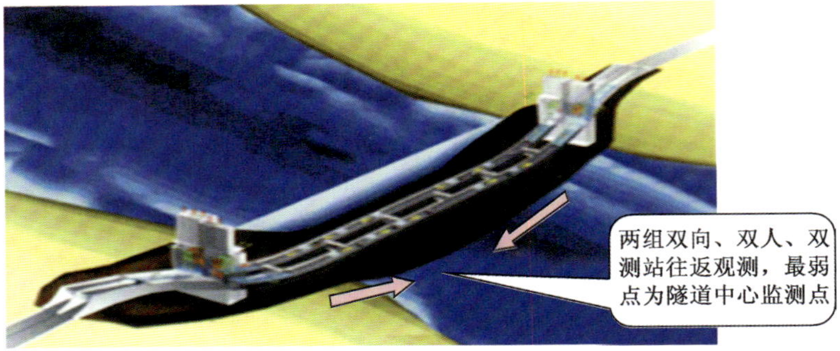

图 6-17　长江隧道沉降测量

两侧。测点用不锈钢制成，用环氧树脂粘合埋入路面板的钻孔内。

人工监测隧道沉降测量采用自动安平精密水准仪及配套铟钢条码尺。日本 SOKKIA-SDL30M 电子水准仪（+0.4mm/km）。

②自动化监测

监测点布置在隧道薄弱环节，即联络通道、圆形隧道和矩形隧道交接处。

自动化沉降监测采用静力水准仪器。测量技术依据《建筑变形测量规范》（JGJ 8—2007）标准。

③水准测量精度分析

考虑上海长江隧道全长 8.95km，穿越水域部分达 7.5km，交通量大，监测时间长，所以一般隧道路线采用附合路线监测不能满足长江隧道运营监测。为了克服此困难，所以上海长江隧道采用双向、双人、双测站往返观测，路线采用双环形水准线路（将里程缩短在 4km 内），在监测时间上满足运营要求。路线中的最弱点在线路的中部，最弱点高程中误差设计控制应小于 ±2mm。

（2）隧道水平位移测量

上海长江隧桥工程隧道变形监测的主要目的是在运营阶段对隧道结构进行变形监测，了解隧道沉降变形以及圆隧道直径变形情况，了解其是否超出设计期望值，建立预警机制，为上海长江隧桥工程安全营运提供保障。

隧道直径变形测量范围分别为圆隧道与方隧道连接处和隧道联络通道。圆隧道直径变形观测点的布设本工程采用安装固定反射棱镜或反射片进行观测，布设位置为圆隧道的顶端 3 点，下端 2 点，每个断面共安装 5 个监测点。观测工作点 A 固定在侧墙上。

2）八条连接通道与隧道连接处的施工缝渗漏检测和控制

由于长江隧道圆隧道长达 7.5km，圆隧道结构渗漏水随着车辆的活塞效应、射流风机的开启和电缆通道内电缆温度而挥发，通过江中集水井水位变化测定的渗漏水量与实际误差较大，为此针对长江隧道长距离的隧道准备采用新的渗漏水量测定方法。其主要做法是打开每 1 条隧道连接通道左右两侧的侧墙装饰板，测定该处环缝间的昼夜渗漏水量，通过计算得出圆隧道的渗漏水量，并与设计部门制订的渗漏水警戒值进行比对和数据积累，测量周期一般为每月 1 次。

另一方面，长江隧道内设置 8 条连接通道，全面采用冷冻法现浇钢筋混凝土结构，结构形式相对其他隧道要复杂得多，需特别注意对圆隧道与连接通道接缝处渗漏点的测定与其交界面是否存在裂缝或错动位移（图 6-18），保证隧道关键部位的安全。

3）隧道顶部长江航道区域内的水上作业及沉船事故的控制处理

长江隧道工程位于长江南港水域，南港河道河势稳定，长江口深水航道通行船只繁忙，易发生船舶碰撞等事故。若发生重大碰撞造成沉船事故，将对隧道结构安全带来一定的影响。为此，作为隧桥养护运行管理部门应及时掌握该区域内船舶航运情况，及时对沉船事件进行跟踪，同时与航运部门沟通，要求尽快打捞沉船，防止沉船随时间推移对河床冲刷造成影响，造成隧道顶部覆土层减少，导致隧道主体结构的不稳定。

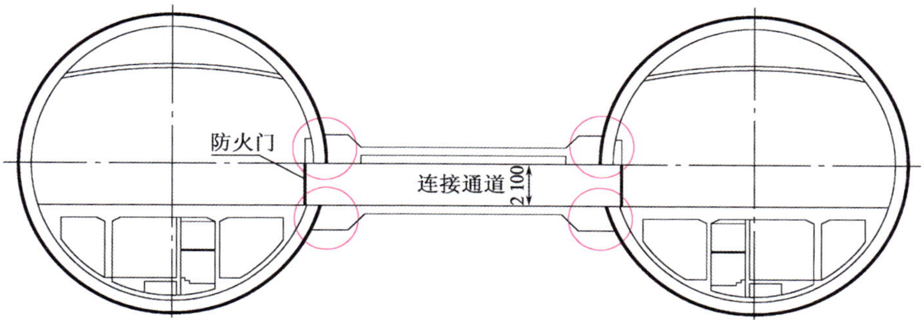

图 6-18　隧道连接通道加强监测位置示意图（尺寸单位：mm）

5. 隧道黑色金属构件的早期养护

铁构件的锈蚀是隧道养护一大难题，因车辆尾气中含有 CO_2 和 SO_2，遇 H_2O 会产生亚硫酸，对金属腐蚀严重。本隧道基本无黑铁构件（逃生通道一侧隔板启口是 5mm × 5mm 的黑铁构件），但仍有电镀锌的膨胀螺栓，以及由于接电、安装设备时对镀锌层的损坏，所以要加强检查，及时进行防腐处理。对能够采取脂类防腐材料封包封套的，进行封包封套；否则，在隧道内装饰完成后，有些部位将被封密，今后难以检查，更难养护。

6. 隧道内渗漏水的 pH 值测定

渗漏水的酸碱性，对水泥混凝土具有一定作用，见表 6-18。

渗漏水水质属性对水泥混凝土的作用　　表 6-18

pH 值	对混凝土的作用	判定结果
<4.0	水泥溶解崩溃	危险
4.1~5.0	在较短时间内表面凹凸不平	危险
5.1~6.0	表面易损坏	注意
6.1~7.9	在混凝土使用初期要注意	较安全
>8.0	—	安全

从表 6-18 可看出，当渗漏水的 pH 值 <5.0 时，水质呈强酸性，对混凝土具有很强的劣化作用，必须引起警惕。因此，我们要定期对 pH 值进行测定。

7. 人孔钢圈与隧道路面板接合缝的密封处理

隧道运行中曾发现人孔所在的路面车道板钢筋和人孔钢圈内壁严重锈蚀，锈膨胀引起车道板沿钢筋方向开裂，钢筋外露强度降低，只能予以加固，而无人孔的车道板则无此严重病害。究其原因是两种介质的温度膨胀系数不同，加之长年累月的行车振动，人孔钢圈与周围混凝土交界处缝隙的密闭性丧失，隧道在一次次水冲洗过程中，有水渗入，车道板钢筋又和人孔钢圈焊接，构成渗水通道，20 余年后即产生上述现象。故对此类缝隙在建设过程中，在车道板摊铺沥青面层前就采取密封措施，以保百年大计。

五、接线道路填砂路基养护

上海长江隧桥崇明接线工程采用长江口细砂填筑路堤，所以对长江口细砂填筑路堤的稳定性、变形特征、破坏模式进行相关的研究具有十分重要的意义，同时对填砂路基道路养护的研究也具有十分重要的意义。

本工程一般路基设计采用长江口细砂作为路基填料，并根据需要采用路基下部开挖的土方作为路基包边土，宽度不小于 1.0m，砂料外侧 1.5m 部分采用土工布每 0.4m 分层包裹，路基上路床 30cm 范围采用 3% 水泥土封层处理。

1. 填砂路基施工工艺

1）采用合理的运输机械工具

本工程采用长江口细砂，至施工地点的运距为 1.5~1.6km，施工时采用车辆运输至工地，铺筑的细砂达到最佳含水率时，有一定的黏聚力，能够压实并具备较好的强度。在已验收合格的填砂路基面层上继续填筑上一层时，根据实际情况可洒水补充已填筑层的含水量，当出现车辙时用推土机及时推平并用压路机碾压，当坡度较大时需铺垫钢板，以保证运输车辆尽量到达已划分好的分段网格中卸料。

2）严格控制含水率

由于长江口细砂透水性好，因此在通常情况下填料的含水率小于最佳含水率，填筑过程中可采用洒水方式补充填料的含水率至最佳含水率附近（通常在最佳含水率 ±2% 以内）。施工时通过含水率的抽样检测，一般洒水至砂的表面从外观看不液化，不松散，此时含水率接近最佳含水率。

3）严格控制填料松铺厚度和压路机的碾压速度

施工时填层的松铺厚度控制在 30cm 内，分层填筑，分层压实。分层填筑采用履带式推土机按“路中高，路侧低”摊铺粗平，然后用平地机刮平，横坡控制在 2.0%~2.5%，在最佳含水率 ±2% 时进行碾压，先采用 8~10t 光轮压路机静压，稳压后用 14~24t 胶轮振动压路机振动碾压，最后静压。压路机的碾压速度采用 1.5~1.7km/h。

4）采取适当措施保证包边土加固与砂路基填筑同步

本工程采用路基下部开挖的土方作为路基包边土，设计宽度为 1.0m，砂料外侧 1.5m 部分采用土工布每 0.4m 分层包裹加固。

为保证包边土边缘的压实，宽度增加 1.0m，即 2.0m 宽，施工时采用推土机摊铺粗平，平地机刮平后碾压密实，分层填筑，分层压实，路基形成后再进行刷坡处理。为保证砂路基填筑过程中的稳定，施工时采用包边土掺和 6% 石灰进行改良。

砂路基边坡加固采用土工布包裹，土工布采用 400g/m^3 无纺针刺土工布。

2. 填砂路基养护管理

1）做好路面的沉降观测工作

由于工程所在地为软土区段，为掌握填砂路基的变形和稳定情况，必须做好沉降观测工作。上海长江隧桥填砂路基于 2009 年 10 月 31 日建成通车，属于易发生变形的薄弱地段，观测频率为每年 4 次，每 3 个月观测 1 次，直至路基趋于稳定（稳定值 0.01~0.04mm/d），具体的观测布点分两种。

（1）结构物

①拖孔、汽孔测点布设：每个断面设 2 点，分别布设在结构物上下行路肩一侧的中心位置，见图 6–19。

图 6–19　拖孔、汽孔测点布设示意图

②大、中、小桥测点布设：每个断面设 6 点，分别布设在结构物上下行路肩一侧中心位置以及靠桥台伸缩缝位置，见图 6–20。

（2）路面测点布设

每个断面设 4 点，分别布设在路面上下行路肩一侧，每隔 100m 设一点，见图 6–21。

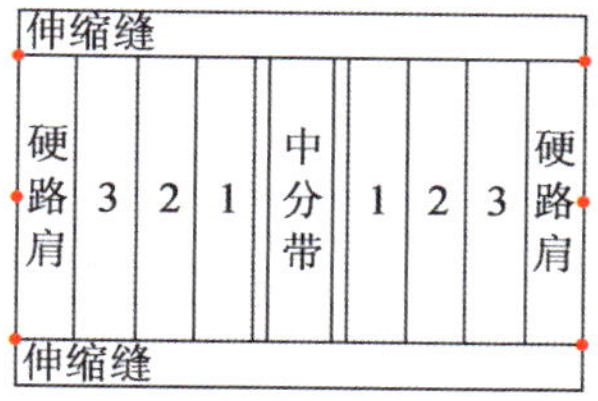

图 6–20　大、中、小桥测点布设示意图

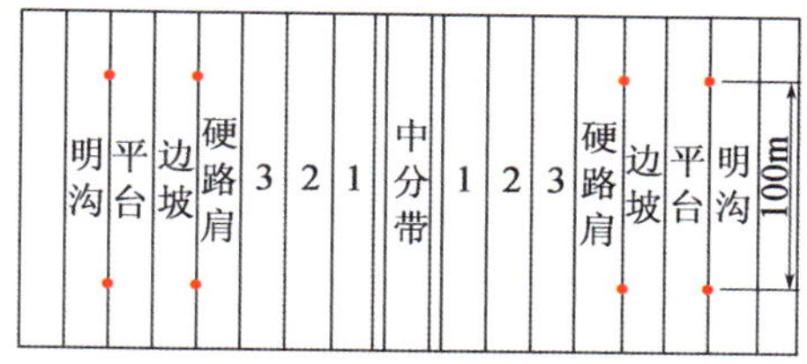

图 6–21　路面测点布设示意图

通过 2010 年 9 月长江隧桥填砂路基沉降监测，与 2010 年 5 月初始值比较，数据显示长江隧桥填砂路基段部分地方发生沉降现象，最大的地方累计沉降量为 –18.7mm，沉降速率为 0.17mm/d，表明填砂路基尚未达到稳定阶段。但从填砂路基段线形监测比较来看，填砂路基未发生突变情况，属正常路基沉降。故为能充分了解填砂路基沉降变形情况，以后仍需对填砂路基段的沉降加强定期沉降监测，积累数据为以后填砂路基段整治提供依据。

2）加强道路巡视，防患于未然

砂路基是土工结构物，既要承受荷载，又要受各种自然条件的影响，上海长江隧桥填砂路基平均填筑高度达到 3.74m，属填砂高度较高地段，而砂的黏聚力偏低，一旦出现路堤边坡失稳，则后果不堪设想。因此，平时的路况巡视非常重要，做到每天不少于一次，以车行为主；而在每年的梅雨季节则重点巡视检查，每天步行 2km，并结合车行。一旦发现边坡空洞，边沟、排水沟、泄水槽堵塞，立即采取措施进行维修和疏通，以确保路基各部分完整，不损坏变形，处于完好状态。

3）重视边坡养护

由于长江细砂的单粒结构，天然状态下呈松散状态，抗冲刷能力较差。边坡防护是保证路基施工、形成一整体及防止边坡冲刷的关键措施，而边坡的规范养护也是保证边坡不会被任意冲塌的有力保障。

做好坡面绿化的养护：

（1）为防止护坡被雨水冲刷，对护坡草皮及时养护除草（图 6–22），除草时尽量采用割灌机清理，严禁人工随意拔出以避免将边坡包边土一起拔起造成空洞。

图 6–22　护坡绿化除草养护

（2）每月定期对护坡进行一次专项检查，发现护坡漏砂、空洞，应及时用黏性土封堵或灌浆封堵（图 6–23）。

3. 认真做好排水设施的疏通、检查

砂路基对雨水的抗冲刷能力相对较弱，对于上海这样雨水多、降雨强度大的地区，应充分考虑雨水对砂路基冲刷的潜在风险，应重视填砂路基的放排水处理。

考虑长江隧桥中央分隔带路表雨水、植被绿化灌溉水渗入的排出，在碎石垫层内沿道路纵向

图 6-23　平台空洞及封堵

每隔 20m 在路堤坡面外侧设置直径 8cm 的 PVC 管，内侧管口用土工布包裹，以起反滤作用，为保证排水管的畅通，平时应定期对排水管进行疏通和检查，以确保护坡不被雨水冲刷，见图 6-24 和图 6-25。

图 6-24　护坡 PVC 管布置现状

图 6-25　PVC 管疏通养护

填砂路基的成套施工工艺、质量控制系数及质量管理要求，为工程施工提供了坚实的技术保障。路堤沉降变形观测、路肩巡视检查和及时养护、维修及排水也为养护管理积累了宝贵的经验，为填砂路基的推广应用提供了科学依据，并具有显著的社会、经济效益。

4. 做好路面裂缝的养护

密切关注冬季路面裂纹、接缝变化，做到有缝必灌，灌缝必早。

第四节　上海长江隧桥工程结构安全管理

一、结构安全标准化管理

1. 健康检测系统

1）日常使用

值班工程师的日常使用对象是长江隧桥工程结构健康监测系统软件，其主要工作内容包括以下几个方面。

（1）结构健康状态页面的日常监控

健康监测系统中，结构健康状态页面是对实时监测内容的综合显示页面，健康监测系统值班工程师通过该页面可以直观地了解各实时监测内容当前的实测数据及实测数据的预警情况。结构健康状态页面按各监测内容及不同的实时监测区段设置，如动态变形（墩台相对沉降、主梁挠度、梁塔相对变形、隧道沉降）、结构温度、气象环境、应力应变、索力等。值班工程师如发现异常情况，需及时通知评估人员确认异常现象，以采取进一步措施。值班人员的页面浏览结果要记录到专门的表格中。日常浏览为每小时一次。

（2）设备工作状态页面的日常监控

健康监测系统中，设备工作状态页面是对传感器子系统、数据采集及传输子系统、数据处理及控制子系统的所有硬件设备工作状态的监视页面，具体又可分为气象监测子系统、光纤传感器监测子系统、静力水准监测子系统、疲劳监测子系统、GPS 监测子系统、振动监测子系统、索力监测子系统、防雷子系统、网络传输子系统、配电子系统、数据采集子系统、隧道钢筋应力监测子系统、隧道三向位移监测子系统、监控中心设备等监视页面。值班工程师通过此类页面可以直观地了解健康监测系统所有设备当前的实时工作状态及设备预警信息。如值班工程师发现异常情况，需及时通知健康监测系统的设备工程师确认异常情况，以采取进一步措施。值班工程师的页面浏览结果要记录到专门的表格中。日常浏览为每小时一次。

（3）结构健康指标预警页面的日常监控

健康监测系统中结构健康指标预警页面是对系统定义的结构健康指标预警状态的监视页面，预警针对的是数据处理后的导出量，值班工程师通过该页面可以直观地了解健康监测系统所有导出量响应的结构健康指标的预警信息。值班工程师需每小时（定整点开始）记录一次结构健康指标预警情况，将页面数据导入记录，并添加发生时间。如发现需引起注意的预警情况，需及时通知健康监测系统日常评估人员确认异常情况，以采取进一步措施。值班工程师的页面浏览结果要记录到专门的表格中。该日常监测操作为每小时一次。

（4）文档挂接

值班工程师需按照数据维护人员及日常评估人员的要求，将其编制、收集、整理的各类有关健康监测系统运营的文档挂接入健康监测系统，以便各级领导、运营维护人员查询。

2）人工检测数据

结构健康监测系统运营维护单位需根据结构健康评估的需要，搜集、整理人工检测数据，并将数据完整、如实地录入到结构健康监测系统中，以便各专业机构与专家对人工检测数据的进一步分析。

（1）人工检测数据要求

根据上海长江隧桥工程结构健康监测系统中结构健康评估的要求，需录入到结构健康监测系统中的人工检测项目及检测结果要求如下（包括但不限于，后期可根据实际情况增加）。

①桥墩变位

检测精度：0.1mm。

检测结果：测点布置、测量方法、测量值，并判断桥墩是否出现倾斜、滑动沉降等现象，其变形是否超过规范值，给出初步评估结论。

②混凝土强度、碳化、氯离子侵蚀检测

检测结果：构件混凝土强度、碳化深度、氯离子含量、检测评估初步结论。

③钢结构表面状况

检测结果：涂层劣化部位及程度、渗漏水位置及程度、钢构件锈蚀位置及程度，评估结论。

④箱梁内部四季室温检测

检测结果：各测点位置及温度值。

⑤桥面线形

检测结果：测点布置、桥面纵向高程值及曲线图、线形测量评估结论。

⑥斜拉索索力

检测结果：斜拉索索力，与设计索力和竣工最后一次调索索力的比较，与实时监测索力的比较，索力变化的评估。

⑦斜拉索表面状况及钢丝索探伤

检测结果：每根斜拉索 PE 护套的破损状况、索钢丝的工作情况。

⑧钢结构焊缝检测

检测结果：焊缝的缺陷位置、程度，对结构的影响程度评估。

⑨隧道总体沉降

检测结果：各测点高程、各测点累积沉降、隧道总体沉降。

⑩隧道直径收敛

检测结果：各断面直径收敛及总体评价。

⑪隧道渗漏量测量

检测结果：渗漏水位置、程度及对结构的影响程度评估。

⑫路面平整度检测

检测结果：路面平整度评价。

⑬路面结构强度检测

检测结果：路面结构强度及评估。

⑭混凝土裂缝检测

检测结果：裂缝位置、大小及对结构影响评估。

⑮基础、河床冲刷检测

检测结果：位置、冲刷深度。

⑯支座、阻尼器、大位移伸缩缝、高强螺栓检测

检测结果：支座位移、阻尼器位移和工作状况、伸缩缝位移和工作状况、高强螺栓工作状况。

（2）检测结果审核

检测单位工作人员在实施相关的检测任务时，应如实记录检测结果。检测任务完成后，养护单位检测人员应及时将检测结果提交给结构健康监测系统运营维护单位。结构健康监测系统运营维护单位需对检测数据的完整性和规范性进行审核，并对检测项目实施单位提出相应数据采集的建议。

（3）检测结果整理

针对审核合格后的检测结果，日常使用人员应及时对数据进行整理，并录入系统中进行数据初步分析。

3）数据维护

健康监测系统数据维护工作范围为对支持系统正常运行的各类数据的维护，主要包括以下内容。

（1）基础数据的管理与维护

基础数据管理的目标是使基础数据与实际设备及结构信息相一致，保证信息的完整性和准确性，并及时更新相关的数据，以便基础数据更好地支撑健康监测系统运行。基础数据的校验必须在系统试运营结束前视实际情况调整。日常评估人员主要负责健康监测系统基础数据的规划、设计和确认工作，数据维护人员负责健康监测系统基础数据的收集、整理、预处理和录入维护工作。

基础数据包括结构信息、设备信息、位置信息、通道信息、监（检）测项目等。日常评估人员

根据系统的运营情况，合理调整基础数据，或从结构养护单位及科研单位的使用反馈信息中收集、整理基础数据，并对相应的基础数据按照系统录入的要求进行预处理，以形成基础数据的规划设计文档。关键的基础数据还需获得科研单位的确认，如采样制度、通道信息、监（检）测项目等。日常评估人员编制基础数据规划设计文档，交给数据维护人员按设计文档要求维护，维护后进行结果确认；日常评估人员也可以自己维护基础数据，但是维护后需编制基础数据维护文档。

数据维护人员需按照日常评估人员确认的基础数据进行日常维护，包括基础数据的添加、修改、删除等操作。数据维护人员可进行维护的基础数据包括型号信息、设备信息、位置信息、通道信息、监（检）测项目、逻辑组定义和评估体系。

（2）人工检测数据的管理

数据维护人员主要负责人工检测数据的收集、整理，并按照要求对数据进行预处理，以满足健康监测系统对人工检测数据的要求。为此，数据维护人员需切实核查执行人工检测的工作人员按要求提供完整的人工检测数据。数据维护人员维护完人工检测数据后，需编制人工检测数据维护文档。

（3）在线评估模型维护

在线评估模型维护的目标是保证在线评估模型与设计、科研单位的设计要求一致，保证在线评估模型相关数据的完整性和准确性。在线评估模型维护的具体范围包括：逻辑组的设置、导出量设置、评估指标量设置、模糊推理参数设计、预警阀值设置、在线评估体系设置、评估权重设置、评估方法设置等内容。在线评估模型维护的主要工作包括模型数据的收集、整理、预处理、录入维护和核对等。

数据维护人员应保持与科研单位的联系，并从科研单位处获取经业主认可的在线评估模型，在线评估模型一经维护，必须得到科研单位的事后确认，并填写在线评估模型维护记录表。

（4）系统功能优化

系统功能优化主要包括系统运行参数的优化、在线评估方案、预警方案的优化。系统的建设目标是建立一套符合当前技术发展水平的具有可持续发展能力的结构健康监测系统。系统的运行参数、结构状态评估模型、预警模型等应是不断进化的，在系统初始化过程中，可使用规范及设计值作为模型参数取值的依据，但由于规范值或设计值本身的含义和实测值的含义会有较大的差别，因此，必须通过不断的模型进化来弥补这个差距。参数、模型的优化应该是个长期持续的过程，以适应结构本身的变化。

4）日常评估

健康监测系统日常评估工作主要包括以下内容。

（1）结构健康指标预警信息管理

结构健康指标预警信息管理的目标是确认预警的真实性和合理性。结构健康指标预警信息来源于值班工程师日常使用过程中的异常情况通知及健康监测系统中结构健康指标预警。

日常评估人员在获得结构健康指标预警信息后，需立即进行预警信息真实性的判断工作，确认工作主要从预警指标的历史数据、预警指标相关传感器的历史数据、预警指标相关传感器的设备工作状态等几方面进行，设备工程师和软件工程师均需配合日常评估人员进行预警信息确认。预警信息确认后，日常评估人员需填写预警信息记录表，以跟踪预警信息的后续处理工作情况。预警信息宜每天进行一次整理记录。预警信息确认并记录后，日常评估人员需判断预警情况的严重程度。如属于红色预警情况，需尽快通知科研单位人员，并协助科研人员对预警情况进行确认和分析。经科研人员初步确认后，日常评估人员可启动红色预警处理预案，协调安排结构养护单位工作人员对预警情况进行现场人工检测复核，并经确认后，组织科研、养护等单位研究对策。整个预警处理过程均需记录到预警信息记录表中。

日常评估人员还需定期（按月）对结构健康指标预警情况进行汇总评估，列举事实和相应数据说明结构预警指标及其预警阈值的合理性，为科研单位定期对在线评估模型的优化提供数据基础。

（2）在线评估模型的管理

日常评估人员定期（按季）对健康监测系统在线评估结果进行汇总评估，列举事实和相应数据说明在线评估模型是否或是否可能存在不合理的情况，为科研单位定期对在线评估模型的优化提供参考。

（3）月度在线评估

在线评估月报是健康监测系统对结构健康状况的月度总结性报告，报告中包含报告期的结构健康在线评估体系综合评分值、建议的养护策略、具体的监测指标的月度统计数据等内容。在线评估月报维护的工作目标是保证业主、养护单位、科研单位能每月获得与实际情况相符的结构健康状况的在线评估报告，并起到指导结构养护工作的作用。

日常评估人员每月 1 日，在完成本期人工检测数据管理的基础上，在线生成相应的在线评估结果（打分表），对其中人工检测需人工评分的部分可参考设计要求和养护单位共同评分。在线评估结果生成后，按设计文件的预设方案，明确养护指导策略。最后，通过系统生成完整的在线评估报告初稿，使用 Office 工具对报告进行修饰，并打印装订成文。每月 5 日前需向养护单位提交四份上个月的在线评估报告。

（4）突发事件在线评估

突发事件是指影响结构安全的事件，包括大风、船撞、地震等事件。突发事件在线评估报告是对突发事件发生前后相应荷载源和结构响应的综合性评估报告，该报告维护的目标是保证按设计文件的要求对每次突发事件前后的结构健康状态作在线评估，以真实反映突发事件前后结构的正常工作状态。突发事件在线评估报告的内容和格式尚需和科研单位进一步研究确认，一般来说，突发事件在线评估报告以实时监测数据为主，但针对可预见的突发事件（如大风），也可补充若干人工检测项目作突发事件前后的对比分析。

日常评估人员在被告知突发事件发生或即将发生时，需要到监控中心值守和严密监控，并按照与设计科研单位预先确定的预案进行系统的相关操作，如调整采样制度等。在突发事件结束后 2d 内，日常评估人员需按照系统设计要求生成突发事件在线评估报告，并打印后向业主提交。

（5）辅助第三方检测及科研试验

隧桥运营过程中，定期或不定期会有第三方检测单位及科研单位对结构作检测及试验，健康监测系统需密切配合。日常评估人员在接到运管中心分发的第三方检测及试验通知时，需做好相应的准备工作，并与第三方单位取得联系，安排检测及试验期间健康监测系统需配合的工作。检测及试验结束后，日常评估人员需收集相应的数据，编制相应的在线评估报告，及时提交运管中心或市政养护公司。对于特殊需求，可由日常评估人员收集到第三方单位的检测及试验报告后，对照健康监测系统的数据，向运管中心或市政养护公司提交更完整、更有参考意义的在线评估报告。

（6）补充监测设计及实施

隧桥运营过程中，随着结构使用年数的增加，结构损伤也会逐渐增加，与健康监测系统原设计的扩充性要求相应，在运营阶段，还需根据新出现的结构损伤或其他需要重点监测的部位，规划、设计并实施新的监测内容。日常评估人员在日常运营过程中，结合结构养护的数据，可以向运管中心或市政养护公司提出相应的补充监测的建议。在得到相关专业机构、运管中心或市政养护公司的确认后，日常评估人员可组织补充监测设计，设计文件在得到相关专业机构、运管中心或市政养护公司的核准后才能实施。

（7）离线评估报告管理

离线评估报告是由相关专业机构、专家组定期或不定期完成的结构健康状况的分析报告，离线评估报告分为正常使用情况下的评估报告和突发事件后的评估报告。日常评估人员要定期收集离线评估报告，整理制作满足系统挂接要求的电子文档，并挂接入健康监测系统以供查询。

（8）监测数据分析管理

监测数据分析管理主要包括监测数据的趋势分析和相关性分析等内容。通过数据的趋势分析，对事关结构安全和耐久性能的关键技术参数进行长期的趋势跟踪，如塔顶变位、差异变形、跨中挠度、混凝土碳化、钢结构锈蚀、拉索腐蚀等，以便掌握结构的时变特性和结构退化趋势。通过不同监测项目数据的相关性分析，如索力与索温、塔顶变位与风速等，获取各类指标之间的相互影响关系。

5）系统维护

为保证长江隧桥工程结构健康监测系统所有软硬件的稳定运行，由运营经理组织维护维修人员编制《长江隧桥工程结构健康监测系统养护手册》，对系统外场和内场设备组织定期巡检和保养维护，并对故障设备进行维修以尽快恢复系统正常使用。

系统维护工作主要内容包括：健康监测网络系统维护、设备维护、故障处理和软件系统的维护等。

（1）健康监测系统运营维护流程

健康监测系统运营维护基本流程如图 6-26 所示。

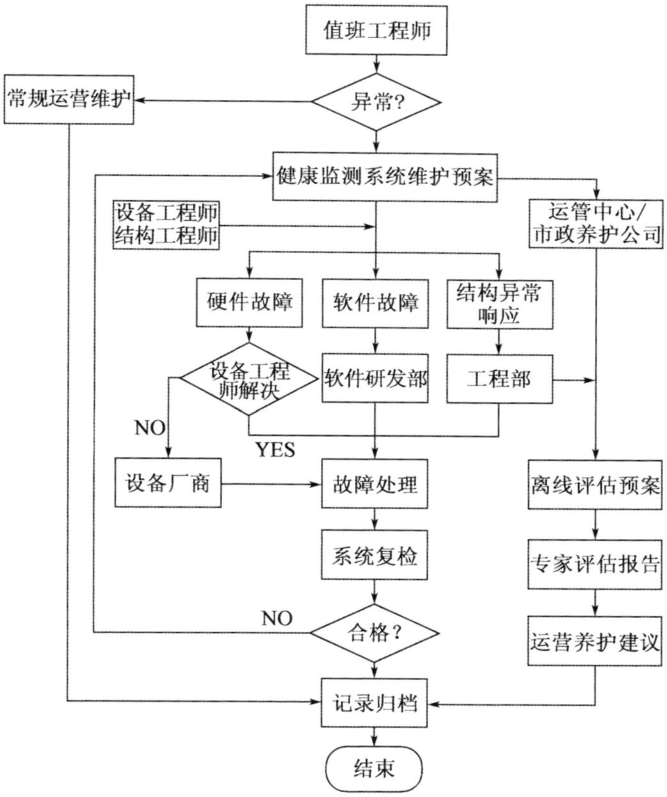

图 6-26 健康监测系统运营维护基本流程图

注：在系统缺陷责任期内，设备硬件维修或更换由系统集成商负责。

（2）设备维护

健康监测系统的设备维护包括隧桥现场设备和监控中心设备的维护，为了规范日常维护工作，将日常维护内容划分为日、周、月、半年和年 5 个作业等级。

①日维护作业内容：对监控中心主要机电设备的外表面进行清洁，检查显示终端反馈的系统运行是否正常。

②周维护作业内容：对监控中心的主要机电设备进行现场巡检、保洁。

③月维护作业内容：对监控中心及外场主要的机电设备和设施进行巡检；有针对性地检查设备机柜的内部状况，并做好清洁工作；有针对性地检查沿途机电设施的完好状况；整理系统数据库文件，并备份相关的数据。

④半年维护作业内容：对主要设备的技术性能进行检测、校正。

⑤年维护作业内容：对主要设备和设施的技术性能进行恢复性的维护、调试、校正。

（3）故障处理

包括机房设备故障处理、现场设备故障处理。故障处理流程如图 6–27 和图 6–28 所示。

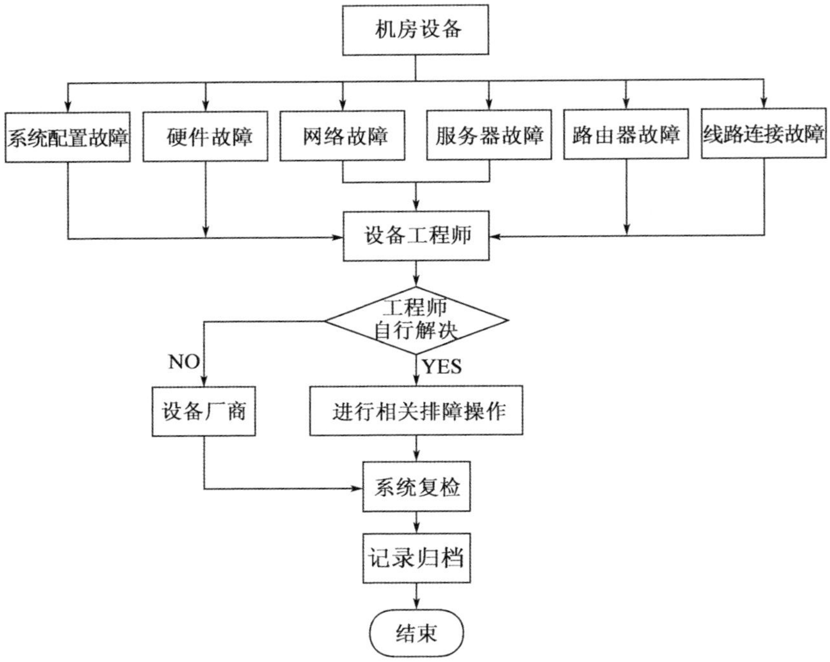

图 6–27　机房设备故障处理流程

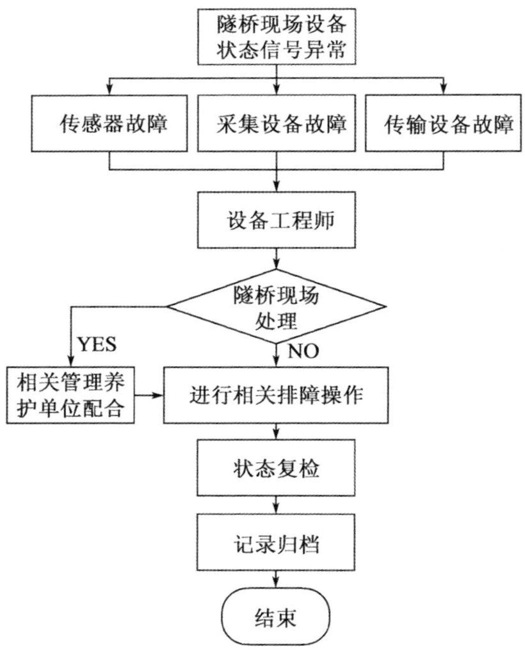

图 6–28　隧桥现场设备故障处理流程

（4）软件子系统维护

软件子系统的日常维护工作主要有：

①每日使用健康监测软件系统的系统维护功能，监测软件系统各应用服务的工作状态。

②每周重启一次 web 服务，确保健康监测软件系统保持高效运转。

③每月对所有软件模块进行功能性维护，确保软件功能正常工作。

④每月对系统程序和数据库、数据文件进行增量备份。

⑤在线评估月报维护，包括在线评估月度评估结果、评估报告的人工维护部分的维护，在线评估月报的打印。

⑥突发事件在线评估报告维护，包括突发事件前后结构健康状态页面和设备工作状态页面的浏览，突发事件在线评估结果的生成，突发事件在线评估报告人工维护部分的维护，突发事件在线评估报告的打印。

⑦健康监测系统使用月报维护，涵盖健康监测系统硬件和软件的月度使用情况，包括月报的编辑和系统挂接。

⑧健康监测系统使用年报维护，涵盖健康监测系统硬件和软件的年度使用情况，包括年报的编辑和系统挂接。

⑨健康监测系统维护的文档管理，建立一套电子文档系统，全面管理健康监测系统使用阶段的各类工作文档，以便更好地服务于系统的维护，方便相关信息的追溯和相关性查询。

6）设备维修

（1）设备维修服务流程

根据上述系统维护的工作内容，对软件中的设备报警和日常巡检中发现的设备故障，需遵照如下流程进行处理：

①系统操作员发现设备报警信息后，及时通知设备工程师，设备工程师及时搜集相关信息，确认故障现象，初步分析故障设备原因。

②设备工程师确认故障设备，并编制设备故障修复方案。

③工程部技术负责人批准故障修复方案后，尽快安排故障修复。

④修复故障，设备工程师填写《故障处理报告单》。

⑤修复完成后，工程部技术负责人组织故障修复确认检查。

⑥设备如需外送维修或更换，需报业主审批。

（2）软硬件设备运转保障服务

本服务将确保《上海长江隧桥工程结构健康监测系统》的所有应用软件及相关设备的正常运转。在此前提下，针对软硬件设备在正常使用下发生的故障（即非人为破坏）维修均包含在本方案的服务范围内，具体设备见表 6–19。

上海长江隧桥工程结构健康监测系统软硬件设备 表 6–19

序　号	名　称	单　位	数　量
一	大桥部分		
1	光纤光栅温度计	个	93
2	光纤光栅应变计	个	100
3	NETLINK 光电转换仪	个	10
4	传感器信号防雷保护器	只	17
5	电源防雷保护器	只	11
6	GPS 专用信号防雷保护器	只	18

续上表

序号	名称	单位	数量
7	NPORT5430 串口服务器	只	4
8	BNC 尾线（长度 2m）	根	64
9	机柜内温湿度传感器	只	5
10	耦合器	只	80
11	光纤跳线	根	30
12	金属铠装 8 芯光缆	m	3 000
13	金属铠装单芯光缆	m	3 000
14	8 芯单模主干光缆	m	4 000
15	供电电缆	m	500
二		隧道部分	
1	RS485 中继器	个	7
2	NPORT5230 串口服务器	个	7
3	交流参数净化电源	个	20
4	NETLINK 光电转换仪	个	14
5	耦合器	只	100
6	供电电缆	m	7 500

7）其他管理工作

（1）结构健康监测系统运营维护报告

结构健康监测系统的运营维护报告是对系统运营维护情况的定期总结汇报，报告分为月报（电子文档）、季报和年报（电子文档、书面报告）三个层次，报告内容涵盖系统日常使用、数据维护、日常评估及系统设备维护维修的情况。运营维护报告由运营经理组织日常评估人员、数据维护人员和维护维修人员共同编制，运营维护计划、在线评估报告将在每月初提交管控中心，设备养护与维修报告将在每季度第一个月 15 日之前提交管控中心。

（2）结构健康监测系统运营文档管理

结构健康监测系统的运营过程中，会产生各类文档，包括系统使用、系统维护、外单位报告等。为此，需建立一套电子文档管理系统，全面管理健康监测系统使用阶段的各类工作文档，以便更好地服务于系统的维护，方便相关信息的追溯和相关性查询。此项工作由运营经理制订相应的规范，各职能操作人员负责相应文档的管理和维护。

（3）结构健康监测系统运营维护计划管理

结构健康监测系统的运营过程中，运营经理每年需对下一年度的运营维护工作作年度计划，合理安排各项工作，并在年度工作实施中，考核计划完成情况。

（4）培训

不定期为管控中心、养护单位提供结构健康监测相关领域的培训服务，包括结构健康监测的理论知识、专题研讨等。培训工作由运营经理与管控中心协商按年制订培训计划。

2. 人工检测

1）技术检查

（1）经常性检查

由总工程师组织，养护管理部、运行管理部有关人员进行，对设施、设备进行检查。以目测为主，主要检查设施主体结构部件是否完好，附属设施是否有缺损，维修质量总体水平如何；设备运行是否正常，日常维修保养是否到位。

（2）定期检查

由总工程师、有关人员或专业单位进行，较全面地对设施技术状况的数据进行采集，并作出技术状况评定。

（3）特殊检查（根据具体情况定）

当设施、设备出现重大病害或发现难以判明损坏原因，受到地震、风灾、火灾、超重车侵害时进行。

2）主要技术检测项目、计划周期、方法

（1）长江隧道工程主要技术检测项目、计划周期、方法见表 6–20。

长江隧道工程主要技术检测项目、计划周期、方法　　表 6–20

序号	项目	内容	周期	方法
1	沥青混凝土路面	行驶质量指数（RQI）、抗滑性能（SFC 或 BPN）	1 次 / 年	路面测试仪
2	隧道沉降检测	隧道及联络通道沉降检测	4 次 / 年	水准仪、静力水准仪
3	隧道水平位移检测	隧道直径水平位移检测	4 次 / 年	全站仪
4	隧道结构关键部位	牛腿、变形缝、管段接缝、上层车道板与管片结合部、变形缝相邻两环管片的纵向缝	1 次 / 年	目测、测缝仪
5	排风塔倾斜测量	监视风塔倾斜变化	1 次 / 年	全站仪
6	隧道渗漏量测定	隧道漏水量、渗漏水点	1 次 /2 月	感应式水位仪或测深水尺
7	混凝土碳化检测	混凝土碳化 pH 值、钢筋锈蚀和保护层	1 次 /2 年	试剂法
8	CO 含量检测	隧道内 CO 含量浓度	2 次 / 月	气体量测仪
9	隧道照明检测	主照明、引道照明、光过渡照明、加强照明、应急照明	4 次 / 年	照明仪表检测器
10	变、配电站电气预防性试验	变、配电站电试、继电保护试验	1 次 /2 年	专用电试设备

（2）长江大桥工程主要技术检测项目、计划周期、方法见表 6–21。

长江大桥工程主要技术检测项目、计划周期、方法　　表 6–21

序号	项目	内容	周期	方法
1	沥青混凝土路面	行驶质量指数（RQI）、抗滑性能（SFC 或 BPN）	1 次 / 年	路面测试仪
2	伸缩装置	钢板、模数大位移量伸缩装置	2 次 / 年	目测、钢尺
3	预应力混凝土桥梁	支座、结构裂缝、表面温度裂缝、混凝土强度、混凝土碳化、氯离子的侵蚀	1 次 / 年	测缝仪、回弹仪、试剂、氯离子检测器
4	钢结构桥梁	支座、各部件连接节点及铆钉、螺栓、销栓、焊缝、涂装、桥面线形	1 次 / 年	目测、厚度仪、水准仪
5	钢 – 混凝土组合梁	支座、钢结构的各部件连接节点及铆钉、螺栓、销栓、焊缝、涂装，混凝土桥面板、桥面线形	1 次 /2 月	目测、厚度仪、水准仪
6	斜拉桥	拉索状况、拉索索力、锚固结构、阻尼器、索塔变位、索塔结构裂缝、表面温度裂缝、索塔混凝土强度、混凝土碳化、氯离子的侵蚀	4 次 / 年	索力计、拉索检测器、全站仪、水准仪、测缝仪、回弹仪、试剂法、氯离子检测器等
7	基础冲刷	桥位处地形测量	2 次 / 年	多波束测深方法
8	钢管桩腐蚀	保护电位、保护度、腐蚀现状、保护年限	1 次 / 年	电位法

续上表

序号	项目	内容	周期	方法
9	桥墩变位	桥墩顶竖向、横向、纵向位移值	1次/年	GPS、全站仪、水准仪、静力水准仪
10	动力特性	测量桥梁的自振频率、阻尼、桥梁振型，测量在试验荷载作用下桥梁的动位移、动应变	1次/5~8年	试验汽车加载，应变片或应变计，应变采集仪，精密水准仪或全站仪等
11	箱梁应力及挠度进行测量	主跨跨中最大正弯矩工况，主跨支点负弯矩工况，主跨支点最大剪力工况，边跨最大正弯矩工况	1次/5~8年	试验汽车加载，应变片或应变计，应变采集仪，精密水准仪或全站仪等
12	标志、标线和交通安全设施检查	桥上设置的除湿设备、照明灯、航空灯、航海灯及供电线路、通信线路、传感器、接线、避雷装置	1次/d	目测、专用仪器

3）健康检测系统与人工检测的配合

桥梁结构健康监测系统一般通过各传感器数据的统计分析结果、有关结构安全各指标的状况，给出桥梁结构安全状态的初步结论。另外，在线评估报告也可根据具体需要（如临时荷载试验），给出以上形式的临时事件数据、结论等。根据在线评估的结论，可以初步指导大桥具体养护管理。在线评估报告主要根据预先设定的程序，由系统自动完成，无需人工过多干涉。

人工检测主要工作是配合健康检测系统完成检测任务（一般健康检测系统设计考虑结构的安全性、耐久性、其他外观检查包括水文、波浪及车流量数据等）并且人工录入数据。人工录入数据包括定期监测数据及日常养护数据两大类。根据大桥和隧道结构特点、工作状态评估标准，结合其安全性、耐久性及适用性的需要，提出需人工录入数据的内容、形式等。人工检测时发现结构安全隐患及时反馈至健康检测系统。

二、结构安全评估

1. 安全评估内容

综合各项检查、检测和健康监测系统监测结果及相关指标分析，上海长江隧桥结构安全评估如下。

（1）隧道主体结构安全稳定，状况良好，运行正常。

（2）隧道的渗漏量小于控制值，管片未见裂缝，牛腿除有极个别裂缝外，均未发现重大病害和变异。

（3）路面平整度、抗滑指标优，路面平整、行驶舒适。

（4）MQI值在各路段的分布状态平稳，各路段MQI值均大于99。

（5）照明、变配电、监控、通风等机电设备系统运行安全可靠。

（6）工作井、连接通道变形均在容许范围内。

（7）浦东、长兴岛岸边段沉降与位移，江中圆隧道内外钢筋应力差，水土压力，混凝土压力均在设计容许范围内。

（8）环境质量指标很好。

（9）大桥相对稳定，填砂路基沉降均匀，但未稳定，未发生突变情况。

（10）大桥、接线道路匝道桥上部结构总体运行良好、稳定，下部结构出现的不规则裂缝符合规范要求。

2. 设施年度安全运营报告

为确保设施安全受控，每年会编制一份设施年度安全运营报告。

上海长江隧桥年度安全运营技术综合报告主要内容如下。

1）概述

提交设施设备是否安全的结论

（1）交通运行状况对设施运营影响综述及分析：

①交通流量（总流量、单向流量、单车道流量、每个进出口流量与设计流量比较分析，当年与历年流量的分析等）。

②超重车辆、特殊车辆、危险品车辆的统计。

③交通事故、抛锚车、牵引车辆的统计。

④特大交通事故的专题报告。

⑤车辆火灾事故的专题报告。

⑥行人擅自下车、擅自上桥、意图轻生的统计数据等。

⑦交通安全设施完好及受损情况。

（2）天气情况统计分析，包括台风、大雾、暴风雪、高温、低温、沙尘暴等各气候情况汇总。

（3）收费情况概要（包括各类车辆的收费及其变化情况）以及各收费站具体情况。收费道口逃票、冲卡、假票、纠纷、栏杆敲车、车辆撞损设施等情况。

（4）应急预案启动，紧急事件处置情况汇总，后评估报告（有完善、改进措施）。

（5）备品配件仓库材料、设备、部件、零件的进出种类、数量统计、分析，并制订下年的备品仓库采购计划。

（6）人工无伤监测项目的分析报告，以及与健康监测比较分析的各项技术指标情况（要求提供第三方认证依据）。

（7）隧桥保护区域的状态，隧桥地面、江面保护区域的状态，包括长江防洪堤的安全状况。

（8）四新技术应用、管理新举措、科研项目、QC 项目完成情况，并制订下年项目计划。

（9）提交接地电阻测试报告（要求权威机构认证）。

（10）年度养护工程完成情况及取得成效（达到的有关安全、质量、文明施工指标情况）。

（11）年度隧桥设施、设备完好率及利用率。

（12）服务指标执行情况。当年受到社会、媒体、上级单位的好评、表扬、奖励及投诉、曝光等情况。

（13）隧桥设施治安保卫（设施被盗及防盗）情况。

（14）各类事故汇总分析。

（15）各类抢修工程方案，外力损坏及赔偿情况统计分析。

（16）设施设备当前存在的主要问题与解决措施。

2）长江大桥

（1）斜拉索索力测量结果及与历年索力测试值的比较、分析。

（2）桥梁土桥轴线线形测量结果，及与历年线形比较情况。

（3）主塔沉降情况及主塔塔顶变位情况，并应考虑大地沉降影响因素。

（4）对斜拉索的全面检查情况，包括锚具、护套、钢丝等。

（5）斜拉桥年度养护工作情况汇总。

（6）斜拉桥常规、定期检查情况汇总。

（7）斜拉桥局部构件的特殊检查情况汇总。

（8）其他涉及斜拉桥结构安全的隐患及其相应处理对策。

（9）混凝土裂缝和其他缺陷的情况，并与历次检测结果相比较，分析产生原因及发展情况，以及对结果安全性的影响。

（10）墩台基础沉降或位移情况，分析产生原因。

（11）桥梁变形，包括整体线形、高程的变化，跨中挠度的变化，与历次检测情况的比较，分析原因。

（12）钢构件锈蚀、变形、裂缝、油漆情况，并与历次检测资料比较是否扩大，是否影响构件受力。

（13）高强螺栓松动、锈蚀情况，与历次检测进行比较分析是否扩大，是否影响构件的受力。

3）长江隧道

（1）隧道主体结构的线形测量及与上年度测量值的比较、分析。

（2）隧道结构渗漏水现象的变化情况，包括具体渗漏水的位置、裂缝展开情况、渗水量统计及其变化。

（3）隧道内 CO 浓度情况、烟尘含量情况、照明情况。

（4）隧道机电设备及各系统的运行情况，包括供电系统、通风系统、给排水系统、消防系统、照明系统、航控系统、通信系统等。

（5）隧道的设施设备定期常规检查情况汇总。

（6）隧道结构的破损及维修情况。

（7）隧道连接通道、钢管片结构的安全、稳定情况。

（8）隧道局部构件的特殊检查情况汇总。

（9）其他涉及隧道结构安全的隐患及其相应处理对策。

4）接线道路情况

（1）路面沉降（包括桥头沉降）情况。

（2）路面强度变化情况。

（3）路面摩阻系数变化情况。

（4）路面平整度情况。

（5）公路 MQI 及各项分指标情况。

（6）路面积水情况。

（7）路面裂缝沉陷、拥包、车辙、贫油、跑沙、错台、断裂等病害情况。

（8）路基沉降、冲沟、空洞、塌陷情况。

（9）绿化病虫害及防治情况。

（10）道路预养护措施执行情况。

第五节　上海长江隧桥工程机电养护管理

一、机电养护管理概述

1. 机电养护管理的质量技术要求、标准

《上海市区供电局企业标准路灯检修和安装工作规程》、《漏电保护器安装和运行》（GB

13955—92）、《电气装置安装工程接地装置施工及验收规范》（GB 50169—2006）、《公路机电维护技术规程》、《机电系统维护技术规程》等招标文件给定的标准进行养护维修。

2. 机电养护管理的工作内容和范围

根据招标文件的内容，在机电养护维修方面的内容主要包括：供电系统、照明系统、通风系统、排水系统、中央计算机系统、交通检测系统、CCTV 监视系统、通信系统、语音广播系统、消防系统等。

3. 设备故障处理管理程序

设备设施发生故障或设施出现病害后，相关人员将按照设备故障处理程序和规定完成从发现—现场检修—报修—专业维修全过程各个环节的工作，保证设备故障和设施病害得到有效的监控和处置。

1）一般故障（病害）处置程序

一般故障应列入周、月度、季度和年度维修计划实施。

（1）专业主管接到巡检技工、运行设备使用人或其他相关人员报修后，内业员或专业主管应在“维修工作记录表”上做好记录，做以下处理：

①相关专业主管可以按缺陷病害的不同程度提出处理意见。

②相关专业主管可以安排自行处理。

③相关专业主管可以填报报修单报公司运行部。

④相关专业主管可以委外实施，或不作处理，注意观察。

（2）总工程师提出督导意见，确定该缺陷病害是否记入动态档案电脑网页，此项工作由内业员实施，处理结果由相关专业主管填写。

（3）一般缺陷病害的处理，按报修程序及分工界面，列入维修计划。

（4）维修完成后，值班长进行验收，值班长也可授权使用人进行功能性验收，专业主管进行技术性验收。验收完毕后，值班长通知交通监控员对故障销项。

2）重要故障（病害）处置程序

重大故障：凡影响车辆通行、危及通行安全的设备设施故障，均作为重大故障，要求立即组织抢修。

（1）在岗人员发现设备设施重大故障，应进行检查和处理，无法排除故障时应立即报告交通监控员，交通监控员应立即通知巡检技工到现场检修。无法排除故障应填写“设备、设施故障报修单”报修，并报告交通监控员。值班长在发现设备设施重大故障后负责向工程维修人员传递“设备、设施故障报修单”，联系专业主管，上报总工程师、公司经理。

（2）专业主管接到巡检技工、运行设备使用人或其他相关人员报修后，内业员或专业主管应在“维修工作记录表”上做好记录。

（3）相关专业主管可以按缺陷病害程度提出处理意见和临时措施，并上报总工程师、公司经理审核。

（4）落实人员、设备，按报修程序及分工界面，维修人员在 1h 内到达现场处理，24h 内组织修理；也可先采取临时应急措施，降低其危害安全的程度，之后按设计要求恢复正常状态，报修手续可事后补办。

（5）维修完成后，值班长进行功能性验收，值班长也可授权使用人进行功能性验收，专业主管进行技术性验收。验收完毕后，值班长通知交通监控员对故障销项。

（6）总工程师提出督导意见，记入动态档案电脑网页，此项工作由内业员实施，处理结果由相关专业主管填写，并通报公司运行部。

3）紧急故障（病害）处置程序

危及有关设施、人员、车辆通行安全的设备设施故障，均作为紧急故障，要求1h内到达现场处理，在24h内组织连续抢修。

（1）紧急故障发现后，发现人应采取有效措施，防止其扩大成为事故，并报告值班长；值班长立即报告公司经理，同时通知总工程师。

（2）公司经理通过通信联络网向有关人员发出通知，组织施工。

（3）可根据情况启动紧急预案，并同时上报管控中心。

（4）施工人员在1h内到达现场处理，应以抢修形式连续作业，直至处理完毕；也可先采取应急措施，降低其危害安全的程度，随后按设计要求恢复正常状态。

（5）维修完成后，值班长进行功能性验收，值班长也可授权使用人进行功能性验收，专业主管进行技术性验收。验收完毕后，值班长通知交通监控员对故障销项。

（6）总工程师提出督导意见，记入动态档案电脑网页，此项工作由内业员实施，处理结果由相关专业主管填写，并通报同时上报管控中心。

4. 节假日及夜间紧急缺陷病害的处置程序

（1）巡检人员发现紧急缺陷病害后，通过紧急缺陷病害处理的预案及通信联络网，向有关人员发出通知。

（2）相关的专业主管根据缺陷病害现场的具体情况，采取相应的措施组织人员实施修复。

（3）缺陷病害处理完成后，专业主管在“维修工作记录表”上，作详细记录。

二、机电养护标准化管理

1. 供电系统

供配电设备高压侧主要包括：隔离开关柜，断路器柜，电力变压器，熔断器，电压、电流互感器，母排，电力电缆，避雷、接地安全装置等。

低压侧主要包括：断路器柜，电容柜，分路配电断路器及直流控制电源，信号屏，继电保护装置。

1）一般要求

（1）供配电设施的维护将严格执行相关设备的检查规程及《电气装置安装工程施工及验收规范》的有关规定。

（2）制订各项管理制度，明确工作内容、作业程序、安全注意事项，确保供配电系统的运行与安全。

（3）依照设计对变配电站人员配置要求，落实每班日常巡视，建立供配电系统运行日志。

（4）及时做好各种异常运行状态的处理工作，做好各项病灶与处理记录，定期落实检查、检修制度和预防性试验项目。

（5）熟悉掌握继电保护设定的各项技术参数，充分保证继电保护装置的工作，以满足继电保护工作对可靠性、选择性和实效性的要求。

（6）熟悉掌握浦东、长兴岛电站，包括变电站、10kV一段、二段母线电源切换投运倒闸操作方式。

2）维护检查的方式

（1）日常巡查：对供电系统运行状态进行感官判断检查，判断是否有异常现象，记录仪表的技术参数，检查各柜面指示灯状态。

（2）周期检查：对高、低压电气设备使用状况进行定期检查。

（3）特殊检查：阴雨、潮湿、雷雨、高温、强冷等气候及夜间闭灯的检查，并做好检查记录。

3）维护检查的内容

按照供电系统日常巡查、周期检查的主要项目，进行供配电设施日常巡查、定期维护和预防性试验供配电系统日常巡查、定期维护、预防性试验等。

4）电力监控系统维护保养

主要维护保养要求：

（1）各节点 PLC 控制器工作正常，RTU 设备工作正常、稳定。

（2）现场控制总线接馈完好，供电正常。

（3）控制中心的远程控制功能实现正常，远程监控正常，远控读数与现场巡检人员核对是否正确。

（4）远程控制设备启、停的功能均完好。

2. 隧桥照明系统

1）养护规定

隧道主照明、加强照明、遮光棚照明设施（包括灯具、光源、支架、标志及信号灯、洞外路灯和照明线路等）为隧桥运营提供照明服务。

照明设施日常检查主要是对设施使用及损坏情况进行巡检登记。中间段连续坏灯 2 盏以上，洞口加强段连续坏灯 3 盏以上应及时进行更换或维修。

隧道内各类照明灯具必须安全可靠、高效、节能环保，其安装必须牢固、无损伤。

灯具及配套设施必须完整无缺。

各类灯具金属外壳及金属灯座必须可靠接地，接地电阻符合要求。

各类灯具的亮灯率必须符合要求。

照明控制箱（柜）安装牢固、接地可靠，外壳完好、无锈蚀，防护等级满足要求。箱内元器件及面板仪表完好，可靠动作，光控、时间控制等配套控制装置动作准确、可靠。

各级电线、电缆保护装置（过载、短路及接地等）完好可靠，接地及绝缘电阻满足要求。

对于运行中的照明系统应进行每周一次定期检查及周期维护，确保照明完好率达到 97%，连续三组灯具不亮者 24h 内抢修完成。每半年隧道照明进行一次大修维护保养。保养维护需对隧道各类灯具反光板、玻璃、外壳进行清洁，并对控制配电箱各电器元件检查、除尘。

电力值班人员到设备房核查报警信号和开关状态，分析故障原因；对照明供电系统按照先自控、后手动，先一次回路后二次回路的工作顺序进行检查，可采用开关替换的方法尽快恢复主照明。

交通监控员通过监视器监视应急照明情况和交通情况，发现异常报告值班长。

交通监控员通过广播和情报板通知驾驶员注意隧道内行车安全。

电力值班人员无法恢复主照明时，值班长应通知巡检员到现场维修。

巡检员无法修复时，电力调度员负责制订倒闸操作方案恢复对主照明供电；值班长启动设备抢修预案和报路网中心。

恢复供电后，将超过 10min 失电事件和造成的影响情况在 24h 内报总公司养护部、业主和路网中心。

2）LED 灯不亮的处理

LED 灯不亮一般为开关电源老化损坏、出线头松脱、LED 发光粒子老化损坏、接触不良（LED 使用寿命一般为 43 800~50 000h），上述故障可通过紧固开关电源出线或更换开关电源排除。隧道基本照明 LED 灯具整灯总光效光衰到 70% 时对灯具进行更换。

在 LED 灯维修时必须做好防静电保护，特别要注意对 LED 发光粒子的防静电保护。

照明设施经常性检修、定期检修宜按表 6–22 的要求进行，可不进行照明设施的分解性检修。

照明设施经常性检修、定期检修要求

表 6-22

设施名称	检查项目	主要检查内容	经常性检修	定期检修
			1 次 /1~3 月	1 次 / 年
隧道灯具	全部（LED 灯及荧光灯）	1. 电压是否稳定，灯的亮度是否正常； 2. 光源的损坏与更换； 3. 灯具的清洁； 4. 引入线检查，电磁接触器、配电盘是否积水； 5. 开关装置定时的准确性与动作状态有无异常； 6. 脱漆部位补漆及灯具修理更换； 7. 补偿电容器、触发器、镇流器、金属器是否损坏； 8. 对地绝缘检查	√ √ √ √ √ √ √	
	各安装部位	有无松动、腐蚀	√	
	密封性	灯具是否有尘埃、积水、密封条是否老化	√	
	检修孔、手孔	有无积水	√	
	照度测试	清洁后进行照度测试，是否满足设计指标		√
标志及信号灯	全部	1. 指示灯的损坏与更换； 2. 灯具的清洁与维护； 3. 灯的亮度是否正常； 4. 设置状态是否有误		√
洞外路灯	灯杆	1. 外观有无裂纹，焊接及连接部位状况； 2. 有无损伤及涂层破坏； 3. 接地端子有无松动		√ √ √
	基础	1. 设置状况是否稳定； 2. 有无开裂、损伤； 3. 锚具、螺栓有无生锈、松动		√ √ √
洞外路灯	高压钠灯	1. 灯体有无损坏、亮度目测是否正常； 2. 灯具的清洁； 3. 防护性能检查		√
照度计	全部	1. 动作状态是否有误； 2. 感光部的清洁维护； 3. 安装是否松动等； 4. 光度计校正		√
照明线路	全部	1. 托架是否松动及损伤； 2. 有无腐蚀及损伤； 3. 对地绝缘检查； 4. 接地电阻测试检查		√

3. 通风系统

通风系统发生故障处理程序如下。

电力调度员一旦发现上位机设备报警，应查看计算机实时报警提示，查清发生事故的设备，确定设备安装的位置，初步确定产生事故的原因，并报告值班长。

电力调度检查设备监控主机，进行计算机复位和重新启动。检查通风系统主电源情况。如自动控制故障，应按照通风开启方案，进行人工控制，保证隧道 CO/VI 浓度控制在规定范围。

巡检人员到现场查看开关状态、软启动器报警代号，分析故障原因；根据先一次回路后二次回路的工作顺序进行检查，可采用开关替换的方法尽快恢复通风设备供电。

值班长到现场指挥，并通知巡检人员到现场维护、检修电源和线路。

当巡检人员无法修复供配电系统故障且严重影响隧道通风时，值班长通知机电班启动设备抢修预案，并向管控中心、路网中心报告。

值班长通知机电巡检、养护巡视人员对隧道增加巡逻密度，巡逻范围缩小为隧道车行道和道口。

交通监控员通过情报板和广播通知驾驶员注意隧道内行车安全。

系统恢复后，将该事件和造成影响的情况在 24h 内报总公司管控中心和路网中心。

通风机组设施日常检查的项目、周期和方法见表 6–23。

通风机组设施日常检查的项目、周期和方法 表 6–23

序　号	维护项目	周　期	方　法
1	电控箱、操作控制器元器件及显示仪表状况	日	观察、更换部件
2	电线、电缆接触状况	月	观察、调整、更换
3	各电动机运行状况	日	观察、调整、更换
4	接地线及系统连接状况	月	观察、更换部件
5	风阀门是否偏移，风门电动机运转情况	月	观察、更换部件
6	消声片滤网是否堵塞，固定是否偏移	月	观察、紧固部件
7	射流风机消声筒是否清洁	月	保养清洁
8	软启动器工作是否正常	日	观察

通风设施经常性检修、定期检修、分解性检修主要项目见表 6–24。

通风设施经常性检修、定期检修、分解性检修主要项目表 表 6–24

设施名称	检查项目	主要检查内容	经常性检查	定期检修	分解性检修
			1 次 /1~3 月	1 次 / 年	1 次 /3~5 年
轴流风机及射流风机	全部	1. 运转状态有无异响和异常振动；	√		
		2. 各计量仪器、仪表读数是否正确；	√		
		3. 基础螺栓及连接螺栓状态有无异常；		√	
		4. 轴承温度、油温、油压有无异常；		√	
		5. 振动测试有无异常；		√	
		6. 逆转 1h 以上的工作状况有无异常；		√	
		7. 与监控测试联动试验；		√	
		8. 手动旋转的平衡状态；		√	
		9. 正、反转间隔一定时间的试验；		√	
		10. 叶片安装状态检查		√	
	减速机	1. 油量是否正常；	√		
		2. 有无异响，油温是否正常；		√	
		3. 润滑油老化试验；		√	
		4. 更换油脂		√	
	润滑油冷却装置	1. 配管、冷却器、交换器、循环泵的状态；	√		
		2. 运转中有无振动、异响、过热现象	√		
	气流调节装置	1. 动作状态有无异常；	√		
		2. 内翼有无损伤、裂纹；		√	
		3. 密封材料状态		√	
	动翼、静翼及叶轮	1. 翼面有无损伤、剥离；		√	
		2. 焊接部有无损伤；		√	
		3. 检查叶轮液压调节状置		√	
	导流叶片及异型管	有无生锈、涂装剥离、螺母松动		√	

续上表

设施名称	检查项目	主要检查内容	经常性检查	定期检修	分解性检修
			1次/1~3月	1次/年	1次/3~5年
轴流风机及射流风机	驱动轴	1. 接头、齿轮润滑状态有无异常； 2. 传动轴的振动与轴承温度有无异常； 3. 加油脂	√ √	 √	
	电动机	1. 运转中有无异响、振动、过热； 2. 连接部的工作状态； 3. 绝缘测试； 4. 三相电流平衡试验	√ √	 √ √	
	消音器	1. 清扫消声器内壁灰尘； 2. 噪声检测； 3. 吸音材料检查与变质材料更换		√ √	 √
	其他	仪表的检查、校正和更换，试运转及风速、推力			√

4. 排水系统

1）维护标准

（1）边沟、排水沟、截水沟、急流槽、管槽等排水设施要保证技术性能完好，满足排水需要，于汛期前后全面疏通清理一次，废弃物必须清理。

（2）遇特大暴雨必须上路巡查，及时排除堵塞，并疏通排水设施，保持水流畅通，防止水流直接冲刷路基。暴雨后应重点检查，如有冲刷、损坏，应及时修复加固；如有堵塞，应立即清除。

（3）排水设施产生塌陷、裂缝、淘空、孔洞等病害，应及时按原结构形式予以修复，对砂浆剥落等病害，每年全线集中修复一次，修复质量不得低于原质量。

（4）排水设备控制箱外形完好，安装及接地牢固；箱内元器件动作可靠，箱面显示仪表显示准确，箱体防护等级符合要求。

（5）箱内、外接线整齐、清晰，线路外形完好，绝缘电阻、接地电阻满足要求。

（6）电动机启动、制动灵活，运行平稳；绝缘电阻、接地电阻符合要求；性能指标符合有关标准规范的要求。

（7）排水管路、阀门应安装牢固，管路无裂缝、变形，防腐层应完好；阀门及接口应无泄漏。

（8）每季度对超声波液位仪声波面用软布进行清洁并检查液位仪进出线密封和接线，检查清理水池内障碍物，确保水位精准传输。检查液位仪和液位计水位是否一致。

①超声波发生器电表及信号灯等应显示正确，工作可靠。

②设定仪表的回波抑制参数合理。

③液位计扩散角内无大件异物，传感器清洁无污垢且未受潮浸水。

（9）每季度对压力液位仪、导气不锈钢进行清洁去除污垢。检查接线有否断线。物理测量水位值应与液位计保持一致。

（10）每季度对集水池进行清淤。每年汛期前应增加一次清淤，彻底清除池底泥沙等沉积物。

2）故障处理程序

（1）当3台常用泵和1台备泵均无法启动时，电力调度检查排水监控主机，进行计算机复位和重新启动，检查排水系统主电源情况。

（2）机电巡检人员到设备房核查报警信号和开关状态，分析故障原因；根据先一次回路后二次回路的工作顺序进行检查，可采用开关替换的方法尽快恢复排水设备供电。

（3）值班长到现场指挥，当巡检人员现场无法修复时，即通知维修班组织抢修。检修人员接到值班长指令后应快速到达现场抢修，同时携带备用水泵。

（4）检修人员在短时间也无法修复时，值班长组织用接力水泵抽水，同时启动设备抢修预案并报业主、路网中心。

（5）根据集水井水位变化情况，必要时值班长命令交通监控员向消防部门求救，要求消防车现场抽水。

（6）值班长通知道口牵引排堵员对隧道增加巡逻密度，巡逻范围缩小为隧道和道口。

（7）交通监控员通过广播和情报板通知驾驶员注意隧道内行车安全。

（8）系统恢复后，将事件和造成影响的情况在24h内报总公司管控中心和路网中心。

5. 消防系统

1）运行管理

（1）消防水泵在运行中，应注意观察各种仪表显示是否正常、稳定。

（2）保持消防泵房的清洁卫生，各种器具摆放整齐。

（3）应及时清除泵体、闸阀、管道的堵塞物。

（4）隧道内的消防安全疏散指示标志和应急照明设施（包括防火门、防火卷帘、消防安全疏散指示标志、应急照明、机械排烟送风、火灾事故广播等），应处于正常状态。

（5）隧道内不得存放汽油、煤油等易燃物品，连接通道不得堆放杂物。

（6）按照有关规定定期对其自动消防设施进行全面检查测试，并出具检测报告，存档备查。对消防救援设施应当建立档案资料，记明配置类型、数量、设置位置、检查维修单位（人员）、更换药剂的时间等有关情况。

（7）结合本隧道的实际情况，做好每年一次的火灾应急预案演练。

2）维护标准

（1）消防设备控制箱外形完好，安装及接地牢固。箱内元器件动作可靠，箱面显示仪表显示准确，箱体防护等级符合要求。

（2）箱内外接线整齐、清晰，线路外形完好，绝缘电阻、接地电阻满足要求。

（3）电动机启动、制动灵活，运行平稳；绝缘电阻接地电阻符合要求。性能指标符合有关标准规范的要求。

（4）消防管路、阀门应安装牢固，管路无裂缝、变形，防腐层应完好；阀门及接口应无泄漏。

（5）喷淋阀组内上蝶阀、下蝶阀信号回传正确，阀组开启正常。水喷淋电磁阀、泡沫电磁阀打开、关闭灵敏。

（6）消防设施的设备完好率应达到100%，救援设施的设备完好率应不低于98%。

（7）消防与救援设施是指用于预防隧道火灾和进行必要救援的设施，包括火灾报警装置、紧急电话、消防设施、连接通道设施等。

（8）消防与救援设施的标志应保持完好、醒目。

（9）消防与救援设施日常检查主要是对隧道内消防设备、报警设备、洞外消防设施的外观进行巡视，及时处理设施的异常情况。

（10）消防与救援设施一般不进行分解性检修，宜经常性检修，每年定期进行预案演练、系统测试，在检修期间应有相应的防火灾措施。

6. 交通监控系统

1）交通信号灯

用洁净棉毛布对信号灯进行清洁养护。打开信号灯面板，检查内部是否积水、开关电源是否工作正常。

2）车道指示器

清洁车道指示器表面，通过接收和执行管理中心发布的指示命令，观察车道指示器能否正常显示，分别检查红色、绿色 LED 像素管是否正常，检查 LED 显示亮度。

3）超高检测器

清洁超高检测器外部防护罩。检查超高报警器供电、功耗等是否正常。根据实际情况调节灵敏度。手动测试超高报警装置的反应时间、开关频率。

4）限速板

清洁限速板外部，检查限速板 LED 是否工作正常。进行自动和人工调光控制，检查显示是否正常。

5）可变情报板

对可变情报板进行外部清洁维护。检查情报板显示各种图像和文字的能力。检查情报板可视角度是否大于 24°。检查情报板亮度，隧道内板面亮度不应小于 3 500cd/m^2，隧道外面板亮度不小于 9 000cd/m^2，检查红、绿、纯黄 3 色显示，检查 LED 像素管是否有故障。

通过 NPORT 管理工具检查 RS485 通信方式、以太网通信方式是否正常。

6）视频检测系统

检查视频检测系统工作站工作情况，CPU 占用率，进程占用率，内存使用情况。检测视频检测系统配置文件，检测车道控制规划是否偏移。检查视频检测系统服务器硬盘占用情况，删除不必要的报警数据。

7. 通信系统

1）电话系统维护保养

系统由设在中控室、设备室的话务台、数字式程控用户交换机、自动话机和设在现场的远端模块、IP 数字电话、抗噪声紧急话机等组成。

隧道设紧急电话、数字电话和公务电话。紧急电话在车行隧道内间隔 100m 设置，逃生通道、电缆通道内间隔 200m 设置，主要用于隧道内报警、抢险救灾、日常维护及各种特殊情况下的通信联络，直通控制中心；数字电话主要用于隧道防灾、电力以及交通管理方面的调度通信服务；公务电话设在设备用房、办公用房内，用于隧道系统内部日常通信以及对外的公务通信，同时也满足与外界数字通信的要求。控制中心设置系统专用程控交换机。

系统分程控和紧急两个话务台，程控话务台为电脑话务员，控制中心设置与市消防队、公安部门、交通部门联系的专线电话（由交换机设置直呼功能），及与隧桥抢险队等要害部门的直通（网内热线）电话。

（1）长江隧桥程控交换系统采用贝尔阿尔卡特程控交换机。对程控交换机管理、监视和维护必须采取有效手段，随时观察交换机面板指示灯显示情况，并应充分利用系统提供的各种输出信息和服务观察、话务测量等方法，掌握交换机的工作状态，使系统经常处于最佳运用状态。

程控交换机在使用中，维护人员不得随意变动软件、硬件的设置。

开机状态避免插拔机盘，若确实需要插拔机盘时，必须戴上防静电护环，以防人体所带静电损坏交换机的元器件。

应保持程控交换机机房通风和防尘措施良好，对机房地板防静电措施和接地电阻定期进行检测。

应定期对用户电缆、分线盒、电话机进行巡检、除尘、清洁，标准如下。

①保护接地电阻应不大于 4Ω，若机房采用联合接地系统，接地电阻应不大于 1Ω。

②交流电源线两端腾空时，芯线间和芯线对地的绝缘电阻应不小于 1MΩ（500V 兆欧表测试）。

③直流馈电线两端腾空时，正负芯线间和负线对地间的绝缘电阻应不小于 1MΩ（500V 兆欧表测试）。

（2）长江隧桥紧急电话系统与业务电话系统合并采用贝尔阿尔卡特程控交换机。紧急电话系统由紧急电话总机和紧急电话分机组成。维修人员必须定期对紧急电话总机和分机的功能进行检测。定期检查紧急电话总机和分机的外部接口，保证其连接牢固。定期对紧急电话总机和分机进行除尘、清洁。应定期对紧急电话分机的安装情况进行检查，紧固已松动的螺钉，并进行防腐处理。维护工作中，不得随意变动总机和分机的设置，具体维护标准如下。

①紧急电话的工作电压应正常。

②紧急电话分机立柱应垂直，无倾斜。

③紧急电话总机接地电阻应不大于1Ω（按联合接地考虑）；分机接地应不大于4Ω。

④通话音量、清晰度应符合设计要求。

⑤紧急电话总机的自动录音、储存、打印和显示功能正确。

⑥总机对分机的自检功能应正常。

（3）对报警电话外表进行维护清洁。

检查报警电话通话状态是否清晰。开盖检查报警电话内部接线是否有松动现象。检查隧道内报警电话分线盒接线是否完好，是否有松动现象。

（4）电话系统工作站：

①检查工作站系统内部是否正常。

②对工作站软件进行升级。

③对工作站进行查毒，发现病毒先进行杀毒，再查其原因。

④检查工作站功能是否运行正常（如监听电话）。

⑤打开工控机，对其内部进行清洁。

（5）程控交换机主机：

①检查程控交换机内各功能模块（话音存储器、控制存储器、时间发生器和存储时间转换器等）是否运行正常。

②检查中继器模块（如向用户馈线、向用户发出拨号音、接通振铃、对用户进行测试和线路高压保护等）是否正常。

③检测程控交换机防雷装置是否完好。

④检查配线架内接线是否完好，是否有松动现象。

2）无线系统维护保养

本系统包括隧道专用调度通信系统、公安及消防无线信号引入系统、消防无线本地转发系统、调频广播通信系统及公安集群无线通信系统组成，采用多信号合路、单漏缆方式对隧道进行信号覆盖。

系统设备主要由无线调度基地台、广播控制台、调频广播设备、调度光直放站、公安消防光直放站、中继设备、分合路平台设备、漏泄同轴电缆、射频中继器、天线等设备组成。

无线调度基地台、广播控制台、调度光直放站、公安消防光直放站等设备安装在控制中心内，光直放站远端设备设置在各工作井弱电设备室及车道下方设备通道内；直放站引出信号在各工作井内均接入到分合路平台设备，通过漏泄同轴电缆覆盖到隧道内。

对无线系统基本维护的要求如下：

（1）对广播系统维护时，不得随意变动系统设备的型号、规格、数量及安装位置。

（2）广播系统的交流电源线应与其他配线分开敷设和编扎。

（3）对广播工作站设备的开关机操作，应严格按照操作规程执行。

（4）应定期对系统进行巡检，清洁除尘，发现问题及时解决。

（5）应定期对系统的功能进行检测，主要测试内容见维护内容及方法。

(6)系统设备应接地良好。

(7)工作电压和工作电流应符合设计要求。

(8)扩音开关电路的动作应正常。

(9)扩音系统的声音应清晰、无杂音，失真度应不大于 0.5%(40k~16kHz)。

(10)扩音系统功率放大器的频率特性应不大于 ±1.5dB(40k~16kHz)。

(11)主、备用扩音机转换电路动作应正常。

(12)配线用电缆和电线应完整，无老化、损伤和发霉现象。

(13)配线线间绝缘电阻应大于 30MΩ，电源配线应大于 1MΩ。

(14)工作站设备接地电阻应不大于 4Ω(联合接地应不大于 1Ω)。

8. 收费系统

1)基本维护要求

机电维护人员需要严格按照规定做好收费系统的日常维护和管理工作，建立好收费系统设备的档案和台账，保证系统设备有尽可能高的完好率，保证整条高速公路安全畅通地运行。

机电维护人员应定期对收费设备进行仔细检查和维护保养。在平时的维护中，要保证电脑电源关上，所有接线插头拔掉；人身上不要穿戴容易产生静电的衣物，手要在水管上放几分钟，放去身上的静电。清理计算机内部时，由于内部线路较为复杂，零件又特别细小，所以要特别小心。事先要把主板上的板卡拆下来，主板、显卡、网卡等上面的脏物主要以灰尘为主，用刷子进行清理后再用无水酒精洗去上面的灰尘。

收费系统需要不断升级和更新，机电维护人员应该耐心操作，对软件功能逐一进行测试，确保所有问题全部解决后再全部更新。

2)日常维护

收费系统保养一般分为一级养护和二级养护。

一级养护：以擦拭收费系统设备的外壳为主，主要由收费人员或者班长操作，每一班次维护一次。

二级养护：以给收费系统设备内部除尘、除油灰为主，用电脑专用抹布及电脑专用除污剂、吸灰器，由机电人员操作。

3)定期维护

每月检查车道控制器工作情况。

每月清洁保养收费亭内设备。

每月检查收费栏杆动作状态。

每月检查摄像头工作状态。

每月检查打印机、读卡器、麦克风工作状态。

每半年检查计数线圈工作状态。

每半年检查收费服务器工作状态，记录故障日志，对系统盘进行备份。

9. 大桥除湿系统

为延长大桥的使用寿命，应尽可能使更多的钢结构表面长期处于干燥空气中，在钢箱梁内安装除湿系统，可以确保箱梁内部空气的相对湿度水平，使整个大桥钢箱梁内始终处于一个防生锈的循环风流空间，以便达到长期的防腐目的。

转轮除湿机的主体结构为不断转动的蜂窝状干燥转轮。干燥转轮是除湿机中吸收水分的关键部件，它由特殊复合耐热材料制成的波纹状介质所构成。波纹状介质中载有吸湿剂。这种设计，结构紧凑，而且可以提供湿空气与吸湿介质充分接触的巨大表面积，从而大大提高了除湿机的除湿效率。

除湿转轮两侧，由具有高密封性能材料制成的隔板分成两个扇形区：一个为处理湿空气端的

270° 扇形区域，另一个为再生空气端的 90° 扇形区域，再生区域中一部分为热回收区域。

当待处理的潮湿空气（称为处理空气）进入转轮 270° 扇形区域时，空气中水分子被转轮内的吸湿剂吸收，干燥后的空气则通过处理风机送至干空气出口。

除湿转轮在除湿过程中，不断缓慢转动，处理空气区域的转轮扇面吸收了水分子，变成饱和状态后，将自动转到再生空气端扇区，进入再生过程。在再生过程中，再生空气（一般为室外空气）的一部分经加热器加热，另一部分进入热回收扇面经预热后，一起进入转轮再生区扇面，在高温状态下，转轮中水分子被脱附，散失到再生空气中，再生空气由于在脱附过程中散失了热量，自身温度降低，变成了含湿量较大的湿空气（废气），由再生风机排至室外。该过程周而复始，空气不断除湿，转轮不断再生，连续进行除湿，从而达到除湿目的。

1）除湿系统维护

除湿系统可以长期运行且仅需要很少的保养。

除湿设备的保养对机组长期良好地运行是有益的。保养的频率取决于机组的操作状况和安装环境的好坏。如果所处理的空气中含尘量较高，相对的保养工作就需要进行的频繁一些。除湿系统维护要求见表 6–25。

除湿系统维护要求

表 6–25

部　件	3~6 个月	12 个月
处理空气和再生空气	清扫过滤器箱，如果过滤器比较脏，应更换过滤器	清扫过滤器箱，如果过滤器比较脏，应更换过滤器
机组总成和壳体	检查有无机械上的损伤，按要求清扫机组的内部和外部，清扫电动机和风机的壳体	检查有无机械上的损伤，按要求清扫机组的内部和外部。清除电动机壳体表面冷却沟槽中的灰尘和杂物。检查电动机的接线端子，确保接线不松动，检查风机轴承润滑情况和加润滑油
风机转轮驱动电动机总成	检查驱动皮带有无损伤的迹象和安装是否合适	检查风机的叶轮有无损伤，如有腐蚀迹象，检查风量并按要求调整风阀
电控箱和接线	检查电控箱中的组件和接线有无损伤和过热的迹象，确保没有接线松动	检查电控箱中的组件和接线有无损伤和过热的迹象。在正常运行中，如果有一个部件的线圈总是在工作或总是不工作，就应定期让其动作或复位几次，以便活动一下它的线圈和触点，确保没有接线松动。清除所有部件上的杂物。清除电控箱散热部分的灰尘和杂物
再生加热器	清除滞留在加热器舱底和表面的杂物与灰尘。检查有无过热和堵塞的迹象	检查所有的管道，电线和控制部件有无松动，如有松动，应将其紧固。清除滞留在加热器舱底和表面上的杂物与灰尘
除湿转轮	清除转轮表面的灰尘	检查转轮两侧的压降，检查所有的管道、电线和控制部件有无松动，如有松动，应将其紧固
热交换器	清除滞留在交换器舱底和表面的杂物与灰尘	清除滞留在交换器舱底和表面的杂物与灰尘
密封	检查有无损伤和移位的迹象。如果有磨损或损伤，应更换	检查有无损伤和移位的迹象。如果有磨损或损伤，应更换
机组和风管的连接	检查有无空气泄漏，机组、风管之间的连接是否正常	检查有无空气泄漏，机组、风管之间的连接是否正常，检查内部有无灰尘和损伤
湿度 / 露点控制	检查所有外接湿度探头的工作情况并按要求进行校准	检查所有外接湿度探头的工作情况并按要求进行校准

2）保养程序

定时清洗滤气网（1 个月 1 次），以维持机器除湿、除尘效率及寿命。清洗滤气网可用 40℃以下清水洗涤，用清洁剂清洗更好；洗掉灰尘后，用水冲干净，阴干后装回机体内。清理机体时，以湿布轻轻擦拭即可；定时清洁转轮（6 个月 1 次），以维持转轮有超强的吸湿性。

表 6–25 列出了对机组常规部件进行检查和保养的要求，不包括与设备相关的外配部件。如有必要，请参阅设备制造商提供的其他有关资料说明。

10. 养护行车

1）行车使用规定

（1）维护人员应全面了解养护行车的构造、工作原理及养护要求。

（2）应严格按相应规定对养护行车及发电机进行检查和保养。

（3）养护行车应有完整的使用、检查和保养记录。

（4）不得随意变更养护行车的构造和电器线路；如需变更，必须在条件许可的前提下进行，做好审批和变更手续，记录归档。

（5）养护行车不得超负重运行，接近终点时应减速慢行。

（6）维护检查作业人员进入行车必须穿好救生衣、戴好安全帽、系好安全带。

（7）养护行车使用频率高，或大桥进行了重点维护后，应及时安排对养护行车作重点保养或中修。

（8）行车使用前应检查发电机燃油，确保发电机组在使用过程中正常发电。

（9）做好两年一度的安检工作。

2）维护标准

易损件磨损限值见表 6–26，养护行车日常检查的项目、周期和方法见表 6–27。

易损件磨损限值 表 6–26

序 号	部件名称	磨损值
1	行走齿轮齿厚	小于原齿厚 20%
2	行走轮轮缘	小于原齿缘 20%
3	垂直导轮直径	小于原直径 1.5mm
4	制动摩擦片	小于原厚度 50%
5	每对行走齿轮工作直径偏差	小于 0.5mm

养护行车日常检查的项目、周期和方法 表 6–27

序 号	项 目	周 期	方 法
1	操纵台仪表	月	观察，更换部件
2	升降平台	月	观察，调整间隙
3	电动机	月	观察，更换损坏部件，调整制动性能
4	减速箱	月	观察，更换超限磨损件
5	齿轮	月	观察，更换损坏、磨损超限齿轮
6	限位装置	月	观察，调整、维修
7	导轨	月	观察，润滑、调整
8	电器联锁	月	观察，更换损坏部件
9	油缸油泵	月	观察，清洁、润滑、紧固、更换
10	钢丝绳	月	观察，除锈、润滑、更换
11	发电机	月	观察，发电、检查输出电压
12	控制电箱	月	观察，更换损坏部件
13	平台爬梯栏杆	月	观察，除锈、油漆、焊接、复位

续上表

序　号	项　目	周　期	方　法
14	吊梁均衡梁	月	观察，更换损坏螺栓、螺母，消除间隙
15	空气开关，接触器	月	观察，清洁、紧固、更换
16	通道门	月	观察，除锈、油漆，更换损坏铰链、门闩
17	电线电缆	月	观察，更换
18	蓄电池	月	接线柱无氧化锈蚀、无漏液、电压正常

注：定期检查及维护应委托具有安检维护资格的专业单位进行。

11. 避雷针

1）概述

雷电是一种自然放电现象。雷电放电电压高、放电时间短，它的产生人类目前无法控制。雷云的生成、移动、放电的整个过程伴随多种物理效应，如静电感应、高温高热、电磁辐射、光辐射等。这些物理效应的共同作用已严重危害室内弱电设备的安全运行，甚至危及工作人员的安全。雷电灾害的严重性还表现在波及面广，主要有两个方面的因素。首先积聚大量电荷的雷云有较大的活动范围及其放电过程的辐射范围可覆盖达几十公里的范围；其次地面各种网络（电力、通信等网络）的相互渗透、错综复杂，使雷电灾害的范围进一步扩大。

在雷击中心数公里范围内都可能产生危险过电压，损害线路上的设备。

随着现代电子技术的蓬勃发展，大量的微电子设备（系统）得以在工业控制中应用和联网。由于其元器件的集成度越来越高，信息存储量越来越大，速度和精度不断提高，但工作电压仅有几伏，信息电流仅有微安级，因而对外界干扰极其敏感，对雷电等电磁脉冲和过电压的承受能力相对脆弱，同时网络广域化又增大了系统（设备）受干扰的可能性。当雷电等引起的过电压和伴随的电磁场强度达到某一阀值时，轻则引起系统失灵（误动、信息丢失、特性变坏、运行不稳定等），重则导致整个电子系统或其元器件永久性损坏。据统计，雷电又以雷击电磁脉冲为电子系统事故的主要祸害，且有逐年上升的趋势。因而，电子系统（设备），特别是网络信息系统（设备），必须实行雷电过电压防护。鉴于上述原因，在智能建筑弱电工程中必须考虑过电压防护。

2）防雷接地要求

机房或设备间的接地，按其不同的作用分为直流工作接地、交流工作接地、安全保护接地。此外，为了防止雷电的危害而进行的接地，叫做防雷保护接地；为了防止可能产生聚集静电荷而对用电设备等所进行的接地，叫做防静电接地；为了实现屏蔽作用而进行的接地，叫做屏蔽接地或隔离接地。

智能建筑弱电工程综合布线接地要与设备间、配线间放置的应用设备接地系统一并考虑。符合应用设备要求的接地系统，也一定满足综合布线接地的要求。

埋入土壤中或混凝土基础中作散流用的导体称为接地体。从引下线断接卡或换线处至接地体的连接导体称为接地线。接地体和接地线统称为接地装置。在接地装置中，用接地电阻来表示与大地结合好坏的指标。上列各种接地的接地电阻值必须符合国家标准《计算站场地技术要求》（GB 2887—89）中的规定。

接地以接地电流易于流动为目标，因此接地电阻越低，电流越容易流动。综合布线的接地希望尽量减少成为干扰原因的电位变动，所以接地电阻越低越好。

在处理微电子设备的接地时要注意下述两点：

（1）信号电路和电源电路、高电平电路和低电平电路不应使用共地回路。

（2）灵敏电路的接地，应各自隔离或屏蔽，以防地回流或静电感应而产生干扰。

3）接地电阻值

根据国家有关规范，计算机网络系统机房要求具有交流工作接地（$R \leqslant 4$）、安全保护接地（$R \leqslant 4$）、逻辑工作接地（$R \leqslant 1$）、电源避雷器接地（$R \leqslant 4$）、信号避雷器接地（$R \leqslant 10$）、静电接地（$R \leqslant 100$）、屏蔽接地（$R \leqslant 2$）、天线基座接地（$R \leqslant 4$）、天馈线金属屏蔽层接地（$R \leqslant 4$），共用接地系统一般是 $R \leqslant 1$，这些接地之间的相互关系是以不同计算机设备的要求而定的。建筑防雷系统根据类别不同一般取 $R \leqslant 4$~$R \leqslant 10$。

4）定期维护检测

（1）每年至少应在雷雨季节前、后对防雷装置进行检查和维护，当建筑物或室内设备、线路进行维修整改后，必须对防雷装置进行检测和维护，以确保防雷装置的安全性。

（2）检查是否由于维修建筑物、构筑物，或建筑物、构筑物本身变形，使防雷装置保护范围发生变化。

（3）在检查、检测各种明装导体时，如发现有熔化、断损、结构支架腐朽、防雷装置有裂纹和锈蚀 30% 以上的部件，应立即检修或更换。

（4）要检查检测引下线及地网的接地电阻值，有无因挖土、敷设其他管道或因植树而挖断了接地装置。检查接地装置周围的土壤有无沉陷现象。要检测全部接地装置的接地电阻。

（5）霓虹灯、广告栏、大桥情报板、信号灯、航空信号灯等的电力线路，应根据建筑物的特点，采取等电位连接与相应的防雷电波侵入的措施。严禁在独立的避雷针、避雷线支柱上悬挂电话线、广播线及低压架空线等。

（6）接地装置都是埋在地下，无法检查其锈蚀程度和连接情况，一般要求测量其接地电阻值达到要求即可。若接地电阻值超过要求值，则应对接地装置进行整改，使其接地电阻符合标准要求。

（7）连接导体。主要观察连接导体的固定情况、接口连接情况以及老化情况。发现有接触不良、接口松动、线路断裂、线路老化等情况，应及时更换，保证可能遭受雷击时雷电流的有效泄放。

（8）避雷针、避雷带在雷雨季节期间，不管设备是否有异常或损坏现象，都应多次检查连接线。

12. 航空障碍灯

（1）配线工程中，非带电金属部分的接地保护应可靠。本工程的控制器外壳、障碍灯固定支座及电线管均应可靠接地。

（2）航空障碍灯的联闪控制信号线与交流 220V 电源线路应分别穿保护管敷设。

（3）屋顶的航空障碍灯，应安装在该楼避雷针的保护范围之内，侧面安装的航空障碍灯的金属部分，应与防侧击雷的接地带按防雷要求连接好。

（4）检测闪光频率。此项检查也为验收产品的主要内容之一。如在白天检测，可用深色遮盖物将光控探头盖住，也可把光控探头在联闪集中控制器上的接线端子拔下，航空障碍灯即可闪烁工作。本工程通过人工观测，联闪障碍灯闪光频率约为 40 次 /min，景观障碍灯约为 10 次 /min。

（5）巡检人员每日夜间应目测检查高光强、中光强、漫闪障碍灯发光情况，发现不亮及时修复。

（6）每年对障碍灯控制板进行除尘保养并检查线路、接地情况，对障碍灯支柱进行加固、除锈、油漆。

三、机电系统管理特色

1. 以优质服务品牌为主线

以优质服务品牌为主线，大力推进服务型、节约型、平安型、创新型、学习型“五型”，着力提高隧桥运行养护管理队伍素质，保障隧桥运行养护高效有序运转。

“三个提升”：运行养护创新水平有新的提升，养护服务质量有新的提升，运行养护整体形象有新的提升。“三个一流”：一流设施、一流管理、一流服务。

坚定信心、抓住关键、突出重点、转变作风、狠抓落实，扎扎实实地抓好四个方面的工作：一是以深化服务内涵为核心，不断开创供配电运行养护服务新局面；二是以新机制、新体制为动力，不断打造运行养护管理新亮点；三是以创建平安企业为抓手，不断跨越企业综合保障新高度；四是以科学发展观教育为契机，不断塑造运行养护管理队伍新形象。

2. 机电养护模式

机电养护是以保证隧桥设施设备处于受控状态，维持正常运行为目的的日常管理及维修；以消除各种运行隐患，保证设施设备性能得以充分发挥为目的的定期维修养护（包括大，中修）。为提升设备性能，在设施设备的管理和维护上，我们致力于凭借自身经验和专业分包的技术力量，对其进行持续的循环改进和功能扩展，编制适合员工实际操作的维修养护手册，建立长效的员工培训机制，逐步实现对设施设备的集中监控和一体化管理为目标，实现养护维修指标的落实；部门经理拟订养护年度计划，专业副总经理审定养护年度计划，计划统计员分解到季度计划、月计划、周计划，专业主管确定具体实施措施、执行方案及相应的责任人、完成期限、质量要求。

3. 实施高效能的养护管理

隧桥供配电系统投入运营后，设备老化、缺陷，维护及操作不当等，都会影响设备的正常使用和安全。为了使隧桥供配电系统及各大系统设备、设施保持良好的工作性能，确保隧桥设备的正常运行和行车安全，必须采用先进的管理方式和手段。

完善各种规章制度，明确岗位责任制。从一开始就养成工作人员按操作规程进行操作，使整个维护管理工作走向程序化、规范化，这样才有可能保证设备的使用年限，延长使用寿命。

抓好技术培训工作，对操作人员进行技术培训，熟悉设备的工作原理和操作流程，正确使用系统的各项功能。

做好故障记录和养护维修记录，对设备建立完整的技术档案，随时可以提供查询。

编制适合员工实际操作的维修养护手册。

建立养护管理系统设备病历台账，做到动态化管理。

加强电气检测仪器、仪表的保养和送检，对专用工具定期检查。

对隧桥供配电设备的易损件进行充分备货。

4. 建立素质优良的员工队伍

要实现管理方案中的各项承诺，最关键的在于员工的整体素质，人的因素决定一切。机电部日常运作中的一项工作重点就是保证机电部用人机制的有效推行。我们通过竞争上岗、优胜劣汰和各级岗位责任制来给予员工一定的工作和竞争压力，通过持续不断的培训和考核来保证队伍的素质。

在养护管理实施过程中，我们倡导尊重技能、尊重创造、尊重劳动，并将“三尊重”树为部门的风尚，通过各种奖励活动表彰一批有突出贡献的高技能人才；我们力求挑选一批“品德好，素质好，技能好”的有志之士充实到机电部各级管理层，充分发挥员工的各项优势，同时对他们实施科学培训，规范管理，使其不断得到充电和提升；我们将为表现出色的员工不断提供培训、加薪、升职的机会；鼓励广大技能劳动者尽快成长为企业急需的高技能人才，为企业作出更大贡献。

5. 科学动态管理

设备运行动态管理，是指通过一定的手段，使各级维护与管理人员能牢牢掌握设备的运行情况，依据设备运行的状况制订相应措施。

建立健全系统的设备巡检标准。要对每台设备，依据其结构和运行方式，定出检查的部位（巡检点）、内容（检查什么）、正常运行的参数标准（容许值），并针对设备的具体运行特点，对设备的每一个巡检点，确定出明确的检查周期，一般可分为时、班、日、周、旬、月检查点。

建立健全巡检保证体系。值班操作人员负责对本岗位使用设备的所有巡检点进行检查，专业维修人员要承包对重点设备的巡检任务。运行部要根据设备的多少和复杂程度，确定设置专职巡修人员的人数和人选，专职巡修人员除负责承包重要的巡检点之外，要全面掌握设备运行动态，发现故障和隐患及时修复。

信息传递与反馈。巡检时发现设备不能继续运转需紧急处理时，要立即通知当班值班长，由值班长组织处理。一般隐患或缺陷由专职巡检人员维修处理，检修后登入网格检查表，并及时传递给网格化信息平台，值班长在网格化信息平台上确认。专职维修人员进行的设备维修，要在网格化信息平台做好记录，以便自动生存汇总。专职巡检工除完成承包的巡检点任务外，还要负责将各方面的巡检结果按日在网格化信息平台汇总，安全检测部根据网格化管理系统列出主要问题、重点问题，除登记台账之外，还应及时输入到网格化管理系统中，便于公司的综合管理。

动态资料的应用，巡检工针对巡检中发现的设备缺陷、隐患，填报缺陷单，经值班长确认后上传至网格化管理系统中。养护部应纳入检修计划，安排检修项目。巡检中发现的设备缺陷必须立即处理的，由当班的值班长指挥即刻组织处理；本班无能力处理的，由养护确定解决方案，安排检修的项目。重要设备的重大缺陷，由安全检测部、总工程师组织研究，确定维修方案和处理方案。

设备薄弱环节的立项处理。凡属下列情况均属设备薄弱环节：①运行中经常发生故障而反复处理无效的部位；②运行达不到小修周期要求，经常要进行计划外检修的部位（或设备）；③存在安全隐患（人身及设备安全），且日常维护和简单修理无法解决的部位或设备。

对薄弱环节的管理，安全检测部要依据动态资料，列出设备薄弱环节，按时组织审理，确定当前应解决的项目，提出改进方案；公司要组织有关人员对改进方案进行审议，审定后列入检修计划；设备薄弱环节改进实施后，要进行效果考察，作出评价意见，经有关领导审阅后，存入设备档案。

6. 安全管理

（1）机电部安全工作的重点是：杜绝人身伤亡和有人员责任的特、重大电网、设备事故；杜绝恶性误操作事故；杜绝人身重伤事故；控制变配电事故率和隧道给排水系统事故率。

为了加强安全管理工作，管养单位制订“零缺陷、零事故”的安全目标，坚持以人为本，强化零违章、零缺陷管理，强化安全管理，抓好反违章工作，开展创建无违章班组活动的安全工作。以团结拼搏、务实创新的精神，实现安全目标。安全工作不能有“老好人”思想，所有员工都要树立“以人为本”的安全工作理念和“撕破脸皮来管安全”的意识。加大力度贯彻实施《反违章管理考核办法》，同时在安全上重点抓好“全员安全思想教育、各种安全制度的落实、安全学习的实效、安全事故的预防”四个方面的工作。实现“安全理念认识到位、安全责任落实到位、安全规章执行到位、安全活动落实到位、安全基础夯实到位”。

在认真落实五个“到位”的同时，还要全面落实例会制度，即：开好班前会和班后会；每周开展一次安全日活动；每月开展一次安全分析会；结合季节特点认真进行春季和秋季安全检查，结合机电部生产管理和安全工作，切实开展安全性评价，对评价存在的问题制订并落实整改措施；稳定人员思想，落实各级、各类人员安全生产责任制；认真做好送、变电工作的危险点控制；严格执行“两票三制”，加强“五防”闭锁管理，保证“反事故措施计划与安全技术保护措施计划”的落实，同时，在安全管理上，还必须严格执行标准化作业，强化“三措三化”，即：“安全措施、组织措施、技术措施”，使安全工作做到“规范化、程序化、标准化”，成为人人都是安全员，人人都是标准化作业的执行者。机电安全管理的原则是：“超前分析、超前管理、超前控制”。各班站每月上交部门一份当月安全生产隐患分析，部门形成安全隐患分析报告并决策落实整改，全面实现安全生产闭环管理。

（2）变电站运行安全管理涵盖了设备和生产管理，机电部目前所管辖的主要是 35kV、10kV、6kV、0.4kV 系统设备，因此，保证 35kV、10kV、6kV、0.4kV 变配电系统安全稳定运行是机电部的主要工作。开展“我是设备主人”活动，以此为载体，重点抓好三个方面的工作。

①抓好变电运行管理。运行人员要加强设备的巡视检查，及时发现设备存在的缺陷和问题并及时上报，加强设备逢停必扫和设备的维护工作，责任落实到人。加强设备缺陷的管理，理顺缺陷管理程序，全面掌握变电站设备运行情况，及时处理设备缺陷和故障。对不能及时消除的设备缺陷要及时整理上报，值班人员要验收检修人员对设备消缺完成情况是否合格。各运行班组必须采取有效管理，努力提高设备缺陷管理水平和设备可用率，满足设备安全可靠供电。

②抓好变电设备检修管理。检修人员要坚持“质量第一”，“预防为主”和“应修必修，修必修好”的原则，尽量实行状态检修和零点检修。在检修过程中，推行规范化、程序化、系统化的检修管理办法。进一步加大“缺陷报修单”的检查考核力度，真正促使“一次检修到位，保证零返修”100% 落实到位。

③提高防止突发事件的处理能力。维修班组都必须建立应付各种突发事件的预案，人员、工器具、备品备件准备要充分。在应付突发事件时，要按照制订的预案并根据现场实际情况，快速稳妥地做好突发事件的处理，切实做到“招之即来、来之能战、战之能胜”。结合季节特点，同时充分考虑时间、地点、天气等形势的复杂性，开展各工种的反事故演习，提高处理应急事件的能力。

7. 质量保证措施

实行开放管理，向社会公开服务内容、服务质量标准，使养护管理工作始终处于社会监督之中。

设立征询意见箱和投诉受理电话，定期自纠自查。每半年作一次业主满意率调查，由部门经理主持对调查结果及反馈意见进行分析，及时调整和改进管理服务方案，并将实施结果直接对外公布。

通过每季度召开一次质量分析会，每半年组织一次内部质量审核，每年开展一次管理评审等活动，不断改进和完善质量保证体系，确保社会满意。

附录　工程大事记

工程大事记	
完成长江口越江通道工程重大技术问题前期研究报告	1994-05
完成上海市长江口越江通道工程予可行性研究报告	1999-03
上海完成国际方案征集	2001-08
召开长江隧桥工程桥梁、隧道方案专家咨询会	2002-08
召开长江隧桥工程河势条件专家咨询会	2002-09
召开长江隧桥工程北港桥梁通航标准论证专家咨询会	2002-12
国务院批准立项报告	2002-12
海完成工程可行性研究报告评审	2003-04
交通部组织工可评审	2003-09
国家发改委组织专家评审	2003-10
中国国际工程咨询公司专家评审	2003-10
国务院常务会议通过项目的工可审批	2004-07
工程建设正式启动	2004-12-28
组织上海长江隧道工程江中圆隧道技术方案评审会	2005-07
长江大桥开始施工	2005-09
上海崇明越江通道工程补充初审设计(预留轨道交通)方案评审会	2005-12
长江隧道一号盾构开始推进	2006-9-23
长江隧道二号盾构开始推进	2007-01-05
长江大桥主通航孔桥双塔实现结构封顶	2007-11-28
长江隧道一号盾构完成7.5km推进	2008-05-23
长江大桥主通航孔桥合龙	2008-06-20
长江隧桥工程主体结构贯通	2008-06-27
长江隧桥建成通车	2009-10-31

参 考 文 献

[1] 任福田,刘小明,荣建.交通工程学 [M] .北京:人民交通出版社,2008.

[2] 叶文亚,李国平,范立础.桥梁全寿命成本初步分析 [J] .公路,2006,6(4):101-104.

[3] 刘黎萍,华小梅.沥青路面寿命周期费用组成的定量分析 [J] .中南公路工程,2005,12(4):192-195.

[4] 侯建斌,夏永旭.公路隧道的养护及病害防治 [J] .公路交通科技(应用技术版),2006(3):5-9.

[5] Carson RW. Drying shrinkage of large concrete members [J] . JACI. Jan. -Feb, V33.193.

[6] 陈洪凯,李明.公路隧道健康研究与控制技术 [J] .重庆交通学院院报,2006,25(4):4-8.

[7] 吕康成，崔凌秋，等.隧道防排水工程指南 [M] .北京:人民交通出版社,2005.

[8] 陈肇元.混凝土结构耐久性设计与施工指南 [M] .北京:中国建筑工业出版社,2004.

[9] 中华人民共和国行业标准. JTG D60—2004 公路桥涵设计通用规范 [S] .北京:人民交通出版社,2004.

[10] 范立础.桥梁工程（上）[M] .北京:人民交通出版社,2004.

[11] 关宝树.隧道工程维修管理要点集 [M] .北京:人民交通出版社,2004.

[12] 中华人民共和国行业标准. JTG H12—2003 公路隧道养护技术规范 [S] .北京:人民交通出版社,2004.

[13] W. D. Friebel , Dr.-lng. J. Krieger. Quality Assurance and Assessing the State of Road Tunnels using non-destructive Test Method. Quality Assurance,2000: 31-34.

[14] Øresundsbro Konsortiet.The oresund technical publications.The tunnel, May 2001.

[15] FALBE-HANSEN，K LARSSON，O.The oresund technical publications.ORESUND BRIDGE，ISSN：0361-1981.